〈メガイベントの遺産〉の社会学

二〇二〇東京オリンピックは何を生んだのか

石坂友司／小澤考人／金子史弥／山口理恵子 編著

青弓社

〈メガイベントの遺産〉の社会学――二〇二〇東京オリンピックは何を生んだのか

目次

第1部　メガイベントとしてのオリンピック

第2章 メガイベント(活用)が生み出す課題と可能性

第2部 スタジアムと都市

第3部 ソフトレガシー

第4部　価値の変容／社会の変化

凡例

本書では、次のように略称を適宜用いる。

▼大会・委員会など

東京大会：東京二〇二〇オリンピック・パラリンピック競技大会
六四年大会：一九六四年の東京オリンピック
オリパラ：オリンピック・パラリンピック
オリパラ教育：オリンピック・パラリンピック教育
IOC：国際オリンピック委員会
JOC：日本オリンピック委員会
IPC：国際パラリンピック委員会
JPC：日本パラリンピック委員会
JSC：日本スポーツ振興センター
組織委：公益財団法人東京オリンピック・パラリンピック競技大会組織委員会
内閣官房オリパラ推進本部：内閣官房東京オリンピック競技大会・東京パラリンピック競技大会推進本部
招致委：特定非営利活動法人東京２０２０オリンピック・パラリンピック招致委員会

▼申請書・報告書関連

『申請ファイル』：『申請ファイル　2020 年オリンピック・パラリンピック競技大会』東京２０２０オリンピック・パラリンピック招致委員会、二〇一二年、日本語版
『立候補ファイル』：『立候補ファイル　TOKYO ２０２０』特定非営利活動法人東京２０２０オリンピック・パラリンピック招致委員会、二〇一三年、日本語版
『開催基本計画』：『東京２０２０大会開催基本計画』公益財団法人東京オリンピック・パラリンピック競技大会組織委員会、二〇一五年
『公式報告書』：『東京２０２０オリンピック・パラリンピック競技大会公式報告書』東京オリンピック・パラリンピック競技大会組織委員会、二〇二二年、日本語版
『東京都報告書』：『第32回オリンピック競技大会（２０２０／東京）東京２０２０パラリンピック競技大会　東京都報告書』東京都オリンピッ

ク・パラリンピック準備局総務部企画調整課、二〇二一年
『東京都記録集』：『第32回オリンピック競技大会（2020／東京）東京2020パラリンピック競技大会　東京都記録集』東京都政策企画局オリンピック・パラリンピック調整部管理課、二〇二三年

▼その他
「東京大会調査」：本書編者らがおこなった量的調査

本文での表記方法

・本書では、資料引用の際、書籍名・映像作品名は『　』で示し、新聞名・雑誌名・紀要名や書籍に含まれる作品名・論文名、雑誌・新聞記事名などの個別の文書・記事については「　」で示している。
・引用文中の引用者による補足は〔　〕で示している。
・首相・役職：必要に応じて、人名とともに当時の役職を記載する。
・行政資料などの著者と発行者が同一の場合、著者名は省略して発行元だけを明記している。

装丁――北田雄一郎

序章　東京大会は何を生んだのか

石坂友司

はじめに

東京二〇二〇オリンピック・パラリンピック競技大会は一年の延期を経て、二〇二一年七月二十三日から開催された。一六年大会の招致を目指して東京都議会が招致決議をおこなった〇六年三月から数えると、十五年にも及ぶプロジェクトだった。大会は一九年末に発生した新型コロナウイルス感染症の感染拡大によって、一部の会場を除いて無観客開催となった。オリンピックは二百五の国と地域に難民選手団を加えた一万千四百二十人が参加し、三十三競技三百三十九種目がおこなわれ、パラリンピックは史上最多となる百六十一の国と地域に難民選手団を加えた四千四百三人が参加し、二十二競技五百三十九種目がおこなわれた。大会の『公式報告書』には、さまざまな批判がありながらも、クラスターを生じさせなかった運営にアスリートや大会関係者から高い評価を受けたこと、アスリートの躍動する姿を見た国内外の人々から、困難を乗り越え大会を開催してよかったという評価を得たことが記されている。(1)

一九六四年以来の東京開催となった大会の招致、準備、開催に私たちはどのように向き合い、そして、大会の開催は私たちにどのような正負の遺産を残したのだろうか。メガイベント[2]としての東京大会の開催が、日本という国や各都市、地域にもたらした影響と遺産を検証することが本書の目的である。

1　東京大会の目的とビジョン

戦後日本が経済的な成長を実感し国際社会に復帰したことを示した六四年大会と違って、今回の東京大会には初めから明確な動機や理念が欠如していると指摘されてきた。招致のための『立候補ファイル』には以下の五点が記されていた。「①日本国内外においてオリンピックに更なる価値をもたらし強化する」「②十分に計画された安全な大会の開催」「③都市の中心で開催されるダイナミックな祭典に世界を歓迎」「④友情と相互理解を促進」「⑤急速に変化する世界の中にあってオリンピズムを保ち続ける」[3]。また、大会のビジョンには、「スポーツには、世界と未来を変える力がある」を据え、「①全員が自己ベスト」「②多様性と調和」「③未来への継承」という三つの基本コンセプトをもとに、「史上最もイノベーティブで、世界にポジティブな改革をもたらす大会とする」[4]ことがうたわれた。その後コロナの感染拡大があり社会全体が大混乱に陥ったことを考慮しても、今日、ここに書き込まれた目的が達成されたと実感するのは難しい。

開催の目的や理念がいくつも、入れ代わり立ち代わり都合よく提案されてきたのもこの大会の特徴だろう。二〇一六年大会を招致しようと掲げられた「緑の五輪」、選手村から競技会場までの距離と経費の少なさをうたう「コンパクト五輪」、東日本大震災で打ちひしがれた地域を元気づけ、復興へと向かう姿を見せる「復興五輪」、スポーツのチカラを示す「アスリート・ファーストの五輪」、そしてコロナ禍に直面した際には「コロナに打ち勝った証しとしての五輪」が語られた。大会が終わってみれば、招致の際にいちばんの柱だったはずの「復興五輪」は忘れられ、開催の賛否に揺れた、「分断の五輪」という印象が強く残る。

2　六四年大会の成功神話

東京大会を語るには、前史である六四年大会のことも考え合わせなければならない。いちばん初めに作られた招致のための申請プランには、「私たちの夢は、東京、そして日本全体に強い影響を与えた一九六四年のオリンピック競技大会開催の記憶によって呼び起こされたものである[5]」と書かれている。六四年大会の開催が経済発展、社会改造を推進し、その結果、国全体が前向きになったというのである。このことは、招致決定後に策定された『開催基本計画』のビジョンにも書き込まれている。六四年大会は「栄光の参照点」として示され続け、その一方、東京大会はそれに及ばないものとして対置されてきた[6]。私たちはこれまで、日本には六四年大会についての強烈な成功神話が存在していること、その成功神話が現在のオリンピックに対する考え方や、メガイベント開催時の「開発主義」を正当化する基盤になっていることを明らかにしてきた[7]。実際のところ、六四年大会では組織委員会会長、事務総長の辞任が混乱を引き起こしたし、準備段階では国民の関心が十分に高まっていなかった。しかし、大会運営の成功と選手の活躍によって人々の記憶が塗り替えられ、六四年大会は大成功したという集合的記憶が形成されてきたのである。

吉見俊哉も、この神話が「昭和」を懐かしむ回顧とともにメディアを通じて繰り返し語られ、大衆に自らのアイデンティティを再確認させていると指摘している[8]。そのうえで吉見は、オリンピックはその構造的な反復性と歴史的な変動が切り結ばれていく地点に成立していると述べ、成功体験としてのオリンピック神話が日本人を呪縛しつづけてきたと述べている。

3　開催決定の歓喜

二〇〇六年に大会招致が持ち上がったとき、支持率はほかの立候補都市と比較して低調だった。招致委は成熟した都市でオリンピックを開催する意義を強調したが、課題も多く人々の期待を高めるには至らず、一六年大会の招致はリオデジャネイロに敗れた。その後、東日本大震災が発生し、招致の継続には批判的な意見が多くなった。それでも一三年九月八日のＩＯＣ総会で二〇二〇年開催地として「TOKYO」とコールされると、期待する雰囲気は高まっていった。招致決定直後におこなわれた「朝日新聞」の世論調査では、大会の開催が東京に決定したことを「良かった」と答えた人が七七%に上り、「そうは思わない」は一六%だった。[9] この傾向はほかの全国紙でも同様で、開催に課題や不安があることは指摘されながらも、五十六年ぶりの東京オリンピックを祝福するムードが日本には充溢していた。[10] 特に支持率が高かったのが六四年大会を経験した世代の人々で、「もう一度オリンピックを見たい」という期待が示された。

内閣府が二〇一五年に実施した世論調査では、オリンピックに「関心がある」と答えた人は八一・九%（「関心がない」一八%）、パラリンピックに「関心がある」と答えた人は七〇・三%（「関心がない」二九・四%）となっていて、両大会への関心の高さをうかがい知ることができる。[11] この傾向はコロナ禍に突入する直前まで続いていて、同じく内閣府による一九年の世論調査では、東京大会が「日本にとって良いことか」という問いに対して、「良いことだと思う」と答えた人が八五・五%いて、「そう思わない」一二・三%を圧倒している。[12] コロナ禍前は大会に対する期待感が大きかったことがわかる。

4　混乱の大会へ

大会の準備が本格化してきた二〇一五年以降、さまざまな問題が顕在化し、歓喜は混乱へと変わり始める。詳しくは第1章「東京大会開催の経緯と構造的な諸問題」（石坂友司）で述べるが、国立競技場デザイン案と大会エンブレム案の白紙撤回が相次ぎ、責任者の辞任・退任も続いた。「世界一カネのかからない五輪」を開くと述べていた東京都知事の猪瀬直樹は、招致決定からわずか三カ月で辞任し、後任の舛添要一も一六年に辞任した。組織委では副会長の豊田章男が一五年に退任し、同じく副会長とJOC会長を兼務する竹田恆和が一九年に退任、二一年には会長の森喜朗が自身の発言のせいで辞任に追い込まれている。

JOC臨時評議員会に出席した森は、「女性がたくさん入っている理事会の会議は時間がかかります」と女性蔑視の発言をして批判を浴びたのだ。スポーツ庁が定めたスポーツ団体のガバナンスコードは女性理事の割合を四〇％とするよう規定している。森はこのことを暗に批判し、弊害を生んでいると述べたことになる。ジェンダー平等実現に取り組むIOCのオリンピック憲章に反するばかりでなく、東京大会が掲げる「多様性と調和」のコンセプトにも反するとして国内外からの批判にさらされた。日本国内の内輪の論理が、グローバルにはもはや通用しないことを示す出来事だった。その後、会長には橋本聖子が就任して女性理事が十二人追加された。これによって、理事会の女性比率は四二％になった。

私たちが実施した「東京大会調査」[13]でも森会長の辞任は記憶している人がいちばん多く、確実にオリンピックの記憶の一つとなっている。会長の辞任は六四年大会でも起きている。しかし、六四年大会は、混乱の渦中にありながらも成功を収めた大会として人々に記憶されてきた。だとするならば、東京大会でも、森会長の辞任をはじめとするネガティブな記憶は大会後の「運営上」の成功や選手の活躍によって打ち消されることもありえたかもしれない。しかしながら、コロナ禍の無観客での大会開催がそれを許さなかった。

5 コロナ禍の大会

東京大会の検証を複雑にしているのはまぎれもなくコロナである。大会開催直前に感染拡大が始まり、日本は都市封鎖（ロックダウン）など未曾有の経験をして、二〇二〇年三月にオリンピックは史上初めて延期することが決定した。メガイベントを開催するにはただでさえ多くの困難が伴うが、そこに対面接触がリスクになるコロナ禍が加わったことで、さまざまに発生する問題がオリンピックや日本社会全体に起因する問題なのか、コロナ禍に起因する問題なのかを切り分けて論じることが実質できなくなった。東京大会は感染拡大のリスクを高めるイベントになり、生死に関わる判断を求められることになったのである。感染症の拡大は、自然災害の発生と同様にメガイベントを危機に陥れるリスクの一つだが、これまであまり考慮されてこなかった。東京大会は前代未聞の困難に直面したのである。加えて、東京都がＩＯＣと開催都市契約を結んでいたので、大会開催か延期かが都市や国の一存では決められないことが明るみに出た。オリンピックの運営がテレビ放映権料を支払うテレビ局やスポンサーなどの意向に従わざるをえないという問題が顕在化した。

大会開催についての世論も感染状況の影響を受けて大きく揺れ動いた。「朝日新聞」の世論調査を例に取ると、二〇二〇年三月の調査時点では、大会を「延期する」べきとの回答が六三％、「予定どおり開催」二三％、「中止」九％となっていたが、いわゆる第三波が到来した二一年一月の調査では、大会を「二一年夏に開催する」一一％、「再び延期」五一％、「中止」三五％となり、八〇％以上の人がこの年の開催を望んでいない状況が示された。大会直前の二〇二一年六月の調査では、大会を「二一年夏に開催する」三四％、「再び延期」三〇％、「中止」三二％となり、意見が三つに分かれたことがわかる（図1）。

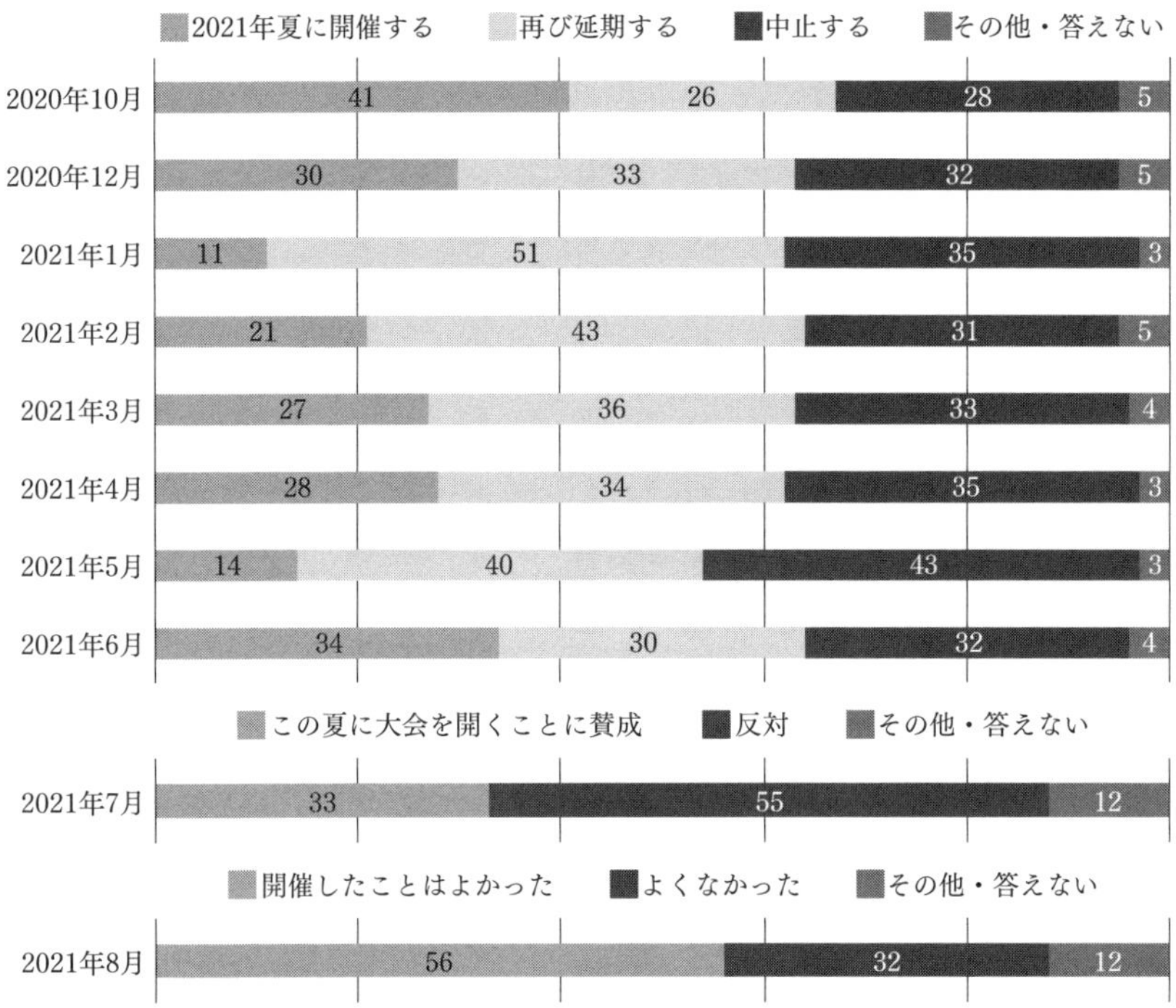

図1　「朝日新聞」のオリンピック開催に関する世論調査の推移
注：2020年11月はオリンピック開催について問う項目がなかった。
（出典：「朝日新聞」世論調査〔2020年10月19日付、12月22日付、2021年1月25日付、2月16日付、3月22日付、4月13日付、5月17日付、6月21日付、7月19日付、8月9日付〕から筆者作成）

コロナ禍での開催の是非をめぐる混乱を別にすると、大会運営に目立った混乱は起きなかった。テレビ視聴率もおおむね好調で、オリンピックの開会式五六・四％（パラ二三・八％）、閉会式四六・七％（パラ二〇・六％）を筆頭に、各競技が三〇％台の視聴率を記録するなど、多くの人が東京大会をテレビやインターネットで観戦した[14]。オリンピックの日本選手団は史上最多の金メダル二十七個、総メダル数では五十八個を獲得し、この好成績が冒頭に紹介した『公式報告書』の評価記述につながる。パラリンピックの日本選手団は金メダル十三個、総メダル数では五十一個を獲得し、二〇〇四年のアテネ大会（総メダル数五十二個）に次ぐ好成績になった。各紙の世論調査によると、分かれていた大会開催への賛否も、大会後には「やってよかった」とする意見が過半数を超えた[15]。

6　東京大会が生んだ遺産とは何か

ここまでみてきたように、東京大会の評価はさまざまな社会状況のもとで揺れ動いてきた。そして、最終的には、どちらかといえば評価する人が多いという結果になった。それでも、本書の各章でみていくように、東京大会はさまざまな領域とレベルで問題や課題を生み出しつづけてきた。第1章で詳述するが、大会経費は一兆六千九百八十九億円となり、関連経費を含めるとその額は三兆六千八百四十五億円にも上る。私たちはそれがまったくの無駄だったとは考えないが、これほど巨額の資金が投入されながら、その効果がほとんど検証されていないことにこそ日本社会の問題があると考えている。例えば、二〇一二年のロンドン大会については、社会学や都市研究などを中心に、イギリスの多様な研究領域が大会の影響を検証している。これに対して、東京大会では評論的な書籍は何点か刊行されたものの、今日では喧噪が去って誰もこの大会について語らなくなっているようでもある。

冒頭で述べたように、十五年にもわたって日本は東京大会へどのように向き合ってきたのか、そして、その過程で何が生み出されたのか、今後に継承していくことができるものは何なのか、あるいは負の遺産をどのように認識し、修正していくことができるのかが問われなければならないはずである。数あるメガイベントのなかでも、オリンピックは開催理念や社会的意義が問われる特殊なイベントである。多額の経費を費やすことの見返りに、社会を変化させるためのいくつかの重要な取り組みが準備される。東京大会も「多様性と調和」を掲げ、ジェンダー平等の達成や、ＬＧＢＴＱや障害者への理解促進、共生社会の実現を図った。オリパラ教育では、フェアプレーなどスポーツの価値を学ぶとともに、多様な文化や歴史、価値観を学ぶ場が準備された。これらは十分に実を結ばなかったかもしれないが、第４部「価値の変容／社会の変化」でみるように、人々の意識を確実に変化させている。オリパラを開催することの意義はここにも見いだせる。

以上の社会的意義を検証するためには、大会後に継承される遺産を考えることが必要不可欠である。これは、ポスト・メガイベント研究と呼ばれる。そして、この研究は、メガイベントが地域や都市を変化させるという単純な視点にとどまるものではない。既存の社会構造を前提にしながら、都市や地域、さまざまなアクターが大会と出合い、変化が生み出される動態を描き出すことが必要である[16]。

私たちが先行研究や九八年長野大会の調査研究[17]から導き出した手法の一つは、大会が生み出した遺産をある一定の評価枠組みをベースに検証していく方法である。ドイツのスポーツ経済学者でスポーツ社会学者でもあるホルガー・プロイスは意図（計画的に作られたものか／偶然生み出されたものか）、評価（正＝ポジティブ／負＝ネガティブ）、有形性（有形＝ハード／無形＝ソフト）の三軸からなるレガシー・キューブを設定し、遺産を評することを提唱する。私たちはこれに加え、開催前／開催時／開催後という時間軸を導入して遺産を検証したい。これらの評価軸は、遺産をただ分類するためにあるのではなく、それぞれの時間的変化を検証しやすくするためのものである。

東京大会の遺産を明らかにするために、本書では、オリパラのメガイベントとしての構造的諸問題、「東京大会調査」による量的把握のありよう、政治的レガシー、イベント・インフラのネットワーク的基盤などを検証する第１部「メガイベントとしてのオリンピック」、観光、競技場の建設と都市デザイン、後利用、都市のバリアフリー化などを検証する第２部「スタジアムと都市」、ボランティア、ホストタウン、復興五輪、オリンピックに登場した新しいスポーツなどを検証する第３部「ソフトレガシー」、ジェンダーとスポーツ組織、大会が掲げた「多様性と調和」、オリパラ教育、公式記録映画に描かれた記憶などを検証する第４部「価値の変容／社会の変化」を軸として、東京大会を読み解いていく。

大会後に刊行されたいくつかの書籍や雑誌の特集は、東京大会が日本社会の構造に基づいて招致・開催され、日本社会の限界や問題を露呈したと指摘している。[18] 吉見俊哉は、東京大会の舞台と演出、そして演技を支えてきたシナリオ、すなわち日本社会に染み込んだ「戦後日本的なるもの」が、このイベントの再演を通じてぼろぼろと崩壊していくただなかにいると分析する。[19] だとするならば、六四年大会の成功神話の呪縛から解放された私たちが新たな指針を見つけるためには、この東京大会をどのように評価し、反省するのかということから始めなければならないだろう。東京大会は何を生んだのか。この問題意識から、私たちの問いはスタートする。

注

(1)『東京2020オリンピック・パラリンピック競技大会公式報告書』日本語版、東京オリンピック・パラリンピック競技大会組織委員会、二〇二二年、一五ページ

(2) 本書が扱うメガイベントとは、「多岐にわたる都市の改編(インフラ整備、再開発、関連施設の建設など)をともなう時間的・空間的に大規模な国際的イベントを指し、開催した都市、地域、国家に対して顕著な経済的・社会的・文化的インパクトを与えるとともに、長期間残りうる名声と記憶を醸成する効果を有するイベント」を指す。石坂友司/松林秀樹編著『〈オリンピックの遺産〉の社会学――長野オリンピックとその後の十年』青弓社、二〇一三年、一〇ページ。オリンピックがどのようにメガイベント化し、独自の課題や可能性を見いだすに至ったのかについては第2章「メガイベント(活用)が生み出す課題と可能性」(小澤考人)を参照。

(3)『立候補ファイル TOKYO 2020』日本語版、東京2020オリンピック・パラリンピック招致委員会、二〇一三年、五―六ページ

(4)『東京2020大会開催基本計画』東京オリンピック・パラリンピック競技大会組織委員会、二〇一五年、三ページ

(5)『申請ファイル 2020年オリンピック・パラリンピック競技大会』日本語版、東京2020オリンピック・パラリンピック招致委員会、二〇一二年、一ページ

（6）阿部潔「「2020」から「1964」へ──東京オリンピックをめぐる〈希望〉の現在」、小路田泰直／井上洋一／石坂友司編著『〈ニッポン〉のオリンピック──日本はオリンピズムとどう向き合ってきたのか』所収、青弓社、二〇一八年、一九六ページ

（7）石坂友司／松林秀樹編著『一九六四年東京オリンピックは何を生んだのか』青弓社、二〇一八年。開発主義とは「成長政策」「統合施策」「国家統合」などの含意をもつ政治経済システムであり、それに関わる膨大なアクターたちを開発や成長の実現に向けて動機づけていく文化やイデオロギー的装置を伴う。町村敬志「「佐久間ダム」研究の課題と方法」、同編『開発の時間 開発の空間──佐久間ダムと地域社会の半世紀』所収、東京大学出版会、二〇〇六年、二三─二四ページ

（8）吉見俊哉『五輪と戦後──上演としての東京オリンピック』河出書房新社、二〇二〇年、一四─一五ページ

（9）「朝日新聞」二〇一三年十月八日付

（10）当時の新聞の分析については、水出幸輝「2020年東京オリンピック・パラリンピック開催決定と他者──テレビ報道を事例に」（日本スポーツ社会学会編「スポーツ社会学研究」第二十四巻第一号、日本スポーツ社会学会、二〇一六年）が詳しい。

（11）「東京オリンピック・パラリンピックに関する世論調査（平成27年6月調査）」「内閣府 世論調査」（https://survey.gov-online.go.jp/h27/h27-tokyo/index.html）［二〇二三年九月十八日アクセス］。「非常に関心がある」と答えた人が最も多いのが七十歳以上で三二・九％、六十歳から六十九歳では三二・八％となっている。一方、二十歳から二十九歳では二六・九％、三十歳から三十九歳では二三・五％となっている。

（12）「2020年東京オリンピック・パラリンピックに関する世論調査（令和元年12月調査）」「内閣府 世論調査」（https://survey.gov-online.go.jp/r01/r01-tokyo/index.html）［二〇二三年九月十八日アクセス］

（13）第3章「「記憶と評価」からみた東京大会」（石坂友司／松林秀樹／小澤考人）で詳述するが、「東京大会調査」とは、私たちが二〇二二年七月二十八日から八月九日にかけて実施した、ウェブ調査会社の東京都二十三区在住モニター二千四百人を対象にした、東京大会の影響に関するアンケート調査（回収率九六・八％）である。

（14）ビデオリサーチ社の調べによる。データは関東地区の番組平均世帯視聴率を示している。

(15) 例えば、「朝日新聞」(二〇二一年八月七日から八日実施)では「開催したことはよかった」五六%、「よくなかった」三二%、「読売新聞」(二〇二一年八月七日から九日実施)では「開催されてよかった」六四%、「思わない」二八%となっている。

(16) 石坂友司「オリンピック・レガシー研究の隘路と可能性――ポスト・オリンピック研究に向けて」、日本スポーツ社会学会編集企画委員会編『2020東京オリンピック・パラリンピックを社会学する――日本のスポーツ文化は変わるのか』所収、創文企画、二〇二〇年、二四―三六ページ

(17) 前掲『〈オリンピックの遺産〉の社会学』

(18) おもなものを挙げると、吉見俊哉編著『検証 コロナと五輪――変われぬ日本の失敗連鎖』(河出新書)、河出書房新社、二〇二一年)、後藤逸郎『亡国の東京オリンピック』(文藝春秋、二〇二一年)、笹生心太『「復興五輪」とはなんだったのか――被災地から問い直す』(大修館書店、二〇二二年)、阿部潔『シニカルな祭典――東京2020オリンピックが映す現代日本』(関西学院大学研究叢書)、晃洋書房、二〇二三年)、石坂友司責任編集「現代スポーツ評論」第四十六号(創文企画、二〇二二年)、伊藤守編著『東京オリンピックはどう観られたか――マスメディアの報道とソーシャルメディアの声』(ミネルヴァ書房、二〇二四年)など。一方で、大会のポジティブな側面、遺産に焦点を当てたものには日本オリンピック・アカデミー編著『2020+1 東京大会を考える』(メディアパル、二〇二二年)、笹生心太/松橋崇史編著『ホストタウン・アーカイブ――スポーツまちづくりとメガイベントの記録』(青弓社、二〇二三年)などがある。

(19) 前掲『五輪と戦後』三六ページ

第1部　メガイベントとしてのオリンピック

2020/LEGACY

第1章　東京大会開催の経緯と構造的な諸問題

石坂友司

はじめに

一八九六年から始まったオリンピックには百二十年を超える歴史があり、多くの開催都市がその歴史に名前を刻んできた。オリンピックはピエール・ド・クーベルタンが構想したアマチュアの祭典から、商業主義のメガイベントへと変貌し、数度の転機を乗り越え現在に至る。[1] 二〇〇〇年シドニー大会からは、オリンピックとパラリンピックが出合いを遂げ、同一の都市で開催されることになった。オリパラの歴史と開催意義はそれぞれ異なり、同一に論じることは難しいため、ここではオリンピック招致と開催に至る経緯を中心に振り返っておきたい。

1　オリンピック招致が決まるまで

オリンピックの招致活動は二〇一六年大会の招致を目指した第一期（二〇〇六年から〇九年）と、二〇年大会の招致を目指した第二期（二〇一一年から一三年）に分けることができる。

第一期は晴海にメイン競技場を新設し、埋め立て地に会場を置く東京ベイゾーンと、六四年大会の遺産を引き継ぐヘリテッジゾーンを設け、森と水にあふれた「緑の回廊」を作る「緑の五輪」が構想されていた(2)。人と自然、スポーツと社会、過去と未来、陸と水、世界を「結ぶ五輪」を目指し、招致ロゴは「水引飾り結び」をモチーフにするなど、東京でオリンピックを開くべき理由が盛り込まれたプランだったが、招致はかなわなかった。

第二期は二〇一一年七月の立候補からスタートした。日本がオリンピックに初参加した一九一二年ストックホルム大会に向けて、嘉納治五郎が大日本体育協会を立ち上げたのが一一年であり、二〇一一年はそこからちょうど百年目の節目にあたる。計画ではIOC会長のジャック・ロゲを招いた記念式典で再立候補を宣言することになっていた。ところが、この年三月に起こった東日本大震災がこの大会の目的を大きく変化させた。この未曾有の大震災は、津波によっておもに東北地方の沿岸部に壊滅的被害を与えるとともに、福島第一原子力発電所のメルトダウンという事態を引き起こした。当時の日本ではオリンピック招致を検討する余地はほとんどなかったのである。

それでも再立候補を目指す招致委員会が見いだしたのが「復興五輪」という看板である。東京都知事の石原慎太郎はオリンピック招致を継続する大義名分として復興を利用したことをのちに認めている。同年七月、サッカーのなでしこジャパンがFIFA女子ワールドカップで初優勝を遂げた。震災で打ちひしがれる国民を勇気づけたとする言説があふれ、オリンピック招致に向けて「スポーツのチカラ」という言葉が語られるようになった。なでしこが優勝を決める前日、「日本のスポーツ百年」と題された日本体育協会・日本オリンピック委員会の創立百周年記念祝賀式典で、石原から二〇二〇年大会招致への再挑戦が宣言された。新しい招致プランでは、晴海のメイン競技場新設案を放棄して、かわりに選手村を設置、明治神宮外苑の国立競技場を新設してメイン競技場とする案を採用した。これにより、有明を中心とする東京ベイゾーンとヘリテッジゾーンからなる会場クラスタ案と、ほとんどの会場が選手村から八キロ圏内に含まれる「コンパクト五輪」の構想が引き継がれた。この「コンパクト」には中心からの距離が近いという意味と経費を抑えるという二つの意味が込められたが、どちらも準備段階で計画とはほど遠いものになっていった。

2 招致決定から開催までの混乱

二〇一三年九月のIOC総会で、東京大会の開催が決定した。総会前の最終プレゼンでは、首相の安倍晋三が福島第一原子力発電所事故は制御下にあるとする、いわゆる「アンダーコントロール」発言をおこない、復興五輪をアピールした。この発言は実態を反映しておらず、その後のオリンピック批判に必ずといっていいほど引用される定型句になった。安全を強調する復興五輪は原発事故が起こった福島と東京を切り離すことで成立したのである。被災地はいくつかの競技の会場になるだけの存在とされていく。

序章「東京大会は何を生んだのか」（石坂友司）でみたとおり、招致が決定するとオリンピックを祝福するムードが日本に充溢していった。ところが、二〇一五年に二つの白紙撤回問題が社会をにぎわすと、その祝福ムードは不安へと転じていった。

白紙撤回された一つ目は、メイン競技場に予定されていた新国立競技場の建設計画である。詳しくは第7章「新競技場の建設と後利用の課題」（石坂友司）で論じるが、ザハ・ハディドがデザインした斬新かつ巨大な競技場案が採用されるとそれに対して、神宮外苑という歴史的風致地区にそぐわないと建築家の槇文彦を中心に反対運動が起こった。(3)さらに当初予算千三百億円だった建設費が三千億円にも膨らみ、維持管理費にも大幅な赤字が出ることが判明して批判が高まった。この問題は神宮外苑という歴史的空間の保全にとどまらず、再開発によって移転を余儀なくされた都営霞ヶ丘アパート住民の生活問題をも生起し、オリンピックが開発主義と結び付くことをあらわにした。最終的には政治決断で建設計画は白紙撤回され、再公募がおこなわれた。その結果、隈研吾が設計する「水と緑のスタジアム」をコンセプトにした競技場が約千五百六十九億円で建設された。

二つ目の白紙撤回は、大会エンブレム案である。グラフィックデザイナーの佐野研二郎がデザインした大会エンブレムが、ベルギーの劇場のロゴと酷似していたことから、盗用疑惑が持ち上がった。加えて、選考自体が出来レースだったのではないかという疑惑も生じた。[4]インターネットユーザーは佐野の過去の仕事を次々に捜し出し、模倣が疑われる作品を次々にさらし、いわゆる炎上状態になった。この問題を詳しく論じた加島卓によると、「疑惑と説得の衝突」にこそこの問題の核心がある。すなわち、制作者や組織委、専門家はデザインの「使い方」を重視して劇場ロゴとの違いを説明しようとしたのに対して、インターネットユーザーは模倣かどうかにしか興味がなく、評価軸にズレがみられたのである。[5]国立競技場建設案が白紙撤回された直後でもあり、組織委はこのデザインの使用をあきらめ、撤回という選択肢を選んだ。その後、透明性を確保した公募で、野老朝雄の「組市松紋」がエンブレムに選ばれた。

ＳＮＳでの炎上はさまざまな局面で影響力を示した。開閉会式の楽曲担当者や演出担当者が、過去の言動を暴き出されて辞任に追い込まれたほか、森喜朗組織委会長の辞任、コロナ禍でのオリンピック開催に反対する人々によるアスリートへの誹謗中傷など、ＳＮＳ上で生起する批判が現実を動かしていくという、情動を通じた新たなコミュニケーション様式が随所でみられた。[6]

コロナ禍でのオリンピック開催

東京大会最大の混乱はコロナの感染拡大が引き起こした。コロナの発症例が報道されはじめたのが二〇一九年十二月で、二〇年初頭には世界中でさまざまな大会が延期・中止され始め、オリンピック開催か延期かの判断が問われるようになった。二〇年三月には「復興の火」と名づけられた聖火リレーのスタートが予定されていて聖火がギリシャから福島に到着したものの、三月二十四日にオリンピック史上初の大会延期が決定された。学校の一斉休校が始まり、四月には七都府県で緊急事態宣言が発出され、全国に拡大されていった。

その後、感染者数の減少と緊急事態宣言の解除、やがて感染者数が再増加するというサイクルが繰り返され、延期開催年の二〇二一年初頭には第三波を迎え、二度目となる緊急事態宣言が発出された。三月には「まん延防止等重点措置」(「まん防」)が施行され、都道府県単位で集中的な対策を取ることが知事権限で可能になった。森会長の辞任騒動はこの時期に起こっている。新会長に就任した橋本聖子のもと、三月二十五日に聖火リレーが福島のJヴィレッジを出発した。当時の世論が七月のオリンピック開催の是非で揺れていたことに加え、聖火リレーの実施は波紋を呼び、有名人ランナーが相次いで辞退を表明したほか、「まん防」が発令されている都道府県を走る聖火には激しい批判が向けられた。

オリンピック開催直前の七月には最大規模の第五波が到来し、東京に緊急事態宣言が発令された。オリンピックはこの最中に開幕したのである。序章でみたように、コロナ禍での大会開催に対する賛否は感染状況によって大きく揺れ動いた。コロナ禍でオリンピックを開催するべきか否か、無観客にするべきか否か、組織委の判断をめぐって、オリンピックそのものに対する期待は大きく減少し、批判に転じる人々が増えた。オリンピックに関係するさまざまな出来事が批判の対象となり、大小いくつかの辞任劇が繰り広げられたことはすでに示したとおりである。そのなかで、七月二十三日からオリンピックが無観客で開催された。

3　オリンピックの構造的特徴

以上の喧噪と混乱の多くは日本社会に内在する問題が可視化されたにすぎないという見方もできる。例えば、国立競技場の建設を取り仕切ったJSCのずさんな運営は、第三者委員会によって既存の「縦割り組織」の弊害であると指摘されているし(7)、エンブレム問題や組織委理事会での女性蔑視発言は、組織が男性優位のままで、ガバナンスを欠いた不透明な運営をしたせいで発生した。この点で東京大会は日本社会の鏡となり日本の社会構造を見事に映し出したのである。一方で、招致時の賄賂疑惑やスポンサー選定をめぐる汚職、談合事件はオリンピック特有の構造が引き起こした問題である。なかでも、東京大会に対する印象を圧倒的にネガティブなものにしたのが汚職・談合事件である。組織委理事を務めた電通元顧問の高橋治之が受託収賄容疑で逮捕・起訴された。高橋はスポンサー選定や協賛金額、その他の権益に関して、特定の企業に有利な取り計らいをし、コンサルタント料と称した見返り金を受け取った疑いがもたれている。また、テスト大会の入札に際し談合をおこなったとして、組織委大会運営局次長を務めた森泰夫と電通元スポーツ局長補の逸見晃治が逮捕・起訴されている。

オリンピックの歴史のなかで、東京大会は商業主義的特徴を帯びた大会の限界点として記録されるかもしれない。二〇〇〇年代以降に顕著になったＩＯＣ主導のレガシー（遺産）の追求は、北京、ロンドン、リオデジャネイロと引き継がれ、東京大会を迎えるに至った。ＩＯＣは大会を開催することでどれだけポジティブなレガシーを積み増せるのかを開催立候補都市に競わせ、オリンピックの価値を高めてきたのだが、この戦略は、立候補都市が減少して行き詰まった。競技数や参加者数が増加したうえ、レガシーを高めるためには高規格の競技場建設が必要でその建設費が開催費用の高騰を招いてきたからである。ＩＯＣはアジェンダを改定して、開催都市を対話的プロセスで決定するものとし、施設も既存の施設を最大限利用するなど、オリンピックの持続可能性を優先する方針転換をおこなった。東京大会はレガシー戦略の転換点とみることも可能である。

この経緯のなかで、広告代理店・電通はマーケティング専任代理店に選ばれ、スポンサー選定に向けた契約内容の交渉や協議を一手に担った。組織委のマーケティング局にも電通からの出向者が多く名を連ね、組織委に絶大な影響力を保持していた。国内スポンサーの収入はオリンピック史上最高額になる三千七百六十一億円となり、電通が専任代理店業務で得た手数料は三百億円を超えるとみられている（「読売新聞」二〇二二年八月二十日付）。電通は、国内スポンサーをまとめ上げて組織委の収益を高めることに加え、寄り合い所帯である組織委に運営のノウハウを提供して、組織を調整する役割を担っていたのである。

エンブレム問題が発覚した際、組織委では総務や財務、大会運営、マーケティングなどの各部局の幹部が集まって情報を共有する経営会議を設立した。しかし、改革チームを主導した組織委副会長・豊田章男が退任したため、この会議は機能しなかった。総務局長を務めた雑賀真は、組織委自体がさまざまな領域の専門知識を有する人々の寄せ集めだったため、守秘義務などが課されて情報共有がそもそも難しく、ガバナンスに困難を抱えていたと述べている。(8) このように、メガイベントを開催するための構造自体が電通に依存するようになっていたことが、五輪汚職と呼ばれる一連の事件を生んだ。

4　経費問題

オリンピックの最大の特徴の一つで、最後まで人々の関心事であり続けたのが経費問題である。オリンピックには多額の経費が必要で、それが招致計画の見込みを大きく超え出ることはもはや周知の事実となった。オリンピックの予算と最終的な経費を比較した経済地理学者のベント・フリウビヤらの研究では、モントリオール大会からリオ大会まで、夏の大会では平均して二%から三%のコスト超過がみられる。(9) フリウビヤらはコスト超過が発生する原因として、①後戻りできないこと、②期限が決められていること、③白紙委任（症候群）が起きること、④運営上の制約が厳しいこと、⑤計画が長期間にわたること、⑥開催経験の浅い都市が担い続けること（永遠の初心者症候群）、の六点を挙げる。加えて、経済学者のアンドリュー・ジンバリストは、立候補時は開催都市の住民や国民の理解を得ようと予算を抑えるため、招致決定後の計画は拡張される傾向にあること、大会準備に想定外の経費が必要になることなどを指摘する。(10)

一方で、ホルガー・プロイスらはオリンピックがコスト超過を招くことを認めながらも、ほかのプロジェクトと比較したときにオリンピックだけが特別ではないこと、さらには、コスト超過が建設されるインフラの種類、

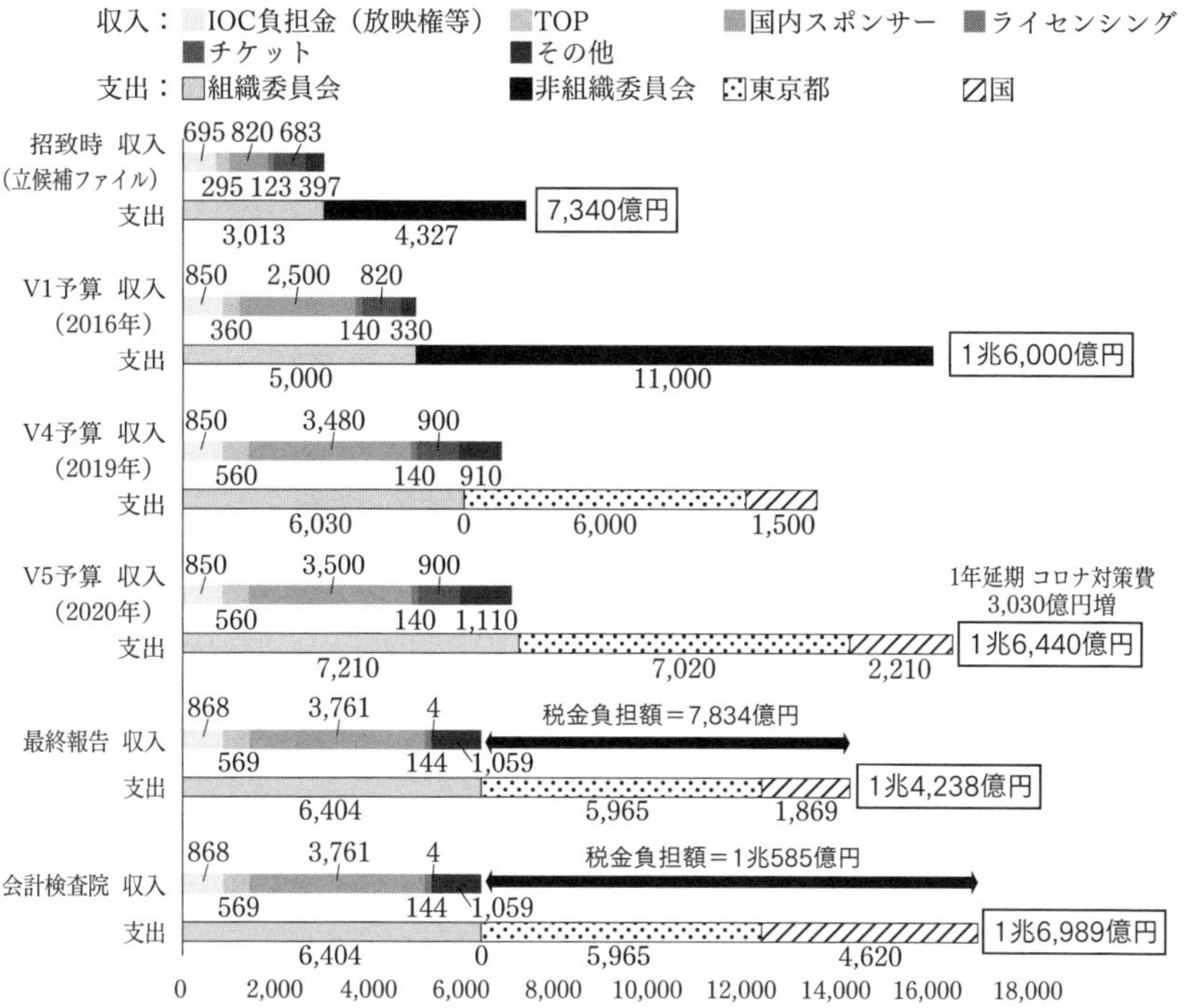

図1　大会予算と経費の推移（単位：億円）
（出典：『立候補ファイル TOKYO2020』〔東京オリンピック・パラリンピック招致委員会、2013年〕、組織委員会公表の予算案〔V1～ V5〕と決算報告、『会計検査院法30条の3の規程に基づく報告書「東京オリンピック・パラリンピック競技大会に向けた取組状況等に関する会計検査の結果について」』〔会計検査院、2022年〕から筆者作成）

国の事情や政治的な目的に左右されることを指摘し、単純にほかの大会と比較することはできないと述べる[11]。そもそもＩＯＣが求める招致段階の『立候補ファイル』は競技場建築などの本体工事費の試算が計上されているにすぎず、開催決定後に周辺整備費を含めた工事費が加われば当然予算超過となる。したがって、それを踏まえた立候補段階の総工事費の見通しをあらかじめ示す必要がある。そのうえで、招致決定後に出される第一次予算（二〇一六年十二月策定、Ｖ１予算と呼ばれる）と実際の大会経費が比較検証されなければならない。全体経費の見通しがきちんと説明されなかったことは会計検査院も大会後に指摘していて、東京大会が残した重大な課題の一つといえる（図１）。

経費の分類

東京都が定義した経費区分は①大会経費＝「大会に直接必要となる業務にかかる経費」（大会運営費と仮設施設整備費）と「大会にも資するが、大会後も活用され、レガシーとして残る新規恒久施設の整備にかかる経費」、②大会関連経費＝「大会にも資するが、大会後もレガシーとして残るものや引き続き展開される業務など、本来の行政目的に密接に関わる業務にかかる経費」、③その他の経費＝「大会にも資するが、大会開催の有無にかかわらず、本来の行政目的のために行われる業務にかかる経費[12]」に分類される。

組織委が公表した決算報告によると大会経費は一兆四千二百三十八億円で、負担内訳は組織委が六千四百四億円、東京都が五千九百六十五億円、国が千八百六十九億円となっている（図1）。収入は、無観客開催でチケット代が予定額の九百億円から四億円へと減収になったものの、国内スポンサー料が三千七百六十一億円と好調で、IOC負担金（テレビ放映権料を含む）八百六十八億円、TOPスポンサー（The Olympic Partners）五百六十九億円、ライセンシング百四十四億円、その他千五十九億円（延期に伴う保険金五百億円を含む）の総額六千四百四億円になった。組織委分の収支は拮抗したため、都や国による赤字補塡はおこなわれていない。したがって、大会経費の税金負担額は都と国が支払った七千八百三十四億円になっている。一年延期したことによる経費の増加（コロナ対策費三百五十三億円を含む）があったものの、保険金の支払いを受けまた無観客開催による削減経費が発生したため、相殺される結果になった。

大会後の二〇二二年十二月に出された会計検査院の報告書によれば、組織委の決算報告には、JSCの支援額千二十六億円などの国の負担分が計上されておらず、実際は一兆六千九百八十九億円（都と国の税金負担分は一兆五百八十五億円）に上る[13]。これをV1予算（予備費を除くと一兆五千億円）と比較すると超過率は一一三％、都と国の税金負担分については、予算（関連自治体も含み一兆円）の一〇六％になった。いずれもわずかながら予算超過をしている。

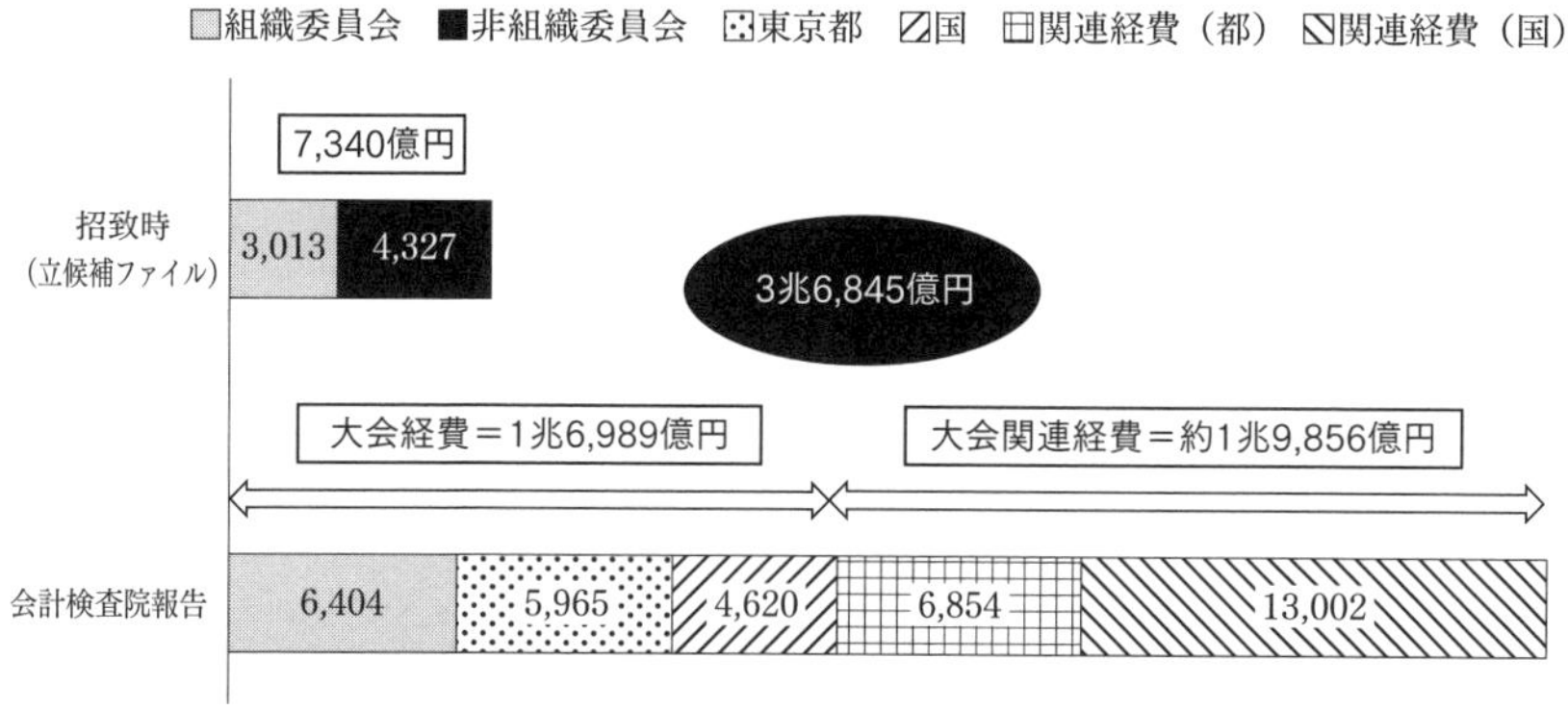

図2　開催経費（大会経費＋関連経費）（単位：億円）
（出典：前掲『会計検査院法30条の3の規程に基づく報告書「東京オリンピック・パラリンピック競技大会に向けた取組状況等に関する会計検査の結果について」』から筆者作成）

大会関連経費

大会関連経費としては、東京都が六千八百五十四億円、国が一兆三千二億円となり、合計で一兆九千八百五十六億円が計上された[14]（図2）。都の関連経費は二〇一七年度から大会までの四年間で八千百億円が見込まれていたが、最終的に六千八百五十四億円に減少し、「大会に密接に関わる事業」（三千八百六十七億円）と「大会の成功を支える関連事業」（二千九百八十七億円）に分類される（表1）。前者のおもな支出は、「円滑な都市運営に資する輸送インフラ（江東区有明から千代田区神田佐久間町を結ぶ環状第二号線などの骨格幹線道路整備を含む）、（競技会場周辺の）セキュリティー対策」などで千六百五十一億円、東京体育館や有明コロシアムなどの「既存体育施設の改修、（選手村整備に伴う）晴海地区基盤整備事業等」で七百六十五億円、「都市のバリアフリー対策、多言語対応等」を含む経費として六百八十二億円が計上された。後者では、無電柱化の推進などを含む「都市インフラの整備」に二千四百七十四億円、東京の観光PRなどを含む「観光振興、東京・日本の魅力発信」に三百七億円が計上されている。このうち東京大会の目玉の一つとされた無電柱化の推進は、一九年度末時点で都道全体の四二％が整備ずみ（二〇一六年度二九％）となり、首都高速中央環状線の内側にあたるセンター・コア・エリアではほぼ一〇〇％（二〇一六年度九四％）の達

各年度内訳				
2017年度（平成29年度）	2018年度（平成30年度）	2019年度（令和元年度）	2020年度（令和2年度）	2021年度（令和3年度）
820	928	1,074	566	478
176	142	329	38	81
366	448	378	305	155
141	183	188	114	56
90	110	133	94	163
47	45	47	15	9
–	–	–	–	16
623	827	987	443	108
523	730	824	370	28
21	21	46	23	39
70	67	82	49	39
9	9	35	1	2
1,443	1,754	2,062	1,009	586

成率となった。また、第9章「開催都市のバリアフリー——変容するバリアフリー概念」（山崎貴史）で論じるように、競技会場周辺や主要駅のバリアフリー化も進んだ。インフラ整備については一定の効果があったといえる。

　これらの関連経費は「都民ファーストでつくる「新しい東京」」の基金を取り崩して捻出した。「都民ファーストでつくる「新しい東京」」が二〇一六年に策定した二〇年度までの四カ年の実施計画をもとに設立した、「セーフシティ」「ダイバーシティ」「スマートシティ」の三つのシティ実現のための基金である。一七年度の時点で二兆七千五百五十六億円が積み立てられていて、コロナ禍による支出もあり二一年度末には一兆五千五百五億円（最終補正後の残高）まで減少したものの、一定額を確保している[15]。また、都が支出した大会経費の五千九百六十五億円についても、都債の発行によらない

表1　東京都の大会関連経費（令和4年11月公表）（単位：億円）

区分		事業費
大会に密接に関わる事業		3,867
	既存体育施設の改修、晴海地区基盤整備など	765
	円滑な都市運営に資する輸送インフラ、セキュリティー対策	1,651
	都市のバリアフリー対策、多言語対応など	682
	教育・文化プログラム、都市ボランティアの育成・活用など	591
	競技力向上施策の推進、障害者スポーツの振興	162
	大会開催に向けた新型コロナウイルス感染症対策	16
大会の成功を支える関連事業		2,987
	都市インフラの整備	2,474
	安全・安心の確保など	150
	観光振興、東京・日本の魅力発信	307
	スポーツの振興	56
計		6,854

（出典：『会計検査院法第30条の3の規定に基づく報告書「東京オリンピック・パラリンピック競技大会に向けた取組状況等に関する会計検査の結果について」』会計検査院、2022年）

という方針のもと、基金を積極的に活用した。「二〇二〇年に向けた集中的・重点的な取組を図る基金」（「東京オリパラ開催準備基金」の積み立てが約四千億円、「防災街づくり基金」「人に優しく快適な街づくり基金」などの六基金で三千億円以上が確保されていた）のほか、「財源として活用可能な基金」を含めると二兆円近くあり、支出はおおむね基金の範囲内でおこなわれた。これは大会開催に伴って市債と県債を積み増した一九九八年長野大会との大きな違いである。[16]二〇二二年度からは、「東京オリパラ開催準備基金」と「二〇二〇に向けた集中的・重点的な取組を図る基金」を束ねて、千四百八十五億円からなる「東京二〇二〇大会レガシー基金」が創設されている。

国の大会関連経費

国の大会関連経費は、「①「大会の円滑な準備及び運営」に資する大会の関連

表2　国の大会関連経費（平成25年度から令和3年度）（単位：事業、百万円）

分類	分野名	大会に特に資する事業		大会関連経費（大会に特に資する事業以外）	
		事業数	支出額	事業数	支出額
「大会の円滑な準備及び運営」に資する大会の関連施策	①セキュリティの万全と安全安心の確保	32	66,411	62	256,357
	②アスリート、観客などの円滑な輸送及び外国人受入れのための対策	7	2,563	36	221,633
	③暑さ対策・環境問題への配慮	7	645	26	399,051
	④メダル獲得へ向けた競技力の強化	17	123,297	5	5,398
	⑤アンチ・ドーピング対策の体制整備	1	1,217	2	940
	⑥新国立競技場の整備	1	96,501	0	–
	⑦教育・国際貢献等によるオリンピック・パラリンピックムーブメントの普及、ボランティアなどの機運醸成	8	8,237	10	4,013
	⑧その他	7	44,380	6	1,593
	（8分野45施策227事業）小計	80	343,255	147	888,988
「大会を通じた新しい日本の創造」に資する大会の関連施策	⑨被災地の復興・地域活性化	12	4,389	11	936
	⑩日本の技術力の発信	7	1,511	29	71,423
	⑪外国人旅行者の訪日促進	1	18	10	45,383
	⑫日本文化の魅力の発信	6	1,226	67	139,218
	⑬スポーツ基本法が目指すスポーツ立国の実現	0	–	20	11,980
	⑭大会を弾みとした健康増進・受動喫煙防止	0	–	1	–
	⑮ユニバーサルデザイン・心のバリアフリー	4	1,576	44	142,279
	（7分野26施策212事業）小計	30	8,722	182	411,221
複数の分野にまたがり、特定の分野に区分できないもの（4事業）		4	3,479	0	–
15分野71施策443事業　合計		114	355,457	329	1,300,209

（出典：前掲『会計検査院法第30条の3の規定に基づく報告書「東京オリンピック・パラリンピック競技大会に向けた取組状況等に関する会計検査の結果について」』）

施策」「②「大会を通じた新しい日本の創造」に資する大会の関連施策」「③特定の分野に区分できないもの」に分類され、十五分野七十一施策四百四十三事業が計上されている（表2）。

①では、八分野四十五施策二百二十七事業（合計八千八百九十億円）がおこなわれていて、いちばん大きな額を支出している分野が、「暑さ対策・環境問題への配慮」（三千九百九十一億円）である。この内訳の大部分を占めるのは、暑熱対策の「アスリート・観客の暑さ対策の推進」（五百十億円）、「環境配慮の推進」（百十八億円）ではなく、「分散型エネルギー資源の活用によるエネルギー・環境課題の解決」（三千三百六十二億円）である。その内訳は、「クリーンエネルギー自動車導入事業費補助金」「水素社会構築技術開発事業」「燃料電池の利用拡大に向けたエネファーム等導入支援事業費補助金」「燃料電池自動車の普及促進に向けた水素ステーション整備事業費補助金」など、おもに経済産業省が計上している。これは東京大会が主導した「カーボン・マイナス大会」、すなわち温室効果ガスの排出抑制を目指す方針に、「水素社会」の実現を目指す政策的取り組みが連動したものである。

国立競技場や「夢の大橋」でともされた聖火が大会史上初めて水素燃料を用いたものであることが宣伝されていたが、これに加え、水素を燃料とする燃料電池自動車が大会関係者の輸送用車両として四百七十五台（全体の一八％）導入された。そして、選手村にも水素エネルギー由来の電気が供給された。この水素燃料は、福島県の浪江町で再生可能エネルギーとして製造されたものである。浪江町は東日本大震災の津波被害、および原発事故の被害を受けた土地であり、復興事業で世界最大規模の水素製造拠点「福島水素エネルギー研究フィールド」が建設されている。大会の水素関連事業は、技術革新の達成と技術力の世界への発信、復興と復興事業をオリンピックを通して結び付けた。(17) これらは舛添要一都政が主要政策に掲げた政策の一つでもあり、「水素社会の実現に向けた東京戦略会議」が設置され、後任の小池百合子は水素社会推進議員連盟（水素議連）の会長を務めていた。(18) 現時点でこの事業の成否を断定的に論じることはできないが、オリンピックが都市開発に加え、技術革新を進める手段として政策的に利用された一例とみることができるだろう。

次に、②では、七分野二十六施策二百十二事業（合計四千百十二億円）がおこなわれていて、「ユニバーサルデザイン・心のバリアフリー」（千四百二十三億円）、「日本文化の魅力の発信」（千三百九十二億円）の支出額が多い。前者は国土交通省による「バリアフリー対策の強化」（七百二十三億円）に厚生労働省の「大会を契機としたユニバーサルデザイン・心のバリアフリーの推進」事業（六百九十九億円）が含まれる。バリアフリー対策は、来客が使う公共交通、ターミナルなどのバリアフリー化やビジネス拠点の整備事業（虎ノ門）が含まれ、これを機に都市環境を向上させようとする戦略的な経費である。[19] 後者は、「文化プログラムの推進」事業（千百七十五億円）がほとんどを占める。外務省や文部科学省は、海外への日本文化の発信や日本語教育、そして、食やアニメ、ポップカルチャーなど世界から「クール（かっこいい）」と捉えられる魅力の発信事業である「クールジャパン」戦略に取り組んできた。これらの戦略がオリンピックと連動していることが見て取れる。また、農林水産省による和食・和の文化の発信強化なども含まれる。

おわりに

ここまで大会の開催までの経緯といくつかの混乱を振り返りながら、オリンピックがもつ構造的な要因について述べてきた。最終的に、大会経費と関連経費全体を足し合わせた支出総額は三兆六千八百四十五億円（税金支出額は三兆四百四十一億円）にも上り、経費膨張の目安とされてきた三兆円を超え出た（図2）。このほか、都や国の「その他の経費」や第11章「開催地域が生み出した遺産――世田谷区のホストタウン事業と「うままち」の取り組み」（石坂友司）で検証するホストタウン事業費など、関連自治体が支出した経費もあり、日本全体ではより多くの税金が投入されたとみられる。それにもかかわらず、これほど多額の税金投入がどのような遺産を生み出したのかについては、十分な検証がおこなわれているとはいいがたい。

メガイベントでは、通常は実現しない多額の財政出動が可能になる。これがメガイベントを招致する一つの理由であることはすでに述べたが、関連経費の支出額はそのことを証明している。すべての経費が無駄になっているわけでもなく、経費を積み増した分だけ遺産が生み出されているともいえるかもしれない。しかし、招致前からその全体像や支出根拠が明らかになっていたわけではない。また、オリンピックのようなメガイベントは都市開発と連動しておこなわれやすく、さまざまな都市計画がオリンピックに合わせて前倒しで実施されて、大会のための支出なのか、そうでないのかという経費の識別が困難になることも指摘されている。このあと各章でそれぞれの経費がどのような遺産を生んだのかについて個別具体的な事例からみていくが、さらに今後十年以上の時間軸を設定して検証を続けていくことが必要である。

注

(1) 石坂友司『現代オリンピックの発展と危機　1940―2020――二度目の東京が目指すもの』人文書院、二〇一八年

(2) 2016東京オリパラ招致委員会「Tokyo2016 メッセージブック」「2016東京オリパラ招致委員会ウェブサイト」(現在は閲覧不可)

(3) 石坂友司「東京五輪がもたらす都市空間の変容」、歴史科学協議会編「歴史評論」第八百三十二号、歴史科学協議会、二〇一九年。加えて、大会後には明治神宮野球場と秩父宮ラグビー場の新設を含む再開発案に対して、樹木や歴史的空間の保全の観点から反対運動が起きた。

(4) 組織委員会が公表した『旧エンブレム選考過程に関する調査報告書（事前参加要請と審査結果の関係について）』(東京オリンピック・パラリンピック競技大会組織委員会、二〇一五年）には、一次審査で不正投票がおこなわれたことが報告されている。

(5) 加島卓『オリンピック・デザイン・マーケティング――エンブレム問題からオープンデザインへ』河出書房新社、

二〇一七年
（6）伊藤守『情動の社会学――ポストメディア時代における〝ミクロ知覚〟の探求』青土社、二〇一七年
（7）『新国立競技場整備計画経緯検証委員会検証報告書』新国立競技場整備計画経緯検証委員会、二〇一五年
（8）吉野次郎「汚れた五輪（下）「日本の欠点噴出」組織委元幹部らが総括」「日経ビジネス」（https://business.nikkei.com/atcl/gen/19/00372/012500015）［二〇二三年十二月六日アクセス］
（9）Bent Flyvbjerg, Alexander Budzier and Daniel Lunn, "Regression to the Tail: Why the Olympics Blow Up," *Environment and Planning A: Economy and Space*, 53(2), Sage Publications, 2020.
（10）アンドリュー・ジンバリスト『オリンピック経済幻想論――２０２０年東京五輪で日本が失うもの』田端優訳、ブックマン社、二〇一六年
（11）Holger Preuss, "Re-analysis, measurement and misperceptions of cost overruns at Olympic Games," *International Journal of Sport Policy and Politics*, 14(3), Taylor & Francis, 2022, Holger Preuss, Wladimir Andreff and Maike Weitzmann, *Cost and Revenue Overruns of the Olympic Games 2000-2018*, Springer Gabler, 2019.
（12）『東京２０２０オリンピック・パラリンピック競技大会における業務と経費について』東京都、二〇一六年、一七ページ。大会に関係する経費は「直接経費」（①大会経費）と「間接経費」（②大会関連経費＋③その他の経費）から構成され、従前から間接経費の検証が十分におこなわれないという課題を抱える（石坂友司／松林秀樹編著『〈オリンピックの遺産〉の社会学――長野オリンピックとその後の十年』青弓社、二〇一三年）。
（13）『会計検査院法第30条の3の規定に基づく報告書「東京オリンピック・パラリンピック競技大会に向けた取組状況等に関する会計検査の結果について」』会計検査院、二〇二二年
（14）東京都支出分については『令和5年度（２０２３年度）東京都予算案の概要』（東京都、二〇二三年、一三二ページ）による。国支出分については会計検査院が政府の取り組み状況報告をもとに各府省に調書の提出を求めて事業支出額を集計したものである。
（15）『東京都の財政』東京都、二〇二二年
（16）前掲『〈オリンピックの遺産〉の社会学』

(17)『東京2020オリンピック・パラリンピック競技大会公式報告書』(日本語版、東京オリンピック・パラリンピック競技大会組織委員会、二〇二二年)でも大会運営の「持続可能性」のパートで水素社会実現に向けた取り組みが記述されている。オリパラでの水素の戦略的利用については、『水素社会の実現に向けた東京戦略会議(平成26年度)とりまとめ』(東京都環境局、二〇一五年)などでも確認できる。

(18) 小澤祥司『「水素社会」はなぜ問題か――究極のエネルギーの現実』(岩波ブックレット)、岩波書店、二〇一五年、五七―五九ページ

(19)『オリンピック・パラリンピックを見据えたバリアフリー化の推進に関する調査研究 報告書――複数公共交通機関の乗り継ぎを考慮した連続的・一体的なバリアフリー経路のあり方に係る調査』国土交通省総合政策局安心生活政策課、二〇一六年

第2章　メガイベント（活用）が生み出す課題と可能性

小澤考人

はじめに

二十一世紀の現在、オリンピックはまぎれもなく世界最大級のメガイベントである。本書が主題とする二〇二〇年東京大会もまたその例に漏れない。しかし草創期のオリンピックは、規模が小さなイベントにすぎなかった。そこから二十一世紀へと至るプロセスで、オリンピックはメガイベントへと変化を遂げた。この変化に伴いオリンピックの課題や可能性をめぐって多くの実践的な取り組みや議論が展開されるとともに、現在のメガイベント活用のあり方が形作られてきた。本章ではオリンピックがメガイベントへ変貌していくプロセスを追いながら、メガイベント活用のあり方について検討を進めていく。

1　イベントを捉える視点

現代社会では、都市再生から地域振興、そして観光まちづくりなど多様な目的のために、スポーツ、音楽、アート、グルメ、ファッション、テクノロジー、その他さまざまなジャンルのイベントが計画され、その効果に期待が寄せられている。本書が主題とする東京大会や二〇二五年の大阪・関西万博のように注目度が高いメガイベントのほか、全国各地で小規模なものから大規模なものまで多様なイベントが企画され、次々と実践されている。

では、そもそもイベントとは何だろうか。一般的な定義を確認すると、英和辞典の“event”の項目には、「重要な出来事、事件。行事、催し、イベント」とある。またイベント学会（一九九八年発足）の知見を参照すると、「何らかの目的を達成するための手段として行う行事・催事である」と記されている。ここで重要なことは、イベントには何らかの目的や計画性が伴うという点である。欧米のイベント研究でも「計画されたイベント」を研究対象とする旨が明記されている[(1)]。その要点をまとめると、イベントとは、①非日常的な特定の時間・場所でおこなわれる活動として、②何らかの目的と計画性をもっておこなわれるものであり、③一種のコミュニケーション活動である、ということになる。ここで「コミュニケーション活動」とは、一方にはイベントの企画や演出の担い手となる「送り手」がいて、その遂行や実現のプロセスを通じて何らかのメッセージを発し、他方には「受け手」となる参加者がいて、これを経験して何らかの形態でリアクションを示す、ということである。以上の視点は、私的な誕生日会や運動会などの小規模イベントから国家イベントなどの大規模イベントに至るまで、おおむね適用可能な一定の普遍性をもつ枠組みであるといえる。

イベントを広く理解すれば、儀礼・祭礼・年中行事などとして人類史に古くから登場するが、何らかの目的や計画性を帯びたイベントが発案・実践されはじめたのは、近代以降のことである。その幕開けが、万国博覧会とオリンピックだった。やがて両者は単なるイベント以上の存在として、「メガイベント」ならではの課題や可能性を見いだされることになる。以下では、オリンピック誕生の風景から現在のメガイベント化へと至る軌跡を振り返っておこう。

2 オリンピックの誕生と発展

周知のように、オリンピックは十九世紀末にピエール・ド・クーベルタン男爵の発案によって、万国博覧会をモデルとして誕生した。万国博覧会は近代イベントの先駆けで、一八五一年の第一回ロンドン万博以降、パリやウィーンなど欧米の大都市で開催された。その目的は、産業革命の成果である工業製品や植民地の産品を世界に展示することにあった。

他方、近代オリンピックに託されたのは「オリンピズムの精神」である。「オリンピズムの精神」とは、心身のバランスが取れた理想的な人間像を称揚するものであり、古代ギリシャ以来の西洋社会に息づく「よく生きること」の理想と関連が深い理念である。もう一つ、オリンピックには国際スポーツの場で各国の若者が交流し、相互理解を深めることで国際平和を実現したいとする「国際主義」(インターナショナリズム)の願いが託されていた。その背景には、十九世紀後半の普仏戦争やその後のパリ・コミューンなど、国家間の紛争やナショナリズムの衝突によって高まる内外の緊張があったと指摘されている。[2] こうしてオリンピックは、よりよい人間や社会のあり方を求める運動として構想され、「平和の祭典」と呼ばれるようになったのである。

もう一点、初期のオリンピックが、アマチュアリズムを参加資格とし、プロ選手の参加を容認せず、スポーツビジネスとも無縁だった点を指摘しておきたい。当初は開催費用もおもに寄付金で賄われ、万博の付属運動会のように開催されたこともあるなど、小規模な国際スポーツ交流イベントにすぎなかったのである。[3]

3　メガイベント化の要因と背景

オリンピックはしかし、二十世紀を通じて西欧から北米へ、やがてオセアニア・中南米、そして東アジアへと、経済成長の地理的拡大をなぞるように世界中に開催地域を広げ、しかも開催規模を拡大しながら「メガイベント」へと発展を遂げることになる。(4) では、何がオリンピックをメガイベント化させたのか。考えられるさまざまな要因のうち、ここでは下記の三点を指摘しておきたい。

一点目は、世界各国が一堂に会しておこなわれる国際イベントである、という点である。近代国民国家の枠組みをベースに各国の代表選手が参加するという仕組みから、観衆は自国選手を応援し、参加選手も観客もいずれもナショナルプライドを喚起されやすい。スポーツ競技での勝敗が、国家間の優劣や覇権競争に容易に結び付く。人々は、開催都市の選出に際しては国家間の招致レースを勝ち抜きたいと熱望し、また大会運営の面では他国に劣らず盛大な大会を演出したいと欲望する。いずれもナショナリズムに由来する欲望である。つまりスポーツ競技をはじめ、大会開催の演出方法、および競技場や都市空間という舞台装置をめぐって、ナショナリズムの欲望を誘発しやすい仕組みこそは、オリンピックに活力（エネルギー）を注ぎ込んできた原動力であると考えられる。

二点目は、その舞台で演じられるのがスポーツという、目で見てわかりやすい身体競技のパフォーマンスであり、しかもマスメディアの発達というテクノロジー的条件と適合しやすかった点を指摘できる。すでに流通していた新聞の活字やラジオの音声に加え、二十世紀半ばにテレビ放送が登場して、視聴者がライブ中継を映像と音のリアルな臨場感とともに楽しめるようになると、オリンピックの人気も爆発的に拡大した。(5) 実際、夏季オリンピック大会は、二十世紀を通じてその開催規模を巨大化させていく（図1）。それに伴い競技場建設や都市インフラの整備費用も膨らみ、開催都市の費用負担はますます重くなっていった。一九七六年モントリオール大会が

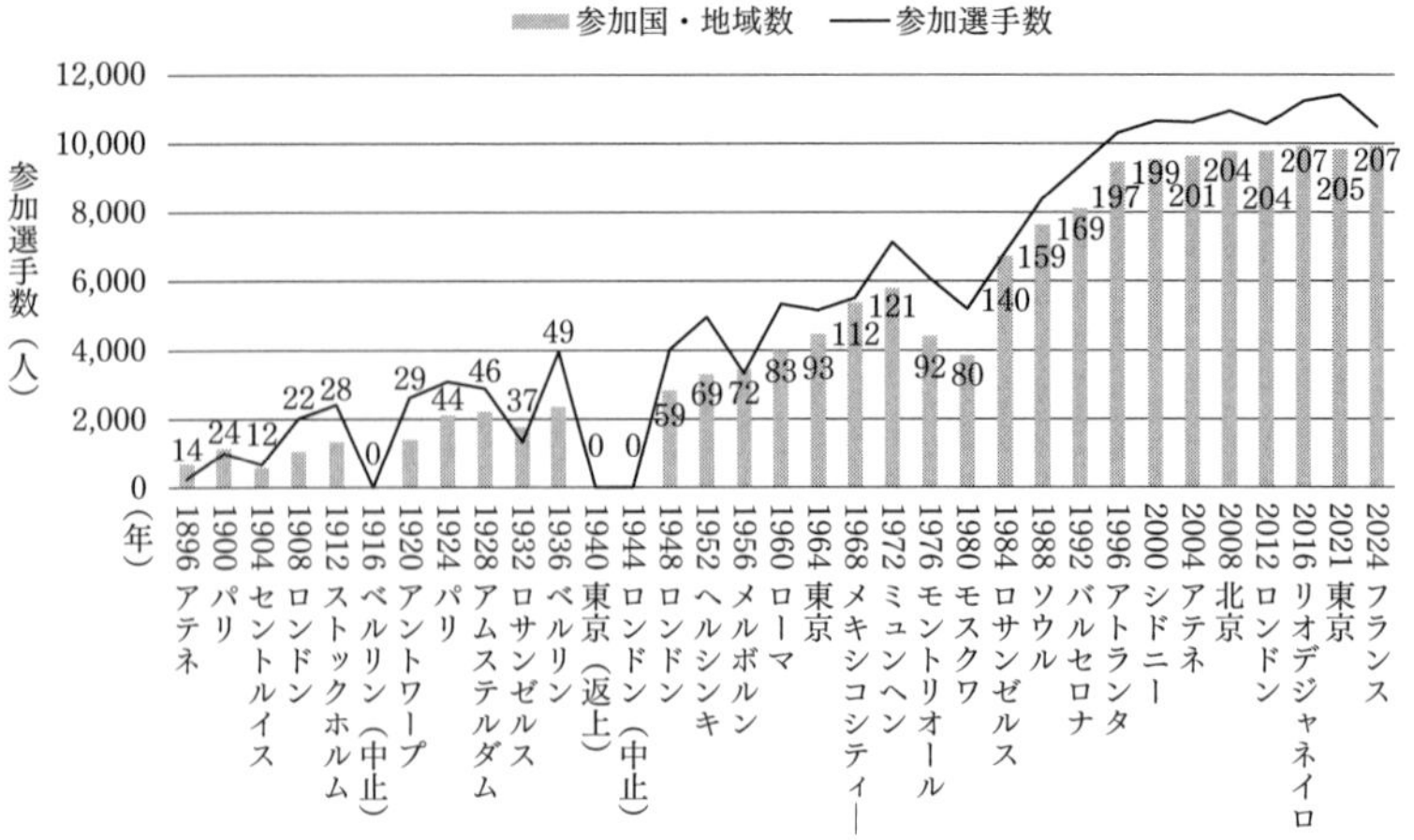

図1　夏季オリンピック参加国・地域数と参加選手数の推移
（出典：オリンピック公式サイト〔https://olympics.com/ja/olympic-games〕から筆者作成）

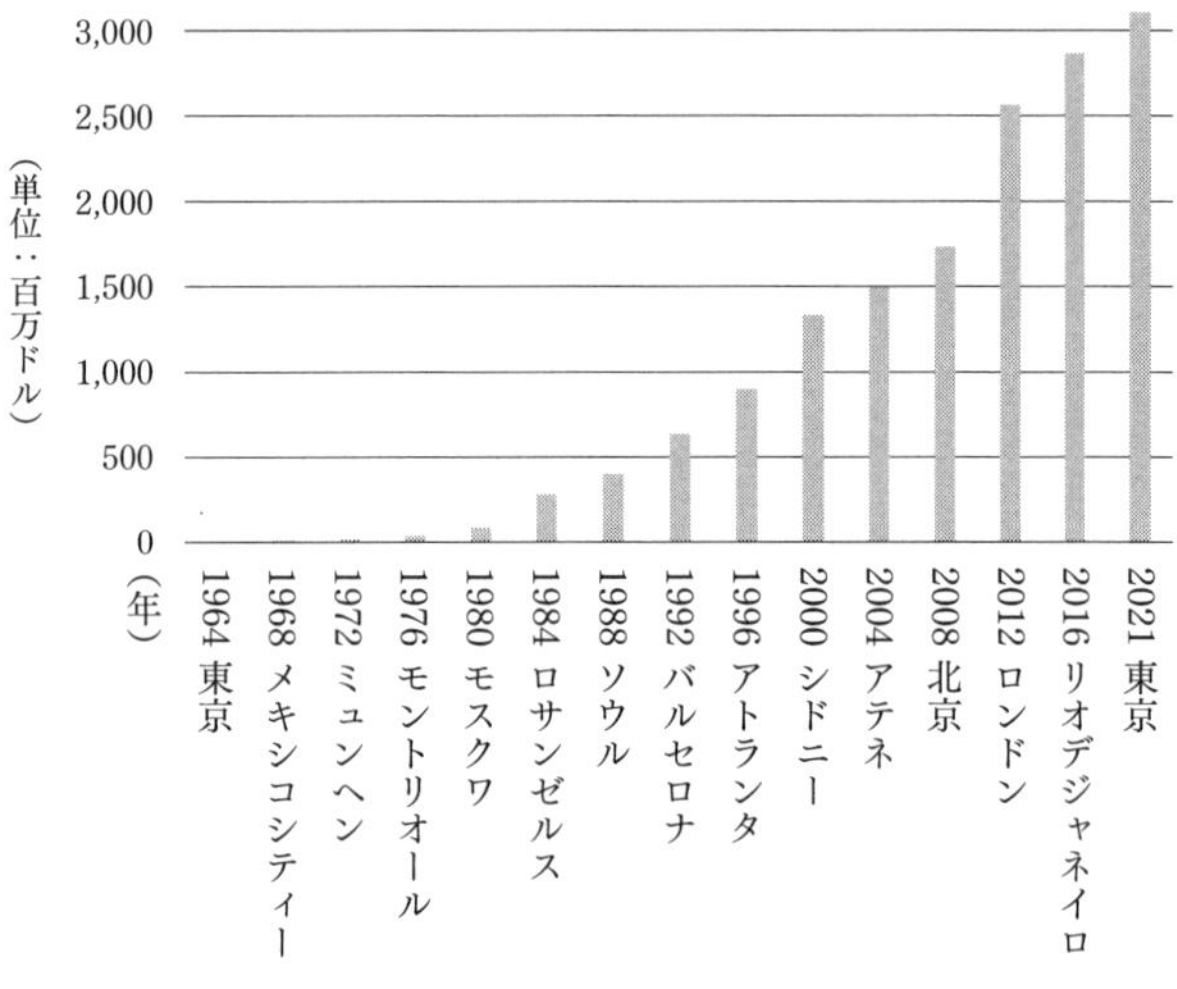

図2　オリンピック（IOC）放映権料収入の推移
（出　典：“Olympic Marketing Fact File 2024 Edition,” International Olympic Committee, 2024）

赤字開催だったことは有名である。このころから、費用負担の軽減や赤字開催の改善が急務となった。⑹

三点目は、その改善策として導入された商業主義化・ビジネス化の戦略である。メガイベント化に伴う負担増大を改善するために導入した商業化戦略であったが、今度はそれがメガイベント化を加速させる推進力になった。いまでは周知のように、一九八四年ロサンゼルス大会では、プロ選手の参加を容認し、人気が高まるオリンピックの放映権をテレビ局に高額で売却して放映権収入を得るビジネスの仕組みを導入した。また、ＩＯＣがスポンサー企業と大会運営のパートナー協力を結ぶオリンピック・パートナー（ＴＯＰ）プログラムが開始された。⑺これ以降、放映権料とスポンサー収入を軸とするスポーツビジネスのモデルが確立し、オリンピックはそれを見たいと思う視聴者（消費者）のニーズと結び付きながら、資本主義のメカニズムのなかで巨額のマネーが動く最大級のメガイベントへと成長した（図2）。現在のオリンピックはテレビ放送にウェブ配信やＳＮＳ配信が加わり、世界四十億人以上が視聴するメガイベントの代表的事例となっている。

4　メガイベント化によって生じる課題や問題

以上、オリンピック誕生からメガイベントへと至るプロセスを確認してきたが、その軌跡はしばしばオリンピックの「発展」の物語として語られる。その一方で「アマチュアリズムから商業主義へ」「スポーツの教育的価値からビジネス戦略的活用へ」など、オリンピックの変質や転向としても語られてきた。現実の歴史をひもとくと、二十世紀後半以降、開催都市の赤字運営、自然環境への負荷、地域社会への開発圧力、招致活動に伴うカネと利権の構造、ＩＯＣの汚職スキャンダル、スポーツ界のドーピング問題など、ネガティブな問題群が噴出し、オリンピック招致に消極的な国々も増えはじめた。その際、一連の問題群のすべてとはいわないまでも、その多くがメガイベント化に伴って発生したといえる。

ではメガイベント化は、具体的にどのような問題を引き起こすのか。中小規模のイベントと異なり、メガイベントの遂行によって生じる課題とは何であるのか。ここでは、本書の主題である東京大会のケースを検証するうえで重要なポイントを軸に検討する。

そもそも、メガイベント化とは何を意味するのか。イベント研究の第一人者ドナルド・ゲッツは、メガイベントとは規模の大きさを指標として分類するもので（例えば世界中から百万人以上を集客するイベントなど）、その代表的事例として万博やオリンピック、ワールドカップ（サッカーとラグビー）があるとする。そして本質的には「その規模や重要性によって、開催都市や開催施設・組織に対して、きわめて高いレベルの観光、メディア報道、誇りや経済効果をもたらすイベント」[8]のことであるという。また石坂友司と松林秀樹はメガイベントについて、「多岐にわたる都市の改編（インフラ整備、再開発、関連施設の建設など）をともなう時間的・空間的に大規模な国際的イベントを指し、開催した都市、地域、国家に対して顕著な経済的・社会的・文化的インパクトを与えるとともに、長期間残りうる名声と記憶を醸成する効果を有するイベント」のことである、との定義を提示している。[9]これをオリンピックに当てはめると、メガイベント化が引き起こす課題として以下の点を挙げることができる。

第一に、スポーツ界という特定分野に収まらない社会性や公共性を帯びることになる。つまりメガイベント化したオリンピックは、国家、都市、もろもろの関連産業、商業空間、公的資金（税金など）、地域社会、自然環境など多くの関連分野と関わり、その影響力が広範囲に及ぶようになる。それは例えば、外部の自然環境や地域社会を侵食してしまう場合には、メガイベントのネガティブな弊害として語られ、逆に周辺の都市開発を促したり大きな経済波及効果をもつ場合には、ポジティブな効果として語られる。

第二に、これと関連して、メガイベントは異なる思惑をもつ多様な利害関係者（ステークホルダー）を巻き込むことになる。例えば、①アスリートやスポーツ団体、②グローバルな組織（IOCなど）、③各国の政府、④都市や地方自治体、⑤スポンサー企業や国内産業、⑥地域住民やボランティアなどの市民、⑦メディア視聴者を含む観戦客など、グローバル／ナショナル／ローカルな水準のさまざまなアクターが多様な形態で関わることになる。つまり多元的な側面が出現し、多様な参加の仕方が可能になる。スポーツ観戦を楽しむ人、政治的思惑で動く人、ビジネスや収益に関心がある人、スポーツ競技に出場したい人など、個々のアクターの思惑はまったく異なり、相互に共有されていない。その意味でメガイベントとは、多様な思惑をもつさまざまなアクターによる「同床異夢」の複合体である。[10]

第三に、メガイベントの開催には巨額の費用を要する。例えば、スタジアムや交通機関を含む都市のインフラ整備から、会期中のスタッフの配置など大会運営に至るまで、十全に実施するには一定以上の金額（例えば数千億円から数兆円）を要し、通常その一部は公的資金で賄われる。このため巨額のコストが有効な投資なのか無駄な浪費なのか、メガイベント開催の是非をめぐって、さまざまな次元でさまざまなアクターからの評価が問われることになる。

第四に、メガイベントの開催は多くの人々を集めることから大規模なスタジアムや交通インフラ、観光関連施設などが必要になる。そのために、必要な場所（空間）と施設を提供する都市の動向が重要になる。例えば、会期後のスタジアムが廃墟や赤字施設になるのか、逆にその利活用が効果的におこなわれるのか、将来の会場跡地や施設利用を見越した都市計画を構想できるのかなど、いずれも開催都市にとって重要な課題となる。

以上を踏まえ、現在のオリンピックの構造についてモデル図を提示すると図3のようになる。オリンピックは、①国際スポーツイベントであると同時に、②メガイベント化した側面をあわせもつことから、それぞれ①を点線、②を実線で分けて示している。オリンピックを①国際スポーツイベントとして捉えると、スポーツ界の内部でおおむね完結した世界として理解できそうにもみえる。[11]しかし現実には、世界中のトップアスリートのパフォーマンスを見たいと思う一般の観衆（＝視聴者・消費者）の欲望を巻き込んで、オリンピックの影響はスポーツ界を取り巻く外部環境である都市・経済・環境・社会などに及ぶ。この構図をイベント論の視点と照らし合わせると、メガイベント化のプロセスを通じて、当初「送り手」主導だったオリンピックがやがて「受け手」の比重が大きくなる過程として、一種の反転現象を見いだすことができるだろう。

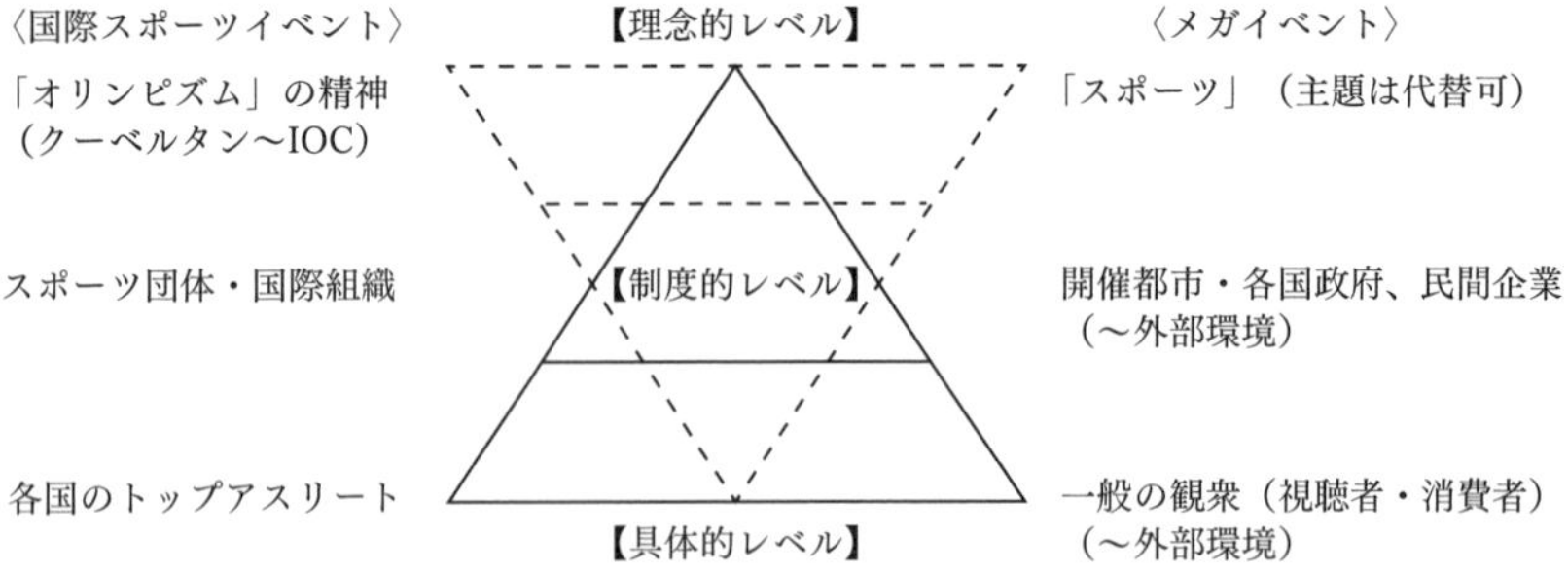

図3　メガイベントとしてのオリンピックの構造（筆者作成）

以上のようにメガイベント化とは、単に規模の巨大化を意味するのではない。オリンピックでいえば、メガイベント化に伴い、直接的なスポーツ界の関係者だけでなく、圧倒的に多様な「部外者」である人・モノなどの外部環境を巻き込んでいく。つまりメガイベント化とは、オリンピックがスポーツ界に収まらない広がりをもつと同時に、オリンピックの遂行にとってスポーツ界の関係者と外部の関係者（例えば開催都市、政府、関連産業など）のいずれが重要かわからないほどの段階へと移行した状態として解釈できる。このことは、メガイベント化がある面では「発展」と見える一方、他方ではむしろ多様な利害関係者を巻き込むことで、誰のためのイベントなのか、イベント開催の「大義」とは何かを容易に決定できない、そうした難しさを帯びることをも意味する。東京大会は、史上初めてパンデミックの渦中で開催されたが、実際に開会式を迎えるまで、開催か延期か、再延期か中止か、さらにコロナ禍でどのような開催方式が適切であるのかなど実に多くの意見が入り乱れ、「〇〇ファースト（選手／国民……）」などの言葉も飛び交いながら、「誰のためのオリンピックか」「何のためのオリンピックか」と大会開催自体の「大義」に対しても疑問が投げかけられた。こうした出来事の背景にも、メガイベント化したオリンピックの構造が深く関わっているといえる。(12)

5　二十一世紀のメガイベントとその動向——都市再生への戦略的活用

前述のとおり二十世紀後半以降、メガイベント化に伴うネガティブな問題群が噴出しはじめた。それによってメガイベントに対する批判的な気運が生じ、オリンピック招致に消極的な国々も一時的に増加した。ところが、二十一世紀に入るころから風向きが変わる。実際、世界中の各都市がさまざまなイベント活用に着手しはじめるとともに、オリンピックを含むメガイベントの開催地として、招致に立候補する大都市も増加しはじめた。これに伴い、イベント研究の成果も社会科学の関連分野（都市計画、地理学、社会学、経営学、経済学など）で増加しはじめたのである。[13]

では、なぜ風向きは変わったのか。その背景にどのような文脈が存在するのか。変化は二十一世紀に入る局面で、世界的に次のような動向が広がってきたために起こった。メガイベントにはどうしても巨額のコストと一定の環境負荷を伴う。それならば、それに伴うネガティブな側面をできるかぎり克服し改善しながら、コストに見合うだけのポジティブな持続的効果を期待し、そこから生まれるさまざまな「効用」（benefit）を最大限に活用しようという考えが広まったのである。具体的には、①グローバル化に伴う都市間競争のなかで、世界中の各都市がメガイベントの誘致とその戦略的活用を競い合う状況が広がりをみせ、これに連動して、②メガイベントに「持続可能性」や「レガシー」の理念を託し、課題解決型イベントとして正当性を与える動向が顕在化しはじめたのである。

まず①からみていこう。ＩＯＣも認めるように、早い事例としては一九九二年バルセロナ大会のケースを指摘できる。バルセロナ市は八六年のオリンピック招致決定から九二年の大会開催を契機として都市再生を一気に加速させ、後年ヨーロッパで旧市街再生の成功事例として「バルセロナ・モデル」と称賛されることになった。もともとバルセロナ市は八〇年代に入り、七〇年代までのフランシスコ・フランコ軍事独裁政権下で疲弊した旧市街を中心とする都市再生を推し進めることにし、その際、オリンピック招致・開催を都市再生の触媒（catalyst）として活用したのである。オリンピック村からバルセロネータにかけての海浜再開発エリアや旧港の再開発に伴うポルト・ベイ地区などは、その最大の成果となった。また歴史と文化遺産・アート・食に関わるクリエイティブ産業が開花し、現在のバルセロナ市のイメージを形作る基盤になった。都市社会学者のエヴァ・カッセンズ・ヌーアは、本来三十年を要するはずの再生事業を五年以内で完遂したとして、バルセロナ大会を活用した都市再生の取り組みを高く評価している。(14)

では、世界各国の都市はメガイベントの誘致とその戦略的活用に乗り出す際、何を目的や狙いとしているのか。モーリス・ロッチェやアンドリュー・スミスをはじめ既存の代表的な研究成果を踏まえると、ⓐ産業構造の転換促進(＝第二次産業から第三次産業・創造産業への転換)、ⓑ都市再生の加速化(＝衰退エリアの再開発)、ⓒ都市のリブランディング(＝古いイメージの更新)、の三点を指摘できる。(15)バルセロナ市の事例で考えるとわかりやすいが、産業構造の転換はもちろん、衰退エリアの再開発からバルセロナ市全体のイメージ転換に至るまで、通常はいずれの課題も多大な労力と時間を要し、その実現は難しく一筋縄ではいかない。こうした課題を一気に推し進め、スピード感をもって解決する方法として、メガイベントの開催に伴って発揮される莫大なエネルギーを戦略的に活用する手法が見いだされたのである。メガイベントの戦略的活用による都市再生は、二十一世紀に入るころから研究者の注目を集めるようになり、これ以降、社会科学の関連分野で多くの研究成果が公表されることになった。そしてこれに関連してもう一つの動向(前記②)も顕在化する。この点については次節で検討しよう。

6　持続可能性への対応——メガイベントのレガシー(legacy)

もう一つの動向とは、②のメガイベントに「持続可能性」や「レガシー」の理念を託し、メガイベントの開催に正当性を与える動きのことである。二十世紀末以降、万博やオリンピックなどメガイベントを活用するにあたって、「持続可能性」や「レガシー」の理念を踏まえた開催のあり方が模索されるようになったのである。ロッチェも指摘するように、その狙いは、巨大な費用と環境負荷を伴うメガイベントの効果を一時的なものにせず、ポジティブな変化を促しながら持続的効果を求める、という点にある。その背景には、国連のミレニアム開発目標（二〇〇〇年から一五年）からＳＤＧｓ（二〇一五年から三〇年）へつながる地球規模の課題として、「持続可能性」と合致した取り組みが経済・社会・環境など各方面で求められるようになったことがある。(16)

こうして二十一世紀に入ると、メガイベント化に伴って発生した課題に対応するために、ＩＯＣはレガシー構想を提唱するようになった。「持続可能性」や「レガシー」の理念をオリンピックに託し、メガイベントの弊害を抑えながら課題解決型イベントとして正当性を与えようとしたのである。二〇〇三年にはオリンピック憲章にも、「ＩＯＣの役割は、オリンピック競技大会のポジティブなレガシーを開催都市、開催地域および開催国に残すことを推進することにある」という一文が明記されるようになった。ＩＯＣ（二〇一二年）によれば、「レガシー」とは、オリンピックの開催を一過的な出来事とせず、開催都市に何かプラスのものを残そうとするコンセプトである。例えば、スポーツ施設や交通インフラ、都市計画などの「有形のもの」（ハード）と、文化的価値の創造・再発見やボランティア、ナショナルプライドなどの「無形のもの」（ソフト）があり、「スポーツ」「社会」「環境」「都市」「経済」の五分野が対象として想定されている。(17)

二〇一二年ロンドン大会は、〇二年の立候補時にレガシープランを招致計画のなかに本格的に位置づけた最初の夏季オリンピックである。大会開催後には「近年で最も成功した大会」と評されるとともに、公式評価報告書（“OGI legacy Report,” 2015）のレガシー評価でもほぼ全般的に高い評価スコアを獲得している。詳細は別稿に譲るが、ボランティア活用をはじめ、イーストロンドンの都市再生、国家ブランディング戦略としての Great キャンペーンなどはいずれも、今日ではロンドン大会のレガシーとして有名である。この大会は模範的な開催モデルとして「ロンドン・モデル」と称され、世界的に高く評価されている。(18)

7 メガイベント活用の合理性と正当性——開催の「大義」をめぐって

近代オリンピックが二十世紀を通じてメガイベント化してきたこと、また二十一世紀に入るころから、メガイベント遂行が生み出すさまざまな課題に対応しながらその可能性を最大限に引き出すことが目指されるようになったことを検討してきた。今日、メガイベントを開催することで、都市再生の取り組み（＝産業構造の転換促進、衰退エリアの再開発、都市のリブランディングなど）の加速化を図る動きとともに、「持続可能性」や「レガシー」の理念を託しながら、開催都市にポジティブなものを持続的に残そうとする動きが広くみられるが、すでに明らかであるように両者の動きは広い意味では重なっている。要するに、さまざまな課題や問題を生じる（懸念が高い）メガイベントに対して、その開催を一過的なものとせず、できるかぎり「効用」を引き出すことに「合理性」を見いだすか、「持続可能性」や「レガシー」の理念に適合する開催のあり方によって「正当性」を与えるか、ということである。現在のグローバルスタンダードとなっているオリンピック開催の「大義」は、このあたりに求められているといえるだろう。

開催の「大義」をめぐって、最後に一点補足すべき事項がある。先に参照したメガイベントに関する町村敬志の論稿は、ある疑問を投げかけている。二十一世紀に入るころから、かつてオリンピックを開催した先進各国の首都（または首都クラスの大都市）が、あらためてメガイベントの開催に立候補するようになったのはなぜか、と。町村はその背景として、新自由主義的な世界環境のもとで自らの「シティセールス」に力を入れる都市の動向に注目しているが、ここでは、メガイベントの誘致と活用に力を入れ始めた国家の動きを中心にみておきたい。

二十一世紀に入るころから世界各国がメガイベントの誘致を本格化しはじめたことは前述したとおりだが[19]、その際、重要な理論的支柱になった考え方が存在する。それは、ジョセフ・ナイによるソフトパワーの考え方であり、またこれに関連して広義の外交戦略ともつながりの深い、①パブリック・ディプロマシーと②ネイション・ブランディングの概念である。要点だけ述べると、①パブリック・ディプロマシーとは、その国や国民に対する関心・好意・信頼を高めて、当該国の対外的なプレゼンス（影響力）を高めようとする志向のことであり、他国の国民を魅了し自国への理解・好意を得ることを目指すものである。[20] 他方、②ネイション・ブランディングの概念は、サイモン・アンホルトらの問題提起を通じて普及したもので、ネイションのイメージと魅力によってグローバルなヒト・モノ・カネ・情報を自国に引き寄せ、国外の消費者・投資家を呼び込むことによって、その国の国際的な競争力を高めようとすることである。[21] 両者は、それぞれ政治面と経済面に立脚しつつ、ソフトパワーに関わりが深い文化や価値を固有の原理としながら、ネイションのイメージや魅力を重視して当該国の国際競争力を高めることを意図している。例として、イギリスのクール・ブリタニアからGreatキャンペーンにつながるソフトパワー戦略や、「韓流」の成功を後押しした韓国の文化産業および文化政策による支援の取り組みを挙げることができる。

ここで重要なことは、こうしたソフトパワーの考え方と関連が深いパブリック・ディプロマシーおよびネイション・ブランディングの一環として、またそれに伴い当該国の国際競争力を高める手段として、世界各国がメガイベントの誘致を国家戦略の一環として本格化している、という事実である。前節で取り上げた二〇一二年ロンドン大会は、まさにこうしたソフトパワー戦略の一環であった。老大国のイメージから脱却して新しいイギリスの魅力とイメージを世界に発信する機会として、イギリスがメガイベントを活用したことは、すでにさまざまに指摘されている。[22] こうした世界各国のソフトパワー戦略は、前述のグローバル化に伴う都市間競争のなかでのメガイベント活用と同じ構造であり、メガイベント活用の「国家間競争」バージョンともいうべきものである。ただしメガイベントの場合、世界各国の首都（または首都クラスの大都市）で開催され、そのため開催国のイメージを世界に伝える舞台となる。ここまでみてきたように、世界各国がソフトパワーを高める国家戦略の一環として二十一世紀に入るころからメガイベント活用を本格化し、その招致・開催に伴う戦略的活用に注力しはじめている、という動向を見落としてはならない。以上は現代社会において、世界各国がメガイベント活用の可能性を追求してきた経緯であり、その意味で現在のグローバルスタンダードともいうべきメガイベント開催の「大義」の一つとして解釈することができる。

おわりに

最後に、本書が主題とする二〇二〇年東京大会に、あらためて目を向けよう。東京都が最初に夏季オリンピック招致に立候補したのは〇五年九月であり、その際に先行モデルとして参照したのが、二カ月前の〇五年七月に開催が決まったばかりのロンドン大会だった。そして一二年に開催されたロンドン大会は、二十一世紀のメガイベント化したオリンピックとして、レガシー戦略の面で世界的に高い評価を受け、一つの成功事例を築いた。では、「ロンドンから東京へ」と自らうたっていた東京大会は、実際どのような軌跡をたどり、いかなる成果を国内外に示すことができたのか、あるいはできなかったのか。また、東京大会の招致・開催にとっての「大義」とは何だったのか。

本書の各章は、メガイベントとして多くの側面をもつ東京大会にふさわしく、多岐にわたる分野の考察で構成してある。それだけに東京大会開催の「大義」とは何か、その「大義」に照らして各分野ではどのような成果や課題が見いだされたのか、という点は大いに興味深い点である。なるほど「復興五輪」としての開催意義の表明も思い出される。しかし二〇一一年三月の東日本大震災は、そもそも立候補（最初が二〇〇五年九月、再招致が〇九年九月）よりもあとのことなので、「復興五輪」が事後的に付加（外挿）された「大義」であることは、誰の目にも明らかである（もちろん付加された「大義」についても、東京大会はそれに応えたのかという問いは残る）。だとすれば立候補時点で、東京大会の「大義」はそもそも明示されていたのだろうか。また、本章でみてきたメガイベント開催の「大義」に関する世界的動向、いわばグローバルスタンダードは、東京大会の招致段階で（特に主催者サイドに）十分に認知されていたのだろうか。あるいは「大義」も曖昧なまま、世界的動向を視野に入れないまま、東京大会は開催されたのだろうか。本書の各章が示す多様な分野の出来事から、この問いに対する答えもより鮮明に浮かび上がってくるはずである。

注

（1）イベント学会の定義についてはイベント学会編『イベント学のすすめ』（ぎょうせい、二〇〇八年）を参照。欧米のイベント研究の視点については、Donald Getz and Stephen J. Page, *Event Studies: Theory, Research and Policy for Planned Events*, 3rd ed., Routledge, 2016, pp. 53-64 を参照。

（2）和田浩一「近代オリンピックの創出とクーベルタンのオリンピズム」（小路田泰直／井上洋一／石坂友司編著『〈ニッポン〉のオリンピック――日本はオリンピズムとどう向き合ってきたのか』所収、青弓社、二〇一八年）を参照。

（3）ジョン・J・マカルーン『オリンピックと近代――評伝クーベルタン』柴田元幸／菅原克也訳、平凡社、一九八八年

（4）夏季オリンピックと主要な国際博覧会の地理的広がりについては、町村敬志「メガ・イベントと都市空間――第二ラウンドの「東京オリンピック」の歴史的意味を考える」（日本スポーツ社会学会編「スポーツ社会学研究」第十五号、日本スポーツ社会学会、二〇〇七年）による分析を参照。万国博覧会に加えてサッカーのワールドカップなども含めると、二〇二〇年代以降、メガイベントはさらに中東諸国（特に湾岸協力理事会〔GCC〕加盟の湾岸諸国）へも開催地域を広げている。

（5）「テレビンピック」の幕開けといわれる六四年大会では、テレビの白黒放送に加え、衛星生中継とカラー放送が始まり、当時の日本人がマラソンやバレーボールの中継に熱狂したことは有名である。テレビ放送とオリンピックの関係については、須田泰明『37億人のテレビンピック――巨額放映権と巨大五輪の真実』（創文企画、二〇〇二年）を

参照。
（6）石坂友司『現代オリンピックの発展と危機 1940―2020――二度目の東京が目指すもの』人文書院、二〇一八年
（7）一業種一企業がTOPスポンサーに認定され、IOCと契約を結んだスポンサー企業は、特定の商品やサービスについて世界規模での独占的マーケティング権を与えられる。
（8）Getz and Page, *op. cit.*, p. 59.
（9）石坂友司／松林秀樹編『〈オリンピックの遺産〉の社会学――長野オリンピックとその後の十年』青弓社、二〇一三年、一〇ページ
（10）小澤考人「コロナ禍のメガイベントとその検証――迷走する2020年東京大会と日本社会」、法政大学大原社会問題研究所編「大原社会問題研究所雑誌」二〇二一年九・十月号、法政大学大原社会問題研究所
（11）説明を単純化するため、ここでの「スポーツ界」には一般の観衆や関連産業を含めない。
（12）東京大会の閉幕後に明らかになった収賄と逮捕劇もまた、その奥深いところではメガイベント化した大会運営の遂行能力に関わる問題が潜在していたであろうことは、本書の第5章「イベント・インフラのネットワーク的基盤と都市経済再編――東京大会の場合」（町村敬志）の分析から浮かび上がる。
（13）前掲「メガ・イベントと都市空間」を参照。また、メガイベント研究と都市再生に関する欧米の研究動向に関しては、邦語文献として成瀬厚「メガ・イベント研究からオリンピック研究へ――地理学的主題の探求」（経済地理学会編「経済地理学年報」第六十六巻第一号、経済地理学会、二〇二〇年）が詳しい情報の紹介・整理をしている。
（14）Eva Kassens-noor, *Planning Olympic Legacies: Transport Dreams and Urban Realities*, Routledge, 2012, pp. 23-35.
（15）Andrew Smith, *Events and Urban Regeneration: The Strategic Use of Events to Revitalise Cities*, Routledge, 2012 および Maurice Roche, *Mega-Events and Social Change: Spectacle, Legacy and Public Culture*, Manchester University Press, 2017 を参照。
（16）Holger Preuss, "Foreword: Legacy Research in the 21st Century," in Ian Brittain, Jason Bocarro, Terri Byers and Kamilla Swart eds., *Legacies and Mega Events: Fact or Fairy Tales?*, Routledge, 2018 および Roche, *op. cit* を参照。

（17）*Olympic Legacy 2012*, International Olympic Committee, 2012、間野義之『オリンピック・レガシー――２０２０年東京をこう変える！』ポプラ社、二〇一三年

（18）二〇一二年ロンドン大会のレガシー戦略については、小澤考人「オリンピック開催地の都市再生とその観光学的意義――レガシー構想以後の「オリンピックと観光」の地平」、観光学術学会編「観光学評論」第八巻第一号、観光学術学会、二〇二〇年、Gavin Poynter, Valerie Viehoff and Yang Li eds., *The London Olympics and Urban Development: The Mega-Event City*, Routledge, 2016 を参照。

（19）Joseph S. Nye Jr., *Soft Power: The Means to Success in World Politics*, Public Affairs, 2004.

（20）Nicholas J. Cull, *Public Diplomacy: Foundations for Global Engagement in the Digital Age*, Polity Press, 2019、金子将史／北野充編著『パブリック・ディプロマシー戦略――イメージを競う国家間ゲームにいかに勝利するか』（ＰＨＰ研究所、二〇一四年）を参照。

（21）Keith Dinnie, *Nation Branding: Concepts, Issues, Practice*, 3rd ed., Routledge, 2022.

（22）国連の世界観光機関（ＵＮＷＴＯ）は二〇一七年に、観光・ツーリズムの観点からメガイベントの戦略的活用に関する参考ガイドを世界の各都市（運営サイド）向けに刊行している（*Maximizing the Benefits of Mega Events for Tourism Development*, World Tourism Organization, 2017）。そのなかで、①メガイベントは都市再生と観光振興にとって目的ではなく手段であること、②その際レガシーの戦略的活用を成功させるには、イベント招致に先立ち開催前・中・後に関する具体的な目標設定と計画的実行が重要であること、③メガイベントは世界中の注目が集まる機会であることから、開催国・開催都市は自らが提示したいイメージを定めて効果的にブランディングやプロモーションに活用することが重要であることを指摘している。その際、代表的な成功事例として二〇一二年ロンドン大会を取り上げている。

第3章　「記憶と評価」からみた東京大会

石坂友司／松林秀樹／小澤考人

はじめに

東京大会のようなメガイベントを評価するとき、開催都市や地域の住民がその大会の影響をどのように感じ取り、評価しているのかという視点が重要になる。また、大会が生み出した遺産に対する評価は時間が経過すると変化するので、時間軸を設定した調査研究が必要になる。私たちはこれまで、長野大会から十年が経過した地域の変化を探るための調査研究を展開してきたが、大会後から一定期間を経て下された評価が大会全体の分析のために必要な指標を提供することを示してきた。(1)

そこで私たちは、大会から一年が経過した二〇二二年七月二十八日から八月九日にかけて、ウェブ調査会社の東京都二十三区在住モニター二千四百人を対象にして東京オリンピックに関する量的調査「東京大会調査」を実施した。(2) 回答者は、二〇二〇年の国勢調査の数値をもとにして、東京都二十三区の人口構成と同じになるように性・年代（十歳刻み）ごとに割り付け数（打ち切り数）を設定し、各割り付け数に達するまで、リサーチ会社のモニタ

表1 調査の概要

		20—29歳	30—39歳	40—49歳	50—59歳	60—69歳	70—79歳	全体
男性	打切数	201	233	255	220	149	137	1,195
	回収数	201	233	255	220	149	137	1,195
女性	打切数	206	229	251	209	147	163	1,205
	回収数	206	229	251	209	147	85	1,127
							回収数	2,322
							配付数	2,400
							回収率	96.8%

ーに回答するように依頼した。七十代以上・女性だけ割り付け数を満たさなかったが（五二・一％）、そのほかはすべてのカテゴリーで割り付け数を満たした。全体の回収数は二千三百二十二人、有効回収率は九六・八％だった。男女別・年齢別の比率を表1に示す。この調査では、一年前の東京大会を振り返って、記憶に残る出来事やプレー、選手などを答えてもらうとともに、日本社会や開催都市の東京に大会がどのような影響を与えたのか、そして大会の目標やビジョンなどに対してどのような評価をしているのかについて答えてもらった。本章ではその結果のうち、主要なものを概観していくことにする。なお、図表の出典は明記したものを除いてすべて「東京大会調査」からのものである。

1 大会への賛否

「朝日新聞」の世論調査での賛否の移り変わりについては序章「東京大会は何を生んだのか」（石坂友司）で示した。その世論調査が全国を対象にしているのに対して、「東京大会調査」は東京都二十三区民を対象にしている。また、大会後一年が経過したあとに過去を振り返っての評価を求めたところも「朝日新聞」の世論調査との相違点である。

図1に示すように、新聞の世論調査結果と同様に、大会への賛否は移り変わっている。招致が決定した二〇一三年九月には、「賛成」「やや賛成」六一・四％、「反対」「やや反対」一九・四％、「どちらでもない」が一九・二％と、賛

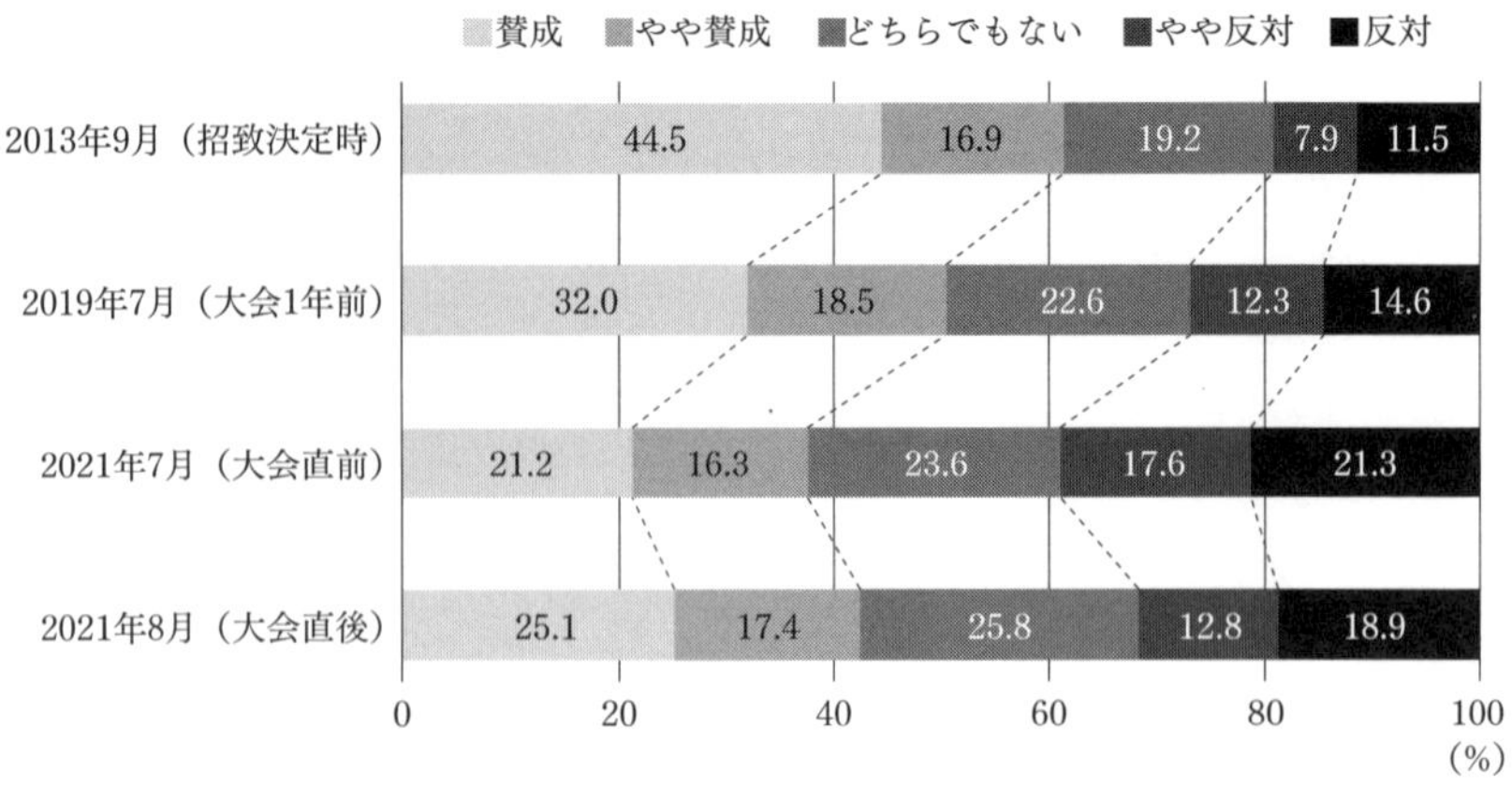

図1　大会1年後から振り返った東京大会への賛否

成が反対を大きく上回っていることが確認できる。本来の開催予定日の一年前にあたる一九年七月には、「賛成」「やや賛成」五〇・五%、「反対」「やや反対」二六・九%、「どちらでもない」二二・六%となり、やや反対が増えたものの、過半数が賛成になっていた。コロナ禍による一年の延期を経た開催直前にあたる二一年七月には、「賛成」「やや賛成」三七・五%、「反対」「やや反対」三八・九%、「どちらでもない」二三・六%のように三つの意見が拮抗し、大会に対する賛否が大きく分かれたことが確認できる。大会直後の二一年八月には「賛成」「やや賛成」四二・五%、「反対」「やや反対」三一・七%、「どちらでもない」二五・八%となった。いくぶん賛成が増加し、反対が減少したものの、賛成（「やって良かった」）が大会後に六〇%近くになった新聞の世論調査とは異なる結果となった。

次に、「全体的にみて、大会は成功だったか」「失敗だったか」というやや抽象的な問いを向けてみたが（図2）、その結果、成功（「成功だった」「やや成功だった」）と答えた人の割合は四三・四%で、失敗（「失敗だった」「やや失敗だった」）の二九・三%をやや上回っている（「どちらともいえない」二七・四%）。図1で尋ねた大会直前の賛否が、この結果にどのように影響を与えているのかを図3でみた。二〇二一年七月時点で大会開催に「賛成」だった人のうち、成功（「成功」「やや成功」、以下同）と回答した人は八二・三%、「やや

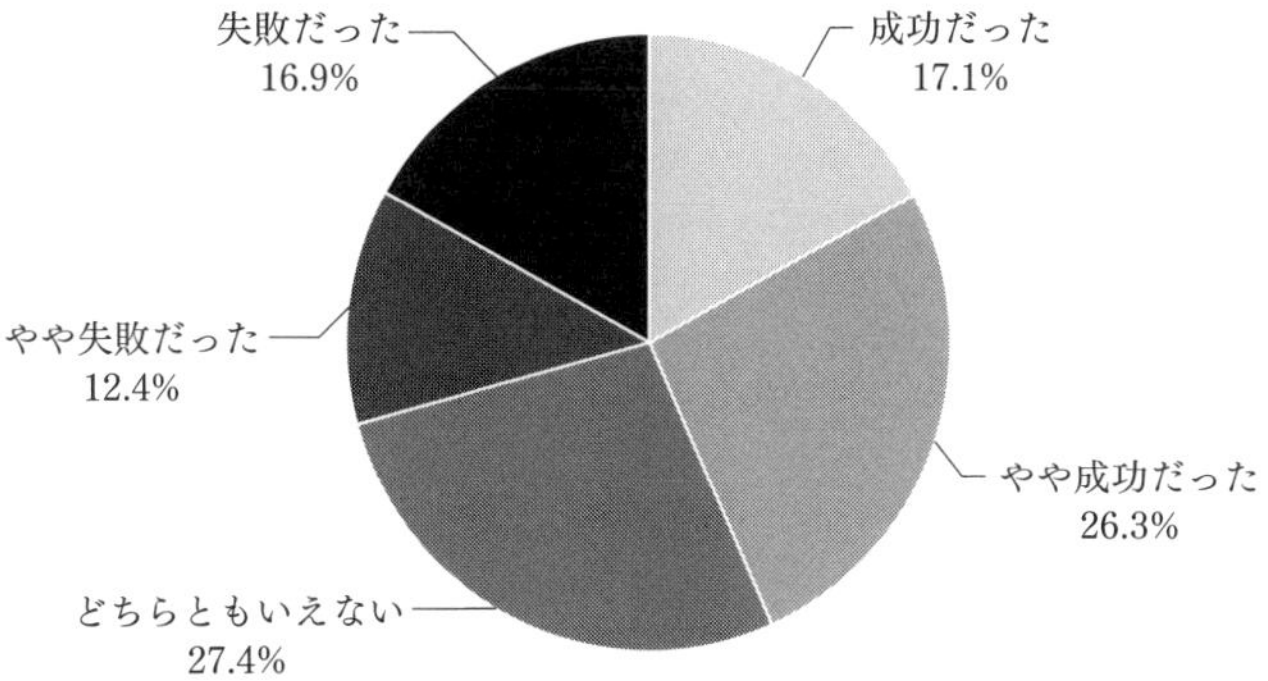

図2　全体的にみて、東京大会は成功だったか、失敗だったか

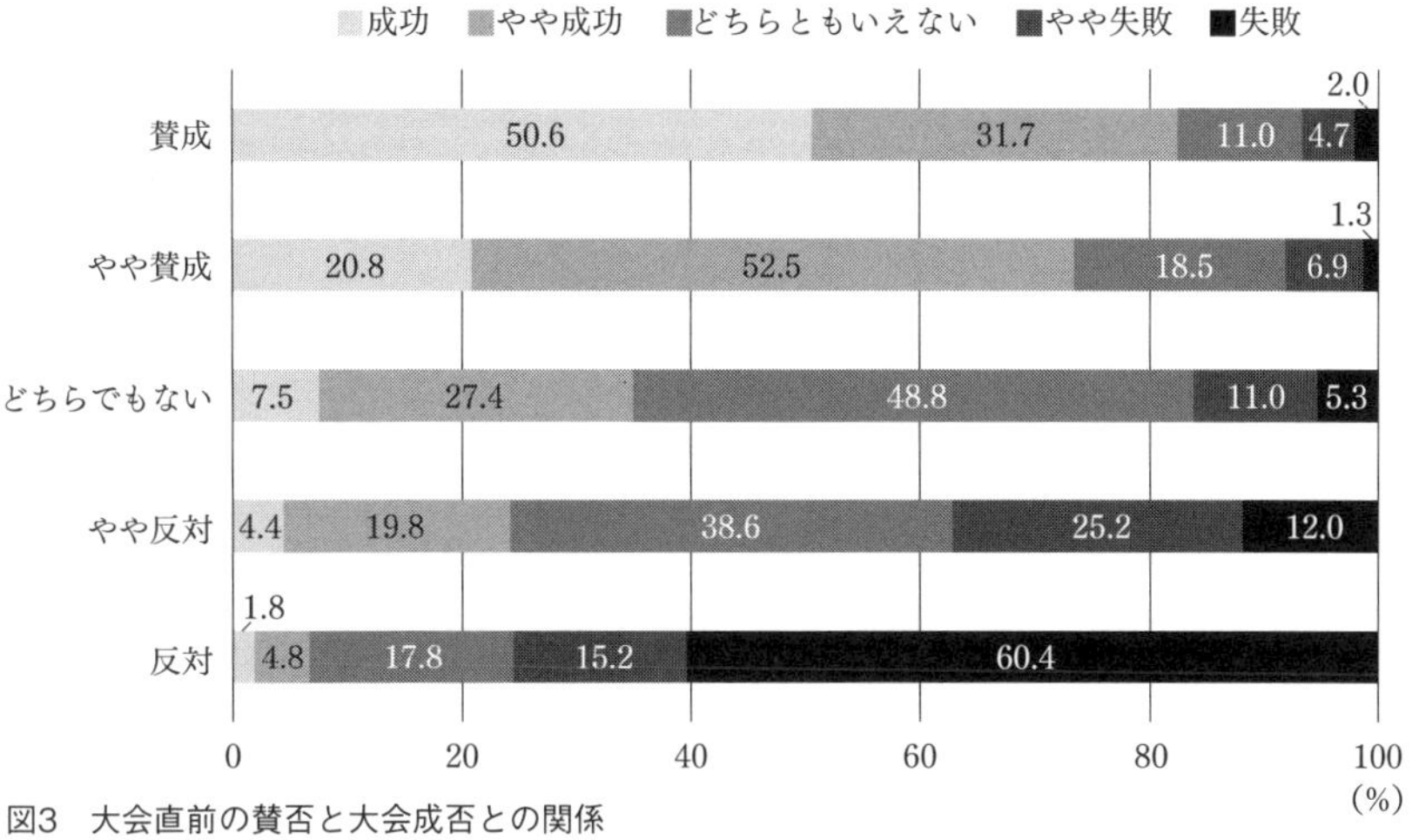

図3　大会直前の賛否と大会成否との関係

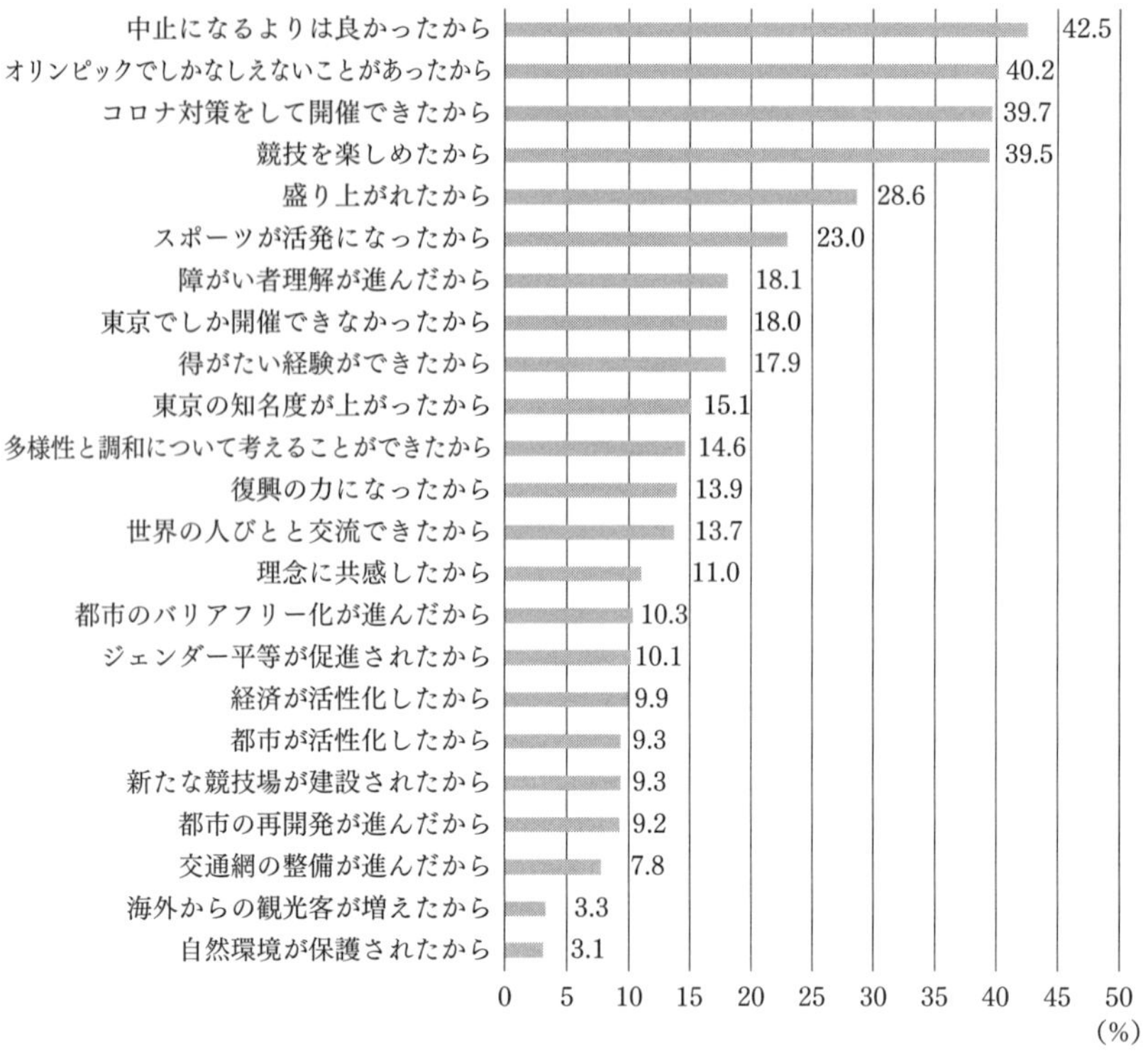

図4　東京大会が「成功だった」と考える理由（複数回答）

賛成」だった人のうち、成功と回答した人は七三・三％になっている。逆に、大会開催に「反対」だった人のうち、失敗（「失敗」「やや失敗」、以下同）と回答した人は七五・六％、「やや反対」だった人のうち、失敗と回答した人は三七・二％になっている。また、「どちらでもない」と回答した人のうち、約半数の四八・八％が成否について「どちらともいえない」と答えている。

　このことから、大会開催に「賛成」「やや賛成」「反対」だった人はこの大会への賛否が成否の評価にそのまま結び付いていることが確認できた。その一方で、「やや反対」だった人は成否の評価が分かれていること、「どちらともいえない」人は成否の評価が変わらなかったものの、成功と答えた人の割合がやや高くなったことが見て取れる（「成功」三四・九％、「失敗」一六・

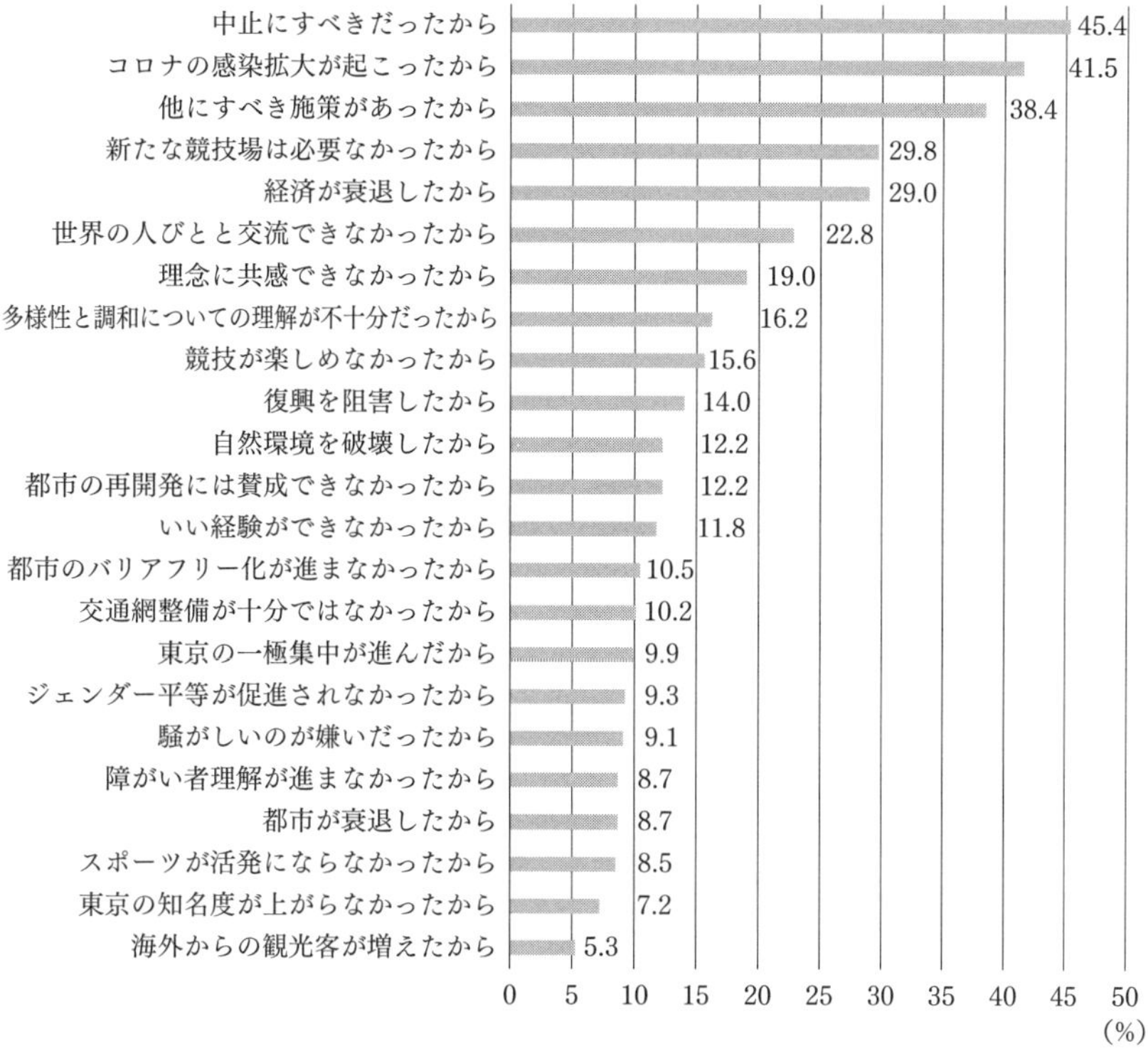

図5　東京大会が「失敗だった」と考える理由（複数回答）

三%）。一方で、「賛成」「やや賛成」、「反対」「やや反対」と回答した群の両方ともに賛成—失敗、反対—成功というように逆の評価をする人がわずかながらいることが確認できる。賛成群にいながら失敗と回答した人のなかには、コロナ禍がなければもっといい大会ができたという意味での「失敗」とした人がいると思われる。また反対群にいながら成功と回答した人のなかには、大会自体には賛成だがコロナ禍での開催には反対で、結果的になんとか大過なく閉会までこぎ着けたので「成功」と回答した人がいると思われる。

次に、図2でそれぞれ成功／失敗と回答した理由について、あらかじめこちらで用意した選択肢から複数回答で選んでもらった結果が図4・図5である（選択肢はそれぞれ二十三ずつあり、自由記述の「その他」を除いて表示した）。成功と答えた人の理由は、「中止になるよりは良かったから」四二・五％、「オリンピックでしかなしえないことがあったから」四〇・二％、「コロナ対策をして開催できたから」三九・七％、「競技を楽しめたから」三九・五％、「盛り上がれたから」二八・六％の順に多く、失敗と答えた人の理由は、「中止にすべきだったから」四五・四％、「コロナの感染拡大が起こったから」四一・五％、「他にすべき施策があったから」三八・四％、「新たな競技場は必要なかったから」二九・八％、「経済が衰退したから」二九・〇％の順に多くなっている。コロナ禍に開催されたことについての判断が成功／失敗両群ともに上位にきていることが示された一方で、成功群はオリンピックの内容（価値や競技）についての評価が、失敗群は施策についての評価が重視されたことが見て取れる。

また、成功群では、競技場の建設や交通網の整備といういわゆるハードレガシーを成功の理由として挙げた人の割合は低く、障害者理解が進み、多様性と調和について考えることができたという、いわゆるソフトレガシーを理由として挙げた人の割合がわずかながら高い。一方の失敗群では、ハードレガシーの不十分さを失敗の理由に挙げた人の割合は高く、ソフトレガシーに関することを理由に挙げた人の割合は低い。以上の点から、成功・失敗両群ともに、ハード／ソフトレガシーについてはある程度同じ観点から評価をおこなっている可能性が示唆される。

2　大会の記憶と観戦・参加実態

大会の記憶

大会一年後に振り返ったとき、どのようなことを記憶しているのかについて、出来事、競技の内容について、あらかじめこちらで用意した選択肢から複数回答で選んでもらった。出来事の記憶（図6）では「森喜朗組織委員会会長の辞任」を記憶している人が五二・五％といちばん多く、「札幌へのマラソン会場移転」四六・六％が

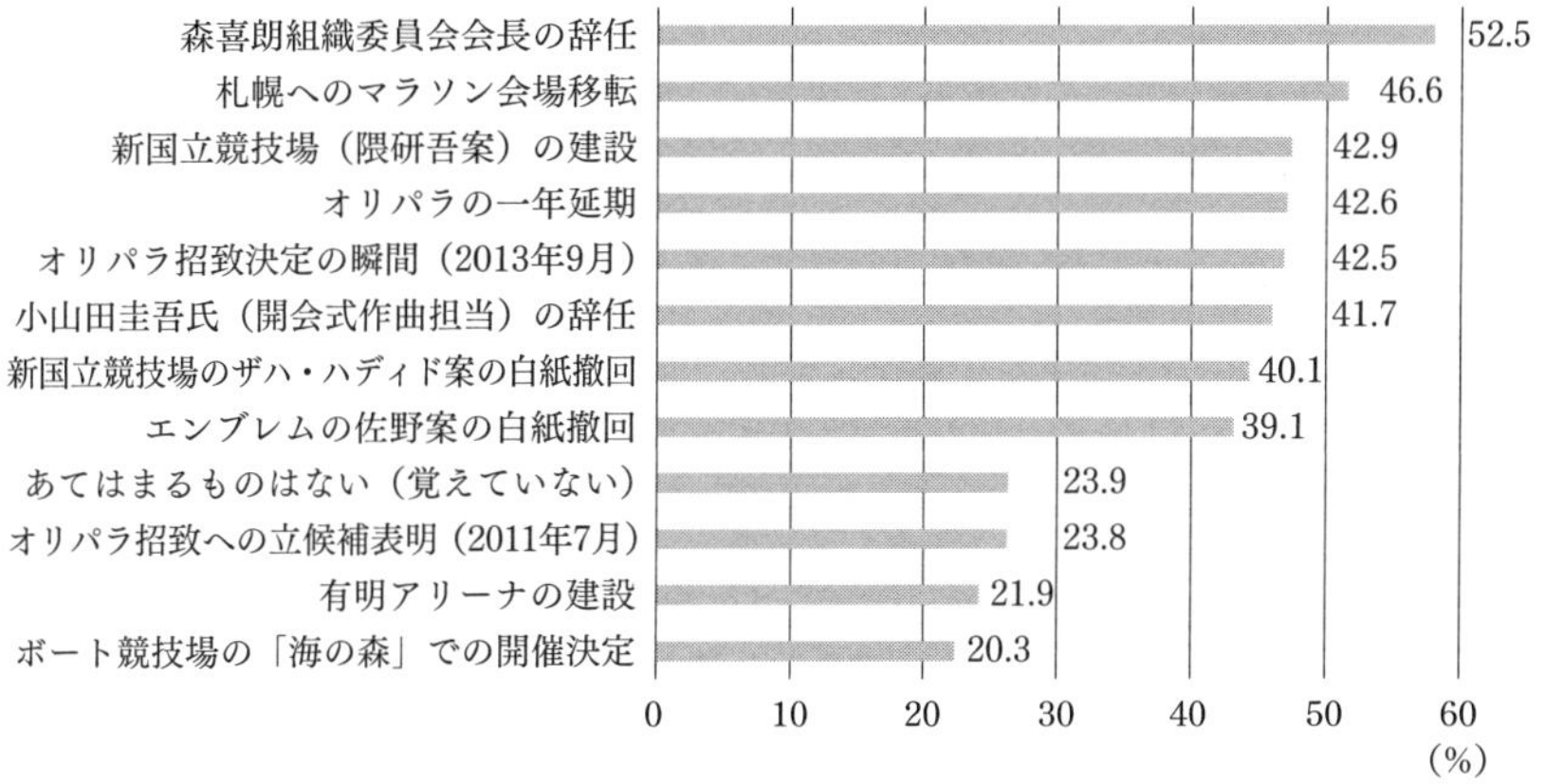

図6　東京大会の記憶（出来事）

次に続く。「オリパラの一年延期」四二・六%、「小山田圭吾氏（開会式作曲担当）の辞任」四一・七%、「新国立競技場のザハ・ハディド案の白紙撤回」四〇・一%のような混乱の記憶に加え、「オリパラ招致決定の瞬間（二〇一三年九月）」、「新国立競技場（隈研吾案）の建設」の記憶などを回答した人の割合が四〇%を超える結果になった。復興五輪を掲げて立候補した「オリパラ招致への立候補表明（二〇一一年七月）」二三・八%を始めとする競技場の決定プロセスについて記憶している人は二〇%程度にとどまった。

次に、オリンピックの競技内容（オリパラの開閉会式を含む）についての記憶を聞いたのが図7である。オリンピックの開閉会式を記憶している人が多く、それぞれ「開会式」五四・〇%、「閉会式」三七・九%になっていて、「聖火リレー」も三七・六%（「大坂なおみ選手の聖火点灯」が三三・〇%）と上位にきている。パラリンピックの開閉会式は、「開会式」二〇・二%、「閉会式」一五・九%とオリンピックに及ばないものの、テレビ視聴率の高さから多くの人が視聴し、記憶していることがわかる。

その他競技では「卓球混合ダブルスの金メダル」三九・〇%、「スケートボード選手の活躍」三一・二%、「男女柔道チームの活躍」二八・七%、「女子ソフトボールチームの金メダル」二八・六%、「男子野球チームの金メダル」二七・三%と金メダル獲得競技を中心に記憶している人が多く、メダルを逃した競技を記憶してい

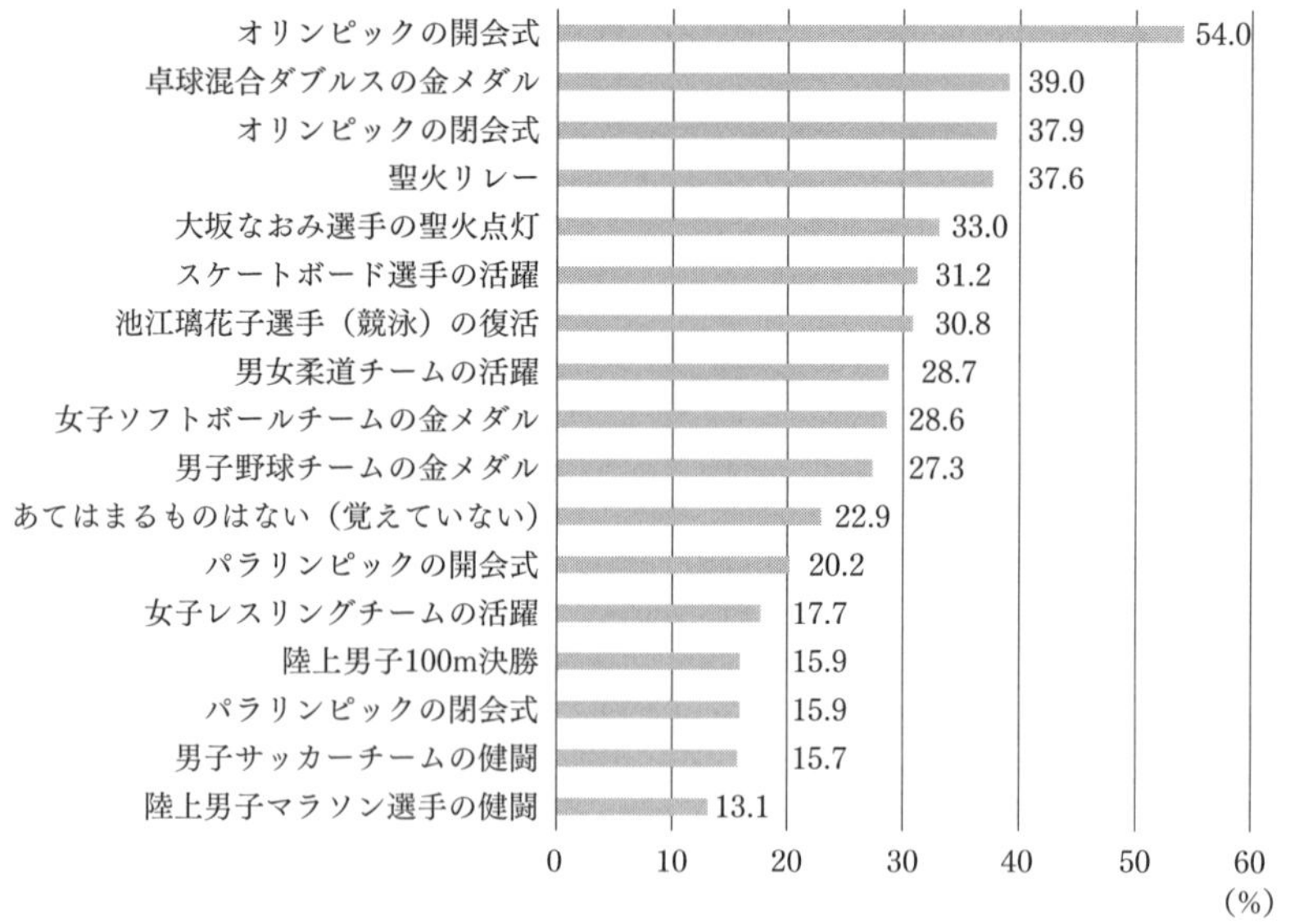

図7　東京大会の記憶（オリンピック競技）

る人が少ない傾向がみられる。一方で、「池江璃花子選手（競泳）の復活」は三〇・八％になっていて、病気から回復してオリンピックに参加したことが記憶に残っていることがわかる。

視聴実態

オリンピック競技とパラリンピック競技をどのように見たのかについて、大会直前（二〇二一年七月）の賛否がどのように影響しているのかを比較したのが図8・図9である。なお、今回の調査では現地観戦についても聞いているが、無観客開催になったせいで、大会スタッフ以外はほぼ観戦実績がなかったため、分析から除外した。まず全体の傾向についてみていくと、オリンピック競技については、テレビを「見ていない」人の割合が二三・八％で、「ほぼ毎日」「二・三日に一回」見たという積極群の視聴率は四七・〇％だった。「gorin.jp」など、いわゆるストリーミング放送で観戦したインターネットについては利用度はあまり高くなく、「見ていない」人が六八・六％だった。とはいえ、約三〇％の人がインターネットで何らかの視聴をしたことは、テレビからインターネットへとコンテンツの拡大が始まっているオリンピッ

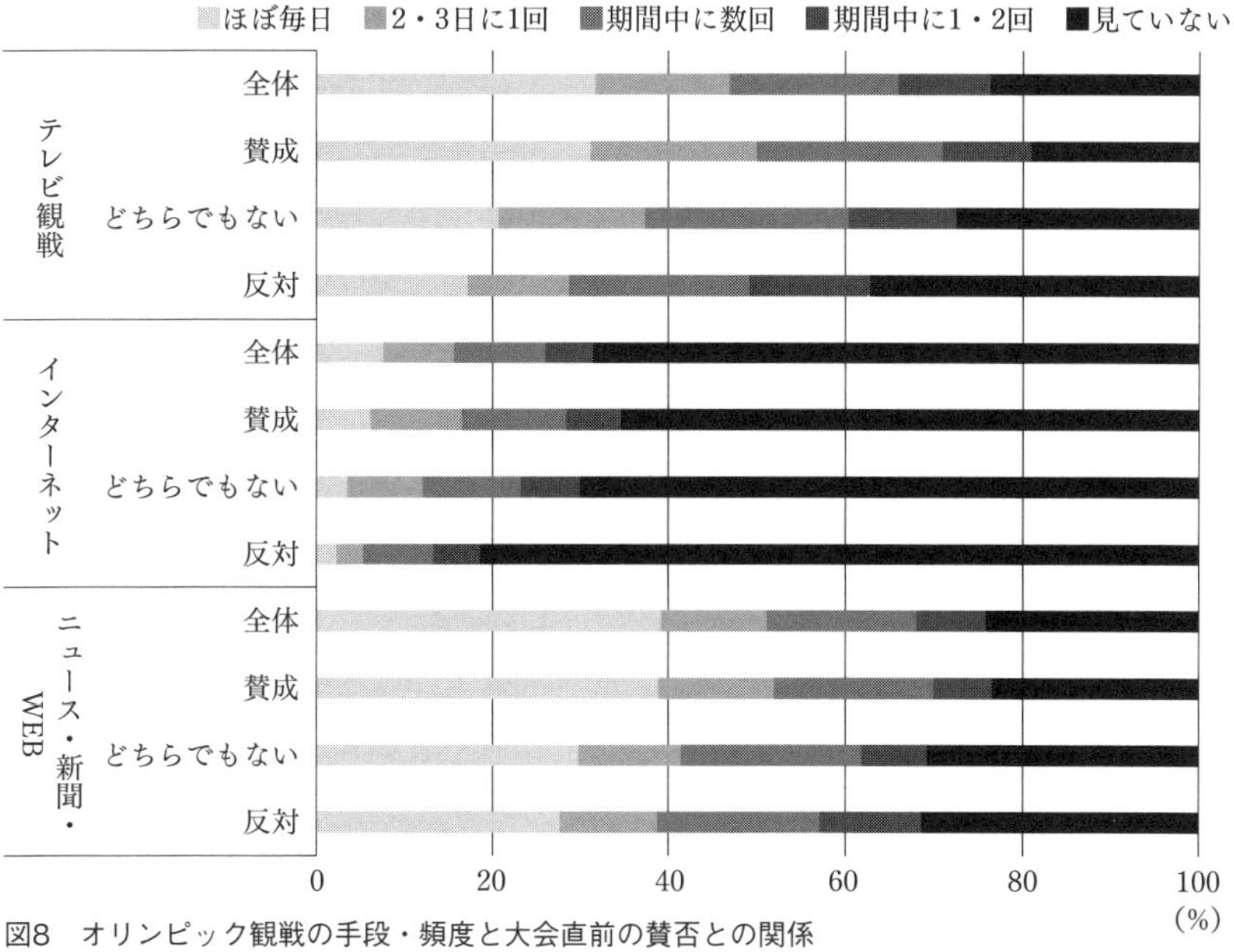

図8　オリンピック観戦の手段・頻度と大会直前の賛否との関係

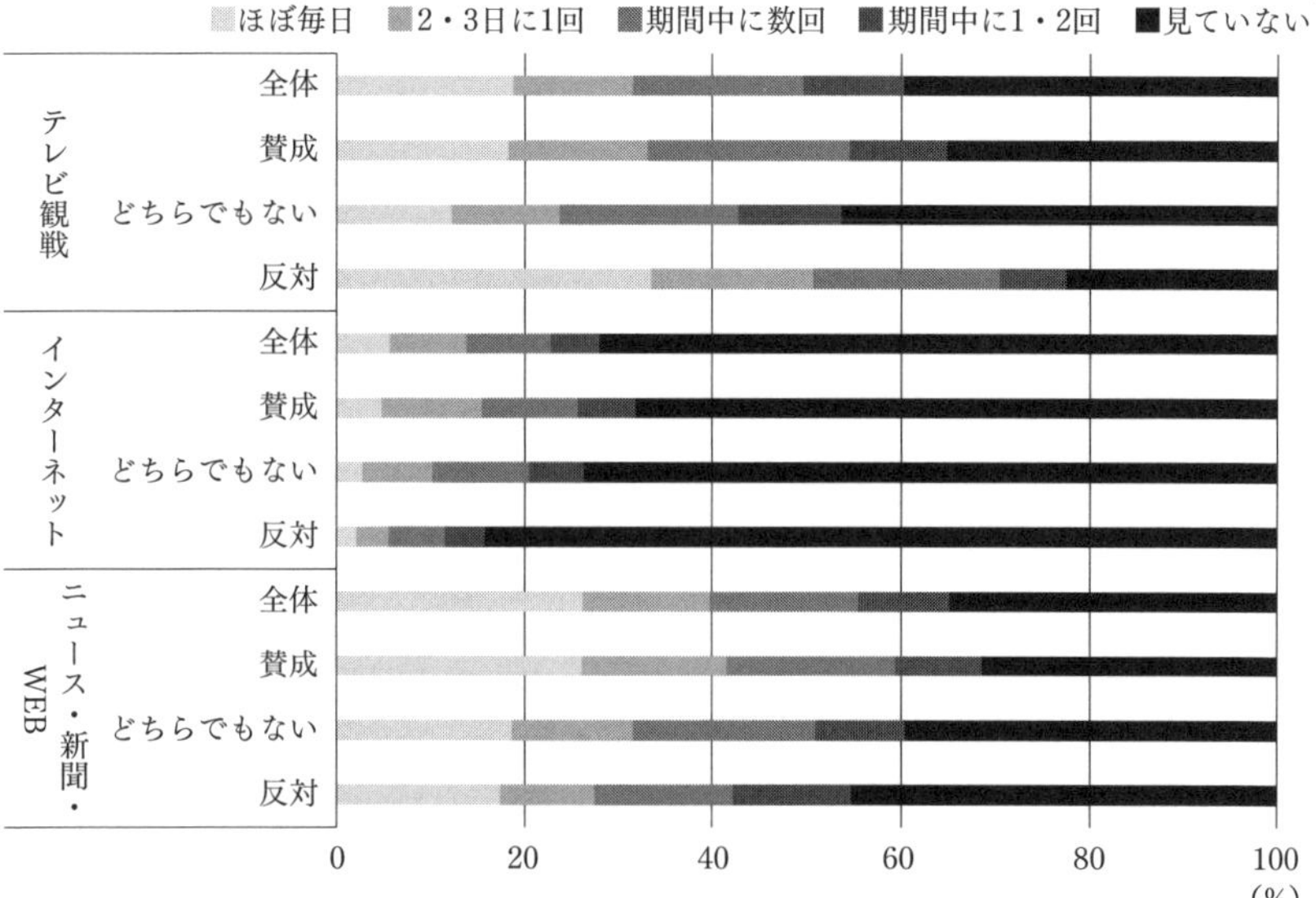

図9　パラリンピック観戦の手段・頻度と大会直前の賛否との関係

ク放映にとっては意味がある数字かもしれない。ニュース・新聞・ウェブなどで結果だけを確認した人についてもテレビと同様で「見ていない」人の割合が二四・三%で、積極群の視聴率は五一・二%だった。

パラ競技は、全体ではテレビを「見ていない」人の割合が三九・七%とオリンピックよりも高いが、「ほぼ毎日」「二・三日に一回」見たという積極群の視聴率は三一・六%だった。これまでのテレビ視聴率が一桁台だったことを勘案すれば、多くの人がテレビで視聴したといえる。インターネットについてはオリンピック競技と同様に利用度はあまり高くなく、「見ていない」人は七二・〇%だったが、こちらも約三〇%の人が何らかの視聴をしたことに積極的な意味を読み取るべきだろう。ニュース・新聞・ウェブについてはオリンピック競技ほど見られていないが(「見ていない」人が三四・九%)、積極群の視聴率は三九・八%だった。

次に、大会直前(二〇二一年七月)の賛否とオリンピックの視聴実態の関係をテレビとニュース・新聞・ウェブについてみてみたい。テレビについては、積極的に視聴した人々に着目すると、大会の開催に賛成(「賛成」「やや賛成」)だった人のうち五〇・〇%、反対(「反対」「やや反対」)だった人の二八・七%、「どちらでもない」と答えた人の三七・三%が積極的に視聴していて、賛成に比べて割合は減るものの、反対だった人もテレビでの積極的な視聴をおこなっていたことがわかる。一方で、「見ていない」人の割合では、賛成一九・一%、反対三七・三%、どちらでもない二七・六%となり、反対だった人の割合が高いが、賛成だった人のなかにも一定の割合で視聴していない人がいたことが示された。

ニュース・新聞・ウェブについては、積極的に視聴した人々に着目すると、賛成五一・九%、反対三八・七%、どちらでもない四一・五%が視聴していて、テレビ同様に反対だった人も積極的な視聴をおこなっていたことがわかる。一方で、「見ていない」人の割合では、賛成二三・五%、反対三一・五%、どちらでもない三〇・九%となり、こちらもテレビ同様に、反対だった人の割合が高いが、賛成だった人のなかにも一定の割合で視聴していない人がいたことが示された。

同じく大会直前の賛否とパラリンピックの視聴実態の関係をテレビとニュース・新聞・ウェブについてみてみ

たい。テレビについては、積極的に視聴した人々に着目すると、大会の開催に賛成だった人のうち三三・二%、反対だった人の五〇・七%、「どちらでもない」と答えた人の二三・八%が積極的に視聴していて、反対だった人のほうが賛成だった人よりもテレビでの視聴を積極的におこなっていたことが示された。一方で、「見ていない」人の割合では、賛成三五・二%、反対二二・五%、どちらでもない四六・三%となり、賛成だった人に比べて、反対だった人の視聴率が高いことが示された。この数値が示された理由は確定できないが、東京大会開催の賛否では、オリンピックとパラリンピックでは受け取り方に違いが見られ、オリンピックのほうがより反対の気持ちを抱きやすかったこと、オリンピックが開催されたことでパラリンピックに対して反対する気持ちが薄らいだことなどが仮説として提示できるだろう。

ニュース・新聞・ウェブについては、積極的に視聴した人々に着目すると、賛成四一・六%、反対二七・五%、どちらでもない三一・六%が積極的に視聴していて、こちらは賛成の人のほうが視聴率は高いが、反対の人も積極的に視聴していたことがわかる。一方で、「見ていない」人の割合では、賛成三一・五%、反対四五・二%、どちらでもない三九・七%となり、反対だった人の割合が高いが、賛成だった人のなかにも一定の割合で視聴していない人がいたことが示された。

参加実態

都民にとって東京大会は自ら参加できるイベントであり、図10の選択肢に示したように、準備段階から実に多様な参加型のプログラムが提供されていた。そこで、自身や家族が参加したものについて答えてもらった。ほぼすべてのイベントや取り組みで参加率はそれほど高くなく、三%未満にとどまっているが、唯一「SDGsへの取り組み」七・三%だけが突出して高い。これが東京大会がどのように影響した結果なのか確かなことはわからないが、何らかの影響を及ぼしたことは事実である。東京大会は、持続可能性コンセプトとして「Be better, together――より良い未来へ、ともに進もう。」を掲げていた。そして二〇一五年に国連総会で採択された

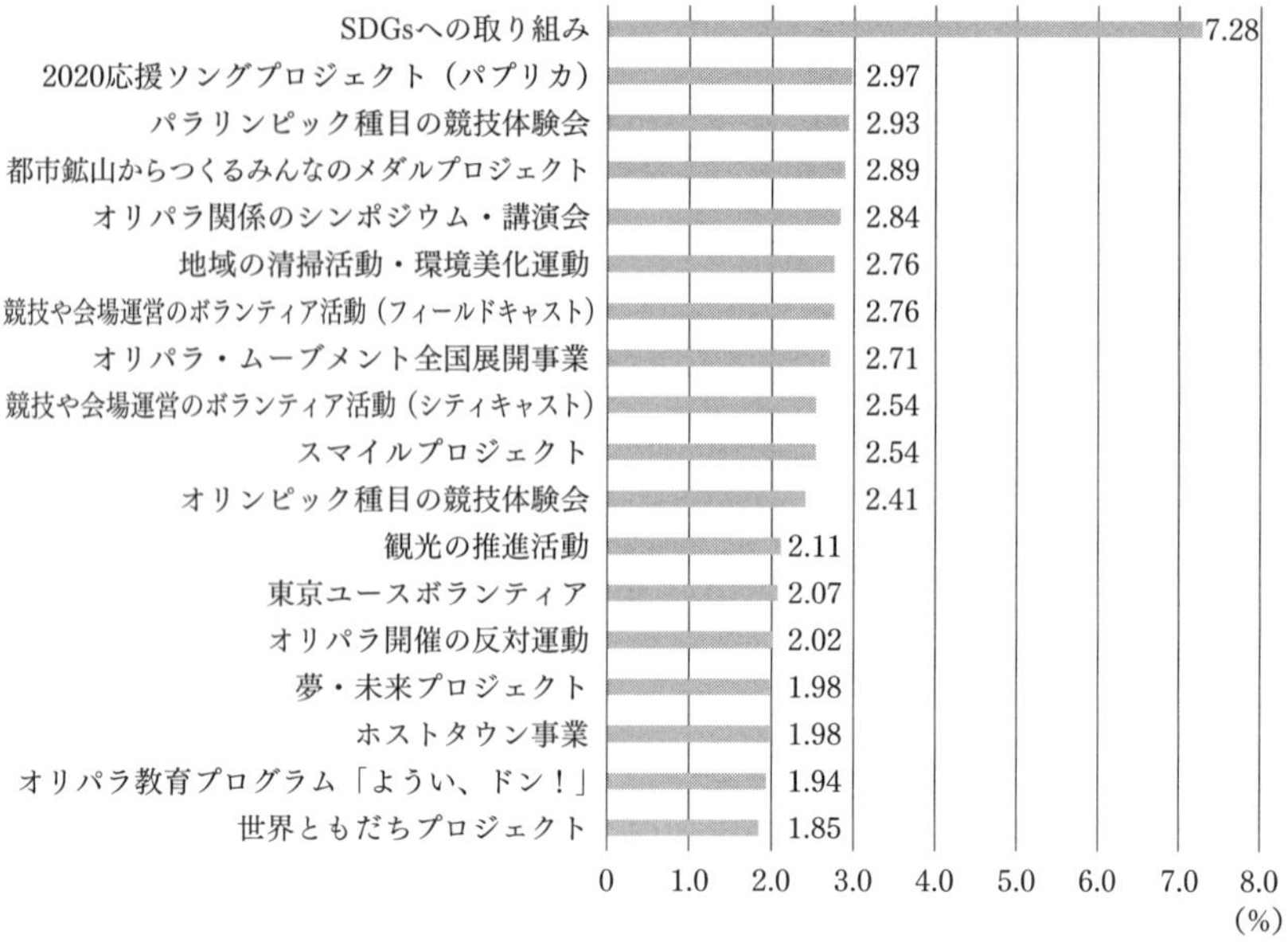

図10　自身や家族が参加したもの

「我々の世界を変革する――持続可能な開発のための二〇三〇アジェンダ」および持続可能な開発目標（ＳＤＧｓ）と関連づけた活動をおこなうことを標榜していた。具体的には、携帯などの小型家電のリサイクル金属でメダルを製作する「都市鉱山からつくるみんなのメダルプロジェクト」や、使用ずみプラスチックを活用した表彰台の製作、ＳＤＧｓの目標に関連した啓蒙活動などをおこなった。

そのほか「二〇二〇応援ソングプロジェクト（パプリカ）」やオリパラ教育、大学連携事業の一環として展開された「パラリンピック種目の競技体験会」「オリパラ関係のシンポジウム・講演会」「オリパラ・ムーブメント全国展開事業」が、参加したものとして比較的上位にきている。オリパラ教育については第16章「オリパラ教育」（渡正）で論じるように、東京都のほとんどの区立学校で実施しているので、もう少し参加比率が高まってもよさそうだが、これは選択肢が分かれていることも一因としてある。オリパラ教育に関わるもの全般（「東京ユースボランティア」「スマイルプロジェクト」「夢・未来プロジェクト」「世界ともだちプロジェクト」[3]「オリパラ教育プログラム「ようい、ドン!」を含む)で集計すると参加率は二〇%を超えるので、ある程度の参加はおこなわれたといえるだろう。「競技や会場運営のボランティア活動(フィールドキャスト/シティキャスト)」に加え、「地域の清掃活動、環境美化運動」「観光の推進活動」「ホストタウン事業」にも一定の参加がみられたほか、オリパラ推進側のイベントだけでなく、「オリパラ開催の反対運動」にも参加がみられた。ただ、図10には示していないが、七九・五%の人が「あてはまるものはない(参加していない)」と答えていて、多くの人が参加する大会イベントにはなっていなかったことがうかがわれる。

3 大会開催をめぐる評価

目標、ビジョンへの評価

東京大会が掲げた目標、ビジョンへの評価に加え、コロナ禍での開催への評価を聞いたのが図11である。大会直前の賛否(図1)と同様に、コロナ禍での開催については意見はほぼ三等分(評価する:「評価する」「やや評価する」三四・一%、評価しない:「評価しない」「あまり評価しない」三七・五%、「どちらともいえない」二八・四%)された一方で、東京大会招致については、「評価する」が五八・三%、「評価しない」が二二・七%となり、招致自体については評価した人の割合が高い。開催方法については、延期開催を「評価する」が五二・三%(「評価しない」が二三・八七%)、無観客開催を「評価する」が四七・六%(「評価しない」が二五・〇%)になっていて、開催に反対した人の割合に比べて、開催方法については評価しない人の割合が少ないのが特徴的である。

東京大会が掲げた目標、ビジョンへの評価は、評価した人の多い順に「「多様性と調和」のビジョン」(「評価する」が四四・八%)、「ボランティア活躍の方針」(「評価する」が四二・八%)、「「復興五輪」を掲げたこと」(「評価する」が三八・〇%)という結果になった。いずれも大会招致への評価と比べると、評価はそれほど高くない。

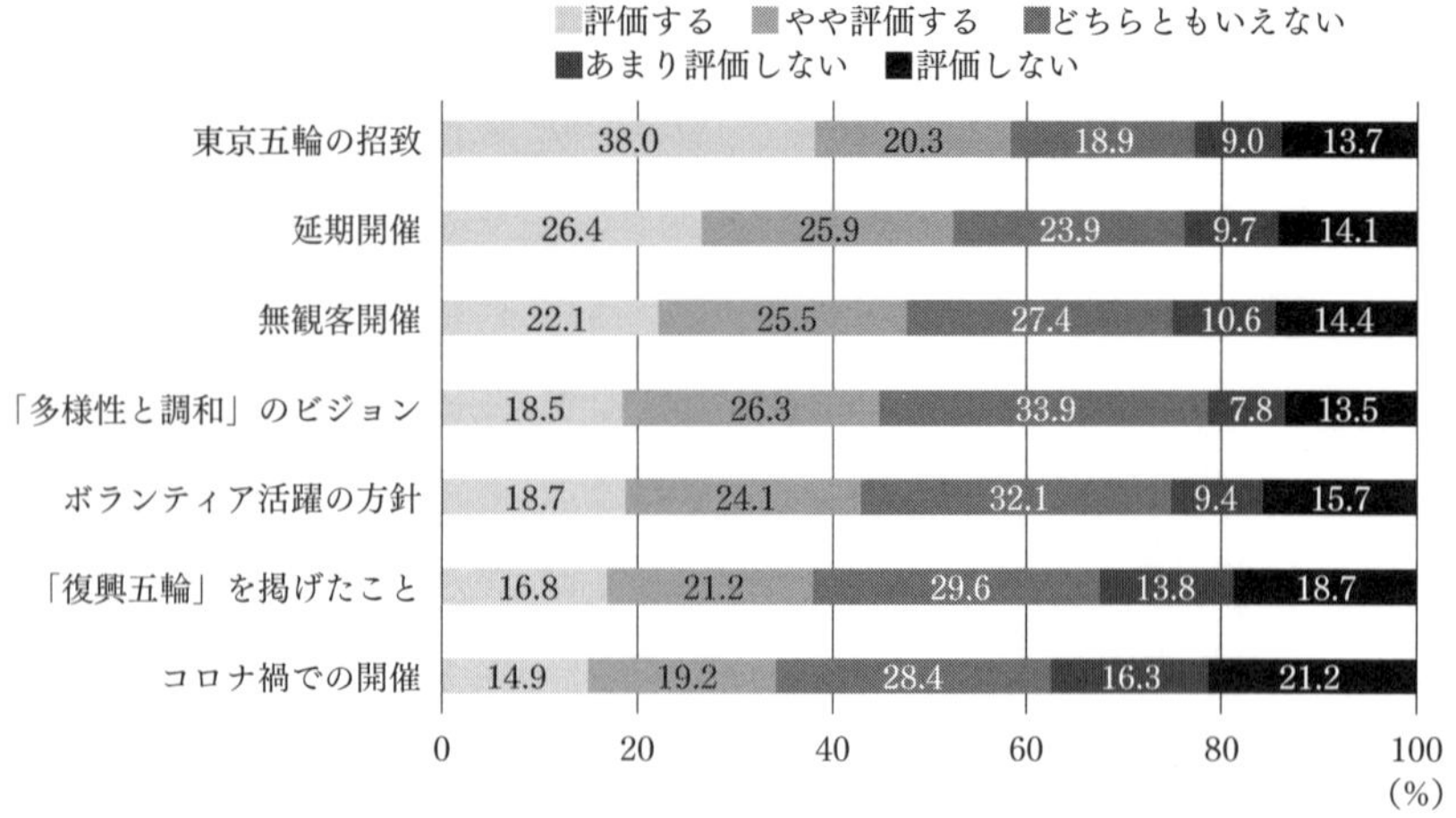

図11　目標／ビジョンへの評価

「復興五輪」については評価しない人の割合が三二・五％に上るなど、ポジティブな評価を得られているとはいえない。

大会の評価を日本社会、都市、スポーツなどへの影響に着目させて聞いたのが図12である。評価が高いものは、「障がい者スポーツへの理解」四三・九％、「新国立競技場の新設」四〇・四％、「東京の知名度の向上」三八・一％、「ボランティア意識の高まり」三六・八％、「選手村のマンション転用」三六・七％となっているが、評価しない人も一定の割合でいることが見て取れる。このなかで、目標、ビジョンと関連する「障がい者スポーツへの理解」（多様性と調和）、「ボランティア意識の高まり」（ボランティア）は評価しない人の割合が低く、ポジティブに評価されているといえるだろう。一方で、「復興の加速」については、目標、ビジョンへの評価（図11）と比べて、「評価する」が二〇・八％（「評価しない」が三七・二％）ときわめて低くなっている。復興を掲げたこと自体はある程度評価するものの、実現には至らなかったとする評価が示されたといえるだろう。また、「都市の再開発」「湾岸地区の再開発」「環状二号線の開通」など、都市の再開発に関する項目の評価がそれほど高くないことも特徴の一つである。

このほかで目を引くのが「新国立競技場の新設」である。あとでもふれるが、図６に示された混乱の記憶があるにもかかわらず、

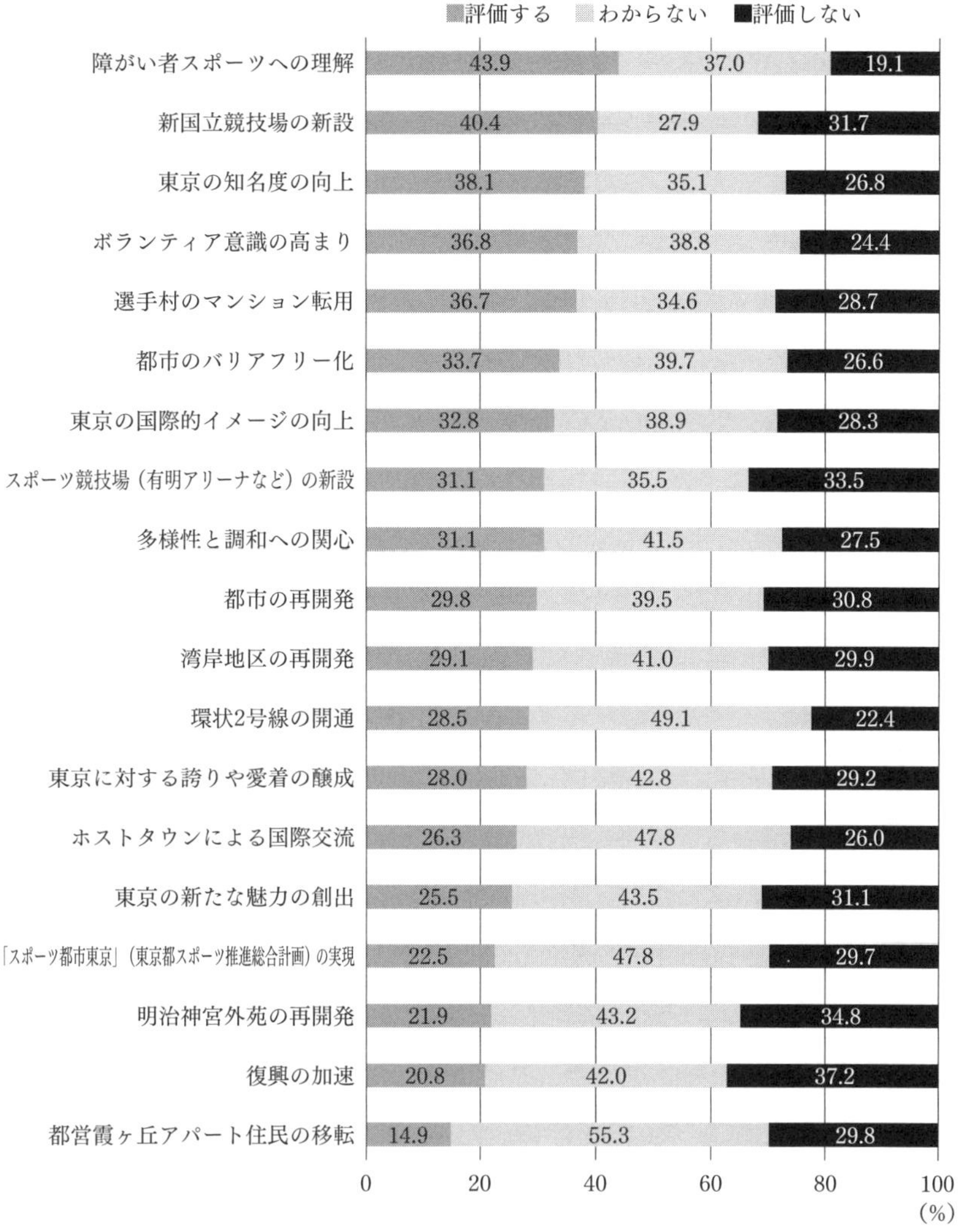

図12 大会開催をめぐる評価

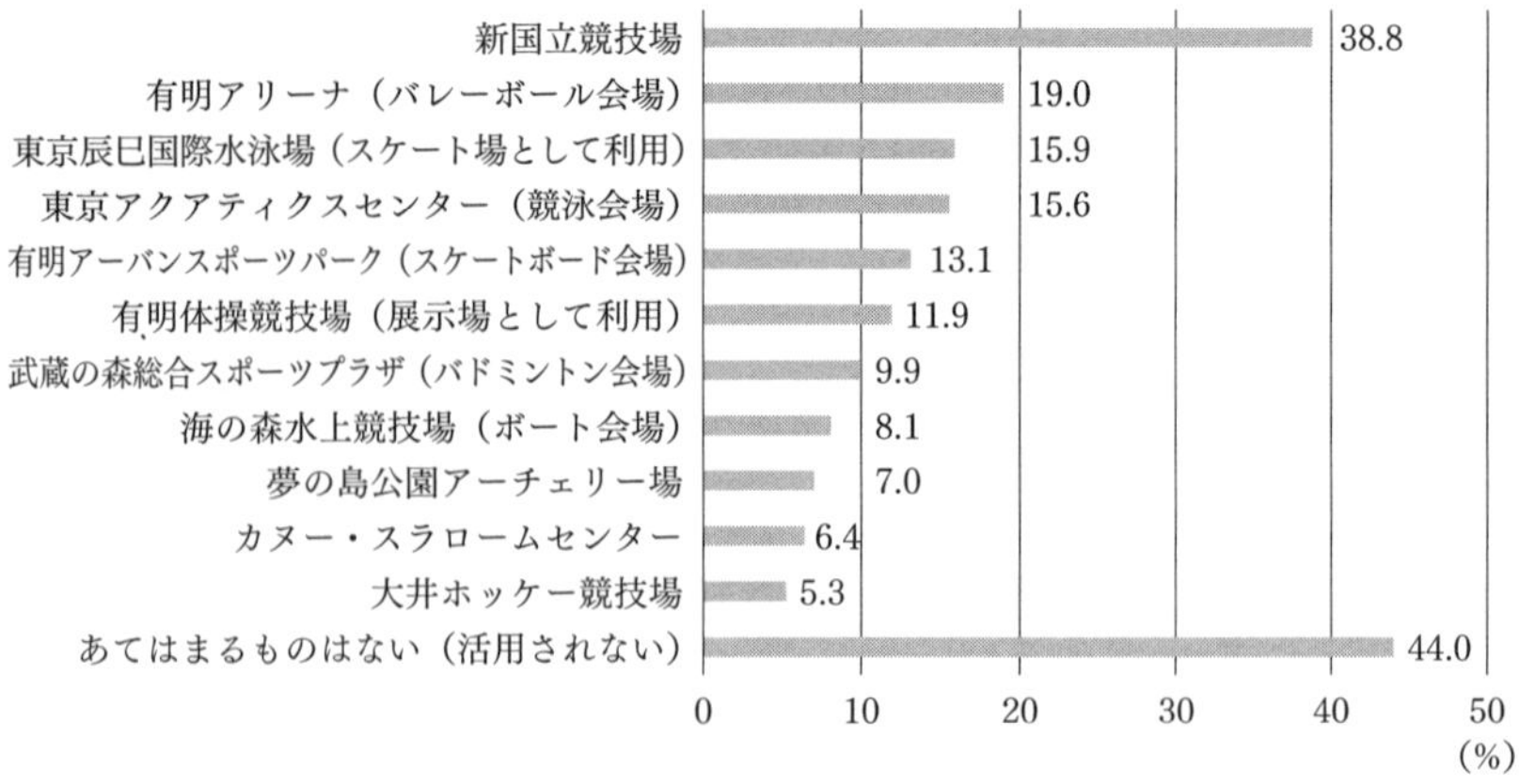

図13　スポーツ競技施設の後利用をめぐる評価

この施設への都民の評価、期待は比較的高かったことがうかがわれる（一方で、評価しないとする人の割合も三一・七％と高くなっている）。関連する項目の「明治神宮外苑の再開発」（「評価する」二一・九％、「評価しない」三四・八％）、「都営霞ヶ丘アパート住民の移転」（「評価する」一四・九％、「評価しない」二九・八％）が低い評価であることを考えると、再開発や移転のきっかけになった国立競技場の新設が高く評価されていることは意外ともいえる。全般的に、どの項目も「わからない」と答えた人の割合が高く、判断のつかないものが多かったことが示唆される。

「スポーツ競技場（有明アリーナなど）の新設」については評価が三分（「評価する」三一・一％、「評価しない」三三・五％、「わからない」三五・五％）されているが、これら競技施設の後利用への評価を聞いたのが図13である。施設が今後十分活用されるかを聞いたとき、ほかの施設に比べて圧倒的に評価が高いのが「新国立競技場」（三八・八％）である。新設競技場のうち唯一黒字が予想されている「有明アリーナ」がそれに次いで一九・〇％、スケート場などに転用される「東京辰巳国際水泳場」が一五・九％、多額の維持経費を必要とする「東京アクアティクスセンター」が一五・六％になっていて、「あてはまるものはない（活用されない）」とする回答が四四・〇％もある。このことから、どの施設も十分活用されるとは考えがたいという評価が示されているといえる。

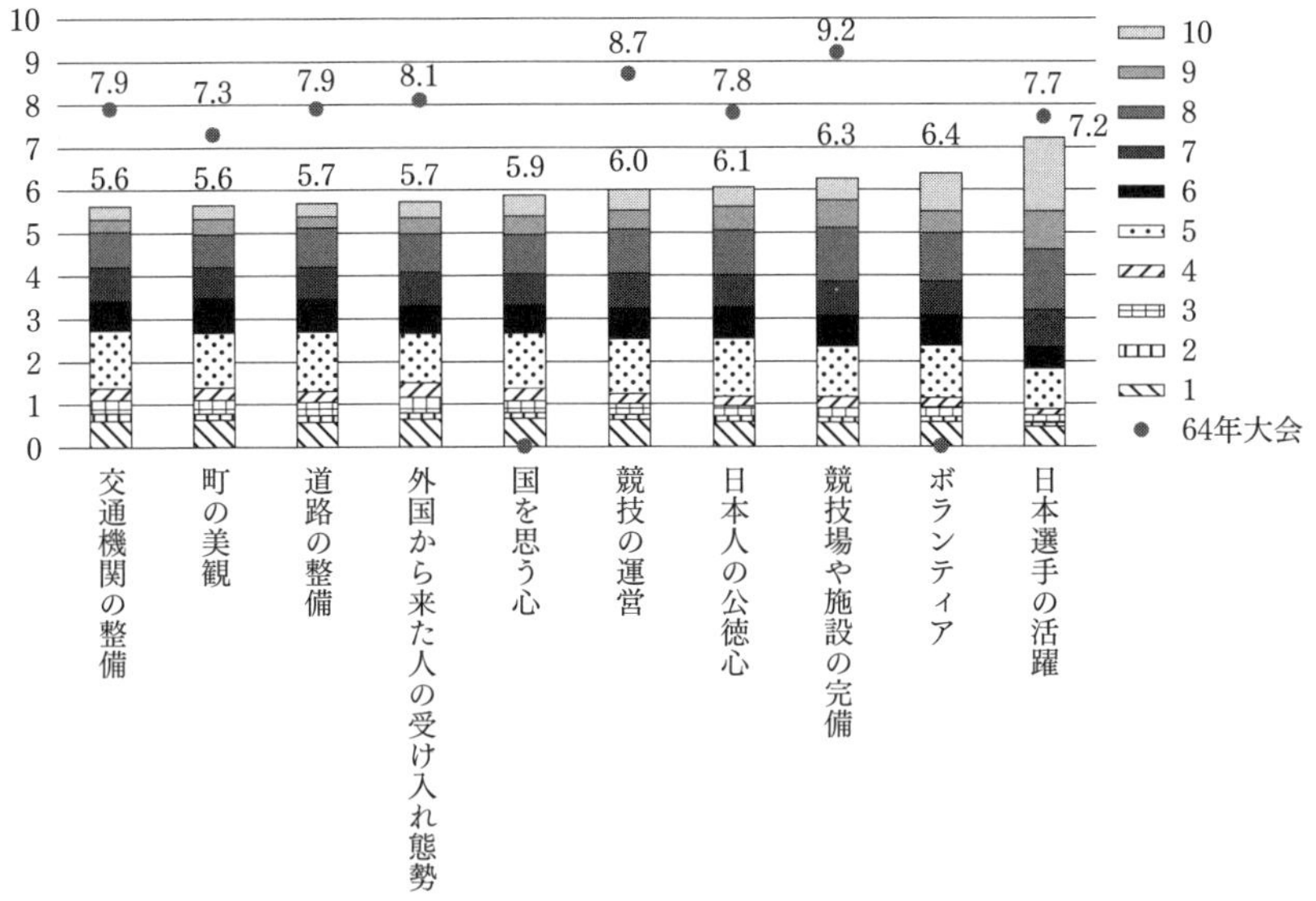

図14　東京大会は十分におこなわれたと思うか（10点評価）
注：平均点は計算して算出した。
（出典：「東京大会調査」と日本放送協会放送世論調査所『東京オリンピック』〔日本放送出版協会、1967年、192ページ〕から筆者作成）

東京大会は十分におこなわれたか

　六四年大会の開催に際して、日本放送協会放送世論調査所による有名な調査報告がある。「東京大会は十分におこなわれたと思うか」について八項目に分けて十点満点で評価してもらったものである。[4]この調査では、すべての項目で平均七点以上の評価がつけられ、「競技場や施設の完備」が最高得点の九・二点を獲得している。この調査報告は六四年大会の成功神話を裏づける史料になっている。[5]そこで、「東京大会調査」でも同様の評価項目を準備し、新たに「ボランティア」と、ナショナリズムを測る「国を思う心」の項目を加えた十項目で回答を求めた。その結果をまとめたのが図14である。図中凡例の「六四年大会」とあるのが日本放送協会放送世論調査所の調査結果である。

　結果は「日本選手の活躍」が最も平均点が高い七・二点で、最下位は「交通機関の整備」「町の美観」の五・六点だった。「日本選手の活躍」を除けば、おおむね五点台後半から六点代

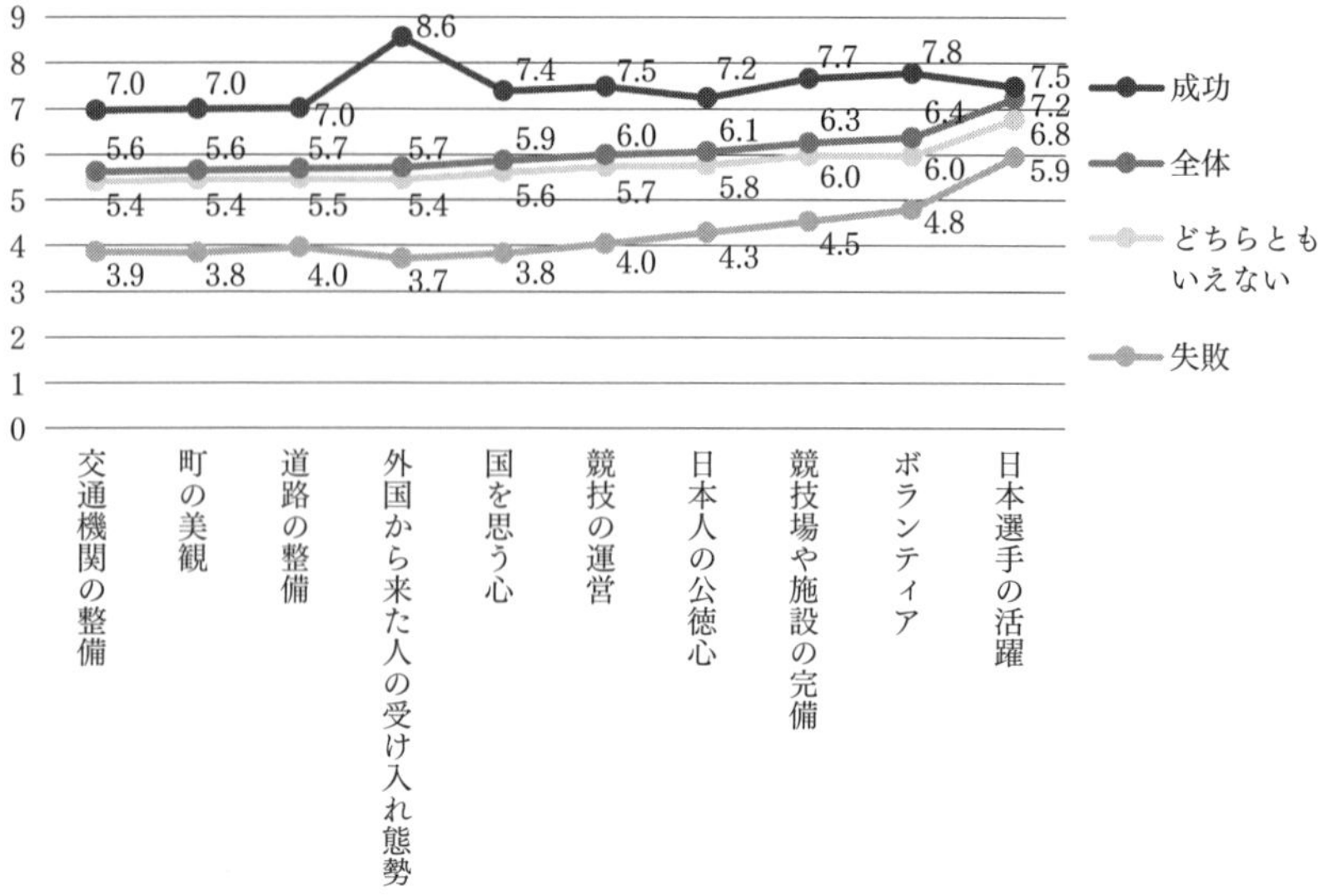

図15　東京大会の成否と評価の関係性
注：平均点は計算して算出した。

前半で、平均よりややいいという評価にとどまっている。高度成長を成し遂げ、都市のインフラを整備した六四年大会と違い、今大会ではハード面での整備も目玉になるものは存在せず、ソフト面でもコロナ禍による無観客試合などで十分な成果をあげられなかったことが評価に表れているといえる。

東京大会の個々の事象への評価は、大会直前の開催への賛否や全体評価に強く影響されていると考えられるため、図2で示された大会成否の評価との関係性をまとめた（図15）。東京大会が「成功」だと考える人の評価はすべての項目で平均七点台を超えていて、全体でいちばん評価が高かった「日本選手の活躍」よりも、「外国から来た人の受け入れ態勢」「ボランティア」「競技場や施設の完備」が高く評価されていることがわかる。一方で、東京大会が「失敗」だと考える人の評価は「日本選手の活躍」を除いて平均の五点台を下回っていて、「外国から来た人の受け入れ態勢」がいちばん低く三・七点になっている。「外国から来た人の受け入れ態勢」の評価が「成功」とする人と「失敗」とする人の間で大きく分かれていることが目につくが、ホストタウン事業や国際交流が十分におこなえなかったことを考え合わせると、この評価はコロナ対策をどう評価するかによって分かれたとみるのが妥当である。その証拠に、図4・図5でみたように、大会成否の理由については、「コロナ対策をして開催できたから」と「コロナの感染拡大が起こったから」がそれぞれ上位にきていた。

おわりに

六四年大会については、準備過程での混乱がありながら、大会運営が成功し日本選手も活躍したおかげで成功した大会とする集合的記憶が形作られてきた。(6) 東京大会の集合的記憶はどのように定まっていくのだろうか。私たちの「東京大会調査」では、大会後の賛否や成否に対する評価は賛成（成功）が約四〇%、反対（失敗）が約三〇%と分かれ、わずかながら賛成（成功）群が反対（失敗）群を上回る結果になった。この両群で大会に対する評価が大きく異なっていることは、六四年大会のように成功神話に彩られた大会として東京大会が語られえないことを示している。また、判断を保留した約三〇%の人たちの存在を考え合わせると、東京大会の全体をひとことで包括的に評価することは不可能で、それぞれの事項に即して評価していかなければならないことを示している。

紙幅の関係で分析を省略したが、東京大会の開催によって向上（改善）したもの／しなかったものを聞いた問いでは、大会前に盛んに語られた経済効果について、経済が活性化したと答えた人は全体の一八・七%にすぎず、四五・九%の人が活性化しなかったと回答している。コロナ禍があったことを考えると東京大会そのものがもたらした結果への評価とは言い切れないが、当初の計画と結果のずれが大きく映し出された点である。

図12で示したように、東京大会が日本社会や都市に与えた影響について評価したとき、六四年大会と違って、インフラ的なハード面の整備ではなく、ボランティア意識の高まりや障がい者スポーツへの理解など、ソフト面

に対する評価が高いことが東京大会の特徴的である。こうした両大会の評価の相違は、東京大会の「当事者」になった自治体が招致・準備の段階から関心をもっていたことと共通する。東京都のオリパラ準備局は、二〇一八年に「2020年に向けた東京都の取組――大会後のレガシーを見据えて」と題した冊子を発行した。この報告書の冒頭には「一九六四年の東京大会は、新幹線や首都高速道路など、高度経済成長を牽引するレガシーを生み出しました。東京二〇二〇大会では、都市としての成熟を示すレガシーを残していくことが求められています」[7]と記されている。これに加えて例えば、各種競技会場を引き受けることになった港区は、①障害者スポーツへの理解促進、②ボランティア意欲の向上、③国際交流の推進、④快適な都市環境の形成、⑤情報発信の多様化、⑥東京二〇二〇大会レガシー物品の活用、の六点をおもなレガシー計画として掲げていた[8]。これらの例からも、六四年大会が都市空間の基礎となる部分を根本的に作り上げる契機になったのに対して、東京大会はすでに完成し成熟している都市空間にさらなる用途や目的、価値を付与することを目指していたことがわかる[9]。その意味では、大会を主催する側、特に競技会場を引き受けた自治体の思惑が、ある程度の理解や賛同を得られたと解釈することもできるだろう。加えて、新国立競技場の整備や選手村のマンション転用など、都民にとって実利的な部分への評価が高いことも特徴の一つである。

「東京大会調査」が示すデータは、東京二十三区民に対する調査結果の一端であり、全国的な世論調査などで示されるデータとは趣が異なっている。しかしながら、オリパラのようなメガイベントが都市で開催されるとき、どのような影響が生まれ、評価を形作っているのかについて、一つの傾向を提示することができたと考えている。このあとに続く各章では、調査項目のそれぞれについて、量的・質的調査を交えた分析を展開する。本章の分析を参考にしながら読み進めることで、東京大会が生んだ遺産を複合的に捉えることが可能になるだろう。

注

(1) 石坂友司/松林秀樹編著『〈オリンピックの遺産〉の社会学——長野オリンピックとその後の十年』青弓社、二〇一三年

(2) 本調査はJSPS科研費21K11361「東京オリンピックが生み出した遺産に関する社会学的研究」(石坂友司/小澤考人)の助成を受けて実施した。

(3) 「東京ユースボランティア」は、学校を中心としてボランティアマインドを育むための活動、「スマイルプロジェクト」は障害者理解などを高めるためにパラスポーツの交流会などをおこなう活動、「夢・未来プロジェクト」はオリンピアン・パラリンピアンとの交流を通して自己実現に向けた学びをおこなう活動、「世界ともだちプロジェクト」はいわゆる一校一国運動で、国際交流を通して異文化交流を進める活動を指す。

(4) 日本放送協会放送世論調査所『東京オリンピック』日本放送出版協会、一九六七年、一九二ページ

(5) 石坂友司/松林秀樹編著『一九六四年東京オリンピックは何を生んだのか』青弓社、二〇一八年

(6) 同書

(7) 『2020年に向けた東京都の取組——大会後のレガシーを見据えて』東京都オリンピック・パラリンピック準備局計画推進部調整課、二〇一八年

(8) 『東京2020オリンピック・パラリンピック競技大会 港区の記録』港区、二〇二二年

(9) 港区の計画でハード面に該当するのは④だが、ここではさらに「歩道や自転車走行区間、公衆トイレの洋式化等の整備、七千平方メートルを超える遮熱性舗装の整備、新橋SL広場など三か所でのミストを活用したクールスポットの整備、泳げる海・お台場の実現に向けた取組」(同記録一四〇ページ)が具体的なレガシーとして取り上げられている。

第4章　「政治的レガシー」を考える

丸山真央

はじめに

二〇二〇東京大会は政治に何を残したのか、つまり「政治的レガシー」を探るのが本章の課題である。メガイベントはその「メガ」性ゆえに、経済や文化だけでなく政治にも何らかの影響を与えると考えられる。新型コロナウイルス感染症のパンデミックをめぐって政治家たちがいくつもの局面で意思決定を重ねたうえで開催にこぎ着けた東京大会であれば、なおのことである。

メガイベントのレガシーの研究では、経済や観光、文化などのレガシーとともに、政治あるいは政策に関するレガシーも検証対象のリストに載せられてきた。また「政治的レガシー」には、開催都市や国がその地位やイメージを高めたのかという「マクロ」レベルのレガシーと、開催に関わった政治家個人がその評判や評価を高めたのかという「ミクロ」レベルのレガシーがあると指摘されてきた。

本章ではこのうち「ミクロ」レベルの政治的レガシーを検証する。具体的には、東京大会に関わった政治家たちの功績がどのように評価されているのかという政治家個人レベルのレガシーを、東京都民を対象に実施した質問紙調査の結果を用いて検討したい。

1　政治的レガシーとは何か

スポーツ・メガイベントの「レガシー」とは、近年最もよく参照される定義によると、「スポーツイベントのために、スポーツイベントによって生み出され、イベントよりも長く残る、計画的・非計画的、肯定的・否定的、有形・無形のすべての構造物」である。(1)レガシー研究で強調されるように、「一般にレガシーとは長期的な変化であるという合意がある」。(2)別の言い方では、レガシーは「構造変化」が前提となる。(3)

それでは政治的レガシーはどう定義されるのか。メガイベントのレガシーに関する初期の研究では、「ホールマークイベントのインパクト」と呼ばれたが、そのなかには経済的、観光・商業的、物的、社会文化的、心理的インパクトとともに「政治的インパクト」も含まれていて、次のように指摘されていた。

ホールマークイベントに関する政治的な目的は、マクロレベルでよりはっきりと見いだせる。つまり、ある国や大都市の政府あるいは民間団体は、商業目的や観光目的で地域の評判を高めようとしたり、イベントに関連して特定のイデオロギーの地位をアピールすることを望んだりするかもしれない。

そこまで明白ではないがホールマークイベント開催の真の原動力として重要なのが、ミクロな政治的要因とでも呼びうるものだろう。これは、イベントに関わることで得られる知名度を利用して、政治的・非政治的な場での経歴を高めたいという個人の願望を指す。(4)

つまり、今日いわれるところのメガイベントの政治的レガシーには、都市や国という主体にとっての「マクロ」レベルのレガシーと、政治家などの個人にとっての「ミクロ」レベルのレガシーの二つがあるということである。またそこでは、それぞれのレベルの政治的レガシーを測定する指標も挙げられていた。すなわち、「マクロ」レベルのものについては「イメージの強化（都市・地域の認知・地位向上）」と「イデオロギーの強化（特定の政治的イデオロギーの認知・地位向上）」、「ミクロ」レベルのものについては「キャリアの強化（主要な人物がイベントによって知名度や地位が向上）」と「アスリートの強化（地元アスリートに機会を提供）[5]」である。要するに、国や都市が開催によってその地位やイメージを高めたのかというのが「マクロ」レベルの政治的レガシーであり、開催に関わった政治家がその評判を高めたのかというのが「ミクロ」レベルの政治的レガシーである。

今世紀に入るあたりからメガイベントのレガシーに関する研究は世界的に活性化したが、「関心の多くは、大会それ自体の役割を強調するオリンピック開催都市の経済的インパクトと観光へのインパクトに向けられてきた[6]」と指摘されるように、経済や観光のレガシーを探ることが中心である。それに対し、政治的レガシーはあまり問われてこなかった。その理由はすでに初期の研究で二点指摘されていた。「一つは、政治的目標（マクロ、ミクロとも）を明確に認めようとする姿勢がないため、そのような調査を依頼する誘因がほとんどないことである。実際、逆の方向への圧力があるのは間違いない。もう一つ、たとえ政治的インパクトの研究が望まれたとしても、国際的にも国内的にも、多様で分散している人々から、地位の向上やイデオロギーの強化という目標に関する短期的・定量的な指標を得るのは困難である。この課題は、不可能ではないが、政治的インパクトの測定は、特定の個人や集団の関心を引き付けないかぎり、今後も軽視されつづけるだろう[7]」

実際そのとおりになったわけで、今日のレガシー研究の指針になっている「レガシー・キューブ」の分析枠組み[8]にも政治に関する項目は含まれていない。ただ、「政策」や「ガバナンス」に関する項目は含まれていて、「法律の改正、新しい規制、拘束力があるガイドラインや政策の導入」、また「よりよいガバナンスや新しい組織構造[9]」などが挙げられている。これらは初期の研究では指摘されていなかったものだが、国や都市政府の政策面のレガシーは、政治的レガシーとは別に検証されるべき重要なものである。

本章では、政治家が大会開催に関わったことでその評判を高めたのかという「ミクロ」レベルの政治的レガシーを検証する。開催都市や国の地位やイメージが高まったのかという「マクロ」レベルのレガシー、あるいは開催国や都市の政府の政策に構造的な影響を及ぼしたのかという政策的レガシーももちろん重要だが、それこそ「短期的・定量的な指標を得るのは困難であ[10]」り、今後の中長期的な検証の課題として指摘しておくにとどめたい。

2 政治家たちの東京大会

まず二〇二〇東京大会開催の経緯を政治家の関わりに注目しながら振り返っておく（表1）。東京大会の前提となるのが二〇一六年大会の招致活動だが、それを始動させたのは東京都知事の石原慎太郎だった。スポーツ界では〇四年から一六年大会の招致を検討しはじめたとされるが[11]、〇五年八月に石原が招致に前向きな姿勢を示し（「朝日新聞」二〇〇五年八月五日付）、九月の都議会で正式に立候補を表明した。すでに指摘されているように、彼の着想は、〇八年北京大会を念頭に置いた「国威発揚」にあった。「周りの国に勝手なことを言われてだな、国会はバカなことをやってる。むしゃくしゃしてるときに、何かちょっとおもしろいことねえか、お祭り一丁やってやろうじゃないか、オリンピックだぞということでドンと花火を打ち上げればいいじゃないか」「日本の国力を見せつけてやりたいですね。五輪を通じて「なめたらあかんぜよ」と言ってやりたいと思っている[12]」

しかし「準備不足」と反省されたように、政治家個人の思いつきから始まった招致の組織戦は十分でなく、二〇一六年大会はリオデジャネイロに敗れた。石原の膝元の都議会でさえ、六四年大会招致時に全会一致で賛成したのとは異なり、二〇％近い都議が招致決議に賛成しなかった。また招致の正式表明以降、国政では首相が小泉

表1　2020大会をめぐる政治の動き

		出来事	首相	東京都知事
2005年	9月	東京都が2016オリパラ立候補正式表明	小泉純一郎	石原慎太郎
2009年	10月	2016開催都市にリオデジャネイロ、東京は落選	鳩山由紀夫	
	11月	石原知事が2020招致の意思を表明		
2011年	7月	東京都が2020オリパラ立候補正式表明	菅直人	
	9月	2020招致委発足	野田佳彦	
	10月	都議会が招致実現を求める決議		
	12月	衆参両院で招致決議可決		
2013年	3月	衆参両院で2度目の招致決議可決	安倍晋三	猪瀬直樹
	9月	2020開催都市が東京に決定		
	10月	衆参両院が成功に向けての決議		
2014年	1月	大会組織委発足、会長に森喜朗		
2015年	7月	安倍首相が新国立競技場設計案を白紙撤回		舛添要一
	9月	エンブレム騒動		
	11月	大会基本方針（「復興五輪」）を閣議決定		
2019年	3月	JOC 会長竹田恆和の贈収賄疑惑		小池百合子
	10月	マラソン・競歩コースを札幌に変更		
2020年	1月	新型コロナウイルス、日本で感染者初確認		
	3月	大会の「1年程度」延期を発表		
	11月	IOC 会長バッハ来日	菅義偉	
	12月	開閉会式演出チームが解散		
2021年	2月	森組織委会長が女性蔑視発言で辞任		
	3月	開閉会式総括責任者が不適切演出提案で辞任		
		大会組織委が海外一般観客受け入れ断念を発表		
	7月	無観客開催を決定		
		東京都に4度目の緊急事態宣言発令		
		オリンピック開会式		

（出典：笹川スポーツ財団ウェブサイト「2020年東京オリンピック・パラリンピック大会までの道のり」〔https://www.ssf.or.jp/knowledge/history/tokyo2020_column/timeline.html〕、NHK ウェブサイト「東京オリンピック・パラリンピック 大会までのあゆみ」〔https://www3.nhk.or.jp/news/special/2020news/chronology/〕、吉見俊哉編著『検証 コロナと五輪――変われぬ日本の失敗連鎖』〔（河出新書）、河出書房新社、2021年〕を参照して筆者作成）

純一郎から安倍晋三、福田康夫、麻生太郎と代わった。さらにリオに敗退する直前には政権交代が起きて民主党政権ができた。こうした政治の変化が国政や中央省庁のはたらきに影響した可能性は否定できないだろう。

それでも石原は、リオに敗れた直後から次の二〇二〇年大会の招致を目指した。〇九年十二月に都議会で招致の方針を示し、東日本大震災の四カ月後の一一年七月、立候補を正式に表明した。しかしその石原は一二年十月、国政新党設立のために都知事を辞した。

石原の後継として都知事になった猪瀬直樹は、二〇二〇年大会招致活動を引き継いだ。猪瀬が当選した都知事選と同じ日におこなわれた衆院選では自民党が政権を取り戻し、安倍晋三が首相に再登板した。猪瀬は安倍のバックアップを得ながら招致活動を進め、一三年九月のＩＯＣ総会でインフラの充実や財政基盤の強さをアピールして多数の支持を得ることに成功した。その際、国際スポーツ界に顔が広い高円宮妃久子がＩＯＣ総会の直前にＩＯＣ委員と面会したことが奏功したといわれたが、「皇族の積極関与を渋る宮内庁を押し切ったのも政権側だった」と指摘されるように、安倍政権の助力が大きかったとされる（「朝日新聞」二〇一三年九月十日付）。招致活動のなかで猪瀬がイスタンブールを牽制して舌禍問題を起こした際にも、安倍はトルコ首相との会談で陳謝して東京招致を助けた（「朝日新聞」二〇一三年五月四日付）。しかし猪瀬は、東京開催決定後、政治資金をめぐる問題で辞任した。

代わって都知事になった舛添要一のもとでは、開催経費の膨張と国と都の分担問題が表面化した。新国立競技場の建設費をめぐって国・文科相と都・舛添とが対立し、最終的には安倍が建設計画の見直しを表明して決着させた。しかし舛添もまた政治資金の問題で二年あまりで辞任した。

二〇一六年に就任した小池百合子は大会開催を迎える都知事になったが、開催までには相次いで課題に直面した。膨らむ経費の問題はさらに深刻化し、小池は知事就任後、経費削減に向けてボート・カヌー競技会場などの見直しを進めた。ジェンダー平等をめぐっても、オリンピックゴルフ会場のカントリークラブが正会員を男性に限定しているという問題が浮上した。小池は苦言を呈し、さらにＩＯＣが会場変更の可能性を示唆したことで、クラブ側が規約を改正し、この問題は落着した。

国政との関係も円滑だったとはいいがたい。そもそも小池は都知事選で自民党に推薦を依頼しながらそれを取り下げて立候補し、自民党推薦候補との対決の末に当選した。小池は第一次安倍内閣の防衛相だったが、二〇一二年の自民党総裁選で石破茂を支援したために、安倍や側近の菅義偉との関係が悪化したといわれた。しかし「〔安倍〕首相には小池氏と「改憲勢力」として連携したい思惑があり、菅氏に「うまく付き合おう」と指示したこともある」(「朝日新聞」二〇一七年九月三十日付)とされ、オリパラ準備での連携はその一つだった。小池は知事就任直後、安倍や大会組織委会長の森喜朗と会談して連携を確認した(「朝日新聞」二〇一六年八月四日付、八月十日付)。しかし経費問題では、五輪担当相の丸川珠代や大会組織委の森との対立や不和がたびたび報じられた(「朝日新聞」二〇一六年十月十二日付など)。一七年九月には、小池が新党・希望の党を設立して代表に就任したことで、国政与党との関係はより厳しいものになった。その希望の党は、一七年衆院選で惨敗し、小池は同党代表を辞した。

二〇二〇年に入ってコロナ禍が発生すると、その対応をめぐっても、小池は菅や安倍政権とたびたび対立した。感染者が急増するなかで菅は「圧倒的に東京問題」と発言し、小池は菅が進めるGo Toキャンペーンを「冷房と暖房を両方かける」と批判するなど、都知事と国政与党との不和はたびたび表面化した。それでも二〇年八月、安倍の首相辞任後に菅政権ができると、小池は菅や五輪担当相の橋本聖子と面会してオリパラ開催に向けて連携強化を確認した(「朝日新聞」二〇二〇年九月十九日付)。しかし二一年二月に大会組織委会長・森の女性蔑視発言が問題化すると、小池は森を批判してIOC・政府・都・大会組織委の四者会談を欠席するなど、小池都政と国政与党の関係は最後まで安定しないものだった。

以上、政治家の動きを中心に東京大会開催までの経緯を振り返ったが、東京大会に関わった主要な政治家としては、石原慎太郎、猪瀬直樹、舛添要一、小池百合子の各東京都知事、安倍晋三、菅義偉の両首相が挙げられるだろう。念のために、この間の都知事、首相、五輪担当相がオリンピックに関連して新聞に登場した頻度をみた

表2　都知事、首相、五輪担当相が東京大会に関連して新聞記事に登場した頻度

		在任期間	「朝日新聞」	「読売新聞」
東京都知事	石原慎太郎	1999年4月23日—2012年10月31日	871	661
	猪瀬直樹	2012年12月18日—13年12月24日	221	259
	舛添要一	2014年2月11日—16年6月21日	503	503
	小池百合子	2016年8月2日—	1,203	1,414
首相	小泉純一郎	2001年4月26日—06年9月26日	317	249
	安倍晋三	2006年9月26日—07年9月26日	62	60
	福田康夫	2007年9月26日—08年9月24日	152	131
	麻生太郎	2008年9月24日—09年9月16日	99	63
	鳩山由紀夫	2009年9月16日—10年6月8日	94	80
	菅直人	2010年6月8日—11年9月2日	62	49
	野田佳彦	2011年9月2日—12年12月26日	99	82
	安倍晋三	2012年12月26日—20年9月16日	1,912	1,891
	菅義偉	2020年9月16日—21年10月4日	730	565
五輪担当相	下村博文	2013年9月13日—15年6月25日	125	138
	遠藤利明	2015年6月25日—16年8月3日	273	352
	丸川珠代	2016年8月3日—17年8月3日	94	116
	鈴木俊一	2017年8月3日—18年10月2日	232	319
	桜田義孝	2018年10月2日—19年4月11日	94	66
	鈴木俊一	2019年4月11日—9月11日	76	100
	橋本聖子	2019年9月11日—21年2月18日	175	290
	丸川珠代	2021年2月18日—10月4日	91	91

注：各職の在任期間中に「朝日新聞」と「読売新聞」に登場した記事数を「朝日新聞クロスサーチ」と「ヨミダス歴史館」を使って計数した（小池は2020パラ閉会式の2021年8月24日まで）。都知事と首相は「姓×職名×五輪」（例えば「石原×知事×五輪」）、五輪担当相は「姓×五輪×相」（例えば「下村×五輪×相」）で検索した。

ところ、登場した記事数が多かったのは、やはり安倍、小池、石原、菅だった（表2）。

3　オリパラ政治家に対する都民の評価

東京大会に関わった主要な政治家たちの功績を、東京都民はどのように評価しているのだろうか。大会開催一年後の二〇二二年八月に都内在住の二十歳から七十九歳の男女千人を対象に実施したウェブ調査（以下、オリパラ政治調査）の結果を分析することで、東京大会の「ミクロ」な政治的レガシーを探ることにしよう。[13]

まず、各政治家について「オリンピック・パラリンピックに関する取り組みを、どう評価しますか」という質問の回答をみよう（図1）。「大いに評価する」と「ある程度評価する」と答えた割合が高かった順に、小池百合子（四一・三％）、安倍晋三（三七・六％）、菅義偉（三〇・六％）、石原慎太郎（二六・六％）となっていた。猪瀬直樹と舛添要一は、オリパラへの取り組みに対する都民の評価は低く、「わからない、忘れた、答えたくない」という回答も多かった。

次に、東京大会をめぐってさまざまな局面で政治家による重要な意思決定がなされたが、それらを都民がどのように評価しているかをみよう（図2）。「大いに評価」と「ある程度評価」を合わせた肯定的な評価が多かったのは「海外からの訪日客（インバウンド）を受け入れなかったこと」であり、八項目のなかで唯一過半数の肯定的評価を得ていた。次いで「無観客で開催したこと」「延期して開催したこと」「東京に五輪を招致したこと」は四〇％台の肯定的評価だった。「ボランティア活躍の方針を掲げたこと」と「「多様性と調和」のビジョンを掲げたこと」は、肯定的に評価する人がやや多い程度、「コロナ禍の中で開催したこと」と「「復興五輪」の理念を掲げたこと」は肯定的に評価する人としない人とが拮抗していた。

このように政治家やイシューによって評価は分かれるところだが、それでは、東京大会の開催は政治家の評判

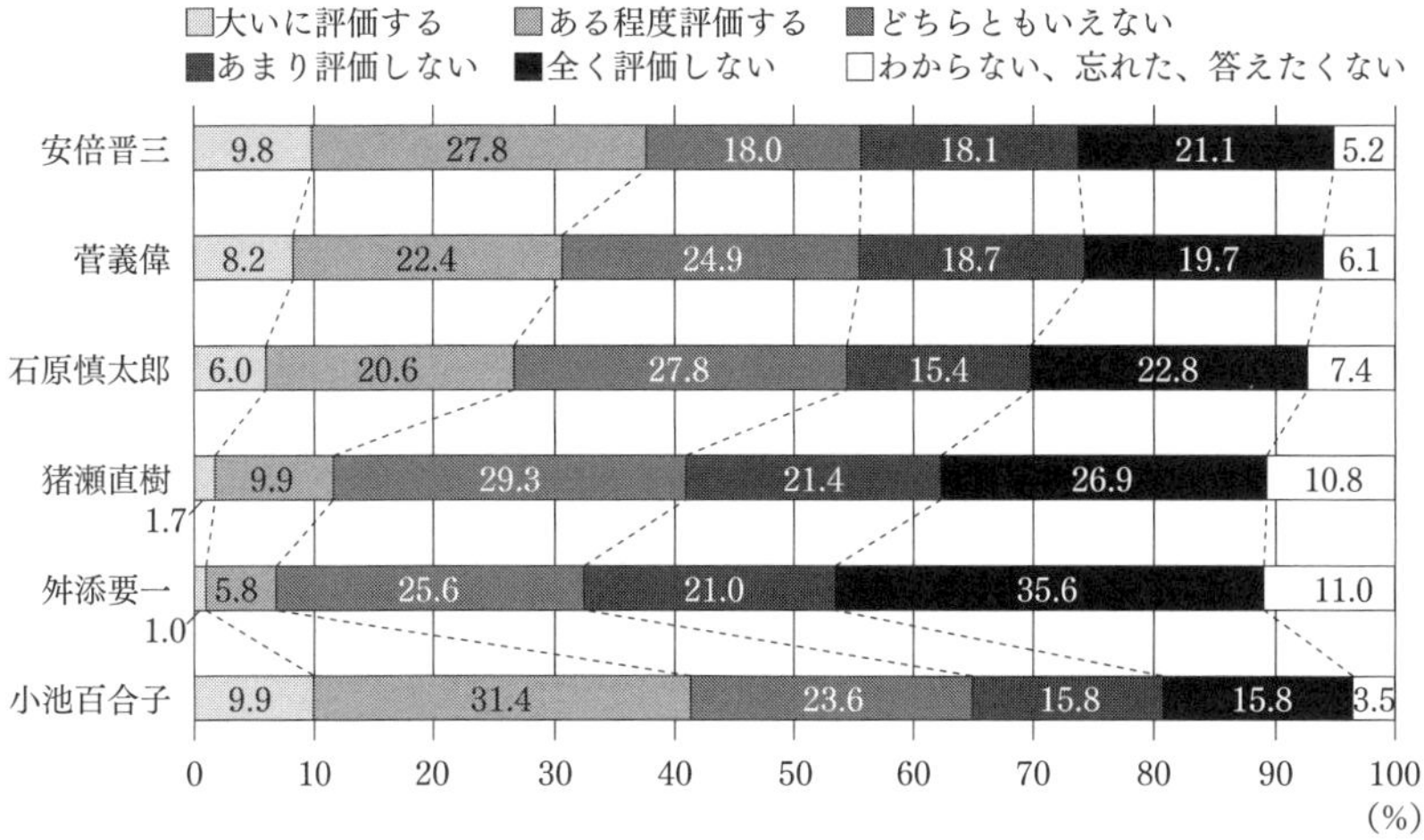

図1 各政治家のオリパラに関する取り組みへの評価
注：「オリパラ政治調査」から作成。N＝1,000

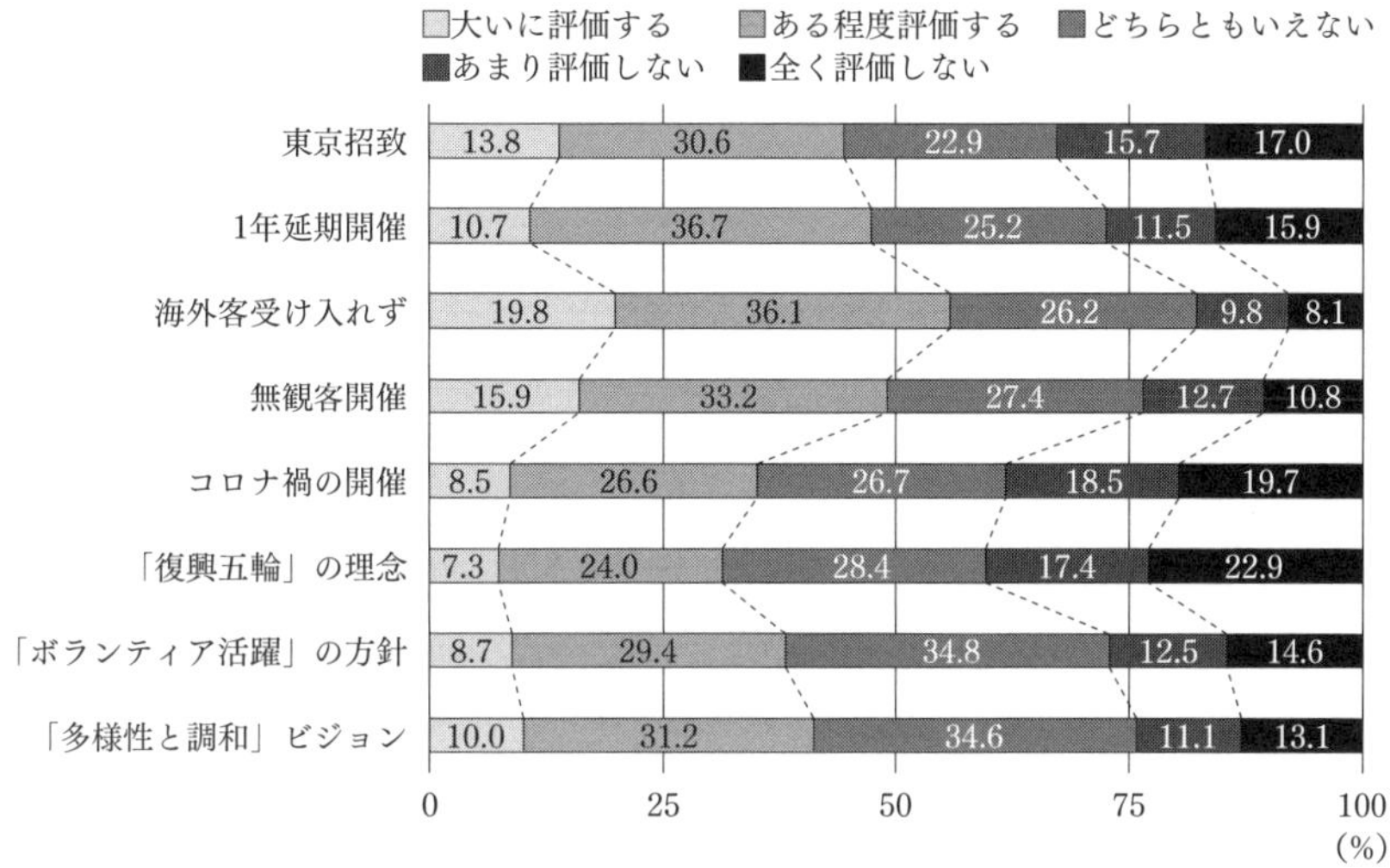

図2 東京大会をめぐる政治的意思決定に対する評価
注：「オリパラ政治調査」から作成。N＝1,000

石原慎太郎		小池百合子	
Model 1	Model 2	Model 1	Model 2
.038	−.017	−.105 **	−.021
−.041	−.057	−.062	−.017
−.031	−.024	−.088 *	−.023
−.051	−.040	−.073	−.051
−.012	.007	.005	.009
−.003	.038	.048	.034
−.010	.009	.019	.019
.021	.048	.095 *	.054
−.035	−.022	.047	.015
.016	−.003	−.029	.003
.086 *	.057	.004	.000
.334 **	.181 **	.174 **	.105 *
.007	−.031	.133 *	.032
.071	.024	.030	−.025
−.042	−.025	−.012	.013
.047	.021	.036	.052
.053	−.001	−.011	−.031
.119	.005	.155 **	.034
−.074	−.039	.083	.006
	.640 **		.665 **
.222 **	.545 **	.277 **	.593 **
609	580	629	621

を高めたのかを検討しよう。ここでは、安倍、菅、石原、小池の四人の政治家の評価に対して東京大会に関する各事績の評価が影響しているのかをみてみる。そのために、四人の政治家に対する支持・不支持（支持度）を従属変数に、東京大会に関するいくつかの意思決定に対する評価を独立変数に入れた重回帰分析をした。[14] 統制変数

表3　政治家に対する支持度（感情温度）を従属変数とした重回帰分析の結果

		安倍晋三	菅義偉
男性ダミー		.002	.019
年齢		−.175 **	−.129 **
教育年数		−.069 *	.048
職業（RG= 事務）	自営	.001	−.073
	経営・管理	.069	−.055
	専門	.016	−.039
	販売・サービス・ブルーカラー	.043	−.026
	非正規	.030	−.046
	無職	.058	−.001
世帯年収（対数）		.054	.037
支持政党ダミー		.108 **	.083 *
オリパラの評価	東京招致	.203 **	.245 **
	1年延期開催	.055	.022
	海外客受け入れず	.047	.069
	無観客開催	−.046	−.031
	コロナ禍の開催	.217 **	.200 **
	「復興五輪」の理念	.150 **	.061
	「ボランティア活躍」の方針	−.001	.008
	「多様性と調和」ビジョン	−.060	−.057
都政全般の評価			
	調整済 R2乗	.338 **	.246 **
	N	632	623

注：「オリパラ政治調査」から作成。値は標準偏回帰係数
** $p < .01$, * $p < .05$

には、一般に政治家への支持態度に影響するとされる基本的な社会的属性と政党支持を投入した[15]（表3）。その結果によると、安倍の支持度には、東京大会に関する政治的意思決定の評価のうち、「東京招致」「コロナ禍の開催」「「復興五輪」の理念」が有意に影響していた。菅の支持度にも、「東京招致」と「コロナ禍の開催」の評価が影響していた。石原の支持度（Model 1）には「東京招致」だけ、小池の支持度（Model 1）には「東京招致」「一年延期開催」「「ボランティア活躍」の方針」が有意に影響していた。以上からは、大会を東京に招致したことに対する評価が四人の政治家の支持・不支持にそれなりに影響していることがわかる。またコロナ禍での開催の決断、「復興五輪」の理念や「ボランティア活躍」の方針を掲げたことについての評価も、一部の政治家の支持・不支持に影響しているといえる。

しかし、より興味深いのは、石原と小池の支持度に対して、それぞれの「都政の総合評価」の影響を勘案したところ（Model 2）、東京大会に関する項目は、軒並み標準偏回帰係数の値が小さくなり、つまり支持・不支持に対する影響力がかなり薄まったことである。要するに、石原の支持・不支持にも小池の支持・不支持にも、大会を東京に招致したことの評価が作用していたものの、それ以外の東京大会に関わる個別の政治的意思決定に関しては、都民にとって、都政全体の評価と比べて、石原と小池の支持・不支持にそれほど大きな要因とはなっていないということである。この結果が意味するところは最後にもう一度考えたい。

おわりに

本章では、メガイベントの政治的レガシーに関する研究の枠組みを参照しながら、東京大会の政治的レガシーを探ってきた。政治的レガシーには、開催国や都市が地位向上やイメージアップを達成したかという「マクロ」レベルのレガシーと、開催に関わった政治家個人がその評判を高めたかという「ミクロ」レベルのレガシーがあるとされてきたが、このうち本章では、ミクロレベルの政治的レガシーを、都民の意識調査を用いて検討した。

東京大会の開催はそこに関わった政治家たちの評判にどのように影響したのか。都民の評価をみると、安倍、菅、石原、小池という東京大会をめぐる主要な政治家たちはいずれも、大会を招致したことがその評価に作用していた。それに加えて、菅はコロナ禍で開催したことも、小池は一年延期で開催したことと「ボランティア活躍」の方針を掲げたことも、政治家個人の評価に影響する要因となっていた。これらの結果からすると、すでに故人になった安倍と石原は、東京大会の招致に関わったことが政治家としての政治的レガシーになったといえるだろう。現役である菅と小池についても、「イベントに関わることで得られる知名度を利用して、政治的・非政治的な場での経歴を高めたいという個人の願望[16]」はそれなりに達せられたといえそうである。

しかし、石原と小池という二人の都知事に関する限りではあるが、この二人の都政全体を都民が評価するとき、東京大会に関する事績はそれほど大きな位置を占めていない。このことこそが、ここではより重要ではないかと思われる。つまり、東京大会に関わったこと、あるいは東京大会の各局面での政治的意思決定について都民は、この二人の政治家の功績全体を左右するほどのものでもない、とみているということである。つまり、政治への影響やレガシーという点で東京大会はそれほど大きなものではなかった。「オリンピックという幾分時代遅れのイベントを過大評価すること[17]」はやはり避けたほうがよさそうだ、ということは政治的レガシーに関しても当てはまりそうである。

レガシーはその定義上、いずれも「長期的」な「構造変化」を生じさせるものである。それを考えると、本章の検証はやや性急な試みだったかもしれない。政治への影響を検証する場合でも、「長期的」な「構造変化」への視点は欠かせない。例えば、一九九八年長野大会では、開催から数年後に、オリンピック招致をめぐる問題が噴出して、県政が大きく変わる契機になった[18]。こうした前例を思い起こすと、東京大会の政治的レガシーも、もう少し長いタイムスパンで検討する必要があるかもしれない。

また、先に述べたように、メガイベントの政治的レガシーには、政治家個人に与える影響だけでなく、開催国・都市がその地位やイメージを高めたのかという「マクロ」レベルのレガシーもある。これはかねてから指摘されているとおり実際に検証するのは難しそうだが、例えば国際的な世論調査の結果を用いることで検証できる可能性はある。また、国や地方自治体の政策に及ぼす影響という政策的レガシーを検証する重要性も指摘されている。これも今後避けては通れない検証課題だろう。

注

(1) Holger Preuss, "The Conceptualisation and Measurement of Mega Sport Event Legacies," *Journal of Sport & Tourism*, 12(3-4), Taylor & Francis, 2007, p. 211. 訳は引用者。以降、本章の英語文献の翻訳はすべて引用者による。

(2) Anja Scheu, Holger Preuss and Thomas Könecke, "The Legacy of the Olympic Games: A Review," *Journal of Global Sport Management*, 6(3), Taylor & Francis, 2021, p. 214.

(3) Preuss, *op. cit.*, Holger Preuss, "A Framework for Identifying the Legacies of a Mega Sport Event," *Leisure Studies*, 34(6), Taylor & Francis, 2015, Holger Preuss, "Event Legacy Framework and Measurement," *International Journal of Sport Policy and Politics*, 11(1), Taylor & Francis, 2019.

(4) J. R. Brent Ritchie, "Assessing the Impact of Hallmark Events: Conceptual and Research Issues," *Journal of Travel Research*, 23(1), Sage Publications, 1984, p. 10.

(5) *Ibid.*, p. 10, Exhibit 8.

(6) Harry H. Hiller, 2006, "Post-Event Outcomes and the Post-Modern Turn: The Olympics and Urban Transformations," *European Sport Management Quarterly*, 6(4), Taylor & Francis, 2006, pp. 317-318.

(7) Ritchie, op. cit., p. 10.

(8) Preuss, "The Conceptualisation and Measurement of Mega Sport Event Legacies," Preuss, "A Framework for Identifying the Legacies of a Mega Sport Event".

（9）Preuss, "Event Legacy Framework and Measurement," p. 110.

（10）Ritchie, op. cit., p. 10.

（11）「2020年東京オリンピック・パラリンピック大会までの道のり」「笹川スポーツ財団」（https://www.ssf.or.jp/knowledge/history/tokyo2020_column/timeline.html）［二〇二四年八月二十五日アクセス］

（12）吉見俊哉編著『検証 コロナと五輪――変われぬ日本の失敗連鎖』（河出新書）、河出書房新社、二〇二一年、三九ページ

（13）「オリパラ政治調査」はインターネット・リサーチ会社に委託して実施した。回答者は、東京都の人口構成と同じになるように性・年代（十歳刻み）ごとに割り付け数を設定して、各割り付け数に達するまで、リサーチ会社のモニターに回答するように依頼した。回答期間は二〇二二年八月二十九日から三十一日である。

（14）支持度は「次にあげる政治家やオリンピック関係者に対するあなたのお気持ちを、温度に例えて数字でお答え下さい」として〇度から一〇〇度の数字で回答してもらった結果である。支持度の平均値／標準偏差は、安倍四〇・八度／三二・六度、菅三六・四度／二九・七度、石原三三・九度／二九・六度、小池四三・七度／二九・六度。

（15）支持政党は、支持政党あり／なしのダミー変数とした。

（16）Preuss, "The Conceptualisation and Measurement of Mega Sport Event Legacies" を参照。

（17）町村敬志「メガ・イベントの時代の終焉――新しい創発に向けた大都市の課題」「世界」二〇二一年六月号、岩波書店、七四ページ

（18）丸山真央「スポーツ・メガイベントと地方政治――長野オリンピックの政治社会学」、石坂友司／松林秀樹編著『〈オリンピックの遺産〉の社会学――長野オリンピックとその後の十年』所収、青弓社、二〇一三年

第5章　イベント・インフラのネットワーク的基盤と都市経済再編
——東京大会の場合

町村敬志

はじめに

オリンピックはメガイベントと評されることがある。四年に一度開催される大会はアスリートにとっても開催都市にとっても特別な時間であり、まさにイベントとしてあった。しかしグローバル化とデジタル化が進み、地球規模で展開するスポーツや文化のイベントは珍しい存在ではなくなった。増加する巨大イベント群のなかでオリンピックの「イベント」性をどのように維持するか。この点は、コンテンツとしての商品価値を保持しなくてはならないという現代オリンピックの実利的要請とも関わり、大きな課題になっている。

パンデミックによって延期を余儀なくされた東京大会は前例がない歴史的イベントになった。だが、映像コンテンツさえあれば開催都市はなくても「オリンピック（的なもの）」は可能であることが明らかになってしまった大会となったともいえる。

そもそもイベントとは何か。ここで「イベント」自体の特性に立ち戻ることにしよう。イベントとは出来事である。ただしイベントという表現があえて使われるとき、そこにはいくつかの個性的な特徴が含意されている[1]。第一に、イベントは創発的なものである。言い換えるとイベントは、ある時空間が日常からは切り離されたものとして生起する現象である。

第二に、イベントは一時的・突発的なものである。それは予期しなかった何かが急に姿を現す現象である。

第三に、イベントは構造からの転換としてである。程度の差はあれ、イベントは「方向性が定まらない揺らぎ」を構造にもたらす。新しい理念や制度、アイデンティティの萌芽がしばしばそこに顔を出す。

暴動や革命、戦争や災害はまさにイベントだった。身体の新しい可能性やつかの間の平和を提示するオリンピックもまた、確かにイベントと呼ぶべき要素を含んでいた。だが、現代のオリンピックは計画なしには実現できない。

「予期せぬ出来事」の「計画的実現」という試みはもともと矛盾した内容を含む。オリンピックが巨大なパッケージ化商品となるにつれ、「予期せぬ出来事」と「計画的実現」との間の乖離は大きくなる。溝を埋めて開催を正当化するため、各都市はさまざまな「語り」を用意した（例えば「レガシー」とは「計画的に実現」された出来事の「予期せぬ」効果を指すはずの言葉だった）。また困難な試みの遂行に資する資源・サービスの調達も不可欠だった。イベント開催を可能にする基盤を「イベント・インフラ」と呼んでおこう。現代のイベント・インフラには、イベント関連の施設・サービスだけでなく、ＩＣＴ（情報通信技術）やセキュリティー、マネジメントに関わる広範な知や制度が含まれる。これらはどのように調達されるのか。

東京大会のイベント・インフラ問題を考えるとき、いわゆる「談合」問題[2]を避けて通れない。こうした「特殊な関係」が生まれた背景とは何か。本章は、イベント・インフラの構築過程と残された課題、その都市的背景を、東京大会の経験をもとに検討する。

1　イベント・インフラの構築とそのガバナンス

イベント・インフラをどのように構築するか。その課題は要約すると次の点にたどり着く。イベントは本来、短期的で移ろいやすいものである。対してインフラは、目に見える諸活動を支える長期持続的な下部構造としてある。性質が異なるこれら二つの要素を結び付け、時間的・空間的にどのように形象化するか。

オリンピックの場合、①短期間の出来事としてスポーツ競技を都市の時空に埋め込み、②「感動」や革新、商品価値や公共的価値を備えたコンテンツをそこから産出しながら、③市民からの合意も調達して、④これらの過程を一つのプロジェクトとして組織的・資金的・環境的にマネジメントしていくことが求められる。その実現のためには、施設・交通・エネルギーなど物的基盤はもちろん、各種サービスから専門知や文化、日常知に至るソフトな基盤が重要になる。東京大会ではイベント・インフラはどう用意されたのか。本章は次の二つの側面に着目する。

第一に、メガイベント実現に向けてどのような利害や専門知が結び付けられたのか。新たなネットワークにはどのような組織・個人が動員されたのか。本章は、東京大会組織委員会と東京都が設立した各種委員会・諮問機関・パートナーシップを対象に、参加者の出身母体を分析する。

第二に、メガイベントの具体化に向けてどのような企業・産業が関与したのか。オリンピック・パラリンピックを実現するためには、各種オペレーションを短期間で可能にする施設・用具・サービスの準備・運用が必要になる。膨大な時間と資金、幅広い知識・技能、多様な人員がそこでは欠かせない。組織委は全体を統括する組織だが、物財・情報・人員の多くは外部（おもに企業）から契約を通じて調達される。[3] そこで生まれる連関を「契約関係」と呼んでおこう。本章はこの契約関係の全体像を探るため、公開資料からデータベースを作成して分析する。

スポーツ・メガイベント実現のためにどんなエージェントが集められ、課題達成に向けて配置・連関させられたのか。そこで生まれるつながりの総体をイベント・インフラの「ネットワーク的基盤」と呼んでおこう。東京大会という短期イベントと既存制度はどのように接合させられたのか。都市的文脈との関連も含めて検討していこう。

２　各種組織を通じた専門知・利害の連結

オリパラは準備過程で、さまざまな個人・集団を巻き込みそれらを課題に応じて連結するための組織（以下、連結組織）を生み出してきた。本節はこのうち組織委と東京都が設立に関わった委員会・諮問組織・パートナーシップに着目する。

表１は、分析対象とした連結組織の一覧である。当初、招致活動は二〇一六年の開催を目指して始まった。それに向けて東京都は東京オリンピック招致準備会議を二〇〇五年に設置した。これを手始めに、一三年の東京大会開催決定以降は東京都は多くの関連委員会を設置した。一六年に組織委・東京都・国の三者会談を経て大会全般の推進事務体制が固まって以降は、組織委による委員会も本格化した。これらのうち構成員が公表された組織を書き出し、メンバーをデータ化した。メンバー構成は原則として組織設置時点とし、常設組織については一六年から一八年ごろの構成を採用した。この結果、計五十二の委員会・諮問組織・パートナーシップについて、延べ千四百五人のメンバーがリストアップされた。

組織委には役員・顧問会議のほか、大会運営に関わる複数の委員会が設置された。組織委はまた、資金提供などの協力と引き換えに商品・サービスの供給権やオリンピックマーク使用などを認めるスポンサーシップ関係を

表1　集計対象としたオリパラ関係の連結組織（メンバーは原則として設置時点）

名称	メンバー数	設置年	設置者
東京都スポーツ振興審議会（2016年時点のメンバー）	20	1962	東京都
東京オリンピック招致準備会議	16	2005	東京都
東京芸術文化評議会	13	2006	東京都
スポーツ祭東京2013実行委員会	89	2012	東京都
2020年東京オリ・パラ環境アセスメント評価委員会	12	2013	東京都
2020年東京オリ・パラ競技大会実施準備会議	3	2013	東京都
東京芸術文化評議会「2020年の東京の文化政策検討部会」	14	2013	東京都
2020オリ・パラ大会に向けた多言語対応協議会　小売プロジェクトチーム	33	2014	東京都
2020年オリ・パラ大会に向けた多言語対応協議会	74	2014	東京都
海外に向けた都市広報を考える有識者会議	15	2014	東京都
都市ボランティア検討部会（東京都ボランティア活動推進協議会）	50	2014	東京都
東京のオリ・パラ教育を考える有識者会議	16	2014	東京都
東京都ボランティア活動推進協議会	64	2014	東京都
東京芸術文化評議会「文化プログラム検討部会」	18	2014	東京都
東京文化資源区構想策定委員会	16	2014	他
2020年東京オリ・パラ競技大会に向けた関係自治体等連絡協議会	12	2015	東京都
英語村に関する有識者会議	9	2015	東京都
新規恒久施設等の後利用に関するアドバイザリー会議	30	2015	東京都
多文化共生推進検討委員会	13	2015	東京都
都立競技施設整備に関する諮問会議	7	2015	東京都
東京2020大会に向けた「暑さ対策」推進会議	18	2015	東京都
東京都港湾審議会海上公園等に関する専門部会	7	2015	東京都
東京文化資源会議	31	2015	他
（公財）東京オリ・パラ競技大会組織委員会（2016年時点）	43	2014	組織委員会
テクノロジー諮問委員会（東京オリ・パラ競技大会組織委員会）	6	2016	組織委員会
メディア委員会（東京オリ・パラ競技大会組織委員会）	39	2016	組織委員会
仮設会場整備のアドバイザリー委員会（東京オリ・パラ競技大会組織委員会）	6	2016	組織委員会
文化・教育委員会（東京オリ・パラ競技大会組織委員会）	28	2016	組織委員会
街づくり・持続可能性委員会（東京オリ・パラ競技大会組織委員会）	27	2016	組織委員会

経済・テクノロジー委員会（東京オリ・パラ競技大会組織委員会）	17	2016	組織委員会
アスリート委員会	21	2016	組織委員会
顧問会議（東京オリ・パラ競技大会組織委員会）	177	2016	組織委員会
小池知事と語る東京フォーラム	7	2016	東京都
選手村地区エネルギー検討会議	16	2016	東京都
都政改革本部　オリ・パラ調査チーム	19	2016	東京都
ワールドワイドオリンピックパートナー（2020年10月時点）	15	1985	組織委員会
東京2020オリンピックオフィシャルサポーター（2020年10月時点）	20	2016	組織委員会
東京2020オリンピックオフィシャルパートナー（2020年10月時点）	29	2016	組織委員会
東京2020オリンピックゴールドパートナー（2020年10月時点）	15	2016	組織委員会
東京2020大会の都市ボランティア検討部会	50	2016	東京都
東京オリ・パラ競技大会組織委員会ブランドアドバイザリーグループ	8	2016	東京都
東京都ボランティア活動推進協議会　気運醸成分科会	10	2016	東京都
平成27年度東京都スポーツ推進モデル企業	13	2016	東京都
東京2020オリ・パラ競技大会交通輸送技術検討会	27	2017	東京都
東京オリ・パラ競技大会組織委員会マスコット選考検討会議	13	2017	組織委員会
「障害者スポーツ団体基盤強化事業」事例発表会	2	2018	東京都
2020年東京オリ・パラ環境アセスメント評価委員会	17	2018	東京都
東京2020オリ・パラ競技大会輸送連絡調整会議	98	2018	東京都
東京2020大会後の神宮外苑地区のまちづくり検討会	9	2018	東京都
東京都ボランティア活動推進協議会大会関連ボランティア分科会	78	2018	東京都
東京都聖火リレー実行委員会	10	2018	東京都
東京都オリンピック憲章人権尊重理念実現審査会	5	2019	東京都
計52組織	1,405		

（出典：東京都ウェブサイト・東京オリパラ競技大会組織委員会ウェブサイトに掲載された個別ページを参照しながら筆者作成）

企業と結んだ（ワールドワイドオリンピックパートナーはＩＯＣレベル、ほかは組織委レベルで契約）。組織委の決算報告によれば、スポンサー企業からの収入総額は四千三百三十億円で総収入の六七・六％を占める。スポンサー企業との関係は深いが、ここでは各企業をそれぞれ一と数えてメンバー数とした（契約額は次節で論じる）。

表2は、関連連結組織の構成員を所属組織の政治経済セクター分類別に集計した延べ人数を示す。政治経済セクター分類は、産業分類をベースに行政・政治・社会・文化分野のアクター類型も加えて作成した。集計では現所属を優先したが、旧所属を基準にリクルートする組織があり、明らかにそれと判断できる場合は旧所属に数えた。

合計人数が多い順に「大学研究者・大学」（百三十六人）、「地方自治体（他道府県・都外区市町村）」（百三十人）、「東京都・各局（含む警視庁）」（百二十五人）、「スポーツ団体・施設、アスリート」（百十九人）までが百人を超える所属である。次いで「交通・運輸・倉庫」（九十四人）、「国・各省庁（含む自衛隊）」（七十九人）、「文化人・ジャーナリスト・アーティスト」（六十三人）、「地方自治体（都内区市町村）」（五十九人）、「メディア・コンテンツ制作」（五十九人）、「宿泊・旅行・飲食・レジャー等、個人向けサービス」（五十四人）、「法律・会計、コンサル、建築・デザイン等、専門サービス」（五十人）が、五十人以上の所属として並ぶ。

参考までに、延べ六人以上が参加する所属組織（東京都は局、国は省庁）の具体的名称を多い順に挙げておく（当該組織が団体として参加する場合も一人と数えた）。

二十一人：東京大学、東京都オリパラ準備局
十八人：二〇二〇年東京オリパラ大会推進議員連盟
十七人：日本オリンピック委員会（ＪＯＣ）、東京二〇二〇組織委員会
十六人：国土交通省
十四人：内閣官房
十三人：明治大学

表2　オリパラ関連連結組織の参加メンバー数——所属する政治経済セクター分類別

「参加メンバー所属」の政治経済セクター分類	参加メンバー数（延べ）
1 東京都・各局(含む警視庁)	125
2 国・各省庁（含む自衛隊）	79
3 政府・自治体の外郭団体	25
4 政治家（国会議員、都議・区議等）	41
5 地方自治体（都内区市町村）	59
6 地方自治体（他道府県・都外区市町村）	130
7 財界（経団連・東京商工会議所・経済同友会等）	49
8 重化学系製造業企業・団体	36
11食品・印刷・繊維その他工業	16
12交通・運輸・倉庫	94
13建設・不動産・造園	8
14情報・通信・ソフトウエア	13
15電気・ガス・水道・インフラ	4
16金融機関	15
17商社・卸売・小売	26
18宿泊・旅行・飲食・レジャー等、個人向けサービス業	54
19法律・会計、コンサル、建築・デザイン等、専門サービス業	50
20広告・人材・メセナ・警備等、企業向けサービス業	26
21シンクタンク（研究所、研究機関）	21
22学校(大学除く)・教育関係団体	47
23医療関係の専門職団体・個人	24
24福祉関係の専門職団体・個人	11
25地域住民組織（例．町内会、老人クラブ）	10
26労働組合	2
27消費者団体・女性団体	4
28 NPO／NGO（法人・非法人、当事者団体を含む）	39
29財団	9
30メディア、コンテンツ制作	59
31文化人・ジャーナリスト・アーティスト	63
32スポーツ団体・施設、アスリート	119
33大学研究者・大学	136
34農林漁業	4
35その他	2
不明	5
総計	1,405

（出典：表1に同じ）

十二人：警視庁
十一人：首都大学東京（現・東京都立大学）、東京都都市整備局
十人：埼玉県、千葉県、東京商工会議所、東京都建設局、東京都副知事
九人：経済同友会、経団連、神奈川県
八人：ＪＲ東日本、さいたま市、横浜市、千葉市、東京都議会二〇二〇年東京オリパラ推進本部、東京都市長会、東京都町村会、特別区長会
七人：宮城県、成田国際空港、東京バス協会、東京メトロ、東京都港湾局、東京都財務局、東京都知事、東京藝術大学、日本商工会議所、日本民営鉄道協会、文部科学省
六人：慶応義塾大学、早稲田大学、東京観光財団、東京都私立中学高等学校協会、東京都社会福祉協議会、東京都町会連合会、日本観光振興協会、日本空港ビルデング、日本体育協会、北海道

参加者は所属組織を代表するとはかぎらない（特に大学）。とはいえ、どんな分野・組織が東京大会に関わったのか、以上の結果はその一端を明らかにしている。

第一に、連結組織では東京都、国、財界団体が大きな位置を占めていた。東京都ではオリパラ準備局のほか警視庁・都市整備局・建設局が、国では内閣官房を中心に国土交通省・文部科学省などが関わり、そこに経団連、日本商工会議所、経済同友会など財界団体が参加し、さらに国政レベルで二〇二〇年東京オリパラ大会推進議員連盟が、都政レベルで都議会二〇二〇年東京オリパラ推進本部が加わることで、オリンピック推進は党派を超えた政治動員と接続された。この政治・経済体制をオリンピック・レジームと呼んでおこう。

第二に、スポーツ関連団体の関与は当然としても、目を引くのは大学・大学研究者の参加の多さである。内容をみると、①建設、競技運営、選手育成、環境、情報などの専門家として、②外国語や国際経験、アートなど特別のスキルを備えた人材の提供母体として、③ボランティアの供給源として、参加していることが見て取れる。

濃淡はさまざまだが、知識と人材のストックとしての大学はオリンピック・レジームの隠れた当事者だった。

第三に、民間企業の参加が概して少ないなかで、例外的に交通・運輸・宿泊・観光に関わる業界からは関与が目立つ。都市イベントとしてみた場合、大会の主要部分とは、国境を越える選手・役員の長距離移動、そして都市内での膨大な規模の人員・機材の迅速かつ組織的移動によって成り立っていた。要約するとそれらはモビリティー現象と表現することができ、モビリティーに関する組織間調整が重要だったことが表から読み取れる。

第四に、東京都町会連合会、東京都社会福祉協議会、東京都私立中学高等学校協会など、地域社会を組織する広範な非営利団体も動員されている。これによってオリンピック・レジームの草の根レベルの浸透が図られた。

第五に、大会運営に関わるが連結組織には登場しない組織もある。広告代理店はその代表だった。イベント運営の透明性を支える連結組織の動向は少なくとも公的記録に残り、議事録の多くは公開対象になる。それに対して、「黒子」である広告代理店の活動を公的記録から読み取ることは難しい。

3　オリンピックを支える「イベント産業複合体」の存在——「契約関係」を読み解く

組織委員会が最終報告で公表した総経費は一兆四千二百三十八億円、会計検査院が組織委員会・都・国の文書を精査して報告した大会総経費は一兆六千九百八十九億円とさらに多い。加えて会計検査院は、大会関連経費（本来は行政目的の事業だが大会にも資するものなど）として国の支出一兆三千二億円、都の支出六千八百五十四億円を指摘した。[4] ただし以下では直接経費として組織委員会が報告した範囲に限定して検討を進める。

「東京２０２０オリンピック・パラリンピック競技大会　東京都ポータルサイト」[5] の「組織委員会について」には「過去の調達状況」のページがあり、二〇一四年度から二一年度までの調達案件一覧が掲載されている（調達契約対象外の不動産賃貸借、電力費、通信費、労働者派遣契約などを含まない）。一四年から二一年度の調達契約結果は合計七千七百六十二件、契約金額総額は六千八百二十五億円だった。だがこの資料には個別の契約金額欄がない。契約金額を明記した資料を探すと、同じポータルサイトに組織委員会の「調達（入札結果一覧）」のページがあり、契約金額を含む入札結果の文書（筆者計算では約三百四十件、計二千二百億円分）が掲載されている。

このほか、「東京都オリンピック・パラリンピック競技大会ホームページ」中の「オリパラ準備局」の「情報公開ポータル」には、「東京二〇二〇大会に係る共同実施事業の契約案件一覧」が掲載されている。東京大会について、基本的方向の取り決めに基づき組織委が、東京都や国からの経費と組み合わせて実施する事業があり、これを「共同実施事業」と呼ぶ。同「一覧」は共同実施事業の契約案件を一括掲載している。ここには「調達契約」対象外を含む支出が計八十二ページ分列記されている。さまざまな事情による再掲などもあり、単純な合計は難しいが、一ページ三十五件と仮定すると約二千八百の個別契約が金額とともに掲載されていることになる。ここには公的資金が投入されない組織委単独事業は含まない。そこで組織委議事録も参照して組織委単独事業の開示情報を可能な範囲で付加した。

「調達（入札結果一覧）」からは全契約、「東京二〇二〇大会に係る共同実施事業の契約案件一覧」からは原則一件一億円以上の契約を選び出し、これらを統合することで「契約関係データベース」（以下、DBと略記）を暫定的に作成した。

表3には、作成したDBをもとに事業内訳別の契約総額を示した。総数六百三十九件、契約金額計六千七十五億円で、最終の大会経費一兆四千二百三十八億円に対し、単純計算で約四三％の捕捉率となった。大会経費には組織委の人件費三百二十七億円、収入連動経費（ロイヤルティーなど）千七十七億円が含まれていて、仮にこれらを除いて捕捉率を再計算すると四七・三％になる。事業内訳別では、公費負担割合が低い「オペレーション」と「テクノロジー」で推定捕捉率が五〇％を切った。特に組織委からの単独支出が多い「オペレーション」の透明性が低い。ちなみに「オペレーション」には、本大会以前に開催される準備イベントを含め、競技や式典の運営、組織委の管理運営に関わる事業が含まれる。

表3には、各契約の契約時期（推定）に基づき、暫定的にイベント遂行時期四区分ごとの総額も示した。事業の「開始期」（二〇一四年から一七年）は競技施設の「仮設等」や各種「オペレーション」などの調査・基礎設計からスタートした。開催一年前までの「準備期」（二〇一八年から一九年九月）に入ると、工事が本格化した「仮設等」に加え、「エネルギー」（電気設備など）、「テクノロジー」（情報通信など）などの機器準備・業務委託で支出が急増した。「オペレーション」もテストイベント、開閉会式・表彰式企画、サイン・掲示物制作、飲食物・什器提供、選手村管理の業務委託などと拡大し、契約総額もピークを記録した。

ところが二〇二〇年三月には、パンデミックによって開催は一年延期となり本大会の支出も先延ばしされた。新たに生まれた「直前・延期期」には仮設・インフラ関係の支出は減少、かわってセキュリティー（警備業務や監視システム委託）や輸送（選手・役員・スタッフの移動）の支出が増加した。「本開催期」には競技運営、飲食・宿泊から清掃・原状回復に至る「オペレーション」費用が増加した（捕捉率からみて実支出はもっと多い）。加えて「新型コロナ感染症対策」関連の契約関係が検査、感染防止、行動管理、出入国事務、輸送をめぐって生じた。

ではこれら支出によって、どのような産業・企業との間で契約関係が結ばれたのか。DBには契約を結んだ企業などが計二百八十七社登場する（共同企業体を含む）。表4では各企業を前述の「政治経済セクター分類」によって分類し、類型ごとの契約金額合計を示した。なお「18 宿泊・旅行・飲食・レジャー等、個人向けサービス業」「19 法律・会計、コンサル、建築・デザイン等、専門サービス業」「20 広告・人材・メセナ・警備等、企業向けサービス業」は類型を細分化した。金額総計が多い順に類型を配列し、事業内訳別の小計も示した。

さらに契約金額合計を企業別に集計した。上位十五位までの企業名を挙げる。※印は東京大会のスポンサー企業（グループ企業を含む）を示す。

①大和ハウス工業　※（七百二十三億九千万円）
②三井不動産レジデンシャルほか九社（選手村関連）（五百三十億五千万円）
③ Aggreko Events　※（四百五億四千万円）

表3　「契約関係データベース」による東京大会「大会経費」内訳（単位：億円）

およその契約時期（各資料から推定）	事業内訳							総計
	会場関係			大会関係			コロナ	
	仮設等	エネルギー	テクノロジー	輸送	セキュリティ	オペレーション		
開始期（2014年〜2017年）	752.3	0.3	89.8	2.8	0.0	267.3	0.0	1,112.6
準備期（2018年〜2019年9月）	1,917.8	436.6	337.9	15.7	130.4	478.1	0.0	3,316.5
直前・延期期（2019年10月〜2020年）	83.2	10.4	54.3	42.3	299.0	143.2	0.4	632.9
本開催期（2021年）	48.1	56.4	74.6	216.4	41.5	272.3	303.7	1,013.0
総計	2,801.4	503.7	556.7	277.3	470.8	1,160.9	304.2	6,075.0
今回データの推定捕捉率（総経費に対する割合）（%）	82.7	81.8	48.2	53.6	64.4	29.1	86.2	42.7
大会経費（最終）（億円）	3,386	616	1,156	517	731	3,987	353	14,238

注1：「およその契約時期」は資料中の「入札時期」ないし「公費充当時期」から推定。正確な契約時期でない可能性があることに注意。
注2：本表中の「オペレーション」は大会経費報告中の「オペレーション」「管理・広報」「マーケティング」「その他」を含む。
（出典：「調達（入札結果一覧）」〔「東京2020オリンピック・パラリンピック競技大会 東京都ポータルサイト」（https://www.2020games.metro.tokyo.lg.jp/special/watching/tokyo2020/organising-committee/procurement/procurement-tender/）［2023年11月9日アクセス］〕、「東京2020大会に係る共同実施事業の契約案件一覧」〔「東京都オリンピック・パラリンピック競技大会ホームページ」（https://www.2020games.metro.tokyo.lg.jp/41436bf8dd8f19f4496943f0f7e03e65.pdf）［2023年11月12日アクセス］〕をもとに筆者作成の「契約関係データベース」による。「大会経費（最終）」は同組織委「大会経費の最終報告について」による）

表4　「政治経済セクター分類」別の契約金額合計―事業内訳別、総計の多い順（単位：億円）

政治経済セクター分類―数字は表2と対応、一部細分―（金額総計の多い順）	各分類に属する企業の契約金額合計（事業内訳別）							総計
	会場関係			大会関係			コロナ	
	仮設など	エネルギー	テクノロジー	輸送	セキュリティ	オペレーション		
建設・不動産（13）	2,030.4	2.8	11.8	36.5	0.1	163.0	7.6	2,252.2
情報・通信・ソフトウエア（14）			540.8	4.5	17.9	3.4	11.0	577.6
電気・ガス・水道（15）		479.5		1.1				480.5
イベント業（20）	398.9	1.3		5.5	0.9	35.9	31.7	474.1
広告代理店（20）	29.1			3.9		375.6	47.1	455.7
警備（20）	4.4			2.3	391.1	1.2	11.6	410.5
旅行業（18）				171.5	2.7	15.0	61.5	250.6
空間デザイン・ディスプレイ（20）	137.6			0.8		36.8	16.4	191.6
交通・輸送・倉庫（12）		1.5		28.6		125.0		155.1
調査・測量・検査業（20）	0.3			0.8	47.0	25.4	63.3	136.9
飲食サービス（18）						112.2		112.2
食品・印刷・繊維等製造業（11）	57.6			2.5	2.8	25.2	5.2	93.4
リース・レンタル業（20）	22.5		1.1	0.3		54.9	2.1	80.9
コンサルティング業（19）	50.3		2.4	4.4		3.2	5.6	66.1
機械・化学・金属等製造業（8）	5.8	15.5			4.6	23.9		49.8
発券・ペイメント業（20）						45.8		45.8

設計（19）	32.8			1.1		9.7		43.6
ホテル（18）	2.7			1.0	3.8	24.7	5.4	37.6
スポーツ団体・スポーツ施設（32）	16.3		0.6			14.4	4.0	35.3
東京都庁（10）	1.9	3.2				26.8		31.8
清掃・クリーニング業（20）						28.9	0.3	29.2
人材派遣業（20）				7.5		0.5	14.5	22.5
メディア・コンテンツ制作（30）	10.7			1.2		0.5	0.0	12.4
卸売・小売業（17）						4.9	6.2	11.1
医療関係の専門職・機関（23）							10.5	10.5
金融機関（16）				2.3		3.7		6.0
物流マネジメント（20）	0.1			1.4		0.2		1.8
大学（33）						0.1		0.1
総計	2,801.4	503.7	556.7	277.3	470.8	1,160.9	304.2	6,075.0

注1：分類は日本標準産業分類（大・中・小・細分類）を参考に筆者作成。括弧内番号は表2と対応。
注2：事業内訳は組織委員会による。表の「オペレーション」は大会経費報告中の「オペレーション」「管理・広報」「マーケティング」「その他」を含む。
（出典：表3に同じ）

④電通（三百三十一億三千万円）
⑤セコム・綜合警備保障共同企業体　※（三百五億六千万円）
⑥清水建設　※（二百六十六億一千万円）
⑦東日本電信電話　※（二百六十億四千万円）
⑧大和リース　※（二百二十五億六千万円）
⑨日本電気　※（二百十七億七千万円）
⑩KNT-CT ホールディングス　※（百六十億二千万円）
⑪NES Overlay Ltd　（百五十六億八千万円）
⑫大林組　（百二十三億三千万円）
⑬乃村工藝社　※（百八億円）
⑭電通ライブ　（百五億円）
⑮綜合警備保障　※（八十三億九千万円）

オリパラにはどんな産業・企業群が関与したのか。

第一に、建設・不動産業は競技施設や選手村などの建設／仮設に関わることで、発注の最大部分を請け負った。額は大きいが、捕捉率から逆算すると経費全体に占める建設・不動産業の割合は二〇％程度にとどまる。

第二に、情報・通信・ソフトウエア産業はデジタル化したオリンピックを支える中核部門になった。特に競技運営からセキュリティー、マネジメントに至るまで関与が多分野にわたる点が特徴といえる。

第三に、イベント業、空間デザイン・ディスプレー、リース・レンタル業、警備、人材派遣業、清掃・クリーニング業など各種の事業所向けサービス業が上位に並ぶ（DBに限定しても総額千二百七億円）。「仮設」として時空の一時的差異化を演出する多様なスキルと人材がもたらす広義のイベント産業の厚みは、都市メガイベント実現の要といえる。

第四に、旅行業、交通・輸送・倉庫、ホテルなどモビリティーを支える産業群は、契約関係でも大きな位置を占めていた。

第五に、連関組織には登場しない広告代理店は契約関係では大きな位置を占める。上位の民間企業は多くが大会スポンサー企業であり、資金提供への見返りとしておもに随意契約によって契約を獲得した。これに対してスポンサー企業ではない広告代理店（特に電通）はスポンサー企業集めに影響力を発揮しながら、自身も多額の契約を獲得した(6)。

要約すると、現代のメガイベントは、物理的空間の一時的改変に関わる企業群、デジタル空間との連接を担うＩＣＴ企業、そして多岐にわたる事業所向けサービス業からなる広義のイベント産業の連携によって実現されるという構図が浮かび上がってくる。これらの総体を「イベント産業複合体」と呼んでおこう。ポイントは、限られた時空に向けてこうした連携を技術的・経済的にどのように実現していくか、そのデザインとマネジメントの力にあった。広告代理店はここで大きな力を発揮した。しかしながら、イベント産業複合体自体の活動をチェックするための情報公開や監査制度は用意されないまま終わった。

おわりに

メガイベントとしての「オリンピック」とは、施設の準備と都市空間への仮設的埋め込み、スタッフ・ボランティアを含む人員調達、セキュリティーという名称で曖昧にくくられるリスク管理、スポーツ競技、各オペレーションに関わる人流・物流・情報伝達の円滑な実現、そして全体のマネジメント、これらすべてから成り立つ巨大な都市的過程だった。現代のオリパラとは「スポーツの祭典」であるだけでなく、「モビリティーと警備とロジスティクスの祭典」でもあることが、あらためて明らかになった。

前記の都市的過程を円滑に回していく工程の一部に、東京大会の場合、連結組織を通じたオリンピック・レジームの構築、そして、多様な企業との契約を介したイベント産業複合体の活用が組み込まれた。だが、巨大化、複雑化、グローバル化するイベント産業複合体を主催都市と地元組織委がどう使いこなすか。問題はここで露呈した。

膨大なタスクを組織的・計画的にこなすためには、システム管理と課題解決に関する専門的な知識・スキルとそれを支える人員が欠かせない。だがそれを担う組織委は常設ではない。最大時には七千人規模となった組織委には、東京都、国、広告代理店、スポンサー企業などから多数の職員が派遣された。(7) 業務は多くの分野から成り立っていて、さらに調査検討、企画策定、テスト、実施、原状回復など段階ごとに異質な課題が存在した。コロナ対策という予期しない業務も加わった。

全体がどう調整されたのか。今回のデータではメガイベントのマネジメントの詳細までは明らかにできない。調整の対象は国内だけでなく、ＩＯＣ、国際競技連盟（ＩＦ）、国際的なイベント制作・コンサルティング企業など多岐にわたる。メガイベントに関して経験や人脈をもつ一部の広告代理店が優越的な地位を占めていった理由の一つがここにあった。(8)

本章が論じたオリンピック・レジームはここで二重の役割を果たした。一方でオリンピック・レジームは、行政、政界、経済界がスポーツ界と結び付くことで作り上げた関係の構図を支え、かつそれを象徴する役割を果たした。だが同時にオリンピック・レジームは、そうした関係の構図のより深い部分をむしろ不可視化ないし「洗浄」する役割も果たしたようにみえる。東京都および組織委が設置した委員会などは多数の大学研究者、文化人、有識者を動員しながら、基本方針や理念面で大会を正当化する機能を受け持った。チェック機能を果たすはずの大手新聞もスポンサー企業としてオリンピック・レジームに組み込まれた。このレジームが前景化される陰で一部の広告代理店が、イベント産業複合体との媒介役を果たすことによって、その「見えない権力」をより肥大化させる結果を招いた。
ただし、こうした癒着の構図を政治的な権力関係だけに還元してしまうと別の構造的背景を見失うことになる。イベント産業複合体を構成する多様な事業所向けサービス業や裾野が広いＩＣＴ産業は、脱工業化を通過した都市経済で新しい中核を占めつつある。(9) メガイベントは、ハード面の開発だけでなく、仮設・擬似空間デザイン、ＤＸ（デジタルトランスフォーメーション）、ブランディングなどソフト面の開発を介して新しい都市経済へと埋め込まれ、かつそれらに依存するようになった。マスメディアを収益源にしにくくなった広告代理店もまた、イベント産業複合体との連携に依存するようになっている。(10) しかしイベント産業複合体側からみれば、スポーツは数多いコンテンツの一つでしかない。スポーツイベントとしての東京大会の都市的意味とは何だったか。それをより正確に知るには、都市変動のより大きな歴史的構図の解明、そして東京に続く大会との対比が必要である。

注

（1）Robin Wagner-Pacifici, *What Is an Event?*, The University of Chicago Press, 2017, William H. Sewell, Jr., "Historical Events as Transformations of Structures: Inventing Revolution at the Bastille," *Theory and Society*, 25(6), Springer Nature, 1996.

（2）談合問題についての東京都側報告として、東京２０２０大会テストイベントに係る談合報道に関する調査チーム／外部有識者・阿部晋也／今井秀智／鵜川正樹／羽根一成「東京２０２０大会テストイベントに係る談合報道に関する調査報告書」「東京都オリンピック・パラリンピック競技大会ホームページ」（〔https://www.2020games.metro.tokyo.lg.jp/about/johokokai/chosa_houkoku/chosa_20230714/index.html〕〔二〇二三年十二月五日アクセス〕）を参照。

（3）このほか、組織委への職員の派遣という形態もあった。

（4）『会計検査院法第30条の3の規定に基づく報告書「東京オリンピック・パラリンピック競技大会に向けた取組状況等に関する会計検査の結果について」』（会計検査院、二〇二二年〔https://report.jbaudit.go.jp/org/pdf/041221_

zenbun.pdf］［二〇二二年十二月二十一日アクセス］）による。

（5）「東京2020オリンピック・パラリンピック競技大会 東京都ポータルサイト」（https://www.2020games.metro.tokyo.lg.jp/special/）［二〇二三年十月三十日アクセス］

（6）DBによれば電通グループの契約金額は電通を含む五社で計四百三十八億円だった。DBには広告代理店・イベント制作会社七社が受注した「テスト大会の計画立案業務」（総額五億七千万円、最多は電通）分は含まれるが、東京地裁判決（「朝日新聞」二〇二三年十二月十三日付）が組織委幹部との談合があったと認定した「本大会競技の運営業務など」（総額四百三十一億五千万円）分は一部の「共同実施事業」を除いて含まれない。広告代理店等の受注額はさらに多いと考えられる。

（7）組織委に派遣されたある都庁職員は、国内外組織から派遣された職員の処遇に関する組織委の限界と現場職員の対応を紹介している。ダビデ@元都庁職員「ブラジル人上司に怒られた話」「note」（https://note.com/yuta0408/n/n96e87dd4cf4a）［二〇二三年十一月二十七日アクセス］

（8）上杉隆『五輪カルテル』（扶桑社、二〇二三年）は電通の背景や人脈を詳細に論じている。

（9）変化する都市経済については、町村敬志『都市に聴け――アーバン・スタディーズから読み解く東京』（有斐閣、二〇二〇年）一四二―一五二ページを参照。

（10）急拡大した新型コロナウイルス感染症対策事業も多くが広告代理店を含む民間企業に委託され、イベント産業複合体が動員された。背景には新自由主義とデジタル化の共振的深化があった。

第2部　スタジアムと都市

2020/LEGACY

第6章　東京大会の開催で、観光分野はどうなったのか

小澤考人

はじめに

世界最大級のメガイベントであるオリンピックは、一般にその招致・開催に際して、競技場や交通機関など都市インフラの整備だけではなく、海外から観戦客を迎えることや、大会後の観光客増加などが期待される。東京大会の場合も、「おもてなしの海外発信」をうたった招致演説が示すように、観光関連産業から大きな期待が寄せられた。特に二〇一三年九月の招致決定以降、旅行会社やホテル・旅館、航空・鉄道、飲食店などの観光関連産業は、政府主導の「観光立国」政策を追い風に、高まる観光需要への夢や期待を大きく膨らませた。

だが東京大会は、二〇〇五年九月の最初の立候補から十五年を経て、いよいよ開催という二〇年の初頭に新型コロナウイルス感染症のパンデミックに遭遇した。こうして一年延期（同年三月）、簡素化した様式で開催する方針（同年六月）、海外客の受け入れ制限（二〇二一年三月）が次々と決まり、結局コロナ禍は収束せず会期直前になって史上初の無観客開催が決定した。マスメディアも五輪特需の喪失を報じ、インバウンド頼みのあてがは

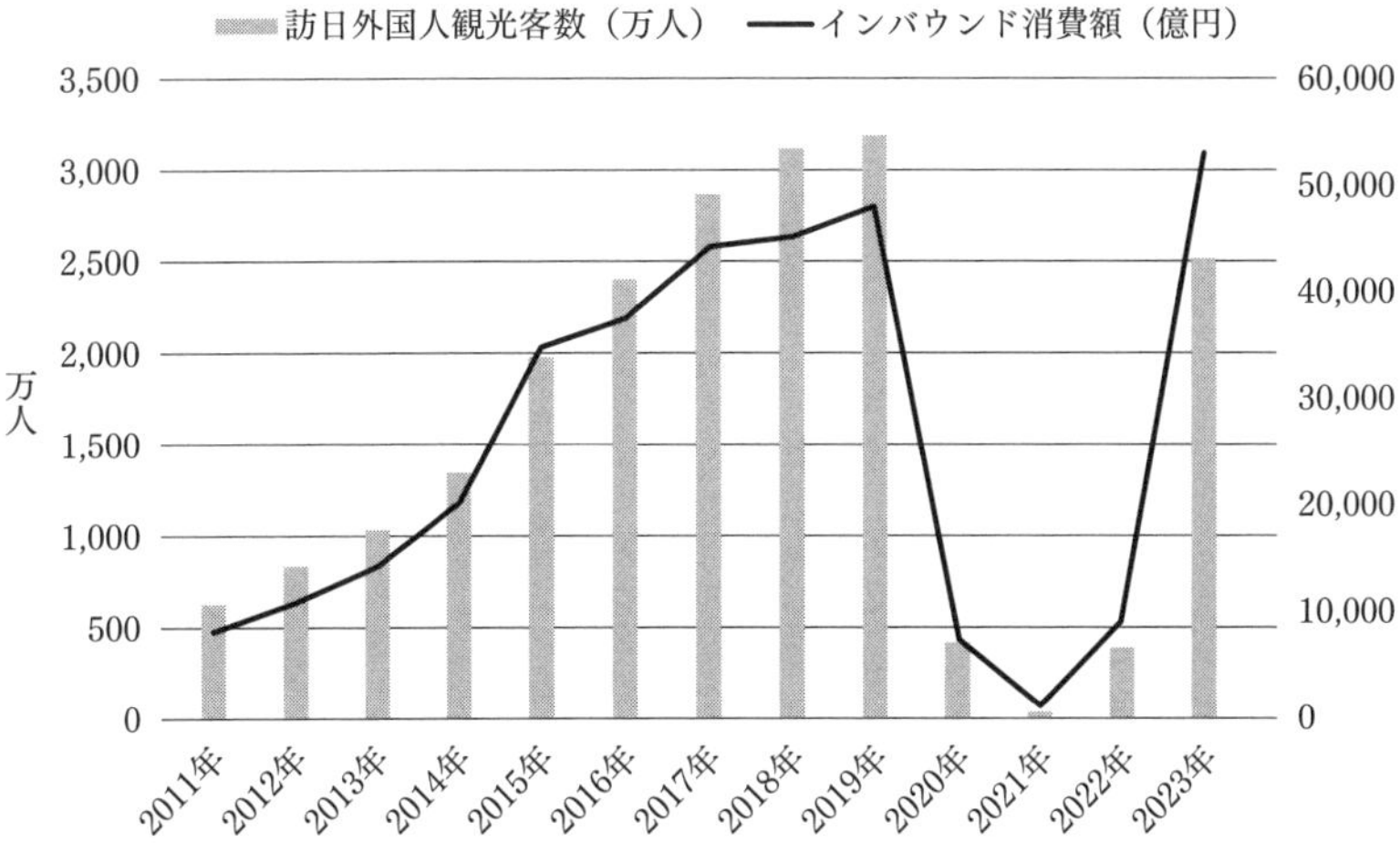

図1　訪日外国人観光客数とその消費額（2011―23年）
（出典：観光庁「訪日外国人消費動向調査」（https://www.mlit.go.jp/kankocho/tokei_hakusyo/gaikokujinshohidoko.html）［2024年3月10日アクセス］。※2020―22年は試算値）

ずれて観光業界への打撃は深刻であると伝えた。[1]

実際、観光分野は総じて深刻な打撃を被った。二〇一〇年代に急増した訪日外国人観光客数は、一九年には三千百八十八万人だったが二〇年には四百十二万人になり、対前年比九二％の下落を見せた。消費額も四兆八千億円から七千四百四十六億円へと大幅に減少した（図1を参照）。日本人の国内旅行消費額も、一九年には二十一兆九千億円だったが二〇年には十兆円となり、半減した。二一年の前半も日本はほぼ緊急事態宣言下となり、観光需要は回復せず、観光関連産業の業績は著しく低下した。帝国データバンクによれば、宿泊業者の倒産件数が百二十五件（二〇二〇年度）、休廃業・解散数は百七十一件（二〇二〇年から二一年上半期）[2]である。実際、インバウンド需要を見込んだ複数のホテルが開店休業状態に陥ったのである。観光業者の倒産・休廃業・解散数は小規模事業者を中心に過去最多ペースの二百十九件（二〇二〇年から二一年上半期）となり、旅行会社の九〇％が減収、七〇％が赤字で、大手旅行会社の二〇年度決算では二百億円から一千億円近くの減収減益になった。その結果、実店舗を大幅に削減して職員の解雇・転職を促す事態も生じ、都市部から旅行代理店の多くが姿を消した。また観光バス事業者も業績悪化で倒産が相次いだ。

もちろんそれは日本国内に限った話ではない。世界各国はパンデミック抑止のため、ロックダウン（都市封鎖）や海外渡航の制限など、「人の移動と密集」に制約をかけた。その結果、二〇二〇年に入って世界的な規模で観光需要の落ち込みと観光関連業界へのダメージが生じた。国際観光客到着数は、一九年には十四億七千万人だったが二〇年には三億九千万人へと対前年比七〇％超の下落となり、世界全体のＧＤＰ（国内総生産）で二兆ドルが減少した。[3]要するに、日本も例外ではなかったといえる。

しかしオリンピック開催国の日本では、高まる観光需要への期待に加え、観光インフラの整備も加速していただけに、衝撃は一段と大きかった。さらに国内各地では、海外からの訪日客を「おもてなし」するために、人材育成も進めていた。公式ボランティアを例に取ると、国内外の旅行者に対して空港・主要駅・観光地などで観光・交通案内をおこなう都市ボランティア（三万人）が育成されたが、彼らは結局、無観客開催のあおりを受けて活躍の機会を失った。つまり日本の場合、観光需要や観光関連産業への経済的ダメージだけでなく、「おもてなしの海外発信」の機会が減少するという、開催国ならではの衝撃を受けたのである。

1　二十一世紀の「観光立国」政策——インバウンド振興の加速

では、コロナ禍ですべてが消失してしまったのか。マスメディアは五輪特需の喪失を報じたが、東京大会の開催による観光分野への影響を考えるとき、事はそれほど単純ではない。[4]そもそもコロナ禍は、二〇二〇年以降の局面である。オリンピックの招致・開催に向けた動きはその数年前に始動している。そこでイベント論とレガシーの観点に基づき、イベント開催の前の局面と後の局面に分けて、筆者の見方を整理してみたい（図2を参照）。時間軸の全体でみると、開催前の局面で、①観光政策と②都市再生の取り組みが大きく進捗した点、そしてその

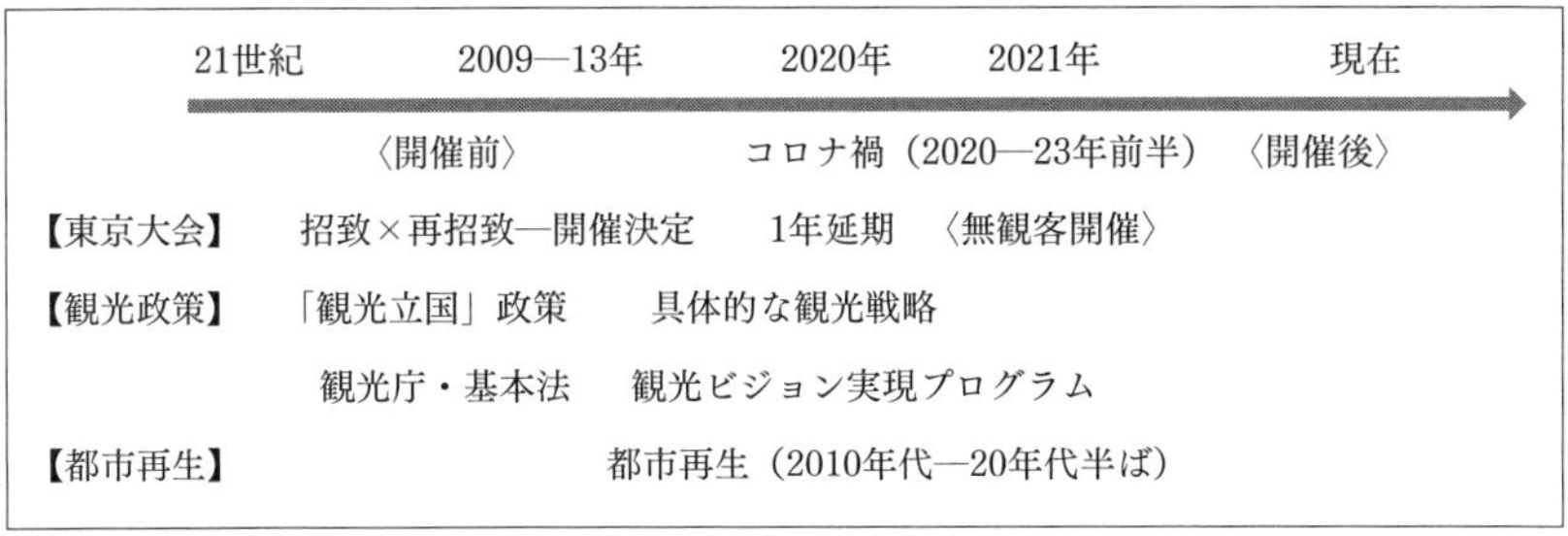

図2　21世紀の東京大会の招致・開催に伴う観光分野のおもな動向
（出典：筆者作成）

表1　「観光ビジョン実現プログラム2018」のおもな施策

魅力ある公的施設の公開（赤坂迎賓館など）
文化財の観光資源としての効果的な活用
景観まちづくり等による観光地の魅力向上
国立公園の「ナショナルパーク」としてのブランド化
新たな観光資源の開拓（ナイトタイムの活用等）
最先端技術を活用した出入国審査等の実現
通信環境の飛躍的拡大（Wi-Fi 環境の整備等）
公共交通利用環境の革新（旅行者目線で利用環境刷新）
地方空港のゲートウェイ機能強化と LCC の就航促進
世界水準の DMO の形成・育成
訪日プロモーションの戦略的高度化と多様な魅力発信

（出典：「観光ビジョン実現プログラム2018――世界が訪れたくなる日本を目指して」〔観光ビジョンの実現に向けたアクション・プログラム2018〕、2018年6月12日観光立国推進閣僚会議決定）

際、オリンピック開催年の二〇二〇年が一大目標となり、両者の動きを加速させた点が重要な意味をもつと考えらえる。

まず観光政策についてみると、二十一世紀の日本の観光政策は、インバウンド振興と地域活性化を軸に、二〇〇七年の観光立国推進法の施行と〇八年の観光庁設立を起点として本格化した。特にインバウンド振興に注目すると、中国・東南アジア向けのビザ要件の緩和、航空自由化、羽田のハブ空港化、格安航空会社の就航拡大など、観光政策の取り組みが具体的に次々とスタートした。この動きを加速させたのが、一三年九月の東京大会の開催決定である。実際、「観光立国実現に向けたアクション・プログラム二〇一四」の冒頭では、優先的に取り組むべき事項として、東京大会の開催に向けた訪日プロモーションや外国人旅行者の受け入れ環境の整備を掲げている。

その後まもなく二〇一五年にはインバウンド急増を背景に「明日の日本を支える観光ビジョン構想会議」が開催され、新たな観光ビジョンが掲げられた。それとともに、目標水準として二〇年までにインバウンド四千万人、三〇年までに六千万人、旅行消費額もそれぞれ二〇年までに八兆円、三〇年までに十五兆円へと数値目標の引き上げがなされた[5]。またこれを受けて「明日の日本を支える観光ビジョン」(二〇一六年三月策定)は、新たな観光ビジョンの軸として、「①観光資源の魅力を極め、地方創生の礎に」、「②観光産業を革新し国際競争力を高め、わが国の基幹産業に」、「③すべての旅行者がストレスなく快適に観光を満喫できる環境に」、という三つの視点を提示している。これ以降、毎年公表される「観光ビジョン実現プログラム」に沿って、文化財の保全と活用、国立公園のナショナルパーク化など、具体的な観光戦略の取り組みが一つずつ実行に移されていった。例えば「観光ビジョン実現プログラム二〇一八」に掲げられたおもな施策は、表1のとおりである。

以上のように、二十一世紀初めに本格化した「観光立国」政策は、二〇一〇年代以降に入り東京大会の開催決定を追い風に、具体的な取り組みを次々と実行する段階に移行したのである。

2　都市再生の側面——国際観光都市TOKYOとソフトなリノベーション

次に都市再生の側面を検討しよう。注目すべき事実として、①競技会場の建設、②首都圏の交通インフラの整備、③首都圏各エリアの民間の都市開発、④「訪れる人」を想定したソフトなリノベーションという四点を指摘できるが、ここでは②③④を紹介する。(6)

まず②については、二〇一三年九月の開催決定以降、東京大会を円滑に開催するため、首都圏の交通インフラの整備が加速した。羽田・成田を首都圏の二大ハブ空港として、これを結ぶ三環状線（中央環状線、外環道、圏央道）、環状二号と三号線、首都高晴海線の建設・整備が進み、首都高の大規模改修も進められた。また、羽田空港と都心部を結ぶアクセスバスの運行（二〇一四年十月）やタクシーの定額運賃サービス（二〇一五年三月）が開始された。さらに鉄道輸送の拡充も含め、空港アクセスの改善に向けてサービスの充実化が図られた。これらの事実は、観光・移動の利便性向上の面で重要な意味をもつ。

③については、二〇一〇年代に首都圏各エリアで民間の都市開発プロジェクトが進行した。大手町・丸の内・有楽町エリア、日本橋・八重洲・京橋エリア、虎ノ門・六本木エリア、田町・品川間のエリア、渋谷エリアなど、いずれも二〇年代半ばを完成予定とした超高層ビルの再開発である。これらはオリンピック開催と直接には関連しないが、アジアヘッドクォーター特区制度（国際戦略総合特区事業）を活用した事例も多く、東京都のレガシー構想に掲げられた未来像、つまり「国際観光ビジネス都市TOKYO」の実現に結び付く都市再生の動向として注目に値する。

④は、新しい建造物を作るタイプの都市開発の動きではなく、既存の都市空間において「訪れる人」（ビジター）が円滑に移動・滞在できるようにソフトなリノベーションを進める動きを指している。例えば、インバウン

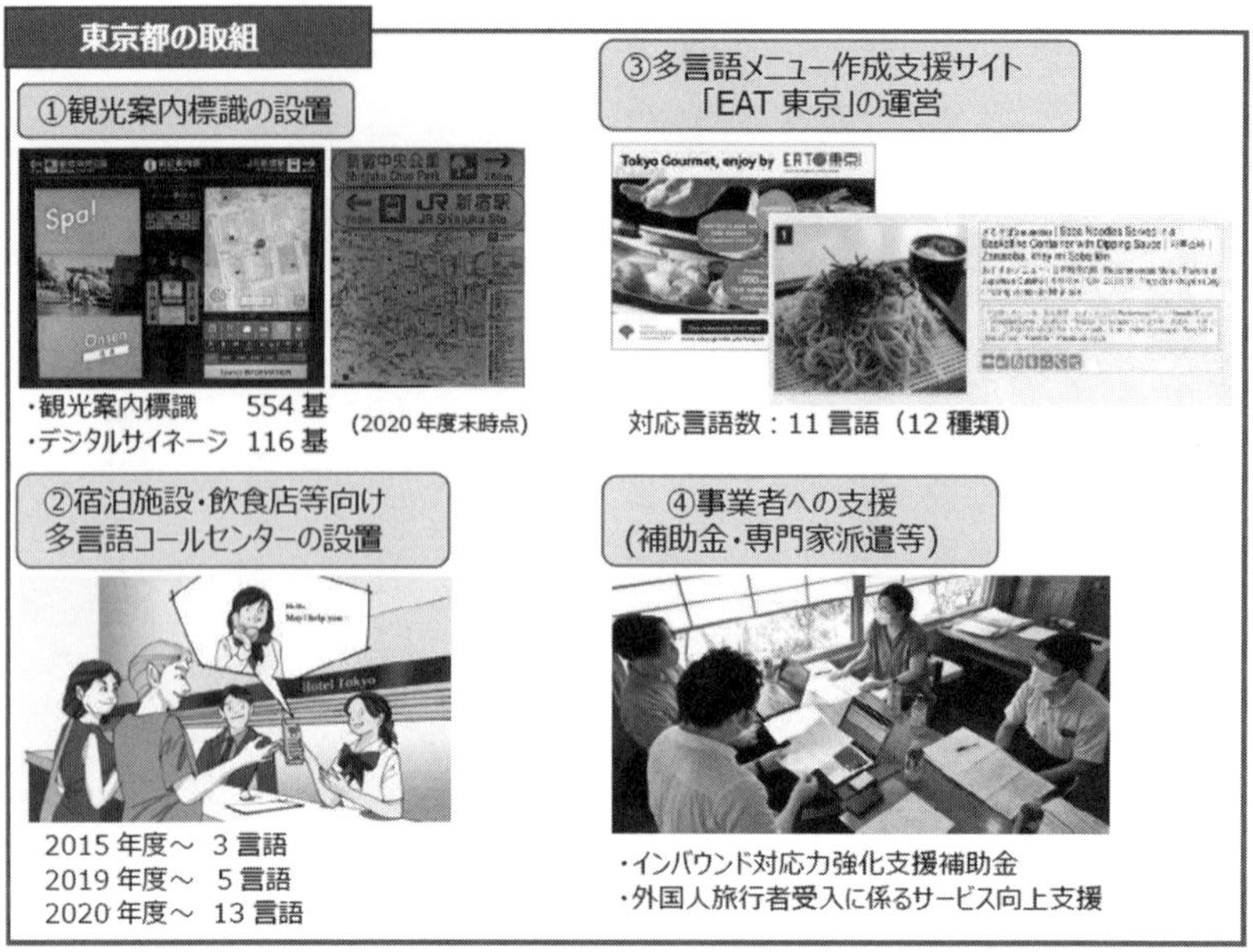

図3　多言語対応の事例（観光・宿泊・飲食関連）
（出典：『多言語対応の取組報告書――東京2020大会に向けて』東京都オリンピック・パラリンピック準備局総務部企画調整課、2022年、13ページ）

ド対応の一環として、外国人観光客が移動・滞在しやすいように受け入れ環境の整備が進められた。東京都の「外国人旅行者の受入環境整備方針」（二〇一四年十二月）には、①多言語対応の改善・強化、②情報通信技術の活用、③国際観光都市としての標準的なサービスの導入、④多様な文化や習慣に配慮した対応、⑤安全・安心の確保、という五点が明記されている。このうち①多言語対応の改善・強化については、東京都の「二〇二〇年東京オリンピック・パラリンピック大会に向けた多言語対応協議会」（二〇一四年三月設立）を中心に取り組みが進められた。具体的には、これまでの日本人だけを読み手として想定した表記を改め、①交通機関や道路などの案内表示・標識、②飲食・宿泊など観光サービス施設の案内表示・標識、③音声案内、パンフレット、ICT（情報通信技術）ツールなど各種の情報媒体を対象に、日本語と英語およびピクトグラム、必要に応じて中国語・韓国語その他の多言語表記に変えていく作業が進められたのである(7)（図3を参照）。

図4　観光案内所がある街並みの風景（2018年12月、筆者撮影）

　また東京大会の会期までを目標に、競技会場周辺に加え、都内十地域（新宿・大久保、銀座、浅草、渋谷、東京駅周辺・丸の内・日本橋、秋葉原、上野、原宿・表参道・青山、お台場、六本木・赤坂）を重点整備エリアとして、外国人観光客が「徒歩二〜三分圏内で観光情報を得られる環境を整備」すべく、①観光案内所（インフォメーション・センター）、②街なかでの観光案内（ボランティア）、③観光案内標識（多言語表示やピクトグラムなどを含む）、④デジタルサイネージ、⑤無料 Wi-Fi の設置・拡充が進められた（図4を参照）。こうした動向は、観光立国に向けた国家戦略の取り組み（前節を参照）とも連動していて、新宿御苑の開園時間延長や園内カフェのリニューアル、日比谷公園のリノベーション、赤坂迎賓館の一般公開とライトアップ、さらに博物館・水族館の夜間営業などナイトタイムエコノミーの活用に至るまで、東京を「訪れる人」にとってより魅力的でアクセスしやすい都市空間に更新していく動きであるといえる。また、インバウンド急増を背景に二〇一〇年代半ば以降、「三十年に一度の活況」といわれる数兆円規模の投資を伴うホテル開発が加速し、東京・大阪・京都を含む主要九都市で一九年から二一年の開業予定ホテルで合計約八万室分の増加が見込まれた[8]ほか、一八年六月施行の住宅宿泊事業法でルールを定めた「民泊」も普及していった。

　同様に二〇一〇年代には、高齢者や障害者を含む移動困難者支援の観点からもソフトなリノベーションが進行した。東京都のレガシー構想に「共生社会」の実現が掲げられたことからわかるように、パラリンピックを含むオリンピック開催がバリアフリーを進めるためのきっかけとなったことは確かである。例えば、『ユニバーサルデザイン２０２０行動計画』[9]は、「共生社会」とは、障害の有無や性別・年齢を問わず、誰もが分け隔てなく包摂され、多様な能力を発揮できる活力ある社会の姿だとする。そして、障害に伴う社会的障壁を取り除くために、国民の教育と意識改革による「心のバリアフリー」、さらには、街なかの段差や狭い通路、わかりにくい案内表示を見直すなど、「ユニバーサルデザインのまちづくり」が必要としている。これを踏まえてアクセシブルな環境整備のための指針を定めた『Tokyo2020アクセシビリティ・ガイドライン』[10]に基づき、バリアフリー法[11]に定める整備目標を念頭に、移動の円滑化に向けて公共機関や道路・建築物などの施設建設・改修工事がおこなわれた。それと同時に、ＩＣＴ活用の歩行者移動支援サービスの普及も、具体的な数値目標に沿って進められている。

以上、東京大会の観光分野への影響について、①観光政策と②都市再生の側面から検討してきた。コロナショックですべてが霧散したかにみえたが、むしろ開催前の局面においてより長い時間をかけて進められた観光分野の取り組みは、コロナ後の観光客回帰の局面で役立つものである。したがって、これらの取り組みは、一過性ではない観光面のレガシーとしての側面をもつといえるだろう。

3　六四年大会の文脈との対比——観光分野をめぐる近代／現代の転回

では、ここまでみてきた一連の観光分野の動向は、どのような意味や特徴をもつのか。オリンピック開催が追い風になったとはいえ、オリンピック開催のためだけに唐突に始まった動きでもないと考えられる。そこで半世紀前の六四年大会と対比しながら、二十一世紀の東京大会に伴う観光分野の動向を明らかにしたい。

戦後の一九五一年に独立・主権回復と国際社会への復帰を果たした日本は、五九年にオリンピック招致が決定したときには、戦後復興から高度経済成長の局面に入っていた。これに伴い、①観光政策の面では六三年に観光基本法の法整備が国内で初めてなされ、②都市再生面では「首都改造」と呼ばれる日本の首都・東京のインフラ整備が急速に進められた。

一九六三年の観光基本法は、国際観光の促進と国内観光の普及・発達によって、国際親善や国際収支の改善、および国民経済の発展や国民生活の安定向上に寄与することを目的として制定された[12]。当時は、国民の間でレジャー熱が高まり、旅行会社による団体バスツアーが隆盛をみせていた。対外的には戦後復興から間もないなかで、オリンピック開催を機に訪日する外国人向けの受け入れ環境をゼロから築く必要があり、また、いまだ旅行目的の海外渡航が禁止されていた日本人に対して「海外渡航の自由化」を認めていくという背景があった。

東京の「首都改造」では、よく知られるように六四年大会の開催に向けて一兆円規模が投じられ、首都高速道路や東海道新幹線の建設をはじめ、国道二百四十六号線の青山通りと玉川通りの整備などがおこなわれた。これによって東京は戦後の焼け跡から現在に近い姿へと生まれ変わった[13]。また、外国人旅行者を迎え入れるために、羽田空港と都心を結ぶ東京モノレールのほか、外国人向けのシティーホテルが次々と誕生した。外国人観光客を見込んだ民間資本による都市開発が活発化し、ホテルオークラ（一九六二年）、ホテルニューオータニや東京プリンスホテル（一九六四年）が首都周辺に誕生するなど、日本の大都市にシティーホテルが普及する端緒となった。つまり六四年大会は、「平和」国家へと再生した日本が世界に受け入れられた象徴的な出来事であると同時に、そこから戦後日本の「国際観光」が本格化する転回点でもあったといえる。

これに対して、二十一世紀の東京大会は対照的な構図を描く。二〇〇七年施行の観光立国推進基本法は、一九六三年の観光基本法を改正したものであり、インバウンド振興と地域活性化に力点が置かれていた。グローバルな国際移動が活発化するなかで、日本でも二十一世紀初めからインバウンド振興を軸に国際観光振興の施策が本格化していく。これに伴い、二〇一三年に初めて一千万人を突破した訪日外国人観光客数は、一〇年代半ばには世界トップクラスになる急増を経験し、コロナ禍直前の一八年から一九年には年間三千万人超の水準に達した。その結果、訪日客を想定したホテル・宿泊施設やレストラン・飲食店などが大都市部に増加し、インバウンド消費も五兆円を超えて日本経済に貢献する水準となった。しかしその一方、国内各地でオーバーツーリズムが指摘され始めた。要するに、インバウンドがさまざまな形態で日本社会に重要な影響をもたらす段階に入ったといえる。

同様に半世紀前とは異なり、二〇一〇年代の日本では、団体旅行ではなく個人旅行をする人が大多数を占め、旅行目的も多様化した。また旅行先も伝統的な有名観光地・景勝地だけではなくなり、全国各地が持続可能な観光まちづくりを競い合うようになった。こうして地域・都市・国家の各レベルで、旅行者が訪れるデスティネーション（観光目的地）としての魅力を高める動きが広がっている。一〇年代の東京で都市再生面でのソフトなリノベーションが進行しているという事実（前節を参照）は、まさにこうした動向と合致した出来事である。六四年大会では、競技会場・道路・鉄道などの都市インフラをゼロから建設・整備し、現在の東京の都市基盤を形成したのに対し、二十一世紀の東京大会では既存の都市基盤を前提に、東京を「訪れる人」にとってより移動・アクセスしやすく、かつ魅力を高めた都市空間へとリノベーションしていく動きが加速化したのである。

六四年大会と二〇二〇年の東京大会を対比させると、この間に観光分野で近代から現代への転回が生じていることが見て取れる。そして二十一世紀の東京大会では、グローバル化する現代世界に固有の「現代型観光」に特徴的な動きが見いだせる点を確認できる。[14]

4　対外的な視点からみた東京大会の影響

次に国内から目を移し、対外的な視点から、東京大会による観光分野への影響を検証する。二十一世紀の世界的動向として各国がメガイベントを活用する場合、①産業構造の転換、②都市再生、③都市や国家のリブランディング、の三点を狙いとするケースが多い（本書第2章「メガイベント（活用）が生み出す課題と可能性」〔小澤考人」を参照)。ここでは③に注目し、オリンピック開催を機に「日本」の新しいイメージや魅力を世界に発信できたのか、東京大会の開催が観光面で海外の人々にどのような影響を与えたのかを検討してみたい。

まず、国際メディアが東京大会をどう伝えたのかを、世界を代表する国際報道(「BBC News」)の記事から検証する。東京大会の関連記事が頻出する期間(二〇一九年六月から二一年十月下旬)で、「日本」を扱った記事八百件超のうち、東京大会関連のニュースが計二百七十三件だった。[15] このうち会期中・後は九〇%が試合結果であり(百五十八件中百四十九件)、会期前では半数以上が東京大会を開催する日本にとってネガティブな情報を含む記事だった(百十五件中約六七%の七十七件)。具体的には、コロナウイルス新規感染者数の増加やワクチン接種率の低さ、コロナ禍の現実やその収束に失敗した日本の状況、デジタル化の遅れ、開会式直前に明るみに出たジェンダー・障害・民族に関わる差別問題などが報じられた。その一方、東京大会を機に「日本各地のさまざまな話題を届ける」とうたった特集記事「JAPAN 2020」は、「屋台フードの最先端・福岡」などのように、海外目線で日本の魅力や特徴などを世界に伝える特集だった。しかしこの特集は二〇二〇年の初頭にはパンデミックに遭遇してわずか八回で終了した。この例から国際報道の動向を推測すると、コロナ対応の失敗も含め、総じて日本の迷走ぶりが世界に流布されたという印象が強い。オリンピック開催で「日本」の新しい国家イメージや魅力を世界にアピールできたかといえば、イメージコントロールは事実上失敗したというのが筆者の見方である。[16]

視点を変えて、日本政府観光局(ＪＮＴＯ)の報告書を参照してみよう。[17] この報告書は、オリンピック開催を機に海外への訪日プロモーションに力を入れた結果、一定以上の効果があったという、先の「BBC News」の分析結果とは対照的な評価を伝えている。ＪＮＴＯは、海外観戦客の受け入れ断念と海外メディアの入国制限や移動規制を踏まえ、オフィシャルスポンサーや組織委員会・東京都、全国の自治体・観光地域づくり法人(ＤＭＯ)と連携して「将来の訪日につながるメディア戦略やデジタルでの情報発信に注力」したという。具体的には四カ国(アメリカ・中国・イギリス・フランス)を重点市場と定め、その他は東アジア・欧州圏・英語圏に分け、おもに①知られざる日本の地方の魅力と、②安心して旅行できる日本のアクセシビリティ、の二点について、メディア戦略やデジタルでの情報発信を強化した。こうして訪日を促すプロモーション動画を中国・欧米などに集中的に配信した結果、対象十二カ国でオンライン広告が一億四千万回以上視聴され、海外の有力メディアを介して一億二千万人がテレビCMを視聴、パリやロサンゼルスなど今後の開催予定地で五千六百万人が屋外広告を視聴するなど、総じて延べ三億一千万回以上の視聴を達成した。その結果、重点四カ国でアンケート回答者の七〇%以上がJNTOのオンライン広告を視聴し、その結果「日本を訪れたい」と回答した。同じく重点四カ国の千五百人以上の有力メディアジャーナリストに対し、スポーツ体験・文化体験・食文化などさまざまなテーマでニュースレターなどの情報提供をおこなった結果、日本を紹介する記事が十三億人以上にリーチしたという。さらに海外居住者へのアンケート調査では、東京大会に伴うメディア視聴（競技や関連報道、訪日プロモーションなど）によって、回答者の四四・二%が日本への興味が強まり、コロナ後の訪日意欲は七三・二%で、うち三八・六%が今大会を機に訪日意欲が高まったと回答したという。こうして対象十三カ国・地域で推計三・九億人相当の訪日意欲が高まったとされる。

東京大会の開催によって「日本」の魅力や新しいイメージを世界の人々に発信できたのかを検討すると、このように対照的な評価が並立していることがわかる。もちろん見る角度によって異なる面もあるのだが、最後にその点も念頭に置いて大会後の現在を検証してみたい。

おわりに

東京大会の閉幕から約二年、コロナ後の日常が戻ってきた。コロナショックに苦しんだ観光分野は、はたして現在どうなっているのか。

図1をもう一度参照しよう。二〇二二年十月に水際対策が緩和され、入国者数の上限が撤廃されて外国人によ

る個人旅行も解禁され始めた。さらに二三年四月末に水際対策が終了すると、インバウンド需要が順調に回復しはじめた。そして二三年後半以降は、コロナ前の勢いを急速に回復しつつある。その結果、二三年の訪日外国人観光客数は二千五百六万人で、コロナ禍前の一九年の約八〇%まで回復し、インバウンド消費額は五兆二千九百二十三億円と過去最高を記録した。二〇年代初頭の国際意識調査では「最も訪れたい国」の首位に日本が占めるケースも複数みられた[18]。また、二三年一月の「ニューヨークタイムズ」紙の特集記事「二〇二三年に行くべき五十二カ所」では、盛岡市がロンドンに次いで世界二位、翌二四年には山口市が世界三位として紹介された。このように日本への注目が高まるなか、インバウンドの地方誘客が進んでいる。以前はゴールデンルートを含め大都市部を訪れていた外国人観光客が、それまで知らなかった日本各地の魅力を体験しようと現地を訪れ、コト消費や体験型の観光が人気を集めている。こうした動向については、一〇年代後半にすでに生じつつあった傾向が、コロナ明けに顕在化したともいえる。こうしてマスメディアは二四年の年が明けても、訪日客が日本でどのような体験をしたかを連日報道し、インバウンドの急回復と観光産業の躍進ぶりを明るく陽気に伝えている。こうした光景を見るかぎり、ＪＮＴＯによる訪日プロモーションをはじめ、それに先立っておこなわれた一〇年代の観光政策や都市再生がもたらした、東京大会に伴う観光面へのポジティブな効果がいままさに十分現れているのだとも解釈できる。

だが、はたして要因はそれだけだろうか。ここでは説明を省略して要点だけを述べるが、日本が東京大会をめぐって奔走している裏側で、国際的な文脈ではもう一つの事実が着実に進行していたのである。すなわち「安いニッポン」[19]の進行であり、いわば世界の人々にとって「旅行しやすい国ニッポン」の出現である。その要因をもっぱら為替相場の「円安」傾向で説明する向きもある。しかしその背景には、国際的水準でみた日本の「物価安」と日本人の「給与水準の低さ」があり、より深刻なことに日本の一人あたりＧＤＰの国際的凋落、つまり日本人の平均的な生活の豊かさの低下が指摘されている[20]。実際ＩＭＦのデータによれば、二〇〇〇年に世界二位だった日本は、一〇年に十八位、二〇年に二十四位、二三年は三十位を下回って、その地位を落としつづけている。

東京大会の招致開始から開催までの歳月（二〇〇五年から二一年）は、「失われた三十年」といわれる日本の長期的な経済的低迷の後半にあたる。この間、日本のＧＤＰの規模は五百兆円から五百五十兆円前後と変わらず、一人あたりＧＤＰでは国際的な順位を大きく下げ、すでにシンガポールや香港はもちろん、台湾や韓国も含めた複数のアジア諸国が日本を上回る水準にあり、今後その差が広がる趨勢にある。[21]中国を含むアジアの中間層人口が増加し、世界的に富裕層の人口も増加するなかで、日本人の相対的な豊かさは低下し、割安感が強い観光目的地として日本の人気が高まっている。かつてアジア諸国で割安な海外旅行を楽しんだ日本人を想起すると、一種の逆転現象が起きているといえる。

日本各地の多様な食・文化・自然が海外の人々を魅了するなら、確かにグッドニュースであり、日本人の承認欲求も満たされるだろう。しかしその背後で、日本の国際競争力が凋落し、日本人の生活の豊かさが低下しつつあるなら、話は変わってくる。二十一世紀に入って世界各国は国際競争力を高めるべく、メガイベントの誘致と国際観光振興を推進している。しかし日本の場合、メガイベントの開催を機に逆コースをたどっていたのだとすれば、本末転倒の皮肉な事態である。その意味で現在の「インバウンド急回復と観光産業の躍進」は、東京大会が後押しした観光分野の成果によるのか、国際競争力の低下が招いた「安いニッポン」がもたらしたものか、実際にはその両方の側面をもつとしても、東京大会全体のあり方と同様、日本が置かれた状況に関して厳しい解釈を迫るミクロな現実としてみえてくる。

注

（1）「日本経済新聞」二〇二一年二月二十九日付、「毎日新聞」二〇二一年七月十九日付ほか記事多数。コロナ禍の当時、新聞各社を含むマスメディアは、「幻となった五輪特需」など観光業の受けた大打撃を報じるとともに「脱・インバウンド頼み」「脱・訪日客頼み」の必要性を喧伝した。

（2）帝国データバンクのプレスリリース（二〇二一年六月十八日付）「コロナ禍で苦境の旅行会社、倒産・廃業が前年から倍増　初の年間２００件ペースで過去最多更新確実に」（https://prtimes.jp/main/html/rd/p/000000306.000043465.html）［二〇二四年三月十日アクセス］による。

（3）ＵＮＷＴＯ公式ウェブサイトを参照。「UN Tourism」（https://www.unwto.org/news/2020-worst-year-in-tourism-history-with-1-billion-fewer-international-arrivals）［二〇二四年二月十日アクセス］

（4）詳しくは、小澤考人「２０２０東京大会は何を残したのか？——観光・ツーリズム面のレガシーの検証」（「都市問題」二〇二一年十月号、後藤・安田記念東京都市研究所）を参照。「五輪特需の喪失」についても慎重に捉える必要がある。例えば、競技会場の大半はコロナ禍以前に完成していて、経済効果の大部分を占めるインフラ整備の需要創出効果は、会期二、三年前をピークに発生ずみとみられる。

（5）同会議の有識者メンバーであるデービッド・アトキンソンは、その著書『新・観光立国論——イギリス人アナリストが提言する21世紀の「所得倍増計画」』（東洋経済新報社、二〇一五年）のなかで「オリンピックというのは、世界中から外国人観光客が訪れる（略）「審判の日」でもある」（二七三ページ）と述べている。アトキンソンは二〇一〇年代半ば以降、日本の観光政策のブレーンとして活躍・尽力している。

（6）詳細については、第7章「新競技場の建設と後利用の課題」（石坂友司）から第8章「仮設競技会場は、東京という街にふさわしかったのか」（山嵜一也）、および小澤考人「東京２０２０オリパラ大会で東京はどう変わるか——東京五輪の開催と都市 TOKYO の変容」（日本スポーツ社会学会編集企画委員会編『２０２０東京オリンピック・パラリンピックを社会学する——日本のスポーツ文化は変わるのか』所収、創文企画、二〇二〇年）を参照。

（7）詳しくは、小澤考人「オリンピックと「多言語対応」再考——何のための多言語対応か？」（「ことばと社会」編集委員会編「ことばと社会——多言語社会研究」第二十一号、三元社、二〇一九年）を参照。

（8）「２０２１年ホテルマーケット——需要の拡大で勝ち残るホテルとは？」「ＣＢＲＥ」（https://www.cbre-propertysearch.jp/article/hotels_hotel_market-outlook2021/）［二〇二四年三月十日アクセス］

（9）『ユニバーサルデザイン２０２０行動計画』ユニバーサルデザイン２０２０関係閣僚会議、二〇一七年

（10）『Tokyo2020アクセシビリティ・ガイドライン』東京オリンピック・パラリンピック競技大会組織委員会、二〇一

七年

(11) バリアフリー(新)法とは、「高齢者、障害者等の移動等の円滑化の促進に関する法律」(平成十八年法律第九十一号)のことで、二〇一八年にその一部を改正する法律案が閣議決定された。

(12) 観光基本法(昭和三十八年法律第百七号)によれば、国の観光政策の目標は、①国際観光の発展と国民の健全な観光旅行の普及発達を図り、②国際収支の改善や国際親善の増進と、国民の保健の増進、勤労意欲の増進、教養の向上などに貢献し、③国民経済の発展、国民生活の安定向上に寄与し、④あわせて地域格差の是正に資する、と明記してある。なお、近現代日本の観光政策の変遷については以下を参照。新井直樹「日本の観光政策の変遷と展望――コロナ収束後の持続可能な観光に向けて」、奈良県立大学編「地域創造学研究」第三十二巻第三号、奈良県立大学、二〇二二年

(13) 詳しくは、前掲「東京2020オリパラ大会で東京はどう変わるか」を参照。

(14) 近代ツーリズムに対する「現代型観光」の特徴については、小澤考人「観光・ツーリズムをめぐる視座の現代的転回――レジャー概念との関係性を補助線として」(「余暇ツーリズム学会誌」第八号、余暇ツーリズム学会誌編集委員会、二〇二一年)を参照。また「現代型観光」の特徴の一つに、世界的動向として、都市再生によって都市のデスティネーションとしての魅力を向上させる動きがある点については、以下を参照。阿部大輔編著『ポスト・オーバーツーリズム――界隈を再生する観光戦略』学芸出版社、二〇二〇年

(15) 「BBCニュース・ジャパン」公式ウェブサイトを参照。東京大会に関する最初の記事が掲載された二〇一九年六月十五日から閉幕約一カ月後の二一年十月二十二日までの関連記事の集計をおこなった。「BBC NEWS JAPAN」(https://www.bbc.com/japanese)[二〇二一年十一月十日アクセス]

(16) 小澤考人「コロナ禍のメガイベントとその検証――迷走する2020年東京大会と日本社会」、法政大学大原社会問題研究所編「大原社会問題研究所雑誌」二〇二一年九・十月号、法政大学大原社会問題研究所。海外目線から日本のパブリック・ディプロマシーを分析した以下の論稿でも、その要因をおもにパンデミックに求めながら、東京大会が観光面のブランディング(=デスティネーション・ブランディング)としては失敗したことを指摘している。María-Francisca Casado Claro, et al., "Tourism as a Soft Power Tool. The Role of Public Diplomacy in Japan's

Country and Destination Branding," *Journal of Tourism, Sustainability and Well-being*, Vol.11, No.2, 2023.

（17）『Tokyo2020を契機とした訪日プロモーション効果とＪＮＴＯのレガシー』日本政府観光局、二〇二二年

（18）『ＤＢＪ・ＪＴＢＦ アジア・欧米豪 訪日外国人旅行者の意向調査 2021年度版 第2回 新型コロナ影響度 特別調査』（日本政策投資銀行／日本交通公社、二〇二一年）、『ＤＢＪ・ＪＴＢＦ アジア・欧米豪 訪日外国人旅行者の意向調査 ２０２２年度版』（日本政策投資銀行／日本交通公社、二〇二二年）を参照。またＪＮＴＯの報告書（前掲『Tokyo2020を契機とした訪日プロモーション効果とＪＮＴＯのレガシー』）によると、イギリスの雑誌 *National Geographic Traveller* の読者が選ぶ「長期滞在先として最高のデスティネーション」に日本が選ばれたという。

（19）「安いニッポン」は書籍刊行以降、世界経済のなかで日本社会の動向をよく表すキーワードとして人口に膾炙した。中藤玲『安いニッポン――「価格」が示す停滞』（日経プレミアシリーズ）、日経ＢＰ、二〇二一年

（20）現在の日本の「物価安」が為替相場の「円安」傾向だけでは説明できないこと、また本質的には一人あたりＧＤＰの成長率の低さが、国際比較でみた日本人の「給与水準の低さ」と「物価安」を招いていて、さらにその背景に日本の「生産性（付加価値）の低さ」があることは、多く研究者やエコノミストが指摘するところである。デービッド・アトキンソン、加谷珪一、野口悠紀雄らの以下の議論を参照。デービッド・アトキンソン『新・所得倍増論――潜在能力を活かせない「日本病」の正体と処方箋』東洋経済新報社、二〇一六年、同『新・生産性立国論――人口減少で「経済の常識」が根本から変わった』東洋経済新報社、二〇一八年、加谷珪一『日本はもはや「後進国」――働き方、生き方を変えるための生産性のリアル！』秀和システム、二〇一九年、同『日本は小国になるが、それは絶望ではない』ＫＡＤＯＫＡＷＡ、二〇二〇年、野口悠紀雄『プア・ジャパン――気がつけば「貧困大国」』（朝日新書）、朝日新聞出版、二〇二三年

（21）二〇二三年の日本の一人あたりＧＤＰはＧ７で最下位、ＯＥＣＤ加盟三十八カ国中二十一位である。なお急激な「円安」傾向によって、さまざまな国際指標で日本の国際的地位の低下を招く面もあるが、より長期的・構造的な視点を取ると、自国通貨建てベースでも日本の一人あたりＧＤＰは低下しつづけている。詳しくは以下を参照。前掲『プア・ジャパン』

第7章　新競技場の建設と後利用の課題

石坂友司

六四年大会の記憶のなかには競技場に象徴されるものも多い。例えば、丹下健三が設計した国立代々木競技場は大会を代表する建築物だ。東京大会ではいくつか競技場が新設されたが、国立競技場の当初の建設案の撤回や経費のことばかりが話題になり、それぞれの競技場のデザインや特徴に焦点が当てられることは少なかった。五十嵐太郎は、東京大会に関連するほとんどの施設を大手の設計組織が担当していてアトリエ系の建築家による注目すべきデザインがないと述べていて、「日本では、オリンピックと万博を反復しているものの、建築やアートの領域では限りなく保守化している」[1]とまで論じている。建築工法としては工期の短縮や安全性の確保のためにスライド工法（有明アリーナ）やリフトアップ工法（有明体操競技場）など最新の技術が用いられたものの話題性を欠いた。一方で、国立競技場の建設案を作成した隈研吾は、小さな技術の集積で作れるスタジアムこそがデモクラシーだと表現していて、木材の「偉大なる平凡さ」にこだわって日本の成熟を表現したと述べている。[2]

片木篤は歴史的観点から競技場と都市計画を分析している。[3]片木は一九三三年の近代建築国際会議で採択された「アテネ憲章」の都市機能の定義に照らしたとき、オリンピックに必要な公園・競技場が「余暇」、選手村が「居住」、それらを結ぶ交通基盤が「交通」に対応していて、会場計画が「労働」を除いた都市機能を充足させる都市計画そのものだと述べる。東京大会でも競技会場の選定は都市機能との接点を模索しながら進められた。しかしその後の利用を考えたとき、十分に機能しているとはいいがたい。そこで本章では、おもに競技場が都市やスポーツのなかでどのような遺産として位置づけられたのかについて検証していきたい。

1　メガイベントのための競技場

メガイベントのための競技場建設を考える場合、いくつかの論点がある。第一にロケーションの問題、第二にデザイン、常設／仮設、建設費など作られ方の問題、第三に大会後にどのような使われ方をするのかという、維持・管理費を含めた後利用の問題である。第1章「東京大会開催の経緯と構造的な諸問題」（石坂友司）でみたように、東京大会の開催プランは半径八キロ圏内にすべての競技場を収める「コンパクト五輪」を標榜し、六四年大会の遺産を利用するヘリテッジゾーンと、新設の競技場群を建設する東京ベイゾーンの二つのコアを設定していた（図1）。ただし、コンパクトとうたったものの、その実は分散型の開催計画であるという指摘を白井宏昌が早くからしていた。[4] 白井はこれまでのオリンピックの競技施設配置を分析し、ほとんどの施設が単独の敷地に分散して建つ「分散型」と、一カ所の敷地に建つ「集約型」に分かれることを示した。「分散型」は一九八四年ロサンゼルス大会や九六年アトランタ大会のような、既存施設を利用した大会に特徴的な配置であり、「集約型」は二〇〇八年北京大会や一二年ロンドン大会のような、競技会場全体を都市開発と連動させる近年の大会に特徴的な配置である。後者は大会期間中の選手の移動やセキュリティーを確保するうえで効率的で、IOCの要請にかなうものだった。東京大会はおもに二つのコアで開催される中間的な形態を取り、選手村からの連絡に交通網が必要になること、それぞれのコアを封鎖する必要があることから、経費やセキュリティーの負担がかかることになった。大会時は、晴海の選手村から各競技会場まで首都高速道路を中心とした大会関係者の「専用／優先レーン」が設定されたほか、交通渋滞対策として昼間から夜間の料金を千円値上げする「ロードプライシング」が導入され、国民の実生活にも影響が及んだ。

2 新設競技場群

東京大会以後ＩＯＣは開催都市選考にあたって、既存の施設を最大限に活用することで経費を抑え、オリンピックの持続可能性を高める戦略に舵を切っている。しかし東京大会の招致が決まった二〇一三年までは、ＩＯＣはレガシー戦略を展開している真っ最中であり、競技場の新設が招致実現に役立った時期である。ロンドン大会がイーストロンドンの再開発を主眼にして会場スペースを導き出したのと違い、過密下の東京で、新設競技場群を建設できるスペースは埋め立て地にしか存在しなかった。

選手村が置かれた晴海・豊洲エリアは都心と臨海副都心（台場、有明、青海地区）の中間に位置し、一体的に開発すべき場所とされながらも、バブル景気の崩壊、地価の大幅下落などを受けて開発がストップした場所であり、オリンピックによる再開発が期待されていた場所である。[5] 晴海に選手村を置き、豊洲を築地市場移転に備えて整備するとともに、臨海副都心の一部である有明に競技場群を建設する計画だった。

『立候補ファイル』で新設予定とされた恒久施設は有明アリーナ、大井ホッケー競技場、海の森水上競技場、若洲オリンピックマリーナ、葛西臨海公園、夢の島ユース・プラザ・アリーナ（Ａ・Ｂ）、夢の島公園、東京アクアティクスセンターの九カ所、オリンピックスタジアム（国立霞ヶ丘競技場）、武蔵野の森総合スポーツプラザの二カ所が大会招致の成否にかかわらず計画されている恒久施設とされていた。その後、夢の島の二つのアリーナと若洲マリーナが経費削減で建設中止になった。また、有明体操競技場、青海アーバンスポーツパークなど十一施設が仮設とされ、選手村、国際放送センターを含む競技場整備の総額は四千五百五十四億円と計画されていた。

招致後の二〇一三年十二月に出されたＶ１予算（本書第１章を参照）では、整備費は約六千八百億円となり、組織委員会による最終決算では八千六百四十九億円（うち、東京都が五千百八十七億円、国が千五百六億円、組織委員会が千九百五十五億円を負担）とさらなる増額となった。

経費削減策として、横浜アリーナ（結果的に使用せず）やさいたまスーパーアリーナ（バスケット競技を実施）、幕張メッセ（レスリング、フェンシングを実施）など、既存施設の使用が検討された。しかし、このことはそれら競技場周辺の整備をどの主体がおこなうのかという新たな経費問題を生じさせ、千葉県・埼玉県・神奈川県などと東京都を対立させながらも、約五百億円に上るとされた仮設整備費の全額を都が負担することで決着した。コンパクトのコンセプトは計画倒れに終わり、『立候補ファイル』で八キロの半径に収まるとされていた競技会場は、西は武蔵野の森総合スポーツプラザ、東は幕張メッセまで長半径約二十三キロの楕円形に変化した。さらに、マラソン会場の北海道移転を考え合わせると、距離的な意味でのコンパクトな大会はまったく実現できなかったといえる。

東京都の新設恒久施設（七施設）の概要と建設費、維持管理費の見込み額を一覧にしたのが表１である。『立候補ファイル』に計上されているのが本体工事費だけであることは第１章で述べたが、その後に十分な計画が練られたとはとてもいえない。Ｖ１予算の計画には無駄が多く、削減案の検討がたびたび必要になった。おもなものでは二〇一四年舛添要一都政下で三施設の新設を中止し、二千億円あまりの削減がおこなわれたことに加え、一六年小池百合子都政下で、都政改革本部オリパラ調査チーム（オリパラ調査チーム）による再検討がおこなわれ、四百億円の削減がおこなわれた。競技会場が軒並み大手建設会社に受注され、多額の建設費を計上した一九九八年長野大会に比べれば、コスト削減に対する社会的意識は格段に高まったといえるかもしれないが、見通しの甘さからくるコスト増加の構造は変わらずに生じていた。

表1　東京都新設恒久施設建設費と収支

	収容人数	計画	建設費（見直後）	運営費・収支
有明アリーナ	1万5,000人	176億円	370億円	3億5,600万円
東京アクアティクスセンター	1万5,000人	321億円	567億円	−6億3,800万円
カヌー・スラロームセンター	7,500人	24億円	73億円	−1億8,600万円
海の森水上競技場	1万6,000人	69億円	308億円	−1億5,800万円
夢の島公園アーチェリー競技場	5,600人	14億円	45億4,000万円（仮設36億4,000万円を含む）	−1億1,700万円
大井ホッケー競技場	1万5,000人	25億円	48億円	−9,200万円
武蔵野の森総合スポーツプラザ	7,200人	250億円	351億円	1億9,000万円で委託

注：武蔵野の森総合スポーツプラザはオリンピック開催の有無とは別に計画された新設競技場だが一覧に含めた。

（出典：『新規恒久施設の施設運営計画』〔東京都オリンピック・パラリンピック準備局、2017年〕、「新旧恒久施設等の整備（令和元年12月時点）について」〔東京都オリンピック・パラリンピック調整部公表資料、2019年〕）

図1　東京大会のおもな競技会場と関連施設（筆者作成）

有明レガシーエリアの競技場群

東京ベイゾーンには、臨海副都心有明北地区（有明レガシーエリア）を中心として常設・仮設の競技場群が建設された。バレーボール会場になった有明アリーナ（図２）では工期短縮や施工の安全性向上を目的として、屋根を仮設構台上で組み立て、それをスライドさせるスライド工法が採用された。初期計画では百七十六億円が計上されていたが、招致後の試算では四百四億円にふくらんだため、オリパラ調査チームが検討し、最終的には三百七十億円の予算に圧縮したうえで新設することが決定した。有明アリーナは、スポーツ競技観戦とコンサート

図2　有明アリーナ（筆者撮影）

図3　有明体操競技場（筆者撮影）

などのイベント会場に使用されるメインアリーナのほかにサブアリーナがあり、「民間資金等の活用による公共施設等の整備等の促進に関する法律」（PFI法）に基づく「有明アリーナ管理運営事業」によって実施・運営されることで、後述するとおり後利用で唯一の黒字見込みの施設になっている。(6) 大会後は二〇二二年八月にアリーナとして開業し、Bリーグの東京ユナイテッドバスケットボールクラブの本拠地となっているほか、コンサートなどが開催されている。

体操競技場として利用された有明体操競技場（図3）は、かつて貯木場だったことから、湾岸エリアに浮かぶ「木の器」をコンセプトとし、屋根、外装、観客席に約二千六百立方メートルの木材を利用した仮設の競技場である。(7) 大梁を油圧ジャッキで地上三十メートルまで引き上げて設置するリフトアップ工法で建設された。体操競技に必要な広さや天井高を確保するためには法令上恒久施設と同等の構造が必要となるため、大会後も展示場として利用できるよう整備され、「有明 GYM-EX（ジメックス）」(8) という大型展示場として二〇二三年五月に開業した。その他、仮設のスケートボード会場は、地元江東区出身の堀米雄斗が金メダルを獲得するなど、日本人選手が活躍したため存置となった。江東区は「有明アーバンスポーツパーク」という都市型スポーツの拠点とすることを決定し、二〇二四年十月に開業される。(9)

有明に集中して建設された施設には、スポーツ競技やコンサートの拠点として魅力を高めることが期待されている。ただしその一方で、周辺住民との共存が課題になっている。有明アリーナはコンサート開催時の駅からのアクセスが悪く渋滞や混雑を招くと指摘されているし、有明アーバンスポーツパークにはスケートボードが騒音を引き起こすことに対する不安の声がある。住民にとっては必ずしも有益な施設ではないのである。

海の森水上競技場

黒字を生む競技場の代表が有明アリーナだとするならば、負の遺産になりうると懸念されているのが海の森水上競技場（図4）である。この競技場は江東区海の森の水路に整備されてローイング競技とカヌー競技の会場に

図4　海の森水上競技場（筆者撮影）

なった。オリンピックのローイング競技場といえば、六四年大会が開催された埼玉県の戸田ボートコースが有名で、現在でも大学や社会人チームが合宿所で生活をしながら練習をおこなっている。戸田はコースの横幅が狭く拡張が困難なので、現在の国際大会規格を満たすことができない。このため、ゴミ処理場として使われていた海の森の水路に白羽の矢が立った。ところが、『立候補ファイル』では仮設を含め八十九億円だった整備費が、計画を進めていくうちに千三十八億円へと膨張して問題視された。オリパラ調査チームは、現行縮小案、埼玉県彩湖への移転案、宮城県長沼ボート場への移転案という三つの代替案を示した。二〇一六年に小池都知事は復興五輪の理念を体現する長沼ボート場への移転に意欲をみせた。しかし競技団体の反対や長沼移転後の利用計画の検証などから移転を断念し、四百九十一億円の現行縮小案に落ち着いた。長沼移転をめぐる復興五輪と被災地域の人々の葛藤については第12章「幻の復興五輪」と「B級被災地」——東北の地から、「復興五輪」を語り直す」（山崎真帆）で詳述する。この施設は洋上に建設されたので消波装置が必要なのだが、その装置にカキの殻が付着して沈降し、消波効果が薄れることが判明した。毎年の維持費が約一億六千万円かかるうえ、カキの除去費用に毎年一億円あまりが見込まれるため、抜本的な対策が求められている。

海の森はベイエリアの最南端に位置し、利用できる公共交通機関はバスだけなので、アクセスの悪さから後利用が進みづらい。ローイング競技場はボートを保管する艇庫と合宿所を兼ね備えている必要があるため、合宿をしながら通学・通勤をすることが難しければ練習拠点にはなりえない。東京大会後も首都圏の練習拠点は戸田に置かれたままで、全日本級の大会だけ海の森に移動しておこなっているが、艇運搬経費が発生するうえに、海上コースゆえの強風によるコンディション不良やカキや海水によるボート損傷のリスクも指摘されていて、課題が多い。また、経費削減の結果、観客席の一部分にしか屋根がなく、夏の観戦には困難がつきまとう。一方で、競技運営の観点からは、いくつかの利点もある。まず国際大会の開催が可能になったことに加え、これまでにないサービスが提供されはじめている。例えば、全日本ローイング選手権では、大型スクリーンが設置され、スタートからゴール付近までのレース展開を司会者による実況と解説を聞きながら楽しむことができるようになった。メインスタンドには有料席が設けられ、キッチンカーが飲食の提供をするようになった。また、東京大会でボランティアとして活躍したフィールドキャスト（大会）／シティキャスト（都）が競技運営に参加していて、新たな可能性を開き始めている。

二〇二三年度には、ローイング競技の普及を目的にしたTOKYO2020開催記念レガッタ(10)、東京都トライアスロン選手権、日本カヌースプリント選手権などが開催され、今後についてはSUP（スタンドアップパドルボート）、ヨガ、ノルディックウォーキングなどの導入が図られているが、利用者増による運営費削減のめどは立っていない。東京都は競技場に加え、隣接する海の森公園の利用計画を立てるために「海の森の多様な活用に係るアドバイザリー会議」を設置して二〇二二年度から検討を開始しているが、このこと自体、この施設が十分な運用計画のもとに新設されたわけではないことを図らずも示すことになっている。

東京アクアティクスセンターと東京辰巳国際水泳場

国際大会の開催が可能な水泳競技施設として、江東区辰巳に新設されたのが東京アクアティクスセンター（図5）である。長水路十レーンのメインプールとサブプール、ダイビングプールを備え、それぞれが国際基準を満たしている。水泳プールとしてはすぐそばに東京辰巳国際水泳場（辰巳水泳場）があったものの、オリンピック会場として使用するには客席数が基準に足りず、土地に余裕がないため拡張することもできないという理由で新設が計画された。当初からオリンピック開催を見込んで計画が進んできたが、オリパラ調査チームが新設と既存施設の拡張改修、代替施設の利用を検討した結果、観客席を縮小したうえで計画どおり新設することが決まった。アクアティクスセンターは五百六十七億円の建設費に加え、年間六億三千八百万円の維持費が必要な巨大施設で、都の恒久施設のなかで最も経費がかかる。これまでに使われていた辰巳水泳場には年間四億七千万円が費やされていて、このことは特に問題視されてこなかったが、一億六千八百万円の負担増になる。オープン直後の現時点では詳細な利用者データが公表されておらず、分析可能な状況にないが、世界大会や国内大会の利用頻度、水泳拠点としての重要性、都民の利用状況などが評価のポイントになる。世界大会は二〇二三年に福岡で開催されていて、その後も東京での開催計画はないので、水泳拠点として十分に生かされているとはいいがたい。

図5　東京アクアティクスセンター（筆者撮影）

一方の辰巳水泳場は通年型のアイスアリーナに改修されて、フィギュアスケート、アイスホッケー、カーリングなど氷上スポーツの拠点として二〇二五年に開業することが決まった。老朽化した施設を修繕して再び水泳プールとして使い続けるよりも、別の施設として稼働したほうがさまざまな競技団体にとって利便性が高いと考えられる。東京には氷上スポーツのための施設が不足していると指摘されているだけに、アイスアリーナへの転換は新たな需要を喚起する可能性もある。運営は指定管理者制度を導入する予定で、維持費は一億五千四百万円の赤字見込みになっている(11)。

ここまでみてきた恒久施設の利用方法や維持費を、どのように検証していけばいいのだろうか。コンサート施設などとして稼働する有明アリーナを除けば、ほとんどの施設が赤字見込みになっていて（表1）、しかもさらなる維持費がかさむ可能性さえある。単純計算でも総額十億円を超える赤字である。ただし、一点注意しておかなければならないのは、スポーツ施設は必ず収益を生むわけではなく、特に公共施設の場合は収支の均衡を取るのは非常に難しいことだ。この点は松本眞一が述べているように、公共施設は住民が利用することを目的にした施設であり、低廉な利用料金が設定され、同時に公正の原則、公平・平等の原則に基づいて運用されるからである[12]。すなわち、公共施設は本来地域住民へのサービスとして供されるのであって、例え赤字がかさんだとしても住民の理解が得られ、利用が進めば文化的なサービスとして受容されうるのである。このため東京大会のために作られた施設がこのような役割を担いうるのかについては今後の利用方法にかかっていることを留保したうえでだが、現時点でみるかぎり、あくまで東京大会のためだけに整備した箱物であり、地域住民が利用できる機能をほとんど有していないようにみえる。例えば、長野大会で建設されたエムウェーブはボランティア団体「エムウェーブ友の会」に事務所を提供し、競技大会の開催時にはこの会がボランティアを集めるなど地域の拠点になっている。このような仕組みをつくる必要があると大会前から指摘されてきたものの、実現せずに終わったといっていい[13]。

日本財団パラアリーナ

本節の最後に、臨海副都心青海地区に二〇一五年に建設されたパラアリーナについて紹介しておきたい。この施設は日本財団パラリンピックサポートセンターがパラアスリートの練習環境整備、障害者スポーツ普及啓発イベントの実施を目的として建設した仮設のアリーナである。東京大会準備期間中は車いす競技の練習拠点となり、コロナ禍で二〇年から宿泊療養施設へと一時転用されたものの、二一年四月に再びアリーナとしての運用を再開した。大会後に閉鎖予定だったが、一年ごとに延長されて現在も供用されている。パラスポーツ用の競技施設は絶対数が不足しているが、東京大会中はオリンピックと施設を併用したので、目玉になるパラの専用施設は建設されなかった。このことは、施設の面から大会の意義を十分に生かせなかった事例といえる。

3　新国立競技場の建設と運営

国立競技場の新設はもともと、二〇一九年のラグビーワールドカップの決勝会場とするために計画された。したがって、『立候補ファイル』では武蔵野の森総合プラザと同様にオリンピック開催の有無とは別に計画された新設競技場としてカウントされている。二〇年大会を招致するために、それまでの改築案から新設案に計画が変更され、これと連動して神宮外苑の都市再開発プランが登場した。[14] 国立競技場の設計やり直しの経緯については第1章で述べたが、ザハ・ハディドによる建設案は、第一に、建設費、および大会後の維持・管理費の増大に対する懸念、第二に、神宮外苑の風致を重要視する人々の反対運動の高まりによって白紙撤回された。旧国立競技場は一九五八年に建設され、サッカー天皇杯の決勝やJリーグの開幕戦、世界陸上競技選手権大会など、数々のスポーツシーンを彩ってきた。六四年の東京大会ではメイン競技場として、閉会式では七万九千三百八十三人の入場者数を記録している。二〇一三年度の収支をみると、収入約九億四千万円に対して、支出が約四億七千二百万円と、黒字を生み出せる競技場だった。[15]

ザハ・ハディドの建設案は高さ七十五メートル、全長三百五十メートルを超える巨大なスタジアムで、明治神宮外苑の風致問題が真っ先に浮上した。建築家の槇文彦らが反対の論陣を張ったことに加え、二千五百二十億円（『立候補ファイル』では千三百億円とされたが、最大で三千五百三十五億円になる可能性を示した試算もあった）にも上る巨額の建設費とその後の維持・管理費の負担額が議論を呼び、二〇一五年七月に白紙撤回された。再公募を勝ち抜いたのは隈研吾による設計案で、「木が主役に見えること」を目指し、木材をふんだんに使用したスタジアムになった。四重の軒庇には、四十七都道府県から集められた杉材が用いられていて、伝統的な数寄屋建築の語彙が取り入れられている。ここには、「杜」は木で作られるべきで、深い庇が作る大きな影が必要だという隈の思いが込められていて、神宮の杜との一体化が図られた。[16]

建設・整備費は千六百四十五億円に減額されたものの、開閉式遮音装置（可動屋根）を外したことでコンサートなどでの使用が難しくなり、その後の維持管理費の捻出が課題になった。建設・整備費は国が約五〇％、東京都が二五％を負担し、残り二五％はスポーツ振興くじ（toto）の売上金を財源とした。また、大会後の使用方法については、当初改築して球技専用スタジアムへ転用することになっていたが、改築費の捻出や使用方法をめぐって議論があり、世界陸上が二〇二五年に開催されることになったのを受け、二二年に陸上競技場部分を存置することが決定した。

二〇二四年時点では、競技場の使用実績は安定していない。年間の維持管理費の赤字額は十三億円にも上ると推定され、その費用はしばらく国が負担することになっている。また、民間事業者による運営が始まったあとも、年間およそ十億円を上限に、国が維持管理費を負担し、さらに土地を所有する東京都への賃借料の約十億円も国が負担する計画になっている。[17]第1章でも示したように、国立競技場の新設はマネジメント体制の欠如と開発主義の負の側面が展開された事例である。なぜ採算が取れないにもかかわらずこのような計画が進んでしまったのだろうか。まず、『立候補ファイル』に示された千三百億円という試算の妥当性については、文科省関係者がそれが上限額であると考えていたのに対し、有識者やJSC関係者は超過もありうると考えていた。このように関係者の間でも意見が分かれていたことが、その後の調査報告で明らかになっている。[18]また、オリンピックのための建設は建設期限が設定されるので、資材や人件コストが高騰するなど、予算超過を生む構造を有していることは第1章でみてきたとおりである。加えて、国、都の予算のほかにtotoの財源が割り当てられたせいで、たとえ予算額を超えたとしても、くじの売り上げを国に繰り入れる期間を延長すれば増額できるシステムが築かれてしまったのである。一五年に国、都、totoの負担割合が正式に決まったが、国の支出分もtotoの財源を取り崩す方式になっているため、実質は経費の半分をtotoに依存した計画になっている。

私たちの「東京大会調査」によると、東京大会のために建設・整備された施設のなかで、今後も十分活用されると二十三区民がみている施設の筆頭は新国立競技場だった（三八・七六％）[19]。数々の混乱を生じたにもかかわらず、活用されるとする期待度はほかの施設に比べて高い。ただし、二〇二三年には施設利用率を高めたせいで芝がコンディション不良になるという悪循環が発生していて、収支を均衡化するめどは立っていない。

おわりに

本章では東京大会を契機に整備された東京都の新設恒久施設を特に後利用の観点から検証してきた。各施設ともに、大会後に供用が開始されるまでに二年近くを要したため、執筆時点で利用可能なデータが出そろっておらず、十分な検証はできていない。しかしながら準備段階から、競技施設の整備計画には予算超過や後利用の観点からの問題があることはたびたび指摘されていて、見通しの甘さが露呈したといえる。長野大会を経験し、後利用の観点から競技施設を検証する発想があったことが予算超過に最低限の歯止めをかけたともいえるだろうが、結局は大会後にどのように施設を利用するのか議論せざるをえなくなっている。

今後は施設がスポーツ競技団体や地域住民にどのような文化的価値を提供できるのか検証を深めるとともに、メガイベントがもたらす施設整備の推進力についてもあらためて検証されなければならないだろう。

注

（1）五十嵐太郎『建築の東京』みすず書房、二〇二〇年、九ページ

（2）隈研吾『なぜぼくが新国立競技場をつくるのか——建築家・隈研吾の覚悟』日経ＢＰ、二〇一六年。五十嵐太郎も、隈案の国立競技場はシンボリックな屋根の造形や工法がデザインのポイントになるのではなく、構造、外観、内装に

木を用いたことが注目に値すると述べる。前掲『建築の東京』二一五ページ
(3) 片木篤『オリンピック・シティ東京――1940・1964』(河出ブックス)、河出書房新社、二〇一〇年
(4) 白井宏昌「五輪は都市をどう変えてきたか」、宇野常寛責任編集「PLANETS」第九号、第二次惑星開発委員会/PLANETS、二〇一五年
(5) 東京都都市計画局ほか編『豊洲・晴海開発整備計画』東京都都市計画局総合計画部、一九九〇年、東京都港湾局編『豊洲・晴海開発整備計画 改定』東京都港湾局、一九九七年
(6) オリンピック・パラリンピック準備局『有明アリーナ管理運営事業報告書(令和2年度)』東京都、二〇二〇年
(7) 「「有明体操競技場」における木材利用の取組」「林野庁」([https://www.rinya.maff.go.jp/j/riyou/kidukai/tokyo2020_kinokuni_ariake-gymnastics-centre.html] [二〇二三年十二月六日アクセス])、ならびに『東京2020オリンピック・パラリンピック競技大会公式報告書』日本語版(東京オリンピック・パラリンピック競技大会組織委員会、二〇二二年)からまとめた。
(8) 「有明 GYM-EX」は地名の有明、体操競技場だった経緯「Gymnastics」、展示会「Exhibition」を表現する名称で、東京ビッグサイトが運営する。「東京2020オリンピック・パラリンピック競技場をリニューアル 大型展示場「有明 GYM-EX」として生まれ変わります!」「東京都」(https://www.metro.tokyo.lg.jp/tosei/hodohappyo/press/2023/04/28/05.html) [二〇二三年十二月六日アクセス]
(9) 東京都が策定した『未来の東京戦略 version up 2023』(東京都、二〇二三年)の戦略十六「スポーツフィールド東京戦略」、戦略十九「オリンピック・パラリンピックレガシー戦略」に該当する。事業候補者には東京建物などが選定され、スケートボードのほか、屋内ボルダリング棟、バスケットボールコート、屋外アスレチックなどを整備する予定。
(10) この大会には競技未経験者も参加していて、ローイング競技の裾野拡大に一役買っている。また、東京大会のボランティア関係者もチームを作って参加している。
(11) 東京都生活文化スポーツ局『東京辰巳アイスアリーナ(仮称)施設運営計画』東京都、二〇二二年
(12) 松本眞一「新国立競技場におけるコンセッション導入を考える――公共スポーツ施設経営の現場からの提案」「生

涯スポーツ学研究」第十二巻第一号、日本生涯スポーツ学会、二〇一五年、四―七ページ
(13)この点に関して、例えば、「東京ではボランティアなどは外注すればすみますから」という行政職員の語りが箱物の整備にとどまってしまった施設の性格を如実に示している（筆者の聞き取り調査から）。
(14)石坂友司「東京五輪がもたらす都市空間の変容」、歴史科学協議会編「歴史評論」第八百三十二号、歴史科学協議会、二〇一九年、八一―九〇ページ
(15)二〇一一年度以前の三年間は修繕費の計上があり、約数千万円から三億円の赤字となっている。
(16)隈研吾『東京』二〇二〇年、KADOKAWA、五四ページ
(17)「朝日新聞」二〇二二年十二月二十九日付
(18)『新国立競技場整備計画経緯検証委員会検証報告書』新国立競技場整備計画経緯検証委員会、二〇一五年
(19)次に続くのが有明アリーナの一八・九九%、東京アクアティクスセンターの一五・五九%。なお回答がもっと多いのは「あてはまるものはない（活用されない）」の四四・〇一%だった。

第8章　仮設競技会場は、東京という街にふさわしかったのか

山嵜一也

はじめに

二〇二一年夏、新型コロナウイルス感染症のパンデミックで閑散とした臨海副都心地区にある東京大会の競技会場をレンタサイクルで訪れた。本来ならば、世界中から競技選手や関係者、そして観客を迎え入れ、日本が熱く盛り上がっていた夏のはずだった。しかし、東京大会は、コロナ禍によって一年延期の末さらに無観客開催になった。筆者は建築士として活動しているが、大学では観光科学の視点から競技会場の建築的特徴を研究しており、次世代の建築士を育てる設計教育を実践する教員でもある。そこで、もし遠い未来、再び東京にオリンピックを招致するのならば検討しなければならないことを、建築士、研究者、そして教員の立場から残すことにした。

世界の都市を舞台に四年に一度開催するオリンピックは、開催都市や国家の威信をかけたイベントになっている。同時に開催都市のインフラ整備や都市開発を促して数々の名建築を生み出し、開催時にはマスメディアの映像を通してその姿を世界に発信してきた。

古くはアジア初の開催になった六四年大会の、曲線の構造が美しい代々木体育館（丹下健三設計）がある。記憶に新しいところでは、構造美を形態化するスペインの建築家サンティアゴ・カラトラバがメインスタジアムやマスタープランを手がけたギリシャの二〇〇四年アテネ大会が印象に残り、中国の〇八年北京大会の通称・鳥の巣と呼ばれるメインスタジアムはスイスの建築家ヘルツォーク＆ド・ムーロンが設計した。イギリスの首都ロンドンで開催した一二年ロンドン大会では、イラク出身の建築家、故ザハ・ハディドが曲線の美しい競泳場を計画した。

このようにオリンピック開催は数々の競技会場の名建築を生み出してきたが、近年のオリンピックで注目されているのが仮設競技会場である。仮設競技会場の採用については、工期短縮、経費削減、持続可能性などの側面が注目されがちであるが、本章では、東京大会での仮設競技会場の扱い方を、実現した三つの仮設競技会場(1)（潮風公園会場、青海アーバンスポーツパーク、有明アーバンスポーツパーク）の特性と周辺都市景観に着目し、過去のオリンピック競技会場の事例と比較して検証する。

1　近年のオリンピック開催での競技会場の位置づけ

まず、近年開催したオリンピックでの常設と仮設を含めた競技会場の位置づけを確認したい。オリンピック開催に向けて新しく常設競技会場を建設するためには、その計画の妥当性が求められる(2)。特に近年のオリンピック招致では、開催都市の市民など社会からの厳しい目が向けられる。「二週間のスポーツイベントのためだけに作られた競技会場をレガシーとして残すことが二十一世紀の社会にふさわしいのか？」、この点が近年のオリンピック計画では競技会場を含めたインフラ整備の焦点になる。欧州では住民投票で招致反対が決議されることもあり、招致活動を撤回する事例が相次いでいる。それを受けてＩＯＣは、立候補都市の競技会場計画について、第一に既存施設の活用、第二に仮設競技会場の採用、そして最終手段として常設施設の新設の採用を推奨している。この優先順位に従うことは、持続可能なオリンピック開催を目指すことになり、国際連合が掲げる持続可能な開発目標（ＳＤＧｓ）とも合致する。都市開発を促しそれに伴って名建築を生み出した二十世紀のオリンピックとは社会背景が大きく異なっている。

そこで、近年、既存施設とともに、特に注目を集めているのが仮設競技会場である。仮設競技会場は大会後に撤去することで、多くは〝残さないレガシー〟となる。しかし、ただ撤去するのではなく、残さないレガシーならではの考え方がある。それをよく表しているのが本章で東京大会の比較対象事例として取り上げる、二〇一二年ロンドン大会である。この大会ではテレビ画面を意識した仮設競技会場が計画された。[3] そしてそのコンセプトは二四年パリ大会の招致計画や開催計画へと継承され、さらに進化している。[4] もはや、経済合理性だけで仮設競技会場を採用するのは不十分であり、複合的な理由を盛り込んだ計画を考えなければならない。

仮設競技会場の新たな解釈

東京大会で仮設競技会場はどのように位置づけられたか。仮設競技会場は工期、費用、持続可能性ばかり注目されがちだが、近年のオリンピックでは開催都市のシティプロモーションへの寄与が取り上げられている。仮設競技会場は競技の舞台であると同時に、建築や都市、景観、メディアなどを包括する施設となる。この考えは、ロンドン大会の『招致ファイル』[5] から読み取れる。そこでは建築としての競技会場の特徴を紹介している第二巻第八章「競技と会場（Sports and venues）」はもちろん、大会計画の総論を紹介する、より上位の章「コンセプトとレガシー――ＩＯＣとオリンピック・ムーブメントを支援する（Olympic Games Concept and Legacy, 1.2,Supporting the IOC and the Olympic Movement）」（第一巻第一章）でも、仮設競技会場に言及している。「都市のすばらしい資産である象徴的かつ歴史的なランドマークを活用することで、忘れられないテレビ映像を創出する」と述べていて、仮設競技会場を大会の方向性を決める重要な要素として扱っていることがわかる。これに対し、東京大会の『招致ファイル』(6)が仮設競技会場にふれているのは、同じく競技会場を紹介する「競技会場」の章（第二巻第八章）だけであった。

仮設競技会場の新たな解釈に至った経緯

オリンピックで選手の競技を見つめる観客の座席は、競技会場のなかにあるだけではない。同じ時間、テレビ画面に映し出される生中継映像に釘づけになっている世界中の視聴者のリビングルームも〝観客席〟である。二〇一二年ロンドン大会はテレビ中継を意識した。競技選手や競技会場の背景に都市景観を映し出すことを目指し、それを実現するために活用したのが仮設競技会場だった。では、どのような経緯があってオリンピックでテレビ中継を意識するという考えが生まれたのだろうか。

オリンピック開催の意義の一つは、開催を契機としたインフラ整備などを含めた都市開発の実現である。しかし、ロンドンや東京のようにすでに都市開発が進んだ先進都市では、オリンピックを開催する新たな意義を見つけなければならない。新たな意義の一つがシティプロモーションである。世界中の人々がテレビ画面に釘づけになる競技の瞬間は開催都市の魅力を発信する貴重な機会になる。

ＩＯＣがテレビ中継を意識したオリンピックを提唱したのは、二〇〇三年発行の『ＩＯＣリポート』(7)においてである。そして、そこに記載されていた「オリンピックをリビングルームのテレビ画面に届ける」ことの意味を的確に読み取ったのがロンドン大会の招致計画だった。開催都市そのものを競技会場とし、テレビ中継を意識した内容だった。ロンドン大会招致計画はオリンピックの意義を問い直すだけでなく、開催都市ロンドンの魅力を謙虚に問い直し、それを最大限に映し出すために仮設競技会場を積極的に採用した。このことからも、競技会場を単なる「競技する場所」とは捉えていないことがわかる。ロンドン大会は競技会場を、テレビ中継の背景に都市景観を映し出すためのプロモーション装置とした。マラソンやトライアスロンは市内の道路そのものを競技会場とするので選手の背景に自然と都市景観が映り込むが、ほかの競技の観客席に囲まれた会場も市内中心部の公

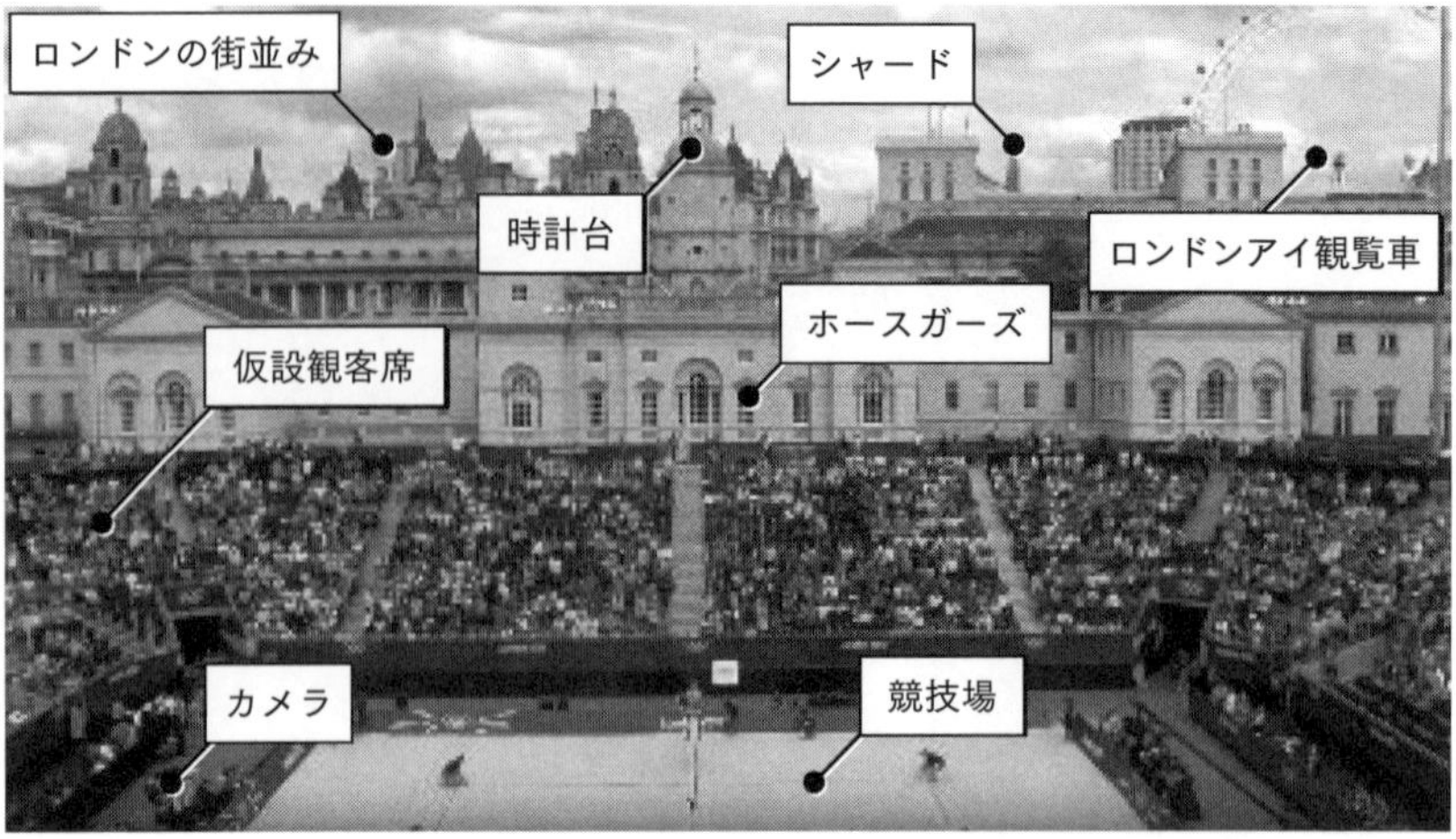

図1　ロンドン大会中継映像　ビーチバレーボール競技会場（大会公式映像に筆者加筆）

園や広場、公共空間に設置することで選手と会場の背景に都市景観を映し出すことを可能にした。オリンピックと映像の関係は各大会後に記録される公式映像は、従来から政治的・芸術的メッセージ[8]を含んできた[9]が、競技中継映像は、開催都市の資産である文化的価値の高い都市景観を映し出すことができる。仮設競技会場は期間限定で設置するものなので、常設競技会場では実現困難な市内中心部の公共空間などを敷地にすることが可能で、そのために競技中継映像の背景に開催都市中心部の景観を映し出すこともできる。例えば、ビーチバレーボール競技会場の敷地はホース・ガーズ・パレードというバッキンガム宮殿の近隣で首相官邸の裏という市内中心部の広場だった。選手の背後には、大観覧車ロンドン・アイ、イギリス国会議事堂の時計台ビッグ・ベン、そして大会直前に外観が姿を現して話題を呼んだ超高層ビルのザ・シャードなどが映し出された。この周辺は首相官邸だけでなく、省庁が集まる要所であり、セキュリティーの確保が肝要な地域である。ロンドン市はオリンピック招致決定の翌日に同時爆破テロを受けた経緯もあり、組織委員会は不測の事態に備えて、常に代替地を想定しながら計画を進めていた。市内中心部なので競技会場の敷地としては狭かったが、練習場やほかの設備施設を近隣公園内にパズルのように配置することで乗り切った。そこまでして実現するだけの魅力が、この敷地にはあったのである（図1）。

実は、ロンドン大会以前にも、選手の背景に都市景観を映し出す競技会場の例はあった。一九九二年バルセロナ大会では、飛び込み競技を高台にある屋外プールの飛び込み台で実施し、選手の背景に、サグラダ・ファミリアや市内格子状街区を映し出した。二〇〇〇年シドニー大会ではトライアスロンをメイン会場である湾岸地区で実施し、幾何学形態の美しいオペラハウスやシドニー・ハーバー・ブリッジを選手の背景に映し出した。〇四年アテネ大会では、砲丸投げをアテネ郊外オリンピアの古代競技会場（遺跡広場）で実施した。これらのオリンピックでは一部の競技会場の背景として開催都市の景観を映し出していたが、ロンドン大会は、さらに一歩進んで、景観を中継に映すことを大会の重要なコンセプトとし、複数の競技会場で実現した。そのために競技会場の観客席の形状とその配置は周辺ランドマークへの指向性を生み出し、景観を縁取り、視覚的にも文化的にも突出した建物や構造物を中継映像の背景に映し出していた[10]。テレビ画面は、選手、競技会場、周辺都市景観の各要素を重層的な映像として映し出していたが、それらの関係を構造化すると図2のようになる。

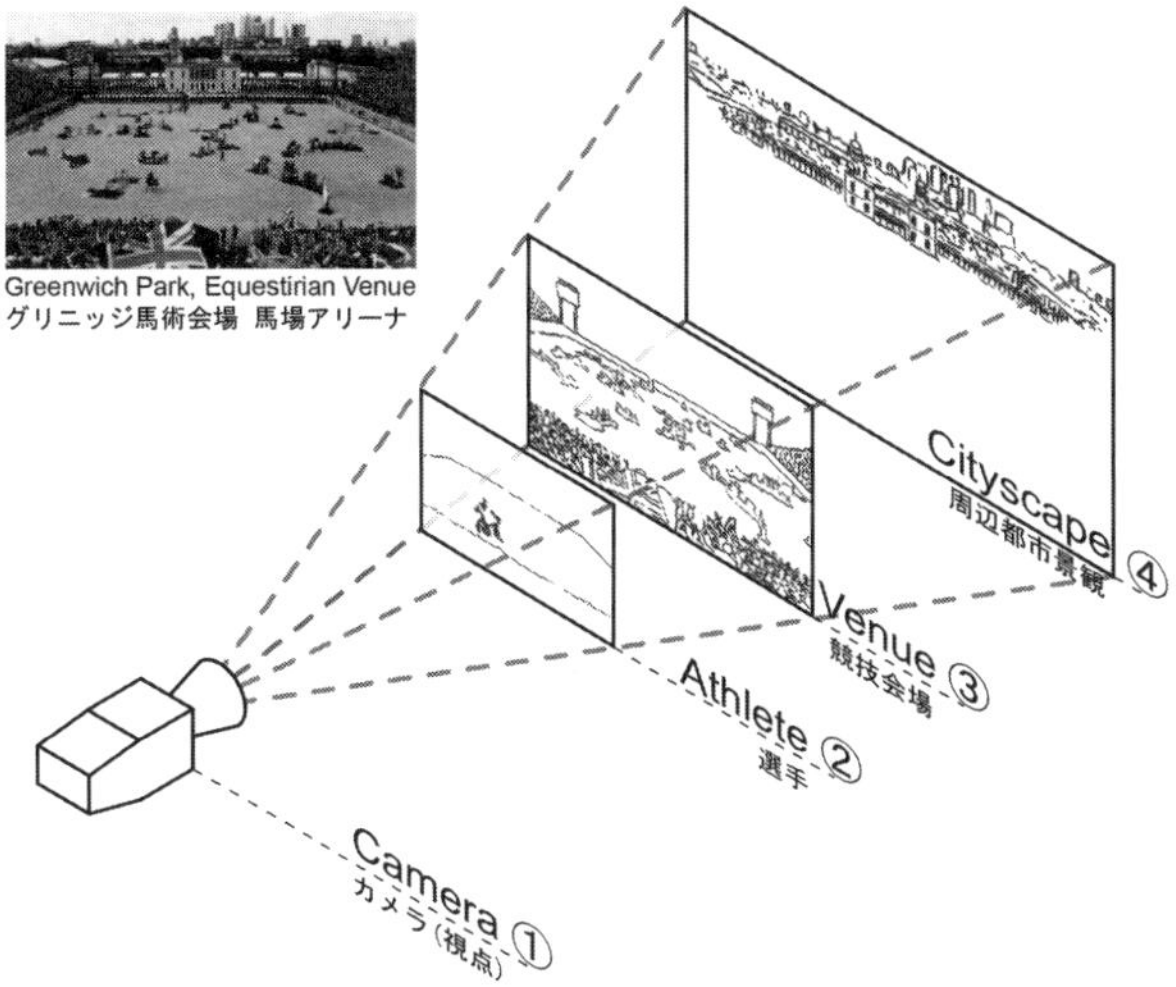

図2　都市景観を映し出す競技会場の要素

仮設競技会場の観客席形状とその配置の類型化

図2のように、テレビカメラを通して選手の背景に都市景観を映し出すためには仮設競技会場の観客席の形状と配置が重要になる。そこで、ここでは観客席形状の類型を、テレビ

カメラとの関係性とともに整理する。

競技会場は、選手が競技する競技場と観客が観戦する階段状の観客席で構成される[11]。観客席の形状は、閉鎖型（四列包囲観客席）か、開放型（一列観客席、二列対峙観客席、三列包囲観客席）の二種類に大別できる。閉鎖型は競技場の周囲を観客席で包囲しているので、競技会場内の観客席に設置したテレビカメラは選手を映し出すだけで、観客席は周辺の都市景観への眺望を遮るものとなる。一方の開放型は、観客席の開放部から、選手の背景に周辺都市景観を映し出すことが可能になる。一列観客席型はトライアスロン競技会場やマラソン競技会場などのスタート／ゴール地点に採用され、目の前の選手の背景に都市景観が大きく開け、テレビカメラで景観を映し出すことが可能になる。二列対峙観客席型も、マラソン競技会場、自転車競技のスタート／ゴール地点に採用された。競技コースを挟み込むように対峙する観客席の上部にテレビカメラを設置することで、カメラに向かってくる選手の表情や走り抜ける選手の後ろ姿の背景に都市景観を観客席が縁取り、映し出すことが可能になる。三列包囲観客席型（四列包囲一部低層観客席を含む）は、馬術競技会場、アーチェリー競技会場、ビーチバレーボール競技会場に採用された。観客席の一部を開放（もしくは観客席の一部を低層化）することで、会場内の選手の背景に周辺都市景観を縁取り、映し出すことが可能になる。

2 東京大会の競技会場と敷地周辺環境について

ここまではロンドン大会を例として、開催都市の景観を選手の背景に映し出すための要素の関係を整理した。では、東京大会で映し出すべき周辺都市景観とはどのようなものだったのか。各競技会場の敷地などから読み解く。

東京大会は、コロナ禍による一年の延期の末に二〇二一年の夏に開催された。三密（密閉・密集・密接）を回避けるために無観客開催となったので、競技中継映像には選手、競技場、閑散とした観客席だけが映し出された（図３）。

東京大会では、競技会場が集まるゾーンをヘリテッジゾーンとベイエリアゾーンに分け、二つのゾーンが重なり合う場所である臨海副都心地区の晴海を選手村とした。仮設競技会場はベイエリアゾーンに多く建設した。ここでは臨海副都心地区の歴史、景観的特性やランドマークについて紹介する。

図3　東京大会中継映像　潮風公園・ビーチバレーボール競技会場（大会公式映像から）

臨海副都心地区の再開発の歴史は、同地が一九四〇年に「紀元二千六百年奉祝事業」として「幻の東京五輪」と同時開催の万国博覧会（のちにともに返上）の予定地になったことから始まる。その後、八〇年代に臨海副都心開発計画が策定され、世界都市博覧会の中止、バブル経済崩壊などの影響はあったものの、水や緑と触れ合う街を目指して着実にビジネスや商業の場、そして住宅の開発が進められ、交通インフラも整備されてきた。この経緯から、東京大会は臨海副都心開発計画の延長線上にあったといえる[12]。事実、同地区には東京大会関連施設として、常設競技会場（有明アリーナなど）や選手村（大会後に分譲マンションとして活用）なども建設された。

次に景観特性についてみておこう。臨海副都心地区は台場地区、青海地区、有明北地区、有明南地区からなる。東京都港湾局が策定する『臨海副都心まちづくりガイドライン[13]』の都市景観方針は、これらの地区の都市景観のなかに、「シンボルプロムナード」「夕陽景観」「スカイラインを見る眺望点」「海に抜ける見通し」「海を眺め

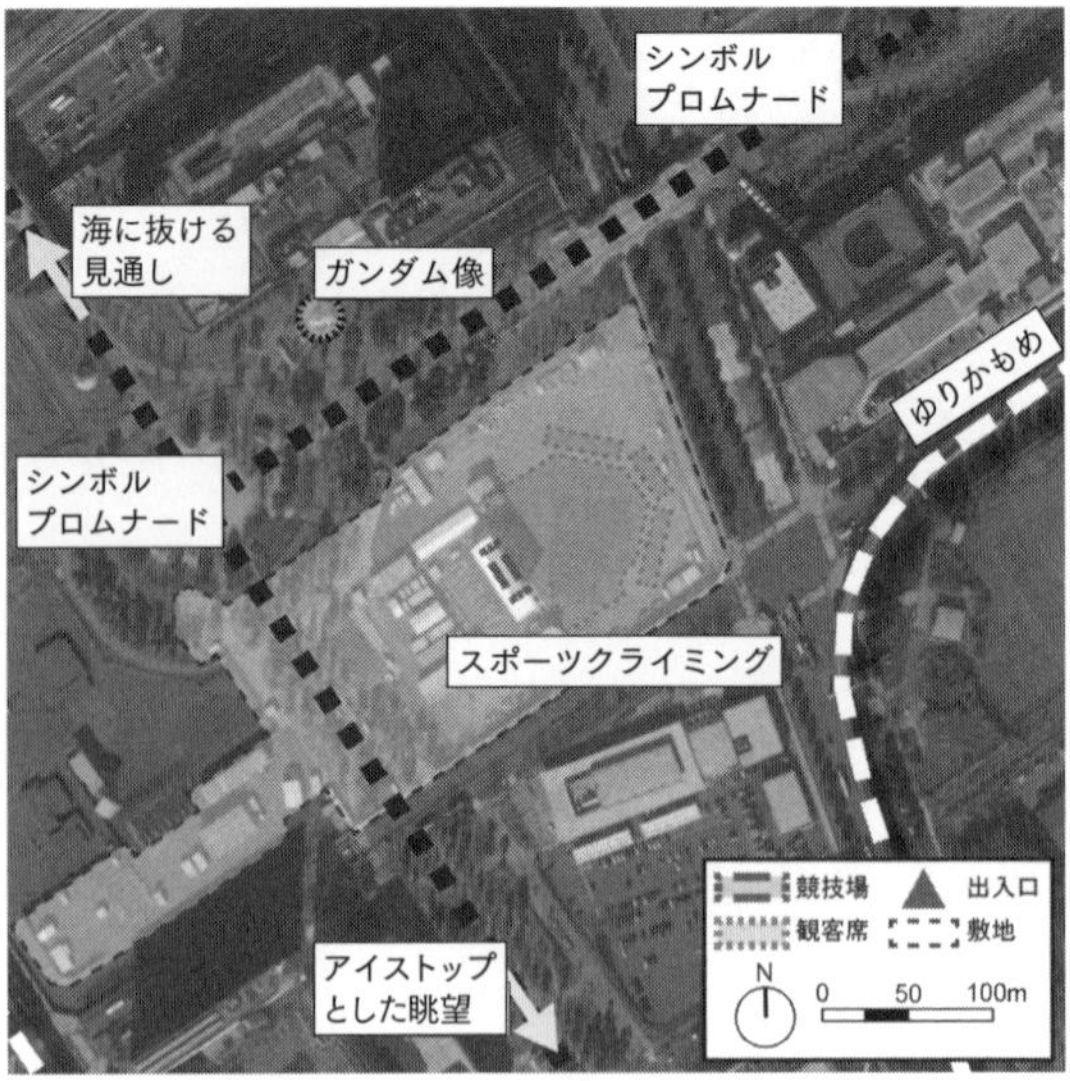

図4　潮風公園ビーチバレーボール競技会場（「Google Map」に公式資料の会場図面を重ねて筆者加筆）

る眺望点」「アイストップ眺望」などを見いだしている。これらを競技会場の背景として中継映像に取り込めば、開催地・東京の都市景観を映し出すことが可能になる。さらに、臨海副都心地区のランドマークとしては、対岸（汐留、竹芝、芝浦、天王洲など）の高層ビル群、レインボーブリッジ、台場、石積み護岸、テレビ局社屋、ガンダム像などがあり、さまざまなものが雑多に混在する日本文化を象徴する都市景観を形作っている。

臨海副都心地区の三つの競技会場について

臨海副都心地区に建設された三つの仮設競技会場の特徴を、敷地の周辺環境と観客席の形状、そしてその配置に注目して紹介する。

台場地区にある潮風公園競技会場（品川区）は約一万二千人を収容するビーチバレーボール競技会場である。敷地からはレインボーブリッジや芝浦・竹芝エリアの高層ビル群、東京タワーなどのランドマークや、都市景観方針の定める「シンボルプロムナード」「水面に映る夕陽景観」「海に抜ける見通し」「海を眺める眺望点」などがある。しかし建設されたのは、周囲四方を観客席で囲う閉鎖型のビーチバレーボール競技会場だった（図4）。

次に、青海地区にある青海アーバンスポーツパーク（江東区）についてみてみよう。この会場はオリンピック開催期間の前半と後半で、競技に合わせて競技会場の形状を変えた。大会前半、二〇二一年七月二十四日から二十八日は3×3バスケットボールをおこなう最大七千百人を収容できる競技会場として使用し、ハーフコート上で六人の選手が競技した。そして、大会後半の八月三日から六日は一部の観客席を撤去し、クライミング用ウォールを正面とする観客席配置のスポーツクライミングのスピード、ボルダリング、リード種目の競技会場（最大八千四百人収容）とした。ハーフコート部分を観客席とし、三列包囲観客席の開放型競技会場へと変化したのだが、観客席の正面にはクライミング用の壁がそびえ立ち、実質的には包囲型の競技会場になった[14]（図5）。

最後に、有明北地区にある有明アーバンスポーツパーク（江東区）をみよう。ここは、自転車ＢＭＸ（バイシクルモトクロス）レーシング競技会場（五千五百人収容可能）、自転車ＢＭＸフリースタイル競技会場（六千六百人収容可能）、スケートボード（ストリート、パーク）競技会場（七千人収容可能）の三つの仮設競技会場からなる。

図5　青海アーバンスポーツパーク（「Google Map」に筆者加筆）

ＢＭＸレーシングの会場は高さ八メートルのスタートヒルと全長四百九十五メートルのジャンプを繰り返すコースを挟み込むように二列対峙観客席を配置した。ＢＭＸフリースタイル会場とスケートボード会場も開放型の観客席形状で、それぞれ競技場を囲むように三列包囲の観客席を配置した（図6）。三列包囲の観客席の開放している方向には、かつて内陸部を守っていた石積み護岸や豊洲市場があった。

3 開放型会場だけが競技中継に都市景観を映し出せる

以上を踏まえ、臨海副都心地区の仮設競技会場が、競技中継映像の背景に周辺都市景観とランドマークをどの

図6　有明アーバンスポーツパーク（「Google Map」に筆者加筆）

図7　潮風公園競技会場の背景に都市景観を映し出すことを想定した中継映像（大会公式映像に筆者加筆）

ように観客席で縁取り映し出していたのか検証する。

まず、潮風公園競技会場だが、結論からいうと周囲四方を観客席で囲う閉鎖型競技会場だったので、競技中継映像の背景として都市景観を映し出すことはかなわなかった。レインボーブリッジ、芝浦・竹芝エリア高層ビル群、東京タワーなどが競技コートのセンターライン軸線上に位置したため、もし北側観客席の一部を低層化、もしくは開放していれば、競技中継映像の背景として確実に観客席で縁取り、映し出せたはずだった（図７）。

次の青海アーバンスポーツパークは、大会前半の３×３バスケ競技会場が周辺四方を観客席で囲む閉鎖型競技会場だったため、競技中継映像の背景に周辺都市景観を映し出すことはできなかった。大会後半のスポーツクライミング競技会場は開放型競技会場になり、都市景観方針の「シンボルプロムナード」の軸線から外れており、また、「海に抜ける見通し」「アイストップ眺望」なども期待できたが、クライミング用の壁に遮られて、テレビカメラが選手の背景に周辺都市景観を映し出すことはかなわなかった。日本のアニメカルチャーを代表するキャラクターである実物大ガンダム像が競技会場北側隣地に立っているのを、開放部からかろうじて映し出しただけである。

最後に有明アーバンスポーツパークだが、自転車ＢＭＸレーシング競技会場は北西と南東観客席の二列対峙の開放型競技会場であり、自転車ＢＭＸフリースタイル競技会場やスケートボード（ストリート、パーク）競技会場は三列包囲観客席の開放型競技会場である。しかし、スタートヒルの背後にレインボーブリッジほか臨海副都心地区を遠く望み、スタートヒル正面の北東側開放部には、ゆりかもめの駅と高架が見えるだけだった。また、三列包囲の開放型競技会場であるＢＭＸフリースタイル競技会場やスケートボード競技会場は、敷地東側に都市景観方針が定める「水面に映る夕陽景観」を期待できたが、遠くにレインボーブリッジがわずかに望めるだけだった。また、北西側は石積み護岸と豊洲市場が映し出されるだけで、眺望としての魅力に乏しく、開催都市を象徴する景観を背景に映し出した競技中継映像にはなりえなかった。

東京大会では競技中継映像の背景に都市景観を映し出せなかった

ここまでみたように、臨海副都心地区の三つの仮設競技会場は、いずれも東京大会の開催都市の象徴になる都市景観を競技中継映像の背景に映し出したとはいいがたい。

ビーチバレーボール競技会場は、周辺にレインボーブリッジや高層ビル群があったため、都市景観を競技中継映像の背景に映し出す可能性をもった東京大会で唯一の競技会場だったといえる。しかし、観客席の形状が閉鎖型だったため映し出すことができなかった。一方で、青海アーバンスポーツパークや有明アーバンスポーツパークは開放型競技会場だったが、周辺に象徴になるランドマークが乏しく、やはり開催都市の都市景観を競技中継映像の背景に映し出すことはできなかった。

おわりに——遠い未来に東京でオリンピックを開催するならば

最後に、もし、遠い未来にオリンピックを東京に招致するならば、検討しなければならない点がある。東京大会は多くの課題を残した。おもなものは、競技会場の敷地選定、開催都市の都市計画への効果の再確認、オリンピック開催の大義の明確化、の三点である。

まず、競技会場の設置場所、敷地は十分に検討するべきである。オリンピック計画の初期案である招致計画で、競技会場をどこに設置するかはそれだけで強烈なメッセージになりうる。

東京大会では、多くの仮設競技会場をベイエリアゾーンである臨海副都心地区に設置したが、その周辺にはランドマークが乏しかった。それに比べて都内中心部のヘリテッジゾーンには歴史的ランドマークが数多く点在していて、そこに仮設の開放型競技会場を設置したならば開催都市・東京を象徴する都市景観を競技中継映像の背景として映し出せたかもしれない。近年ＩＯＣは若者のオリンピック離れを懸念してＢＭＸやスケートボードなどのアーバンスポーツを採用しているので、〝ストリート〟と呼ばれる、渋谷、新宿、六本木、丸の内、上野、浅草などのヘリテッジゾーンに点在する広場や公園を仮設競技会場としていれば開催都市東京をさらに印象的にアピールできたかもしれない。訪日観光客にとって訪れた土地にしかない純喫茶、居酒屋、定食屋などの暖簾が並ぶ街並み、すなわちストリートの景観こそが、日本ならではの忘れられない思い出になっていく。その景観を競技中継の背景に映すためにはストリートの景観と親和性が高い競技を見定める必要がある。例えば、ビーチバレーボールは選手の頭上でボールを操る競技なので、競技リプレイのスローモーション映像はローアングルから周囲の都市景観を映し出す絶好の機会となる。さらに、ビーチ（海岸）でなくても、砂のコートが準備できれば競技会場を作ることができるので、市内中心部を比較的容易に競技会場とすることができる。[15]競技の背景に周辺都市景観を映し出して話題をつくり、メディアの露出を高めることは、競技普及促進の観点からも各競技の連盟、国際競技連盟（International Sport Federation：ＩＦ）も歓迎している。新たに採用されたアーバンスポーツは、若い世代を取り込みたいＩＯＣのもくろみどおり、オリンピック競技の概念を覆した。勝者／敗者の垣根なく互いの健闘をたたえあい、ストリート文化をそのまま競技として披露した。また、競技進行や試合時間も次々と切り替わるスマートフォンの画面を思わせるリズムでどんどん進む。これからのオリンピック映像は、手のひらの小さな画面で視聴する人の印象に残るものでなければならない。一方で、競技中継映像の背景として魅力的な建築と都市景観があったとしても、ヘリテッジゾーンとなる都心部に、競技会場を設置できる都市空間があるだろうか。東京大会の仮設競技会場は、〝空き地〟が広がる臨海副都心地区に作られ、開催都市の魅力を背景映像として映し出していなかった。東京には世界に誇るストリートカルチャーがある。アーバンスポーツの競技会場にふさわしい敷地は〝空き地〟ではない。これからの都市に必要なのは市内中心部に位置する広場や公園である。広場という豊かな公共空間が存在してこそ、オリンピックのような期間限定のイベントのために仮設建築物を設置することが可能になる。その広場は災害時の避難施設にもなるだろうし、感染症対策のためのワクチン接種会場にもなる。遠い未来には市民が憩える公共空間、すなわち都市の余白が東京の街に生まれていることを期待したい。そのような公共空間や都市計画を積み上げることこそが先進都市でオリンピックを開催するために必要となる。

次に、開催都市の都市計画への効果の再確認である。オリンピック開催は毒薬にも良薬にもなりうる。どこの国でも、招致レースを勝ち抜くためには、自身が描いた都市計画とレガシー計画は何度も変更を余儀なくされる。これがオリンピック開催の毒薬の側面である。例えば、二〇一八年冬季オリンピック開催の権利を得た韓国・平昌も、当初の計画では近隣都市群を一体的な冬季スポーツ競技地区とするはずだった。だが、二度の落選のたびに招致計画を変更し、三度目でオリンピック招致にこぎ着けたものの、レガシー計画が明確にならないまま大会を終えた。一方で、オリンピック招致が都市計画にいい影響を与える例もある。本章で紹介したロンドン大会は、イギリス政府にとって長年の懸念材料だったロンドン東部地区の再生を後押しした。既存の再開発計画にオリンピック計画を触媒として活用することで、開発計画が二十年早まったといわれる。これがオリンピック開催が都市計画の良薬になる面である。

そして、最後に、オリンピック開催の大義の明確化である。東京大会は、二十一世紀の先進都市・東京でオリンピックを開催する理由、すなわち大義が不明確だった。オリンピック開催都市の選定方法が「招致レース方式」から「対話方式」へと変更されたことに表れているように、ＩＯＣは持続可能なオリンピック開催を目指している。これまでのように開催への意欲と投資だけでは不十分であり、開催の大義が非常に重要になってくる。オリンピックを招致しさえすれば都市開発のきっかけになる、という従来の価値観は大義になりえない。その点でも先行するオリンピック計画を参考にするべきだった。招致委員会が二〇一六年招致計画を発表した〇九年には、すでにロンドン大会の招致計画が発表されていたので、競技中継映像の背景に都市景観を映し出す競技会場について検討する時間はあったはずである。さらに、一六年夏季オリンピック招致でブラジル・リオデジャネイロに負け、次の二〇年夏季オリンピックに照準を切り替えてからは、さらに検討する時間があったはずである。

しかし、神宮外苑の国立競技場の建て替えに国際コンペで著名建築家を起用し、いわばソトからのブランドを手に入れることでしか、ほかの立候補都市への優位性を示せなかった。(16) このことは、オリンピック開催を都市開発の機会という旧来的な位置づけでしか捉えられず、ついに二十一世紀にオリンピックを先進都市で開催する意義を見いだせなかったことにつながっている。

注

（1）オリンピックで、都市景観を競技中継で競技の背景に映し出す競技としてはマラソンが代表的だが、マラソンは道路などの都市空間そのものを競技会場とするため、都市景観が中継映像の背景に映し出されるのは自明である。そのため、本章ではビーチバレーボール競技会場のような観客席が競技場を囲うアリーナ型の競技会場で、どのように背景映像として都市景観を映し出すのかに焦点を当てる。

（2）近代オリンピックを生み出したといわれるピエール・ド・クーベルタン男爵の時代（一九〇〇年代初頭）にも、すでにオリンピック開催都市の費用負担や都市計画への影響が懸念されている。

（3）James Bulley and Steve Cardwell, "London 2012 legacy: A sustainable model for delivering large sports events," *Civil Engineering*, 168(2), Emerald Publishing, 2015. "2.2 Showcasing London" (pp. 90-91) で、ロンドンオリンピックではすべての競技会場三十七会場のうち、仮設を二十一会場としている。

（4）二〇二四年パリ大会では、市内中心部に多数の仮設競技会場を建設し、周辺都市景観を競技中継映像の背景に映し出した。例えば、エッフェル塔下のビーチバレーボール競技会場、アレクサンドル三世橋のトライアスロンなどの競技会場、コンコルド広場のスケートボードなどアーバンスポーツ競技会場、ベルサイユ宮殿庭園の馬術競技会場などがある。マラソン競技会場はもちろん市内主要ランドマークをめぐるものであり、開会式は市内中心部を流れるセーヌ川を各国代表選手がボートに乗って入場した。

（5）London 2012 Olympic Games Bid Committee, *London 2012 Candidate City: Candidature File (Official bid file of*

London for the Summer Olympic Games in 2012)*, 2004. 訳は筆者による。

（6）*TOKYO 2020 DISCOVER TOMORROW,* Candidature File（Official bid file of Tokyo for the Olympic Summer Games in 2020), Tokyo 2020 Olympic Games Bid Committee, 2013.

（7）Richard Pound,, *IOC, Olympic Games Study Commission, Report to the 115th IOC Session,* 2003, pp.10　の"3. Preliminary Consideration, Broadcasting the Games, 3.1 Review,"（予備検討事項、大会中継）に以下の記述がある。"Broadcasting the Games: The expansion and improvements in broadcasting the Olympic Games have helped to promote the Games internationally, taking the passion, drama and spectacle of the Games into the living rooms of the largest global audience of any event."（オリンピックを放送することの拡大と発展は、世界的な大会へと促進することを助け、大会の情熱とドラマと壮大さをほかのどのイベントよりも世界最大の視聴者数のリビングルームへ届ける。）

（8）オリンピックの公式記録映像では、レニ・リーフェンシュタール監督の一九三六年ベルリン大会のもの（『民族の祭典』『美の祭典』〔一九三八年〕）や、市川崑監督の六四年大会の記録（『東京オリンピック』〔一九六五年〕）が代表的である。これらの映像は大会の記録であると同時に、政治的・芸術的メッセージを含んでいる。

（9）舛本直文『スポーツ映像のエピステーメー——文化解釈学の視点から』新評論、二〇〇〇年

（10）ロンドン市には、市内中心部の歴史的・文化的象徴となる眺望景観の保全を目的に策定された「ロンドン眺望景観管理構想（London View Management Framework）」がある。

（11）競技会場にとっては設備施設も重要な要素だが、本章では図2のとおりテレビカメラ、選手、競技会場、周辺都市景観の関係性が重要なので、競技会場の形状とその配置について類型化するあたり「競技場」と「観客席」だけを扱うものとする。

（12）平本一雄『臨海副都心物語——「お台場」をめぐる政治経済力学』（中公新書）、中央公論新社、二〇〇〇年、四三—五九ページ

（13）『臨海副都心まちづくりガイドライン 再改定』東京都港湾局臨海開発部誘致促進課、二〇〇七年、一九ページ

（14）図5では、より開放的なスポーツクライミング競技会場の観客席の形状と配置を調査対象として分析した。

（15）二〇二四年パリ大会では、エッフェル塔の足元にビーチバレーボール競技会場を設置し、見上げる画角の映像で都市の象徴を映し出した。ロンドン大会では、市内中心部のホース・ガーズ・パレードという公共広場をビーチバレーボール競技会場にして周辺都市景観を競技選手の背景に映し出した。ともに砂の競技場コートを設置し、周辺を観客席で囲えば競技会場になるという競技特性を生かしている。

（16）槇文彦「新国立競技場案を神宮外苑の歴史的文脈の中で考える」「JIA MAGAZINE」二〇一三年八月号、日本建築家協会

［付記］本章は、日本建築学会大会（近畿、二〇二三年九月）で選抜梗概（学術講演梗概集七千五百三十五）として発表した山嵜一也／岡村祐「テレビ中継映像に臨海副都心の都市景観を映し出すために必要な東京五輪２０２０仮設競技会場の形状と配置のその工夫」に加筆・修正したものである。

第9章　開催都市のバリアフリー

――変容するバリアフリー概念

山崎貴史

はじめに

本章のテーマはパラリンピックに向けた開催都市のバリアフリーである。二〇二一年にオリパラを開催した東京の取り組みに着目する。星加良司はバリアフリーを狭義には「高齢者や障害者が社会生活を困難にしている物理的な環境を除去・改変しようとする営み」、より広義には「価値のある社会的活動への参加に当たって妨げとなる外的・社会的要因を除去しようとする営みと思想、またはそうした要因が除去された状態」[1]と定義している。要因が「社会的」とされるのは、より広範で多様な障壁に目を向けることが提起されているためで、一般的には段差や階段などの移動や生活を妨げる物理的障壁、進学や就職を制限する制度的障壁、情報へのアクセスを妨げる文化・情報の障壁、偏見や差別という意識上の障壁の四つに分類される[2]。

本章では、このような障壁の複層性を踏まえながらも物理的障壁に焦点化し、東京大会に向けたバリアフリーがどのように進められたのかを描き出す。その際、オリパラを契機にバリアフリー概念がどう変わったかをあわせて検討する。なぜ概念の変容まで議論するのかというと、オリパラに向けて新たな施策の制定や改定がおこなわれていて、それがバリアフリーの取り組みを大きく変えたと考えられるためである。特に、オリパラを契機にバリアフリーが共生社会との関連で語られるようになったことに着目し、それが従来の「障害者の社会活動を妨げる障壁をなくす取り組み」から大きく変容していることについて論じたい。

以下ではまず、日本のバリアフリー施策を概観し、本来どのような障壁を取り除く取り組みだったのかを確認する。次に、東京大会に向けた施策に焦点を当て、その特徴を示す。最後に、東京大会を契機として成立した新しいバリアフリーの取り組みについて考察し、それが東京のバリアフリー施策や取り組みにとってどのような契機になったのか、どのような意味をもっていたのかを明らかにする。

1　バリアフリー施策とオリパラ

日本のバリアフリー施策の展開

日本でバリアフリーの取り組みはいつ始まり、どのような文脈で進められてきたのだろうか。政策的な観点に限っていえば、日本で法的に整備されたのは一九九〇年代以降とされる。(3) その進展を促したのが、九四年に制定された「高齢者、身体障害者等が円滑に利用できる特定建築物の建築の促進に関する法律」（以下、ハートビル法）と二〇〇〇年に制定された「高齢者、身体障害者等の公共交通機関を利用した移動の円滑化の促進に関する法律」（以下、交通バリアフリー法）である。前者は高齢者や障害者が学校、鉄道駅や商業施設など、不特定多数が利用する施設を円滑に利用できるよう、建築物を建設する際の基準を定めたものである。後者は公共交通機関を対象にしたもので、これをもとに鉄道駅の段差対策、障害者対応のトイレや点字ブロックの設置が進められた。

ただし、ハートビル法と交通バリアフリー法はそれぞれ建築物と交通機関にだけ適用されたため、施設間を移動する際の物理的障壁は残されたままになった。二〇〇六年、この二つを統合して「高齢者、障害者等の移動等の円滑化の促進に関する法律」（以下、バリアフリー法）が施行された。この法律では高齢者や障害者、妊婦などの施設利用、移動の利便性と安全性を高め、自立した日常生活と社会生活を営むことができるように、駅や施設の障壁を個別に取り除くのではなく、生活関連施設とそれらをつなぐ経路も含めて一体的に改善していくことが定められた。バリアフリー法は一体的・面的な整備方針を定めた画期的なもので、これが施行されると各自治体は福祉のまちづくり政策のなかでバリアフリーを進めていくことになった。日本のバリアフリー施策は一貫して、高齢者と障害者の日常生活や社会生活を妨げる障壁を除去する取り組みと理解されてきた。このことをあえて強調しておこう。

東京大会に向けたバリアフリー施策の制定

では、東京大会に向けてどのような指針や計画が示されたのだろうか。一つには東京大会の競技会場や関連施設に関わるガイドラインが示された。東京オリンピック・パラリンピック競技大会組織委員会が二〇一七年に作成した『Tokyo2020アクセシビリティ・ガイドライン』（以下、『Tokyo2020ガイドライン』）である。このガイドラインは国際パラリンピック委員会（IPC）が定める大会と開催都市の指針である『IPCアクセシビリティガイド』をもとに作成されたもので、競技会場の車いす用の座席やエレベーターの設置、競技会場までのアクセスルートの整備を国際的な基準にのっとって定めている。

もう一つは競技会場に限定せず広範囲にわたるバリアフリーの推進を示した『ユニバーサルデザイン2020行動計画』（以下、『UD2020』）である。これは政府が障害当事者団体や有識者などのアクターと連携しながら二〇一七年に策定したもので、オリパラの開催を契機として共生社会を実現するために、心のバリアフリーの促進とユニバーサルデザインのまちづくりを目標に掲げている。

ユニバーサルデザインのまちづくりに関しては、障害者の社会活動を妨げている物理的障壁をなくすことが共生社会につながるとして、街なかの段差、狭い通路、わかりにくい案内表示などを改善していく方針を示した。東京大会に向けた重点的な取り組みと全国各地での高い水準のユニバーサルデザインの推進という二つの観点から、幅広い方針が取りまとめられ、具体的な取り組みが示されている。東京大会に向けて重点的な取り組みの対象になったのが①競技会場、②競技会場周辺エリア、③主要鉄道駅・ターミナル、④海外に対する玄関口となる成田国際空港、羽田空港国際線ターミナルを中心とした空港である。つまり、国内外から障害者を含む関係者や多くの観光客が東京大会に訪れることを想定し、首都圏の空港、主要エリアや公共交通機関、そして競技会場を連続的かつ面的に整備する方針を示したのである。

ここで東京大会の開催がバリアフリー施策に与えた影響について補足をしておきたい。東京大会の開催を契機にバリアフリー法は二〇一八年と二〇年の二度にわたって改正されているのである。この改正で重要なのは、バリアフリー法に「共生社会の実現」が理念規定として盛り込まれ、「社会的障壁の除去」が国の責務として明記された点である。東京大会に向けて共生社会の実現への機運が高まっているとし、社会的障壁の除去がその実現につながると述べている。そして、国、各省庁や地方自治体が責務を担って進めていくことを明記したのである。具体的には、市町村が基本方針を定めるマスタープラン制度が創設され、各自治体が主体的に取り組んでいくことが推奨された。このようにオリパラが契機になって、バリアフリー法が改定されたことは特筆すべき点である。とりわけ、バリアフリーがオリパラに結び付くことで、共生社会の実現を目指す取り組みと意味づけ直されている点は興味深い。この点を踏まえながら、以下ではバリアフリーが東京大会に向けてどのように進められていったのかをみていこう。

2　東京大会に向けたバリアフリーの実際

東京都が発行している『東京バリアフリー２０２０』と『TOKYO2020レガシーレポート』をみると、東京大会に向けた具体的なバリアフリーの取り組みは、その実施された場所によって①鉄道駅、②道路、③施設の三つに整理できる。

まずは、鉄道駅のバリアフリーの取り組みについてみていこう。

鉄道駅のバリアフリー

鉄道駅の整備のきっかけになったのが、二〇〇〇年の交通バリアフリー法の策定である。東京都はこの法が示した「公共交通移動等円滑化基準」にのっとってバリアフリーを進めていくが、そこでは整備基準が次のように規定されている。一つ目は、駅出入り口からホームまで段差なく移動できる経路を少なくとも一つ確保するために、エレベーターないしスロープを設置すること、二つ目は、駅構内の通路から車両の乗車口への経路に視覚障害者誘導用ブロックを敷設すること、三つ目は、高齢者と障害者が利用できるトイレを設置すること、四つ目は、ホームにホームドアないし可動柵を設置すること、である。

図１から図４は東京都福祉保健局（現・福祉局）が発行している『都におけるバリアフリー化等の進捗状況』をもとに、都内すべての鉄道駅の整備状況を示したものである。確認しておきたいのは、東京大会の開催が決定した二〇一三年の時点で、段差を解消したのが六百八十三駅（整備率九〇・五％）、バリアフリートイレを設置したのが六百七十三駅（九四・〇％）、視覚障害者誘導用ブロックを設置したのが七百四十九駅（九九・二％）、ホームドアを設置したのが二百二十七駅（三〇・一％）になっていて、段差、バリアフリートイレ、視覚障害者誘導用ブロックの整備率が非常に高かったという点である。[4]　一三年以降の大きな変化としては、ホームドアの設置が

進んでいて、設置された駅が二百二十七駅から三百六十四駅まで増加している。

　このように、都は東京大会の開催が決定する以前から、鉄道駅の利用を妨げる物理的障壁の除去に努めてきた。では、東京大会の開催は鉄道駅のバリアフリーにどのような影響を与えたのだろうか。東京都は二〇一九年に

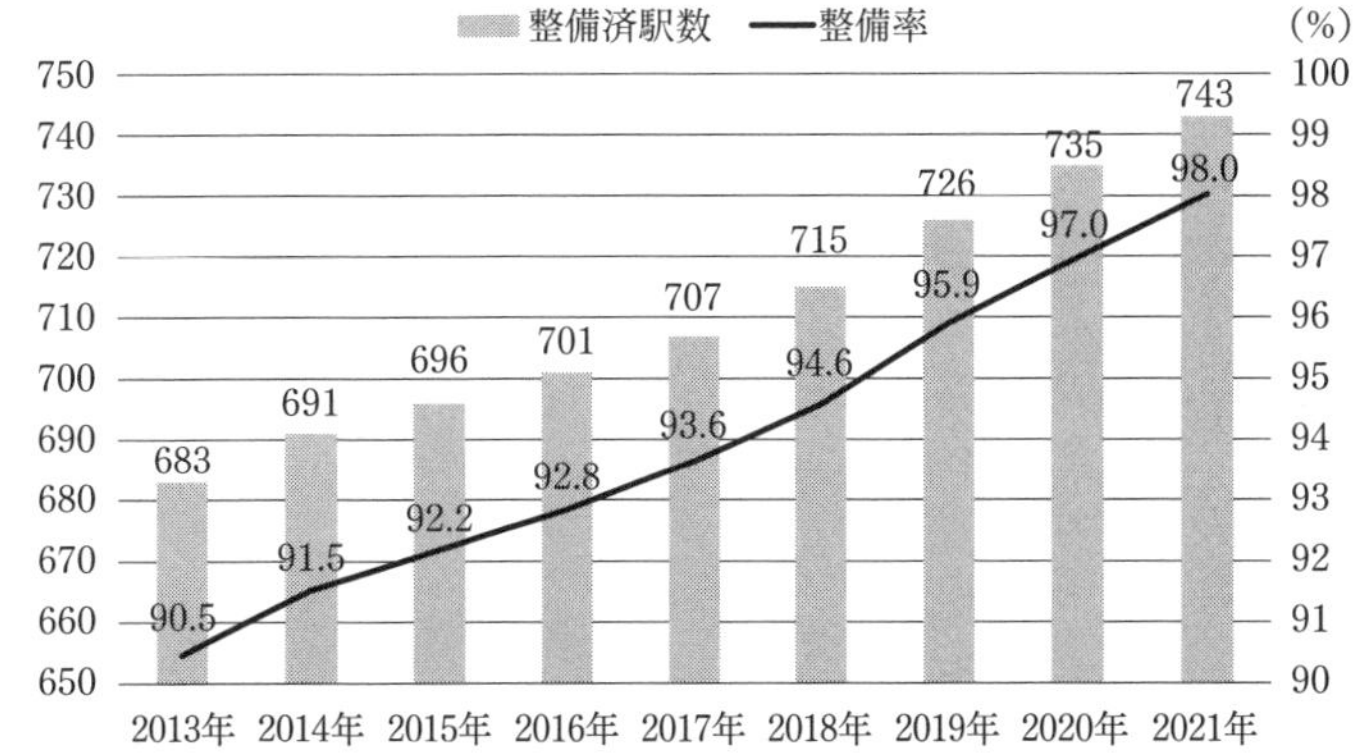

図1　エレベーターなどの設置による段差の解消
（出典：東京都福祉保健局が発行する『都におけるバリアフリー化等の進捗状況』の「平成25年度版」から「令和4年度末」までを参照して筆者作成）

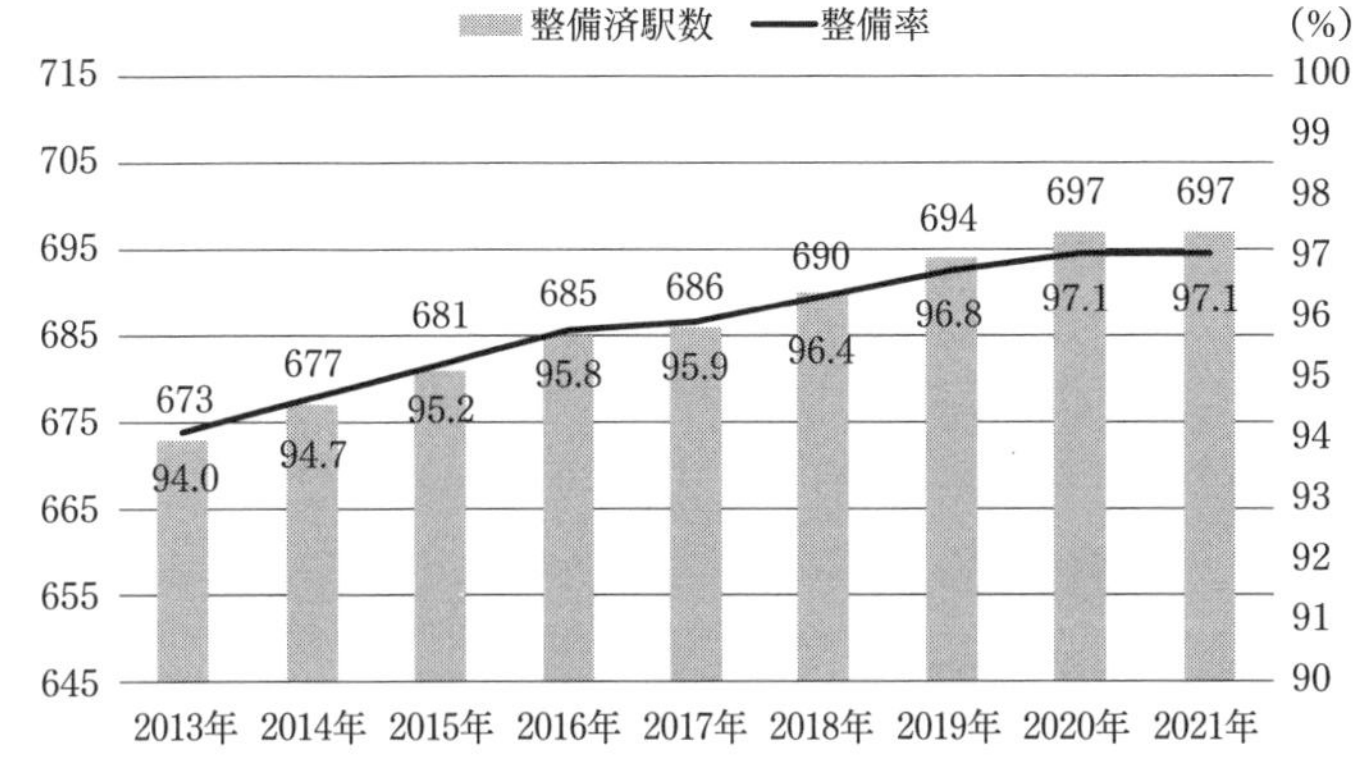

図2　バリアフリートイレの設置状況
（出典：同報告書）

図3　視覚障害者誘導用ブロックの設置状況
（出典：同報告書）

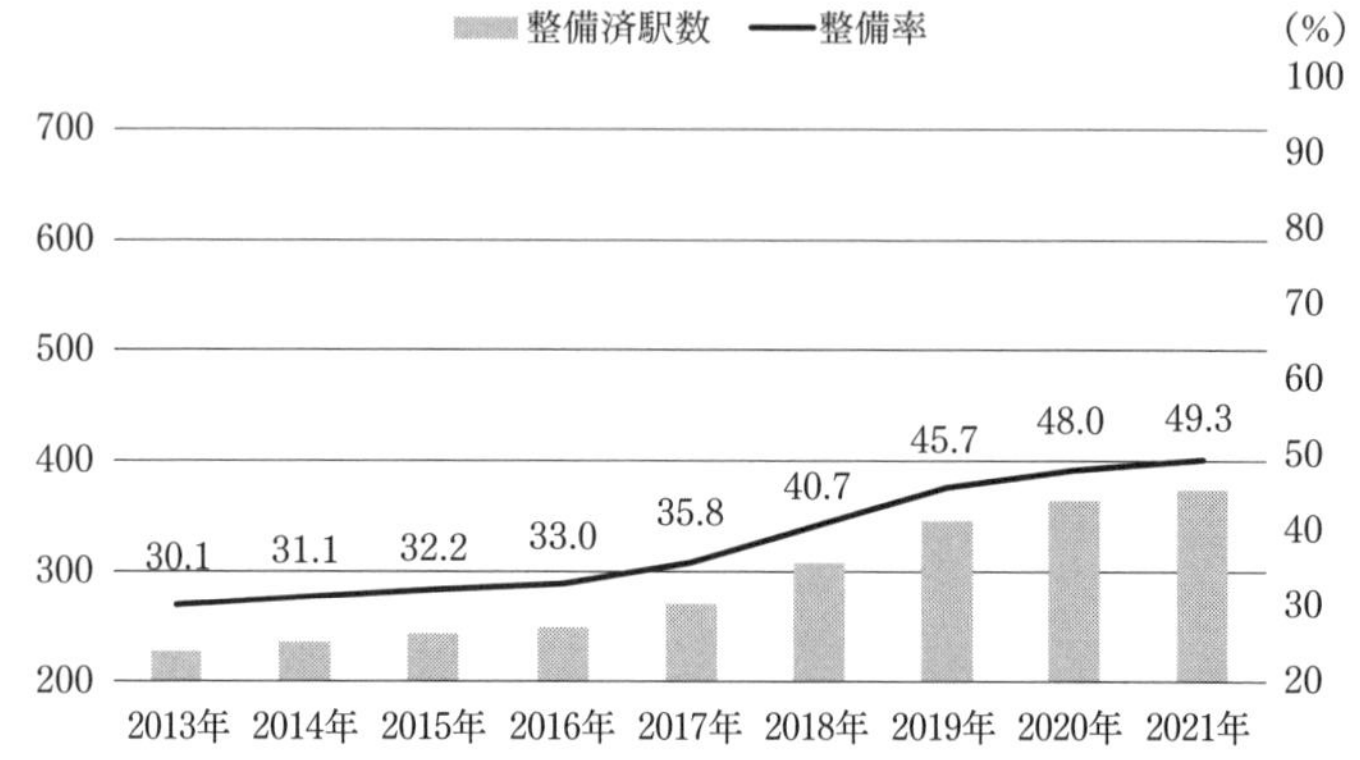

図4　ホームドアの設置状況
（出典：同報告書）

「鉄道駅バリアフリーに関する優先整備の考え方」を発表した。この方針の要点は、①従来の取り組みの継続（段差なく移動できる経路の確保）、②多くの利用者が想定される駅での複数の移動ルートの確保や大規模な整備、の二点である。すなわち、従来は段差なく移動できる経路を一つ確保するとされていたのに対し、東京大会に向

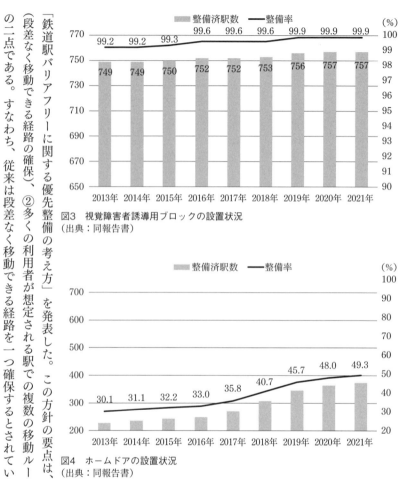

けては、多くの利用者が想定される駅で複数の移動ルートを整備するなど、高水準にバリアフリーを実施することになったのである。

　また、東京都などが二〇二一年に公表した『輸送運営計画Ｖ２』によれば、競技会場の最寄り駅で多くの利用者が想定される都内二十八の鉄道駅で、エレベーターの増設やトイレの改良を実施したという。例えば、国立代々木競技場の最寄り駅である原宿駅では東京大会に合わせて大規模なバリアフリーが進められた。以前の原宿駅は一九二四年に竣工した木造の駅舎だったため、コンコースや改札などが狭く、車いす使用者が利用しにくい構造になっていた。そこで、新駅舎に建て替える再開発事業のなかで、以前の駅舎と比較してコンコースが約三倍、トイレが約二倍、車いすが通ることができる通路を二つ増設するなど、きわめて大々的な整備が実施されたのである。また、エレベーターが四基（以前の駅舎に比べて三基増設）も設置され、『Tokyo2020ガイドライン』で示されている二十四人乗りのエレベーターも設置されている。これによって、表参道方面と明治神宮方面に段差なく移動できる経路が二つ確保されたのである。

写真1　原宿駅の新駅舎

写真2　原宿駅内の様子
通路の段差が解消され広く確保されている

道路のバリアフリー

　次に、東京大会に向けた道路のバリ

アフリーについてみていきたい。道路整備のきっかけになったのが、都が二〇〇八年に策定した『東京都道路バリアフリー推進計画』である。この計画は東京都が管理している道路のうち、七十二キロ（都全体では約百六十キロ）を整備する方針を示し、さらに〇九年には二百五十五キロの延長を決定している。この推進計画の対象とされたのが、高齢者や障害者が日常生活で利用する主要駅の周辺、駅と生活関連施設（官公庁、福祉施設など）を結ぶ道路だった。以上の方針のもと、具体的には、①歩道の段差解消、②勾配改善、③視覚障害者誘導用ブロックの設置が実施された。

　東京都は東京大会の開催が決定したあとの二〇一六年三月に『東京都道路バリアフリー推進計画』を改定した。この改定では新たに道路百八十キロの延長を決定し、東京大会に向けた重点整備、緊急時の対策、日常生活の環境整備の三つの観点から進めていく方針が示された。より具体的には、東京大会に向けた重点整備として①競技会場周辺道路六十キロ、②観光施設周辺道路二十二キロ、緊急時の対策として③避難道路八キロ、日常生活の環境整備として④駅や生活関連施設を結ぶ道路九十キロの四つの整備である。

表1　バリアフリーが重点的に実施された観光施設・地域

都市・地域・観光地名	
新宿・大久保	お台場・有明
銀座・有楽町・日比谷	六本木・麻布
浅草	東京駅周辺・丸の内・日本橋
渋谷	品川
秋葉原	池袋
原宿・明治神宮・表参道・青山	築地
皇居	赤坂
上野・御徒町・アメ横	東京ドーム・神保町周辺
東京タワー	代官山・恵比寿

　競技会場と観光施設に関しては、施設を中心にその周辺半径約一キロ圏域の道路が整備されることになった。表1は重点的なバリアフリー化の対象になった観光地・地域の一覧である。都内の観光客の訪問率が高い観光地・地域が選定されている。

　加えて、重視されたのがその観光施設・地域をつなぐ道路である。例えば、競技会場と鉄道駅を結ぶ道路だけでなく、競技会場間を結ぶ道路、競技会場と観光施設を結ぶ道路の整備が進められた。以上の方針のもと、東京大会に向けて競技会場と観光施設周辺の道路の整備が優先的に進められていった。競技会場周辺道路、観光施設周辺道路、避難道路を東京大会までに優先的に実施し、駅や生活関連施設を結ぶ道路に関しては二〇二四年までに整備されることになった。

施設のバリアフリー

最後に施設のバリアフリーについて整理したい。東京大会に向けた取り組みをまとめた『東京バリアフリー2020』が、施設や建造物での取り組みとして挙げているのは、都立高校、公園や美術館である。しかし、東京都が最も力を入れたのは、宿泊施設と都市公園である。

都は二〇一九年に東京大会やその先の高齢化を見据え、障害者、高齢者、子ども連れなど誰もが利用しやすい宿泊環境を実現する『OPEN STAY TOKYO』という取り組みを実施した。この取り組みで、宿泊施設のバリアフリー基準を厳格化するとともに、改善・改修に対する支援補助金を支給した。また、国土交通省は一九年末に東京大会の開催を理由に、宿泊施設の整備基準である「ホテル又は旅館における高齢者、障害者等の円滑な移動等に配慮した建築設計標準」を改定し、車いす使用者用客室の設置率を見直している。『TOKYO2020レガシーレポート』によれば、こうした取り組みによって、一九年から大会開催時までの約二年半で、整備された宿泊施設が約四百六十室から七倍の約三千二百室まで増えたという。

他方、公園のバリアフリーは二つの施策で進められた。一つは東京都が中心になり、競技会場や練習会場になった都立公園を整備した。『東京バリアフリー2020』によれば、アーチェリー会場になった夢の島公園、体育館が隣接する代々木公園など、三十五の公園を選定し、園路の拡張や段差の解消、トイレの洋式化や誰もが遊べる児童遊具の設置などをおこなっている。

もう一つは『UD2020』が都市公園のなかからバリアフリー化重点公園を選定し、大会開催までに大規模な整備を実施した。具体的には公園の出入り口、園路と広場の通行幅の確保、段差の解消と誰もが利用できるバリアフリートイレの設置などである。表2は『UD2020』が対象に選定した公園の一覧である。

表2から、新宿、渋谷、銀座、浅草など都心の観光地にある公園が選定されていることがわかる。興味深いのは、これらの公園すべてが東京オリンピック・パラリンピック期間に外国人が多く訪れる観光地周辺の都市公園であるという理由で選定されている点である。

管理者	公園名	エリア	管理者	公園名
港区	青山公園	浅草地域	台東区	隅田公園
港区	檜町公園		墨田区	隅田公園
港区	六本木西公園		台東区	花川戸公園
東京都	日比谷公園		墨田区	大横河親水公園
中央区	数寄屋橋公園		墨田区	若宮公園
中央区	築地川銀座公園	台場地域	東京都	潮風公園
東京都	上野恩賜公園		港区	お台場レインボー公園
台東区	御徒町公園	夢の島	東京都	夢の島公園
文京区	お茶の水公園	葛西臨海	東京都	葛西臨海公園

3　オリパラとバリアフリー概念の変容

東京大会に向けたバリアフリーの特徴

ここで東京大会に向けたバリアフリーの特徴をいったん整理しておきたい。一つは東京大会を契機に、バリアフリー施策およびガイドラインの策定・改定が実施され、国際的な基準の整備が実施された点である。競技会場やその周辺と移動ルートはもちろんのこと、主要な鉄道駅や観光施設、宿泊施設などで国際的な基準を適用して進める動きがみられた。東京では以前から鉄道駅や道路のバリアフリーが進められていて、オリパラがもたらしたのはその推進というよりは、都心の中心部でのより高い水準でかつ

表2 『UD2020』でバリアフリー化重点対象になった都市公園

エリア	管理者	公園名	エリア	管理者	公園名	エリア
新宿地域	新宿区	新宿中央公園	渋谷地域	渋谷区	はるのおがわコミュニティーパーク	六本木・赤坂・青山地域
	新宿区	大久保公園		渋谷区	神宮通公園	
	新宿区	新宿公園		渋谷区	参宮橋公園	
	新宿区	花園西公園		渋谷区	富ヶ谷三本杉公園	銀座地域
	新宿区	新左門児童遊園		渋谷区	代々木ポニー公園	
	渋谷区	代々木二丁目あおい公園		渋谷区	北谷公園	
渋谷地域	渋谷区	玉川上水旧水路 代々木緑道		渋谷区	宮下公園	上野・秋葉原地域
	東京都	代々木公園		渋谷区	美竹公園	
	渋谷区	代々木深町小公園		渋谷区	鍋島松濤公園	

国際的な基準にかなうバリアフリー基盤の整備だったといえる。

　もう一つの特徴は、東京のバリアフリーが観光と関連して進められた点である。この二つが結び付く背景には、当然のことながら、オリパラが国際的なメガイベントであることがある。オリパラを目的に、国内外から多くの観光客が訪れることが見込まれ、そのときバリアフリーが開催都市の成熟や先進性を示すと考えられたためである。『ＵＤ２０２０』は、オリパラによって多くの外国人観光客が訪れることを想定し、これを成熟した社会の先進的な取り組みを世界に示す契機と捉えた。そして競技会場と観光地、空港や主要な鉄道駅などを重点的なバリアフリー対象とした。

　実際に、東京都は会場や観光施設周辺のバリアフリーを優先的に進めた。各競技会場や観光施設をつなぐ経路の整備も進められ、観光とバリアフリーが密接に結び付けられている様子が見て取れる。また、宿泊施設の整備、観光地周辺の都市公園のバリアフリー整備が積極的に進められた。こうしたバリアフリーが観光と関連して進められていく様相はオリパラの開催決定以前にはあまりみられなかったものである。

バリアフリーからユニバーサルデザインのまちづくりへ

最後に、以上のような取り組みが日本のバリアフリー施策にどのような意味を有しているのかを検討するために、バリアフリー概念が東京大会を契機に大きく変容したことを指摘したい。先にみたように、『UD2020』はオリパラを契機に共生社会を実現していくことを目的に策定された。つまり、『UD2020』が従来の施策と大きく異なるのは、共生社会の実現に結び付けられている点にある。まず、『UD2020』が、どのようなものを共生社会と呼んでいるのかを確認しておこう。

我々は、障害の有無にかかわらず、女性も男性も、高齢者も若者も、すべての人がお互いの人権や尊厳を大切にし支え合い、誰もが生き生きとした人生を享受することのできる共生社会を実現することを目指している。(5)

『UD2020』は共生社会をすべての人がお互いを尊重しともに支え合うことができる社会であるとし、障害の有無に関係なく多様な人々の共生を日指している。共生社会がパラリンピックとの関連で語られる場合、一般的には障害者との共生を思い浮かべるが、実は『UD2020』で示されているのはより普遍的な「すべての人」の共生なのである。では、こうした共生社会のイメージと結び付くとき、バリアフリーはどのように概念化されているのだろうか。

共生社会の実現に向けては、社会的障壁を取り除いていかなければならないが、その中でも、障害のある人が自分自身で自由に移動し、スポーツを楽しむ等の活動を妨げている物理的障壁や情報にかかわる障壁を取り除いていくことがまず求められる。街なかの段差、狭い通路、わかりにくい案内表示等を見直し、ユニバーサルデザインの街づくりに取り組むことで、障害の有無にかかわらず、すべての人が共に生きる社会に向けて我が国が大きく前進することとなる(6)。

ポイントは物理的障壁の除去が、「障害の有無にかかわらず」とされているように、「すべての人」のための取り組みとされている点である。この点を端的に示しているのが、『ＵＤ２０２０』内でバリアフリーにかわって積極的に用いられているユニバーサルデザイン／ユニバーサルデザインのまちづくりという概念である(7)。バリアフリーとユニバーサルデザインの概念的な違いは以下のように説明されている。

「ユニバーサルデザイン」は、障害の有無、年齢、性別、人種等にかかわらず多様な人々が利用しやすいようあらかじめ都市や生活環境をデザインする考え方。「バリアフリー」は、建築分野において段差等の物理的障壁の除去を指すことが多いが、より広く障害のある人の社会参加を困難にしている社会的、制度的、心理的な障壁の除去という意味でも用いられる(8)。

このように、バリアフリーとユニバーサルデザインは「誰の」障壁を問題とするのかという点で大きく異なっている。バリアフリーからユニバーサルデザインのまちづくりへの変容は街なかの物理的障壁を取り除く手法の変化だけではなく、「誰の」障壁を問題とするのかが変容していることとして理解しなければならない。すなわち、バリアフリーは、すべての人が共生する社会の実現を目指す流れのなかに位置づけ直されることで、「すべての人」のための取り組みと理解されたのである。

バリアフリーの序列化

もう一つのポイントはバリアフリーが「障害者」のための取り組みから「すべての人」のための取り組みに変わったからといって、あらゆる障壁が除去の対象になるわけではないという点である。髙橋儀平は『UD2020』の方針や実際の施策に対して、競技会場、そこまでの交通アクセス、宿泊施設や観光バスなどの整備を進めたと一定の評価をしながら、身近な生活空間でのバリアフリーが進まなかったことを指摘している(9)。この指摘を踏まえるならば、オリパラがもたらしたのは、誰のどのような障壁を優先的に解消していくのかというバリアフリーの序列化だといえる。鉄道駅と道路のバリアフリーが競技会場、主要エリアや観光地で優先的に実施されてきたことからも明らかだろう。誤解を恐れずにいえば、パラリンピックや共生社会という理念は主要エリアや観光地に国際的な水準のバリアフリーをもたらしたがその一方で、実は障害者の社会生活や日常生活での物理的・社会的障壁の除去を重視しない皮肉な状況をもたらしているのである。

そして、このようなバリアフリー概念の変容や序列化を東京大会までの一過性のものと見なしてしまうと、オリパラが日本のバリアフリー施策に与える影響をつかみ損ねてしまう。東京都福祉のまちづくり推進協議会が二〇二三年一月に公表した『十年後の東京を見据えた新しい日常におけるバリアフリーの推進について』は、①当事者参画、②心のバリアフリーの理解促進、③誰でも利用できる情報のバリアフリーなどソフトな支援、④生活に身近な建築物などのバリアフリー化の推進、⑤防災対策や観光施策などでのユニバーサルデザインの推進という五つの方針を示している。観光におけるユニバーサルデザインの推進としては、観光施設のバリアフリー、ピクトグラムや多言語表記の観光案内の設置をさらに進め、アクセシブルツーリズムへとつなげていくという。

このような観光のバリアフリーへの言及は『UD2020』に比べればとりたてて指摘する内容ではないように思える。ただし、東京都福祉のまちづくり推進協議会の意見具申が重要なのは、福祉のまちづくりのなかで観光のバリアフリーの取り組みが言及されているためである。つまり、『UD2020』のような国際的なメガイベントに向けた特別な施策ではなく、東京都のバリアフリーや福祉のまちづくりの基本的な方向性を定める協議会が観光について言及したことが重要なのである。

おわりに

本章では、東京大会に向けたバリアフリーがどのように進められていたのかを、従来の取り組みと対比させながら明らかにしてきた。そこからみえてきたのは、バリアフリー法の改定、IPCガイドラインをもとにした独自の整備方針の策定や改定を通して、東京大会に向けて国際的な基準が導入されたことである。しかも、それが競技会場や関係施設だけでなく、主要な交通機関やエリアにも適用されたことは特筆すべき点である。言い換えるなら、東京大会はこれまでのバリアフリーの取り組みを見直し、よりよいあり方が模索・議論された重要な機会だった。

その一方で、東京大会に向けた取り組みからみえてくるのは、バリアフリーの目的や対象が大きく変わったという事実である。例えば、東京大会に向けた整備は国内外から多くの観光客が訪れる主要エリアや観光地に集中したが、それは従来のバリアフリー施策にはみられなかった特徴である。そして、より重要なのは、東京大会に向けた取り組みが共生社会という理念と結び付き、ユニバーサルデザインという考えのもとに進められたことである。なぜなら、バリアフリーからユニバーサルデザインへの変容は、「高齢者や障害者のため」の取り組みから、「すべての人のため」の取り組みへと、その目的や対象を大きく転換・拡張させたことを意味するためである。

ここであらためて問題となるのは、バリアフリーが誰のどのような障壁をなくす取り組みなのかという点である。本章でも指摘したように、日本で、バリアフリーは一貫して高齢者や障害者の社会生活を妨げる障壁をなくす取り組みと理解され、福祉のまちづくり政策のなかで進められてきた。そこでは高齢者や障害者にとって暮らしにくい、利用しにくい街や社会の実態があり、その不利益が集中していることが問題とされてきたはずだ。いまだに障害者の社会活動や日常生活上の障壁が多く残ったままの状況を踏まえれば、東京大会を契機にバリアフリーが高齢者や障害者に限定されない「ユニバーサル＝普遍的なもの」に変わり、観光や主要エリアの取り組みが前景化している点には注意が必要だろう。こうしたオリパラを契機としたバリアフリーの新たな動向は障害者の社会活動や日常生活を妨げる障壁を取り除く意義を相対化してしまう可能性があり、今後各自治体がどのような方針で進めていくのかを注視していく必要がある。[10]

以上を踏まえ、私たちにはどのような観点からオリパラとバリアフリーについて議論していくことが求められるだろうか。この点で示唆的なのが、星加の議論である。冒頭で紹介したように、星加はバリアフリーを「価値のある社会的活動への参加に当たって妨げとなる外的・社会的要因を除去しようとする営みと思想、またはそうした要因が除去された状態」と定義しながら、次の点に注意を向ける必要があるという。

「価値のある社会活動」、つまり社会的に価値づけられた活動が制約されて初めて、我々はそれをバリアというネガティブな経験として理解するのだという点です。「価値のある社会活動」が妨げられているからこそ、それを除去する欲求を持つのであって、では、どんな社会的活動がその社会において価値のあるものとされているのか、という問いが立つわけです。[11]

星加の指摘を引き受けるならば、オリパラが開催都市のバリアフリーをどれだけ進めたかという問いはあまり重要ではない。重要なのは、私たちの社会が誰のどのような活動を価値あるものと見なしているかをあらためて問うこと、そしてオリパラが社会的な価値づけのメカニズムにどのように関わっているのかを精緻に議論していくことだ。オリパラに向けたバリアフリーの取り組みを見定めながら、私たちの社会が福祉やまちづくりのあり方をそもそもどう考えていくか、共生社会によって何を実現したいのか、一度立ち止まって考えてみる必要がある。

注

(1) 星加良司「バリアフリー」、大澤真幸／吉見俊哉／鷲田清一編集委員、見田宗介編集顧問『現代社会学事典』所収、弘文堂、二〇一二年、一〇四七ページ

(2) 星加良司『障害とは何か――ディスアビリティの社会理論に向けて』生活書院、二〇〇七年

(3) 日本のバリアフリーの取り組みには、一九七〇年代に始まった障害当事者による福祉のまちづくり運動が果たした役割が大きかったといわれている。バリアフリーの運動と制度的な展開については髙橋儀平の研究が詳しい。髙橋儀平『福祉のまちづくり その思想と展開――障害当事者との共生に向けて』彰国社、二〇一九年

(4) バリアフリートイレは整備された駅が六百七十三駅と少ないにもかかわらず、整備率が九四・一％とほかの項目より高くなっている。その理由は路面電車の駅舎など、もともとトイレが設置されていない駅がバリアフリー整備の対象とされていないためである。

(5)『ユニバーサルデザイン2020行動計画』ユニバーサルデザイン2020関係閣僚会議、二〇一七年、一ページ

(6) 同計画二〇ページ

(7) ユニバーサルデザインの概念やその意義については、川内美彦の研究が詳しい。川内美彦『ユニバーサル・デザイン――バリアフリーへの問いかけ』学芸出版社、二〇〇一年

(8) 前掲『ユニバーサルデザイン2020行動計画』二ページ

(9) 前掲『福祉のまちづくり その思想と展開』一七四ページ

(10) バリアフリー法の改正と東京大会を契機に、東京都では各自治体がバリアフリーマスタープランを作成するなど、いくつかの動きがみられる。例えば台東区は二〇二二年に改定した『台東区バリアフリー基本構想』で、ユニバーサ

ルデザインのまちづくり、心のバリアフリー、観光のバリアフリー化の方針を示している。この構想ではユニバーサルデザインのまちづくりを目指す一環として、多くの観光客の利用が見込まれる商業施設や文化施設の整備を進めることが観光の振興の観点から示されている。その一方で、新宿区や大田区のように、ユニバーサルデザインのまちづくりを目指して、バリアフリーをグローバルな都市政策・戦略に位置づけながら、従来の高齢者や障害者のためのバリアフリー施策を積極的に打ち出す白治体もみられる。また、世田谷区や杉並区は一九九〇年代から独自の福祉のまちづくり政策や運動を進めてきた地域で、これらはオリパラに関連した「共生ホストタウン」事業などをうまく活用し、そこに暮らす障害者の姿を見据えながらバリアフリーやユニバーサルデザインのまちづくりを進めようとしている。本書では第11章「開催地域が生み出した遺産――世田谷区のホストタウン事業と「うままち」の取り組み」（石坂友司）が世田谷区の「共生ホストタウン」の取り組みを考察している。

（11）星加良司「バリアフリーという挑戦――「社会を変えることは可能か」」、栗田季佳／星加良司／岡原正幸『対立を乗り越える心の実践――障害者差別にどのように向き合うか？』所収、東京大学出版会、二〇一七年、二〇―二二ページ

第3部　ソフトレガシー

2020/LEGACY

第10章　東京大会の「ボランティアレガシー」は残るのか

金子史弥

はじめに

私は輝く

楽しむ、変わる、世界を変える。一生に一度の東京二〇二〇大会。だからこそ、この機会を心から楽しむ。人と出会う楽しみ。人を笑顔にする楽しみ。やり遂げる楽しみ。人にはそれぞれの楽しみ方がある。その楽しみの先には、一歩踏み出した自分がいる。一歩踏み出した自分は、自信に溢れ、輝きを放つ。自ら楽しむ人は輝いている。一人ひとりの輝きが集まり、やがて大きな輝きとなる。そしてそれは、世界と未来を変える力となる。新しい世界と未来を私たちが作り出す。そのために、いま、私は輝く。(1)

現代のオリパラにとって、ボランティアは大会の運営を支える重要な存在で、「大会の顔」と例えられることもある。一方、ボランティアにとってオリパラは大会の運営に関わるとともに、国内外のアスリートや観光客と触れ合うことができる貴重な機会である。このような「一生に一度の機会」を求めてなのか、近年、オリパラのボランティアには、募集人数をはるかに上回る数の応募が殺到する傾向にある。[2]東京大会に関しても、応募要件や募集の方法をめぐり「やりがい搾取」「ブラック」「動員」などの批判[3]があったにもかかわらず、大会ボランティア八万人の募集には二十万四千六百八十人、東京都の都市ボランティアの一般公募枠二万人の募集には三万六千六百四十九人の応募があった。

また、近年のオリパラでは、ボランティア文化の発展が大会の重要な「レガシー」の一つとして位置づけられる傾向にある。東京大会についても、組織委が公表した『東京２０２０アクション&レガシープラン２０１６』や東京都・組織委が策定した『東京２０２０大会に向けたボランティア戦略』が、大会に「参画」するための仕組みとしてのボランティア活動の推進、および大会の「レガシー」としての「誰もがスポーツを「する・観る・支える」社会の実現」や「ボランティア文化の定着」を目指すことをうたっていた。[4]

冒頭で紹介したのは、組織委がボランティアを含む大会スタッフに向けて作成した「大会スタッフコンセプト」である。倍率が高い選考を通過して晴れてボランティアに採用された人々は、こうした希望や期待を胸に大会前の研修に臨んでいたにちがいない。だが、東京大会では、コロナ禍の影響で海外からの観光客や海外在住の外国籍のボランティアの受け入れは断念された。また、多くの会場で無観客での開催になり、いわゆる「バブル方式」のもと、厳戒態勢のなかで大会が進められることになった。その結果、後述するように、多くのボランティアにとって東京大会での活動は、当初思い描いていたものとは大きく異なるものになったと考えられる。こうして、いわば「不完全燃焼」に終わった東京大会のボランティアをめぐる取り組みは、今後「レガシー」として何を残していくのだろうか。

本章では、まず、組織委と関連する自治体が刊行した報告書[5]（記録誌）をもとに、東京大会に関連するボランティアの活動の全体像を整理する。そのうえで、東京大会のボランティアを対象としたアンケート調査の二次分析や、筆者が関係者に聞き取り調査をした結果を踏まえて、東京大会の「ボランティアレガシー」の可能性と課題について考えてみたい(6)。

1　東京大会に向けたボランティアのリクルート・育成

「フィールドキャスト」と「シティキャスト」

オリパラのボランティアには、①組織委が主体になって募集し、各競技会場や選手村で直接大会運営に携わる「大会ボランティア」と、②競技会場となる施設を有する自治体（「関係自治体」）が主体になって募集し、空港や主要駅、観光地で観客や観光客の対応にあたる「都市ボランティア」の二つが存在する。東京大会では「フィールドキャスト(7)（Field Cast）」「シティキャスト（City Cast）」という愛称で呼ばれた。

大会ボランティアの応募要件は、一日八時間程度、十日間以上の活動を基本とし、ユニフォーム（大会スポンサーのアシックスが製作）、活動中の飲食、保険の提供と交通費の支給（一日あたり千円）はあったが、それ以外の経費は自己負担という内容だった。活動分野は九つに分類され、募集は二〇一八年九月二十六日から十二月二十一日までおこなわれた（各分野の活動内容、募集人数、応募人数については表1を参照）。また、障害がある人々や大会スポンサー企業の従業員も、大会ボランティアとして一定数が採用された。

一方、都市ボランティアは自治体によって多少の差異はあるものの、一日あたりの活動時間は五時間程度、活動日数も三日から五日程度だった。都市ボランティアに関してもユニフォーム（大会ボランティアと同様にアシックスが製作）と保険を提供し交通費が支給された。関係自治体ごとの都市ボランティアの募集状況は表2に示したとおりだが、一部の自治体では募集期間の延長や再募集がおこなわれたものの、いずれの自治体でも募集人数を上回る応募があったことが確認できる。

表1　大会ボランティアの活動分野と募集・活動状況

活動分野名	具体的な活動内容	募集人数	応募人数	活動人数
案内	競技会場内などでの観客・大会関係者の案内、チケットチェック、セキュリティーチェックのサポートなど	16,000～25,000	60,381	16,710
競技	競技会場や練習会場内での競技運営などのサポート	15,000～17,000	119,430	17,778
移動サポート（運転など）	大会関係者による会場間の移動のサポート（自動車の運転）	10,000～14,000	6,566	5,393
アテンド	海外要人に対する接遇、選手に対する外国語でのコミュニケーションサポートなど	8,000～12,000	52,721	10,463
運営サポート	スタッフ（ボランティアなど）のユニフォーム配付や大会関係者に対するIDの発行などの運営サポート	8,000～10,000	62,371	7,493
ヘルスケア	選手や観客にけが人・体調不良者が出た場合の対応、ドーピング検査のサポート	4,000～6,000	18,033	7,221
テクノロジー	大会関係者に対する通信機器の貸出・回収などのサポート、競技結果の入力や表示	2,000～4,000	17,931	1,831
メディア	選手への取材や記者会見における国内外のメディア関係者に対するサポートなど	2,000～4,000	34,153	3,022
式典	選手・大会関係者の案内、メダル・記念品の運搬など、表彰式の運営サポート	1,000～2,000	61,767	1,059
合計		80,000	204,680	70,970

注：応募人数に関して、応募者は希望する活動分野を最大3つまで回答することができた。
（出典：『東京2020大会の振り返り』〔東京オリンピック・パラリンピック競技大会組織委員会、2022年〕247ページ、および『公式報告書』285ページをもとに筆者作成）

表2　都市ボランティアの募集・活動状況

募集・運営主体	募集期間	募集人数	応募人数	活動人数（延べ活動回数）
東京都	2018年9月26日から18年12月21日まで	30,000	36,649	11,913 (20,676)
札幌市	2018年11月20日から19年2月28日まで	400〜600	1,207	255
宮城県	2019年4月8日から19年5月31日まで	1,300	2,020	767 (1,520)
福島県	2018年12月14日から19年2月28日まで	1,500	2,281	27
茨城県	2018年9月18日から18年12月10日まで	700	874	288
埼玉県	2018年8月16日から18年9月30日まで	5,400	9,650	1,380 (2,448)
千葉県、千葉市、一宮町、成田市、浦安市	2018年9月12日から18年12月10日まで	3,000	6,546	327
横浜市	2018年9月12日から18年12月12日まで	2,500	5,834	中止
藤沢市	2018年9月26日から18年12月7日まで（リーダー）	100	565	239
	2019年4月10日から19年7月5日まで（メンバー）	800	2,506	
山梨県	2019年4月3日から19年5月15日まで	100	163	中止
静岡県	2018年3月26日から19年5月15日まで	700	1,326	502 (1,467)
	2020年10月29日から21年1月22日まで（追加募集）	250		
		合計		15,698

（出典：関係自治体の募集要項、および開催報告書〔記録誌〕をもとに筆者作成）

大会ボランティア、都市ボランティアともに集合形式での研修、E-learning、テキストを使った学習などを通じて、オリパラ／東京大会に関する基本情報や「多様性」についての考え方を学んだ。研修の実施にあたっては、日本財団のボランティアサポートセンター（以下、ボラサポ。現在はボランティアセンターに改称）の協力があった。また、「障害平等研修（DET）」が研修のプログラムに組み込まれていた点も、東京大会の特徴である。

表3　関係自治体が独自に募集したボランティアの例

関係自治体名	独自ボランティアの名称
東京都新宿区	新宿2020サポーター
東京都墨田区	すみだおもてなしサポーターズ
東京都江東区	江東サポーターズ
東京都品川区	しな助
東京都大田区	おおたウエルカムボランティア
東京都世田谷区	世田谷区ボランティア
東京都渋谷区	渋谷区独自ボランティア制度
東京都江戸川区	江戸川区独自ボランティア
東京都武蔵野市	スポーツボランティア「HANDS」
東京都調布市	調布市おもてなしボランティア
東京都町田市	まちだサポーターズ
東京都羽村市	2020はむらサポーター“スペシャルサポートメンバー”
埼玉県さいたま市	SAITAMA MEISTER 2020
埼玉県朝霞市	朝霞市おもてなしボランティア
埼玉県和光市	和光市語学ボランティア

（出典：関係自治体の開催報告書〔記録誌〕をもとに筆者作成）

「ボランティアレガシー」の拡散？

東京大会では、大会ボランティア、都市ボランティアに加えて、開催都市（東京都）、関係自治体が独自に募集したボランティアも存在した。例えば、自転車競技（ロード）を開催した自治体（東京都、神奈川県、山梨県、静岡県内の十五自治体のうち十四の自治体）は、競技運営を支援する「コースサポーター」を採用した。また、東京都や千葉県は「外国人おもてなし語学ボランティア」を育成した。加えて、表3にあるように、多くの関係自治体が独自のボランティアを募集していた。さらに、ホストタウン、事前キャンプ地になった自治体もボランティアを募集した。例えば、イギリスのホストタウン

／事前キャンプ地になった横浜市、川崎市では「横浜ホストタウンサポーター」「英国代表チーム川崎キャンプサポーター」という名称のボランティアがイギリス選手団の受け入れにあたった。[8]

こうしてみると、コロナ禍前の段階では、ともすれば組織委や関係者の想定を超え、半ば無秩序とも思える状態で東京大会の「ボランティアレガシー」が拡散されようとしていたことが指摘できる。

2 東京大会のボランティアをめぐる「物語」

東京大会でのボランティアの活動とその評価

コロナ禍の影響を受け、東京大会は、オリンピックは宮城県（サッカーを開催）、静岡県（自転車競技を開催）と学校連携観戦を実施した茨城県（サッカーを開催）を除き、全会場で無観客開催になった。パラリンピックは学校連携観戦を除いて全会場で無観客での開催になった。そのうえ、大会自体も「バブル方式」での開催となり、ボランティアとアスリートとの交流は大きく制限された。この結果、大会ボランティアに関しては、表1にあるように、諸事情によって活動を辞退した人々を除く七万九百七十人が大会期間中の活動に従事することになったが、「案内」「ヘルスケア」などの分野では活動内容の変更、人員の再配置がおこなわれた。一方で、観客・観光客に対応するために集められた都市ボランティアは、多くの自治体で活動中止になった（表2を参照）。活動できたとしても、その内容は会場周辺の清掃活動や選手の歓迎・応援、SNSなどを通じた自治体の魅力の発信などに限定された。ホストタウンや事前キャンプ地でも、相手国の受け入れ中止や交流事業の見直しが進められ、ボランティアの活躍の場は大きく失われた。

こうしたなか、大会前の新聞報道では、大会開催への賛否が分かれるなかで活動することに対する「後ろめたさ」や「不安」[9]、無観客での開催になったことや活動中止になったことに対する「無念さ」を口にするボランティアの様子が取り上げられていた。[10]

コロナ禍のなか異例の形でおこなわれた東京大会だったが、大会期間中、競技自体はおおむね滞りなく進められた。その裏には、多くのボランティアの活躍があったことは想像にかたくない。こうしたボランティアの貢献に対し、東京大会の閉会式では大会ボランティア、都市ボランティアの代表者が表彰されるとともに、IOCのトーマス・バッハ会長、IPCのアンドリュー・パーソンズ会長から謝辞が贈られた。さらに、大会ボランティアには組織委の橋本聖子会長から、都市ボランティアには各自治体の首長から感謝状が贈られ、各地でサンクスイベントも開催された。ボランティアに対する賛辞は、各メディアや各自治体の開催報告書（記録誌）のなかでも確認できる。

ボランティアは「輝く」ことができたのか

では、当のボランティアたちはどのような「想い」を抱えて活動したのだろうか。大会後にIOCが作成した「Tokyo Stories――Volunteers」[11]や、ボラサポが作成した「東京2020ボランティア ドキュメンタリームービー」[12]の映像では、ときに笑顔を見せながら精力的に活動するボランティアの様子が映し出されている。また、関係自治体による開催報告書（記録誌）は、活動機会の減少、活動の中止を残念がる声を紹介しながらも、楽しげに活動したり、今後のボランティア活動への意気込みを語る都市ボランティアの姿を記録している。このように、記録映像や開催報告書（記録誌）には、「私は輝く」というコンセプトを体現しているボランティアの姿が数多く描かれている。[13]

一方で、ボラサポが二〇二一年八月から九月にかけておこなった調査からは、東京大会での活動に対するボランティアの受け止め方は一様ではなかったことが読み取れる。[14]すなわち、東京大会での活動に対して「非常に満足した」「やや満足した」と回答した人の割合は、オリンピックの大会ボランティアで七四・三％、パラの大会ボランティアで七九・三％だったのに対し、都市ボランティア（活動あり）では五三・四％、都市ボランティア

（活動なし）では四六・五％にとどまった。また、大会ボランティアの活動分野別でみると、活動に対して「あまり満足しなかった」「全く満足しなかった」と答えた人の割合は、活動内容の変更・人員の再配置がおこなわれた「案内」（二四・二％）、「ヘルスケア」（二〇・三％）で高く、大会の運営に直接関われただろう「式典」（四・九％）、「競技」（六・五％）、「メディア」（八・九％）では低かった。これらの結果からは活動できた／できなかった、あるいは思い描いていた活動に携わることができた／できなかったボランティアの間に「格差」が生じていたことがうかがえる。

3　東京大会の「ボランティアレガシー」は残るのか

ここまでみてきたように、東京大会をめぐる「ボランティア・ジャーニー」は紆余曲折の末、終着した。東京大会は、すべてのボランティアにとって「輝く」ことができる場所ではなかったかもしれない。そうしたなかで、東京大会は今後、どのような「ボランティアレガシー」を残しうるのだろうか。

東京大会の「リベンジ」？

まず、東京大会のボランティアを対象に実施されたアンケート調査の結果を読み解いてみたい。興味深いことに、大会直後には、回答者の多くが活動を継続する意思を示していた。例えば、組織委が大会ボランティアにおこなった調査（二〇二一年十月公表）では、回答者の八三％が今後もスポーツボランティアの活動を続けたいとしていた。[15]また、東京都が二〇二一年九月に都市ボランティアに対して実施した調査でも、回答者の九六・四％が今後もボランティア活動に「積極的に参加したい」「機会があれば参加したい」と答えていた。[16]さらに、先に紹介したボラサポの調査でも、大会ボランティアの九四・八％、活動に携わった都市ボランティアの九四・二％、活動中止になった都市ボランティアでも九〇・九％が今後もボランティア活動を「ぜひ行いたい」もしくは「できれば行いたい」と回答している。[17] こうした結果は、東京大会で活躍の場を失った／思い描いた活動ができなかったことに対する「反動」の表れとも受け取れる。

「ボランティアレガシー」の構築に向けた取り組み

また、東京大会でのボランティア活動を一過性のものとしないための取り組みもみられる。[18]

一つは、ボランティア希望者を地域の活動へとつなぐ「ネットワークの構築」である。東京都は東京都つながり創生財団とともに、二〇二一年十一月に「東京ボランティアレガシーネットワーク」というポータルサイトを開設し、ボランティア活動の機会に関する情報提供、体験談の紹介、ボランティア同士の交流の場の創造に取り組んでいる。また、ボラサポも二一年十月に「ぼ活！」というプラットフォームを開設している。

もう一つの動きは、「居場所」となる「ボランティア団体の結成」である。例えば、都市ボランティアの有志が二〇二一年十月に結成した「TEAM 2020」、東京大会に関わって静岡県で活動したボランティアをおもな対象としてスポーツコミッション Shizuoka が二二年一月に設立した「ふじのくにスポーツボランティア」などが挙げられる。加えて、「オンボラ・コミ net.（オンライン・ボランティア・コミュニケーション・ネットワーク）」（二〇二〇年八月開設）など、オンライン・コミュニティーをベースとした活動も存在する。

以下では、いくつかの自治体／団体による特徴的な取り組みを紹介し、東京大会の「ボランティアレガシー」の可能性と課題について検討したい。

藤沢市による取り組み

オリンピックのセーリング競技の会場になった藤沢市[19]では、二〇一四年四月に『東京２０２０オリンピック・パラリンピック競技大会藤沢市支援方針』を策定し（二〇一六年七月改定）、「市民参加型のオリンピック・パラリンピック競技大会を推進する」ことと、「未来に向けたレガシーを創出する」ことを目標に掲げた。また、具体的な取り組みの柱の一つに、「ボランティア等の市民参加に関する取組」を挙げた。市の担当者の話によると、この背景には、東京大会を市民に楽しんでもらうだけでなく、市民参加やボランティア活動の盛り上げにつなげたいという行政としての考えがあったそうだ。また、競技会場である江の島ヨットハーバーは神奈川県の施設なので、藤沢市としては「ハード」ではなく「ソフト」の面に注力したという。

藤沢市では、二〇一七年六月に『藤沢市大会関連ボランティア等推進計画』を策定し、都市ボランティアをはじめとしたボランティアの募集・育成に取り組んだ。また、一八年四月には「2020応援団藤沢ビッグウェーブ」という事業を開始した。これは「LINE」を用いて大会関連情報を発信するものであり、公式アカウントの友だち登録は一万八千人を超え、このなかでボランティアに関する告知もおこなわれた。この試みが、都市ボランティアの募集の際に効果的だったと市の担当者は評価していた。

藤沢市の都市ボランティア（「シティキャストフジサワ」）の募集に関しては、表2にあるように、定員を大幅に超える応募があった。登録者の年齢層をみると、五十代（二六％）、六十代（二〇％）の割合が高い。また、市の担当者によると「江の島でやりたいからフィールドキャストではなくシティキャストに応募した」という人も少なからずいたそうだ。こうした状況の背景には、「市民性」があるのではないかと市の担当者は指摘する。すなわち、一つには、江の島を有する観光地として「おもてなし」の土壌があることが挙げられるという。加えて、「藤沢都民」[20]と呼ばれる人々が定年後の生活を見据えるなかで「世の中の役に立ちたい」「地元に貢献したい」と考え、応募してきたと市の担当者は捉えていた。残念ながら、コロナ禍によって街頭での案内は中止になったが、都市ボランティアは江の島ヨットハーバーでの選手の出迎えやSNSによる動画配信に携わった。さらに、大会後の二〇二一年十二月に開催されたサンクスイベントでは、都市ボランティア有志から今後のボランティア活動に関する企画提案がおこなわれた。

こうした盛り上がりを踏まえて、藤沢市は東京大会の「レガシー」として、二〇二二年十月に「チーム

FUJISAWA2020」というポータルサイトを開設した。このサイトでは、市内でのボランティア活動の機会に関する情報を発信し、ボランティア希望者が気軽に活動に参加できる環境づくりを目指している。稼働当初に都市ボランティア経験者四百人ほどが登録し、二三年十二月末時点で個人登録者は四千人を超え、団体登録は百十三団体になっている。現在は、市内にある湘南工科大学地域連携センターに事務局が置かれている。

このように、藤沢市は東京大会の「ボランティアレガシー」を残すべく積極的な取り組みをおこなっているが、いくつか課題もあると市の担当者はいう。一つは、「チーム FUJISAWA2020」の事務局移転とも関わることだが、ボランティアが、ボランティアと市職員との間の「顔の見える関係」に基づいて、いわば「属人的」な形で運営されてきたことである。これは藤沢市という自治体の規模ならではの「強み」であるとともに、この関係性の強さが藤沢市の都市ボランティアのモチベーションの高さにつながったと市の担当者は捉えていた。一方で、担当者の異動の可能性を含め、活動の継続に向けてこれまでとは異なる体制づくりが必要だと述べていた。加えて、推進計画では「「大会を支えるボランティア」から地域福祉や観光等、多様なまちづくりのボランティア活動に転換するきっかけ、仕組みを作る」と掲げていたが、この点については一定程度達成できているものの、受け入れ側の自治会、町内会、団体との調整などを含め、やるべきことはまだまだ多いという。さらに、個人登録者が増えてきて、ボランティア研修の必要性も感じているということだった。

千葉市による「チーム千葉ボランティアネットワーク」の設立

オリンピック三競技、パラリンピック四競技の会場になった幕張メッセを擁する千葉市は、東京大会に向けて都市ボランティアの体制の構築を進めた。同時に、大会に向けた機運の高まりを一過性のものにせず、大会後の継続的なボランティア活動へとつなげるため、二〇一七年七月に「チーム千葉ボランティアネットワーク」(21)が設立された。

「チーム千葉ボランティアネットワーク」はボランティア希望者とボランティアを必要とする団体をつなぐプラ

ットフォームであり、二〇二三年三月末の時点で二千百八十四人がメンバーとして登録し、百十二団体の情報を掲載している。また、チーム千葉ボランティアネットワーク自らが、ボランティア活動を支援する取り組み（活動の場の提供や研修会など）を企画し、実施している。例えば、二三年度には、二〇二三千葉シティトライアスロン大会のボランティアの募集や、Bリーグ（B2）のアルティーリ千葉の「ホームゲーム観戦＆タウンクリーンボランティア」企画を実施している。主管部局は東京大会までは総合政策局だったが、現在は市民局になっている。運営は、民間事業者に業務委託しているという。

「チーム千葉ボランティアネットワーク」の課題として、市の担当者はボランティア募集のあり方を挙げていた。オリパラをきっかけとして設立されたネットワークなので、当初はスポーツボランティアに特化した募集をしていたが、主管部局が市民局に移ったこともあり、福祉や地域のボランティアなど募集の範囲を広げていきたいと市は考えている。しかし、スポーツボランティアのほうが福祉や地域のボランティアよりも参加のハードルが低いと考えられ、登録者がスポーツ以外のボランティアにどこまで関心をもつのか不透明だと市の担当者は感じていた。今後は登録者の動向を見極めながら事業を展開する必要があると市の担当者は述べていた。

オンライン・コミュニティー「ハロー・ボランティア」

「ハロー・ボランティア」[22]（以下、「ハロボラ」）は非営利のオンライン・コミュニティーとして二〇二二年一月に設立された。その前身は一八年十月に開設された「Facebook」グループ「東京二〇二〇オリンピック・パラリンピック大会ボランティア・都市ボランティア」である。このグループは東京大会のボランティア間の情報交換を目的に設立されたが、一九年の夏ごろから「事務局」と呼ばれる管理人のグループが中心になって、語学講座などの自主研修会を企画するようになった。こうした活動は大会が一年延期になるなかでも続けられたが、グループ内には東京大会に対して批判的なコメントを投稿する人も出てきた。加えて、大会期間中や大会後にはボランティアを楽しめた人とそうでない人の間にある種の「分断」もみられたが、グループとしてはポジティブな空気感をつくり、活動を楽しんだことをみせるよう努めたと共同代表は述べていた。このグループでの活動をベースに、東京大会にルーツをもちながらも、これに縛られないでボランティア文化の醸成を目指す団体として、「ハロボラ」が誕生した。

共同代表によると、「ハロボラ」の「Facebook」上のメンバーは二〇二三年末で三百五十人程度で、そのうち大会ボランティア経験者は八〇％強、都市ボランティア経験者は五％だという。年齢層は四十代よりも上が多いが、これは「Facebook」というプラットフォームの特性ではないかと共同代表は述べていた。若年層を取り込むべく、ウェブサイトや「Instagram」も始めた。「ハロボラ」のメンバーは東京大会を心から楽しんだ人が多く、東京大会でのボランティアを報道でしか／でさえ知らない人が多いなかで、「ボランティアを楽しんでいる姿を発信する」ことを目的に活動している。具体的には、①ボランティアに関するコンサルティング（「X Games Chiba」など）、②グループでのボランティア活動への参加（東京マラソン、横浜マラソンなど）、③スキルアップのためのトレーニングセッションの開催、④ネットワーキングイベントの開催をしている。特に注目すべきなのは一点目の活動だろう。大会の運営に関わるボランティアを公募しない競技団体が数多くみられるなかで、そうした団体にアプローチし、ボランティアを活用するためのノウハウを伝えている。共同代表によると、こうした活動は、ボランティアをする場（＝自らが活動する場）を増やすことにもつながるため、苦労も多いが取り組んでいるという。[23]また、活動内容は、スポーツに関わるものが多い。スポーツボランティアはほかのボランティアと比べて参入障壁が低く、また、ボランティアの「楽しさ」が伝わりやすいため、あえてそうした活動を選んでいる部分があると共同代表は述べていた。

「ハロボラ」が抱える課題として、共同代表は次の二点を挙げていた。一つは、「マンパワー」の問題である。グループへの登録者は一定数いるものの、積極的に活動する人は二〇％程度にとどまるという。また、みんなが「本業」がありながらボランティア活動に参加しているので、コミュニティーやイベントを運営する人が足りておらず、グループとしてのボランティア活動への参加やイベントの機会を増やすことが難しい状況にあるという。

もう一つは、スポーツボランティアの「特性」に関する課題である。すなわち、スポーツボランティアには「自分が楽しみたい」など、「利己」的な動機に基づいて活動する人が多いが、そうした人々の目をどのように社会問題の解決につながる活動へと向けさせるかが課題であると共同代表は述べていた。

おわりに

本章では、東京大会に関連したボランティアをめぐる動きについてみてきた。東京大会に向けて組織委が大会ボランティアを、開催都市（東京都）、関係自治体が都市ボランティアを募集した。このほかにもさまざまなボランティアの募集がおこなわれ、半ば無秩序ともいえるようにして「ボランティアレガシー」の拡散が目指されていた。しかし、コロナ禍の影響で、東京大会のボランティア活動は当初予定されていたものとは大きく異なるものになった。

だが、皮肉にも東京大会での活動が「不完全燃焼」に終わったことが、前述したボランティアの継続意思の高さに寄与しているとも考えられる。(24) また、「チーム FUJISAWA2020」「チーム千葉ボランティアネットワーク」など、不完全燃焼に終わった「想い」の回収につながるネットワークの構築が進められている。さらに、「ハロボラ」などのオンライン・コミュニティーでも、ボランティア活動の機会に関する情報の交換やグループによる活動がおこなわれている。ここには、東京大会の「ボランティアレガシー」の萌芽がみられるといえる。

一方で、日本財団ボランティアセンター（以下、ボラセン）が二〇二二年六月に実施した調査では、ボランティア活動の実施状況について「東京二〇二〇大会以外、活動したことがない」と回答した人の割合は、東京大会での活動機会に恵まれなかった都市ボランティア経験者では一八・〇％にとどまったのに対し、活動機会に恵まれた大会ボランティア経験者では三〇・〇％になった。(25) また、東京都の調査では、東京大会でボランティアが活躍したことを「知っている」と答えた人（全回答者の五二・四％）のうち、その活躍が自らのボランティア活動に対する意識や行動に何らかの変化をもたらしたと回答した人は二一・三％にすぎなかった。[26]これらの点に鑑みると、東京大会の開催が「誰もがスポーツを「支える」社会の実現」や「ボランティア文化の定着」に本当につながるのか、引き続き注目していく必要があるだろう。

加えて、筆者による聞き取り調査からは、スポーツボランティアから地域や福祉などほかの分野のボランティアへ接続することの難しさが浮き彫りになった。二〇二二年のボラセンの調査でも、東京大会後もボランティア活動を継続していると答えた人の活動内容は「国内・地域のスポーツ大会・イベントの運営やサポート」が六〇・〇％、「スポーツ団体・クラブの運営やサポート」が二九・八％、「国際スポーツ大会（東京二〇二〇大会をのぞく）の運営やサポート」が二四・三％とスポーツに関するものが多く、「まちづくりや観光に関係した活動」は二二・六％、「高齢者・障害者を対象とした活動」は二〇・六％にとどまっている。[27]こうしてみると、東京大会は、大会ボランティア／都市ボランティアの募集時に生じたさまざまな批判を含め、「楽しさ」や「自己充足」などいわば「利己的」な動機に支えられているスポーツボランティアと地域や福祉など「利他的」なボランティアの違い、「ハレ」「非日常」のボランティアといわれるイベントボランティアと「ケ」「日常」的なボランティアの違いなど、私たちに「ボランティアとは何か」を問いかけた大会だったのかもしれない。一方で、「ボランティア」をどのように捉え、ボランティア活動に参加することにどのような意義を見いだすのかは、実際にボランティアに携わる人それぞれの問題である。多様な「ボランティア」のあり方を受け入れることができる社会、ボランティア活動に参加することが身近に感じられる社会を作っていくことこそが、東京大会の「ボランティアレガシー」を残していくうえで必要なのではないだろうか。

日本では今後、二〇二五年に第二十回世界陸上競技選手権大会（東京）、第二十五回夏季デフリンピック競技大会（東京）、二六年に第二十回アジア競技大会（愛知・名古屋）、二七年にワールドマスターズゲームズ（関西）など、大規模な国際大会の開催が控えている。これらの大会のボランティアに、東京大会を経験したボランティアがどのように関わり接続されていくのか。東京大会の「ボランティアレガシー」を評価するうえで、まずはこの点を注視していきたい。

注

(1)『東京2020オリンピック・パラリンピック競技大会公式報告書』日本語版、東京オリンピック・パラリンピック競技大会組織委員会、二〇二二年、二八二ページ

(2) 大会ボランティアに関して、二〇一二年ロンドン大会では七万人の募集に対して二十四万人超、一六年リオデジャネイロ大会では七万人の募集に対して二十四万二千七百五十七人、二四年パリ大会では四万五千人の募集に対して三十万人以上の応募があった。

(3) 東京大会のボランティア募集をめぐっては、「搾取」論と「動員」論の二つの立場から批判が展開された。前者は巨大ビジネスと化したオリパラで、ボランティアが過酷な条件のもと、無償で活動させられるという状況を「やりがい搾取」「ブラック」と批判するものだった(代表的なものとしては、本間龍『ブラックボランティア』〔角川新書〕、KADOKAWA、二〇一八年)。後者はボランティアは本来「自発性」に基づく活動であるにもかかわらず、東京大会では企業(ボランティア休暇制度の整備や利用の促進など)や教育機関(スポーツ庁・文部科学省の通知に基づくボランティア活動の単位化や学事暦の変更など)を通じて半ば「強制」的に動員されていると批判するものである(例えば、小笠原博毅/山本敦久『やっぱりいらない東京オリンピック』〔岩波ブックレット〕、岩波書店、二〇一九年」一八―二七ページを参照)。また、この点に関しては、仁平典宏「オリンピックボランティア批判の様態と起動条件――「やりがい搾取」をめぐって」(石坂友司/井上洋一編『未完のオリンピック――変わるスポーツと変わらない日本社会』所収、かもがわ出版、二〇二〇年)も参照のこと。

(4)『東京2020アクション&レガシープラン2016――東京2020大会に参画しよう。そして、未来につなげよう。』東京オリンピック・パラリンピック競技大会組織委員会、二〇一六年、二八、八八ページ、『東京2020大

会に向けたボランティア戦略』東京都／東京オリンピック・パラリンピック競技大会組織委員会、二〇一六年、一九ページ

（5）これらの資料については、「東京都オリンピック・パラリンピック競技大会ホームページ」の「報告書ポータル」（[https://www.2020games.metro.tokyo.lg.jp/taikaijyunbi/houkoku/]［二〇二四年十月六日アクセス］）に掲載されているものを参照した。ここに所収されていない場合は、各自治体のウェブサイトから、もしくは個別に問い合わせて入手した。

（6）本章は、拙稿（金子史弥「東京2020大会のボランティア「問題」とは何だったのか？」、石坂友司責任編集「現代スポーツ評論」第四十六号、創文企画、二〇二二年）をもとに、新たな資料を用いて大幅に加筆している。

（7）フィールドキャストには、組織委職員などの大会スタッフも含まれる。

（8）ほかにも、聖火リレーの運営に関わるボランティアの募集などもおこなわれている。

（9）例えば、「「五輪反対」強まる声　ボランティア、広がる不安「非難の対象になるのでは」」（「毎日新聞」二〇二一年六月三日付）。実際に、日本財団ボランティアサポートセンターが大会直前に実施した調査でも、回答者の六〇％が不安を感じているとしていた（二宮雅也監修『東京2020大会 大会ボランティア、都市ボランティアに関するアンケート調査結果（大会直前、大会直後）』日本財団ボランティアサポートセンター、二〇二一年）。

（10）例えば、「東京五輪 無観客に心境複雑「致し方ないが残念」」（「読売新聞」二〇二一年七月十日付〔神奈川版〕）。

（11）「Tokyo Stories――Volunteers」「YouTube」（https://youtu.be/onaDP0cPbKA）［二〇二四年十月六日アクセス］

（12）「東京2020ボランティア ドキュメンタリームービー――様々な想いを抱えたリアルな心情に迫る」「YouTube」（https://youtu.be/m-Nb4ld4_bk）［二〇二四年十月六日アクセス］

（13）東京大会でのボランティアの活動の様子については、日本財団ボランティアセンター監修『ボランティアたちの物語――東京2020オリンピック・パラリンピックの記録』（小峰書店、二〇二二年）も参照。

（14）前掲『東京2020大会 大会ボランティア、都市ボランティアに関するアンケート調査結果（大会直前、大会直後）』

（15）前掲『東京2020大会の振り返り』東京オリンピック・パラリンピック競技大会組織委員会、二〇二二年、二五

○ページ
(16)『東京2020オリンピック・パラリンピック競技大会 シティ キャスト 活動記録』東京都オリンピック・パラリンピック準備局、二〇二二年、三八ページ
(17)前掲『東京2020大会 大会ボランティア、都市ボランティアに関するアンケート調査結果(大会直前、大会直後)』
(18)ここで挙げた「ネットワークの構築」と「居場所」としての「ボランティア団体の結成」という視点は、一九九八年長野大会のボランティアについて論じた石坂友司「メガイベントにおけるボランティア――東京2020オリンピック・パラリンピックへの提言」(「都市問題」第百十巻第五号、後藤・安田記念東京都市研究所、二〇一九年)を参考にしている。
(19)本項は、『藤沢市 東京2020オリンピック・パラリンピック競技大会 開催記録集』(藤沢市生涯学習部東京オリンピック・パラリンピック開催準備室、二〇二二年)、および二〇二三年十一月一日に藤沢市市民自治部市民自治推進課のA氏、藤沢市東京オリンピック開催準備室室長を務めたB氏におこなった聞き取り調査をもとに執筆している。
(20)聞き取りのなかでは、平日は都内に通勤し、通勤時間含め仕事が忙しく、地域での活動にあまり参加していなかったため、地元のコミュニティーと疎遠になっている人々という意味合いで使われていた。
(21)本項は、二〇二三年十一月二十二日に千葉市市民局市民自治推進部市民自治推進課のC氏におこなった聞き取り調査をもとに執筆している。
(22)本項は、二〇二三年十月十九日に「ハロー・ボランティア」の共同代表(D氏)におこなった聞き取り調査をもとに執筆している。
(23)競技団体にはたらきかけて、実際にボランティア活動の機会を生み出した例を二つ紹介する。
一つは、オリンピックのホッケー競技の会場になった大井ホッケー競技場での取り組みである。この活動の中心メンバーの一人であるE氏(二〇二三年十一月十八日に聞き取り調査を実施)は大会期間中、大会ボランティア(プロトコール)として大井ホッケー競技場で活動した。それまでボランティア経験はほとんどなかったが、本来あるべき姿のオリンピックに関われなかったこと、前述の「Facebook」グループ内での交流や東京大会での活動が楽しく、

この経験を一度で終わらせたくないと思ったことから、大会後のボランティア同士の「同窓会」をきっかけに、二、三人で現在の活動を始めたという。具体的には、東京都ホッケー協会が主管する大会の運営ボランティアの募集を、E氏らボランティアと協会スタッフが参加する「LINE」グループ（現在は四十人ほどが登録）を通じておこなっている。それまで東京都ホッケー協会はホッケー関係者で運営スタッフ（ボランティア）をまかなっていたそうだが、E氏が「Facebook」グループで知り合った協会の人物にはたらきかけ、いまのような形が実現したという。協会との信頼関係も徐々に構築され、当初はチケット販売やもぎりなどに活動が限定されていたが、いまではシャペロンやクラブハウスでの対応、リエゾンなども任せられるようになったという。

もう一つは、ゴールボールに関する事例である。F氏（二〇二三年十一月十五日に聞き取り調査を実施）は東京大会の開催決定をきっかけに、さまざまなスポーツボランティアに応募するようになり、大会期間中は国立競技場で「運営サポート」として活動した。大会後、ボランティア活動に関する情報を収集するなかでゴールボールの体験会を知った。当初はプレーヤーとして練習会に参加していたが、知り合いが大会に出たのをきっかけにボランティア活動もするようになった。その後、審判をやってみたいと思うようになったが練習する機会がなかったため、仲間とともに日本ゴールボール協会に問い合わせた。その結果、審判としてナショナルチームの練習などにも参加できるようになった。

(24) 実際に、E氏は「［東京大会のボランティアに対して］モチベーション高い方はたくさんいたけど、そこで完全燃焼できなかった方が、たぶんあの大会［東京大会］をきっかけに本当はこういうことをやってみたかったということを追い求めはじめたというか、みなさんいろいろな競技に目を向け始めて」（［　］内は筆者による補足）と述べていた。また、F氏も、東京大会をきっかけにさまざまなスポーツボランティアの機会が生まれ、それに参加して楽しいと思った人たちが新たなボランティア活動の機会を探しはじめているのではないかと述べていた。加えて、ボランティア活動の機会に関する情報収集の手段として、ハロボラのようなオンライン・コミュニティーや、ボランティア活動に参加するなかで構築されるボランティア同士の「横のつながり」が活用されているとF氏は指摘していた。

(25) 二宮雅也監修『東京2020大会のボランティアレガシー——大会1年後アンケート調査から』日本財団ボランティアセンター、二〇二二年、一二ページ

(26)『都民等のボランティア活動等に関する実態調査』東京都生活文化スポーツ局、二〇二三年、一〇二ページ
(27) 前掲『東京2020大会のボランティアレガシー』一六ページ。ただし、回答者には東京大会のボランティアを経験していない人も含まれている。

第11章　開催地域が生み出した遺産

――世田谷区のホストタウン事業と「うままち」の取り組み

石坂友司

メガイベントとしてのオリパラの検証はインフラ整備や競技場の建設、経費問題に目がいきがちである。しかしながら、例えば、一九九八年長野大会の開催地だった軽井沢町がカーリング競技の開催によって「カーリングの聖地」としての歩みを始めたように(1)、東京大会でも競技場をコアとしながら、いくつかの開催地域が自らの都市計画とオリパラを連動させて、その地域特有の遺産を生み出している。本章が対象にするのは、六四年大会の駒沢会場（現在の駒沢オリンピック公園総合運動場）とJRA馬事公苑を有し、オリンピックとの関係が深い世田谷区の取り組みである。世田谷区はアメリカチームのホストタウンに名乗りを上げるとともに、東京大会でも馬術競技が開催された馬事公苑を中心にしたまちづくりを展開していて、最も有効に東京大会を利用した地域の一つである。

1　ホストタウン事業

ホストタウンとは、「オールジャパンで日本の魅力を発信し、東京二〇二〇大会開催に向けた機運醸成を図るとともに、大会の効果を全国に行き渡らせ、地域の活性化につなげるため、事前キャンプの誘致などを通じ大会参加国・地域との相互交流を図る地方公共団体」[2]を指し、東日本大震災の被災地を含む全国各地に広げることが目指された。二〇一四年に閣議決定された『経済財政運営と改革の基本方針２０１４』（いわゆる『骨太の方針』）にも登場し、当初は「ホストシティ・タウン」構想と呼ばれたが、開催都市＝東京との混同を避けるため、一五年にホストタウンという名称に変更された。

ホストタウンの活動内容は具体的には、①大会などに参加するために来日する選手など、②大会参加国・地域の関係者、③日本人オリンピアン・パラリンピアンとの交流および当該交流に伴いおこなわれる取り組み（大会の事前合宿の実施と実施に向けた取り組みを含む）であり、自治体がスポーツ、文化を通じて大会に参加する国・地域と交流すること、そして、地域活性化も目指された。このような取り組みはオリパラ史上初であり、一九年に採択された「オリンピック休戦に関する国連総会決議」では、東日本大震災への支援に対する謝意の表明のあと、スポーツ・フォー・トゥモローとともに[3]「ホストタウン・イニシアティブ」として紹介された。

ホストタウンは国の政策的なリーダーシップのもとに、内閣官房オリパラ推進本部事務局が申請登録をおこない、関係府省庁が登録自治体に対して財政面の支援をする形態で実行された。この意味で、全国の自治体を東京大会に取り込むトップダウン型の事業だったといえる。そこに自治体の主体性は示されたのか、この事業の成否はオリパラ推進側と自治体側、その両面から見極めることが必要である。笹生心太らによると、実施した自治体の創意工夫によって独自の意味づけがなされた例もあり、多様な事例の検証が必要だ。[4]

ホストタウン事業の概要

二〇一五年七月に遠藤利明オリパラ担当大臣が支援制度の概要を公表し、全国知事会議で参加を呼びかけた。そして同年九月の関係府省庁連絡会議で推進要綱が決定された。[5] ホストタウンの登録は一六年一月から始まり、第一次登録の申請件数は六十九件、登録件数は四十四件になった（二十五件が継続審査）。最終的には四百六十二件、五百三十三の自治体が登録され、相手国・地域数は百八十五を数えた。大会開催時の全国の自治体数は千七百二十四だったので、実に三〇％にも上る自治体が関わったことになる。ただし、初期段階の申請は低調で、オリパラ推進本部事務局が支援に乗り出した。

ホストタウン事業には、①ホストタウン（五百四。括弧内の数字は参加自治体数）、②復興ありがとうホストタウン（三十三）、③共生社会ホストタウン（百九）、④先導的共生社会ホストタウン（十五）の四種別が設定された。成瀬厚の調査研究によると、登録の目的として事前合宿を自治体で実施したいと回答した自治体が最も多く（七七％）、次いで文化的・国際交流（五一％）が続いた。なお、交流事業に積極的ではなかった自治体もわずかながらあったことが報告されている。[6] また、関連する地域・施設・組織整備計画を有していないと回答した自治体が五一％、競技場整備計画がある自治体が一三％になっていて、既存の施設を利用しながら、合宿などによる関係づくりが目指された特徴が浮かび上がってくる。

復興ありがとうホストタウンは岩手県選出の鈴木俊一オリパラ担当大臣のもとで二〇一七年九月に創設された。東日本大震災の被災三県（岩手県・宮城県・福島県）の自治体が対象で、被災時などに支援してくれた人（レスキュー隊員など）も交流の主体に含め、復興時におこなわれた災害支援に対して感謝を伝える場とするとともに、復興プロセスの発信や大会後の選手などとの交流が想定された。一七年には被災三県からのホストタウン登録は十自治体にとどまっていたが、最終的には五十四自治体（復興ありがとうホストタウンは三十四）にまで増加した。当時の新聞記事には復興優先でそれどころではないという自治体関係者のコメントが紹介されているが（「朝日新聞」二〇一七年十一月一日付)、のちに国や県が連携し、自治体の登録や対象国との交渉を全面的にサポートするなど、復興五輪を開催の柱の一つに掲げた大会に矛盾を生じさせないよう対処した。[7]

共生社会ホストタウンはパラリンピアンの受け入れ、交流をきっかけに、「ユニバーサルデザインのまちづくり」や「心のバリアフリー」など共生社会の実現に向けた取り組みを加速させて大会後につなげようとするもので、二〇一七年十一月に創設された。また、共生社会実現の取り組みが特に先導的・先進的と認められた場合には、関係省庁などから重点的に支援を受けられる先導的共生社会ホストタウンが一九年五月に創設された。

ホストタウン事業の財政支援と認知度

ホストタウンが最終的に全国の三〇%にも及ぶ自治体に広がりをみせた理由としては、以下の二点の財政措置がおこなわれたことが大きい。まず、特別交付税措置として、交流事業に関る対象経費の一般財源合計額の二分の一(既存の特別交付税措置の対象になる経費も含む)が国から支給され、民間施設、交通施設のバリアフリー化などに利用された。また、既存のスポーツ施設を国際競技連盟基準に適合させるために必要な改修事業は、地域活性化事業債の対象にできるとされた。[8] 交流事業や施設の改修をおこないたい自治体にとっては渡りに船となる支援だった。

内閣官房が取りまとめた報告書によると、大会直前に事前合宿を実施したのは二百八ホストタウン、八十六カ国・地域となり、競技終了後には二十八のホストタウンを、十九カ国・地域の選手が訪れた。訪問した選手などは事前・事後を合わせて八千人にも及んだが、コロナ禍の影響で十分な交流活動はできず、成果は不十分なものに終わった。[9]

二〇一九年十二月に内閣府が実施した東京大会に関する世論調査には、十月末現在で四百六十四の自治体がホストタウンになっていることを示したうえで、この取り組みの意義について尋ねた項目がある。[10] それによると、東京大会をきっかけに選手と住民が交流することが、地域の活性化や外国人との異文化交流に役立つと思うかという問いに対して、八六・六％の人が「そう思う」「どちらかと言えばそう思う」と答えている。また、選手と住民の交流が東京大会を盛り上げることにつながるかという問いには、七六・七％の人が「そう思う」「どちらかと言えばそう思う」と答えていて、ホストタウン事業がポジティブな効果をもたらすものとして認知されていることがわかる。一方で、私たちは大会後の二二年に東京二十三区の住民に対して実施した「東京大会調査」のなかでホストタウン事業の認知度を問うたが、「知っている」と答えた人は一一・三七％にとどまり、記憶に残りにくい事業に終わった可能性が示唆されている。

2　世田谷区のホストタウン事業

ホストタウン事業は当初から全国展開が目指されてきたので、参加したのは東京以外の自治体が圧倒的に多い。したがって、この事業を検証するにあたって東京以外の関係自治体に目を向ける先行研究が多い。一方で、このホストタウン事業が一九九八年長野大会でおこなわれた一校一国運動やサッカーの日韓ワールドカップでおこなわれたホストタウンの潮流を汲んでいる[11]ことからわかるように、本来ホストタウン事業は、開催都市や地域と参加国・地域の関係を密接にする取り組みでもある。東京の開催自治体は競技会場を有し、大会開催の意義を最大限に高めようとした特徴を見いだしやすいので、ここではアメリカチームの拠点として積極的な交流をおこなった世田谷区の事例を取り上げて検証したい。[12]世田谷区を選択した理由は、六四年大会の開催地になった駒沢オリンピック公園総合運動場と馬事公苑を有し、歴史上オリンピックと関係が深いこと、三区分のホストタウン登録をおこない、先進事例といえること、コロナ禍の影響で大会期間前後の交流が限定的にならざるをえなかった多くの地域と比べて、馬事公苑を中心としたまちづくりが遺産として残っていることが挙げられる。

東京大会をきっかけに海外のトップ選手が来日するなかで、世田谷区は区内の子どもたちとトップ選手が交流をもつ貴重な機会と捉え、海外向けのパンフレットを作成して事前キャンプの招致活動を開始した。すると、すぐにアメリカオリンピック委員会（USOC。のちにパラ委員会を含めUSOPCとなる）からの問い合わせが入った。二〇一五年四月に視察がおこなわれ、十一月に区とアメリカチームはキャンプ実施についての覚書を交わし、一七年九月に契約を締結した。(13) 決め手になったのは、大蔵にある区立総合運動場に競技施設が集中していて一括管理が容易であること、緑が多くリラクゼーション効果が期待できることだった。ここには総合運動場のほか、大蔵第二運動場、テニスコート、野球場、温水プール、陸上競技場、ゴルフレンジなどがあり、約四百人の選手と二百人のスタッフが利用する計画だった。(14) 大会時、選手は晴海の選手村からUSOPCが管理するバスで来場し、大会期間中のトレーニング、食事の供用がなされた。選手村からは首都高速道路を用いて約三十分で到着するアクセスのよさで、食事だけを取りにくる選手もいたようである。

アメリカチームはメダル獲得のために開催地で大規模な支援拠点を構築することで有名である。今大会でも世田谷に拠点を構え、競泳やアーティスティックスイミングのためのプール冷却器を自前で設置したり、厨房を改修して新しい厨房機器を入れたりするなど、施設全体をアメリカ色に染め上げた。大会後は総額五百三十万円相当の厨房機器が寄付されたという。大会に集中するために大会当年に交流事業を実施するのは困難とされたため、前年までの期間と大会以降の期間に実施することで同意がなされた。区はアメリカ選手団のキャンプ実施をきっかけとして二〇一六年六月にホストタウンに登録した。加えて、パラリンピアンとの交流やユニバーサルデザインのまちづくり、心のバリアフリーに取り組む自治体として、一七年十二月に都内で初めて共生社会ホストタウンに登録された。さらに、一九年十月には先進的・先駆的な取り組みが評価され、先導的共生社会ホストタウンにも認定された。共生社会ホストタウンとしてのキャッチコピーは「一緒にできると楽しいね。」に決定し、ホストタウンのロゴは区内の小・中学生の投票によって決定された。

具体的なホストタウン事業としては、二〇一七年に元メジャーリーガー岩村明憲や、トヨタ自動車所属でアメリカ女子ソフトボール選手のナターシャ・ワトリー、モニカ・アボットを招いて、中・高生を対象としたスポーツ交流事業が二回おこなわれた。一八年には、アメリカ大使館と区の主催事業として、リオ大会の競泳四冠選手のケイティ・レデッキーを招いた水泳教室、走り幅跳びパラ銀メダリストのジョン・レジスターによる講演会などが開催された。一九年には、フィギュアスケートのオリンピック銅メダリスト、ジェイソン・ブラウンが国立成育医療研究センターを訪れ、子どもたちとの交流会を実施したほか、競泳オリンピック金メダリストのアンソニー・アービンによる水泳教室がおこなわれた。[15]このように順調に推移してきた交流事業だが、やがてほかの地域と同様に、コロナ禍の影響で選手の事前来日がかなわなくなり、レター交流やオンラインを活用した交流に限定された。また、キャンプのサポートボランティアを募集したところ五十二人の募集に約六百人の応募が集まるなど、交流事業には多くの人が期待を寄せていたがそれもコロナの影響で十二人まで削減されてしまった。

大会の一年延期に伴って区とアメリカは契約延長に同意し、大会直前の二〇二一年二月にはオンラインのバーチャル会場で日米の大会関係者、アメリカホストタウン自治体関係者参加のもと、応援リレー動画、モザイクアート、アメリカ国歌斉唱リレー動画を放映した。これは「アメリカ合衆国でつながる！ホストタウン事業連携プロジェクト」の一環で、関連自治体がオンライン上で一堂に会して交流事業をおこなった。アメリカのホストタウンになった自治体は複数あり、その思惑やアメリカとの関係性はそれぞれ異なっている。例えば、復興ありがとうホストタウンに応募した岩手県大船渡市では、東日本大震災の救助活動に携わったアメリカの国際救助隊との関係から、感謝を伝えるために事業に参加し、ジャズコンサートを開催したり、レスキュー隊員を招聘したりした。また、大会時には選手との交流が予定されていた。[16]このような連携イベントはアメリカにかぎらず、フランスやドイツなどを対象とする取り組みもみられたほか、モスバーガーがホストタウンの自治体と連携し、相手国・地域の言語のメニューを作成したり、店内で情報発信をおこなったりして海外との交流を深め、地域のグローバル化の一助となる事例（「beyond2020プログラム」）もみられた。[17]

コロナ禍の影響で大会時の歓迎セレモニーは区長など代表者だけが出席することになって、選手団を歓迎する装飾や小・中学生が作成したビデオメッセージの上映がおこなわれただけだった。大会期間中におこなわれた唯

図1　世田谷区立総合運動場陸上競技場（筆者撮影）

一のイベント、世田谷区医療的ケア相談支援センターのオープニングイベントには、トライアスロン混合リレーで銀メダルを獲得したモーガン・ピアソンが参加し、九組の家族と交流して、銀メダルの披露や子どもへのサイン、プレゼントの贈呈がおこなわれた。キャンプ終了後に区とUSOPCは覚書を交わし、パートナーシップを継続し、スポーツや文化を通じた交流を深めていくことを確認した。

先導的共生社会ホストタウンの取り組み

先導的共生社会ホストタウンへの認定は、区のユニバーサルデザインのまちづくりや心のバリアフリーの推進による共生社会の実現に向けた取り組みを加速させた。区は例えば、商店街での段差解消用簡易スロープの設置や点字付きメニューの作成と筆談ボードの配置を支援したり、アメリカの車いすラグビー代表選手ほか、障害当事者が参加する「バリアフリーまち歩き点検」と「心のバリアフリーシンポジウム」を実施した。このほか、区立小・中学校や幼稚園での人権教育の推進、ボッチャやブラインドサッカーなど障害者スポーツの体験とアスリートとの交流会などもおこなわれた。「バリアフリーまち歩き点検」には、四人のアメリカ代表パラリンピアンが参加し、道路や店舗内を点検して地元商店や同行者と日米の違いについて意見交換をおこなったほか、アメリカ選手に日本文化にふれる機会が提供された[18]。

競技場に関しては、区立総合運動場陸上競技場について、観覧席に車いす用座席を三十席設置、多機能トイレ、車いす対応トイレの整備、観覧席の段差の解消、エレベーターの設置がおこなわれた。加えて、メインスタンドに屋根を掛けたが、これらは以前から懸案事項だったものの、通常予算での措置が難しく、ホストタウン登録を契機に整備されたものである（図1）。このほか、障害の有無にかかわらず参加できる「ボッチャ世田谷カップ」が二〇一九年から開催されていて、小・中学校や町会自治会、障害福祉施設、アメリカチームなどが参加している。また、車いすバスケットボールやシッティングバレーなど、パラスポーツにふれる機会の拡充と普及啓発もおこなっている。二三年十月には、東京大会の車いすバスケットボール金メダリストのホルヘ・サンチェスが参加し、区民スポーツまつりで「車いすバスケットボール体験会」が開催された。

3　大会を契機としたまちづくり

東京大会の馬術競技の会場になった馬事公苑は、騎手の養成や馬事振興などを目的として一九四〇年に設立された。六四年大会でも馬術競技の会場になり、日本の馬術競技の拠点としての役割を担ってきた[19]。約十八万平方メートルの広大な敷地を有し、「馬のいる公園」として年間を通して一般公開され、夏におこなわれる「せたがやふるさと区民まつり」の会場になるなど、世田谷区民の憩いの場として利用されてきた。東京大会では再び馬術競技の会場に選定されたものの、コロナ禍で無観客開催になったので、競技は観客の目にふれることなく終わった。馬事公苑にとって東京大会は施設改修の絶好の機会であるとともに、馬事振興や乗馬普及の拠点としてさまざまな馬術競技会やイベントを開催する「馬術の殿堂」、国際大会を開催できる「国際的な馬術競技場」、そして「馬のいる緑豊かな都市公園」という新たなコンセプトを作り上げる機会でもあった[20]。特に、都市公園としての利用が定着していくなかにあって、馬事振興の役割を再認識することにもつながり、区民と馬が触れ合う機会の創出を目指すようになったという。

二〇二三年十一月三日、大会準備のために閉鎖されていた馬事公苑が七年ぶりに開苑し、オープン記念イベントが開催された。新しく生まれ変わったメインアリーナでは、東京大会で見ることができなかった馬術競技の実演や馬と触れ合うイベントが開催されたほか、広大な緑の公園には家族連れなど多くの人が集まり、にぎわいをみせた（図2・3）。馬事公苑には六四年大会の記念碑と並んで東京大会の記念碑が設置されたこと以外は、無観客で開催されたオリパラを感じさせるところはない。しかしながら、街を歩けば大会の記憶が随所に埋め込まれていることがわかる。その一つが区が進める「うままち」のプロジェクトである。

図2　馬事公苑はらっぱ広場（筆者撮影）

図3　馬事公苑での馬術競技の実演（筆者撮影）

「うままち」プロジェクト

区は馬事公苑をまちづくりの拠点として、「うままち」と呼ばれるプロジェクトを展開してきた。二〇一七年一月に都市整備政策部都市デザイン課が中心となって「２０２０年に向けた世田谷区の取り組み——東京２０２０大会後を見据えて」を策定し、三月に『「馬事公苑界わい」まちの魅力向上構想——東京２０２０大会の記憶が薫るまち』を作成した（図４）。

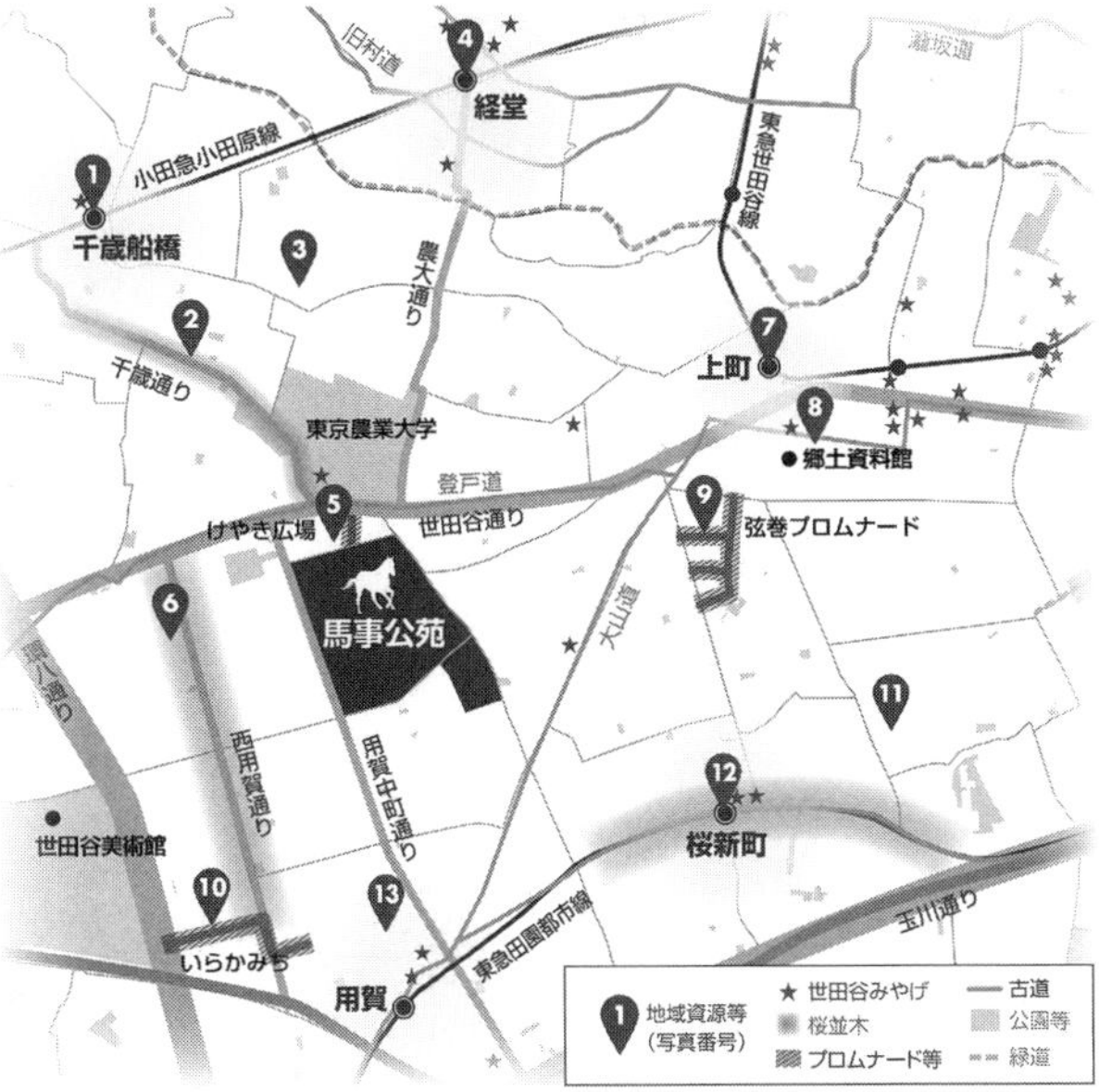

図4　「馬事公苑界わい」マップ
（出典：『「馬事公苑界わい」まちの魅力向上構想——東京2020大会の記憶が薫るまち』世田谷区、2017年）

馬事公苑の周辺道路では、約六百二十メートルにわたって電線類の地中化工事がおこなわれた。そのほか、二〇一七年に策定したサイン整備計画に基づき、最寄りの五駅から馬事公苑までのルート上の案内サインの整備（図５）、段差や視覚障害者誘導用ブロックの点検・補改修が住民参加で実施されている。区は一八年から二千五百万円を目標額とするクラウドファンディングを実施し、六百五十五人から約二千百万円の寄付金を集めて、前記のサイン整備を含む馬事公苑界隈の魅力向上に向けた取り組みを進めてきた。図６は、その際の記念品になった馬の蹄鉄を埋め込んだ平板ブロックである。寄付者の名前が刻まれて歩道や公園などに埋め込まれ、この街で馬術競技が開催された記憶と彩り

図5　馬事公苑までの案内サイン（筆者撮影）

図6　「うままちプロジェクト」の平板ブロック（筆者撮影）

を残している。案内サインの設置はこれまでにも実績がある。例えば、東急田園都市線の用賀駅から砧公園、世田谷美術館を結ぶコミュニティー道路で、瓦を敷き詰めた「用賀プロムナード」が代表的だが、行政担当者はアートを設置することが目的ではなく、「道路やまちゆく人々の憩い、休める空間創出」が目的になるべきで、それがこのあとの「bajico」の創設につながったと話す。

　馬事公苑の正門前にはけやき広場と呼ばれるスペースがある。このスペースは一九四〇年に開催される予定だった、いわゆる「幻の東京オリンピック」に向けて整備が進められてきた道路の一部で、世田谷通りと馬事公苑をつなぐ役割を果たしてきた。幅が広くて奥行きがないため、戦後は駐車場と化していたが、八六年に歩行者専用道路に作り替えられ、やがて区民まつりなどの会場に利用される広場として生まれ変わった。東京大会を契機に、けやき広場には馬の蹄鉄形をした木製のベンチが設置された。ベンチにはこの地にケヤキが植樹された三九年から、四〇年の馬事公苑開苑、六四年大会の開催、そして東京大会開催までの道のりが街の出来事とともに記されている。

　このけやき広場では、「bajico」と名づけられた「馬事公苑界わいコミュニティデザインプロジェクト」が二〇一九年から実施されている。地域住民、大学、企業、近隣店舗と連携して、「人と人とのつながり」「心の豊かさの再確認」をテーマに事業を展開しているのである。二〇二〇年度からは、ふるさと納税を用いた世田谷区地域保健福祉等推進基金を活用し、区の都市デザイン課とNPO法人子育て支援グループamigoが、地域の課題解決を目指す提案型協働事業として実施している。amigoは、〇一年から子育て支援、地域コミュニティーの復権、育児のトータルケアなどを目的として活動している団体で、馬事公苑脇の一軒家に拠点を置く「おでかけひろばULALA」では、未就園児とその保護者が交流したり、情報交換したりすることで、地域とゆるやかにつながる場を創設している。

定期的に開かれる「Baji∞ichi」では地域住民参加のフリーマーケットやヨガ教室、楽曲演奏会などが開催され、十月にはシャルソン（ソーシャルマラソンの略）がおこなわれる。シャルソンとはゴールの場所と時間以外はすべて参加者の自由で、走ってもいいし歩いてもいい。記録ではなく記憶を競うものと案内されているように、事前登録した参加者が記念Tシャツを身に着け、思い思いの場所と方角からゴールを目指すイベントである（図7）。このように、けやき広場ではそれぞれのアイデアを持ち寄った活動が展開されている。

図7　「Baji ∞ ichi」でのシャルソン（筆者撮影）

おわりに

東京大会からちょうど一年が経過した二〇二二年八月二十三日、大蔵の総合運動場では「SETAGAYA SPORTS フェスティバル」と

図8 「SETAGAYA SPORTS フェスティバル」での車いすバスケットボール体験会（筆者撮影）

題して、一周年記念イベントが開催された。あいにくの雨天だったが、会場には多くの区民が集まり、東京大会車いすバスケットボール銀メダリストの鳥海連志を擁する神奈川VANGUARDSと、同じく川原凜を擁する千葉ホークスのエキシビジョンマッチがおこなわれ、その後体験会も開催された（図8）。アメリカチームと世田谷区の定期的な交流も覚書に基づいて継続されていて、東京大会の遺産が有効に活用されている。

世田谷区では、東京大会の遺産である「共生のまち世田谷」を実現するため、この大会を契機としたまちづくり、競技会場のレガシー化、大会の記憶とボランティア文化の定着、生涯スポーツ・パラスポーツの推進、多様性を尊重し互いに支え合う共生社会づくりなど八つのテーマを設定しそれぞれの達成を目指している[21]。区にとって、東京大会の開催やホストタウンへの登録は、それまでおこなってきた事業をより力強く推進する方向にはたらいたことは疑いない。ホストタウン事業が一過性のイベントに終わった自治体も少なくないなかで、世田谷区の取り組みは今後も発展的に継承されていくだろう。これこそオリパラの一つの遺産と考えられる。オリパラは今後も街とともに記憶されていくのである。

注

（1）石坂友司「カーリングネットワークの創出と展開――カーリングの聖地・軽井沢／御代田の取り組み」、石坂友司／松林秀樹編著『〈オリンピックの遺産〉の社会学――長野オリンピックとその後の十年』所収、青弓社、二〇一三年

（2）『東京オリンピック競技大会・東京パラリンピック競技大会と政府機関等の協力』内閣官房東京オリンピック競技大会・東京パラリンピック競技大会推進本部事務局／オリンピック・パラリンピックレガシー推進室、二〇二二年

（3）スポーツ・フォー・トゥモローとは、外務省やスポーツ庁などが中心になって展開した官民連携の取り組みで、スポーツを通じた国際交流・協力によって、開発途上国をはじめとする世界の人々にスポーツやオリパラムーブメントを広げることを目指した。

（4）笹生心太／松橋崇史編著『ホストタウン・アーカイブ――スポーツまちづくりとメガイベントの記録』青弓社、二〇二三年。このほかのおもな先行研究としては、成瀬厚「東京２０２０五輪大会におけるホストタウン――登録自治体へのアンケート調査結果報告」「E-journal GEO」第十七巻第二号、日本地理学会、二〇二二年、一八八ページ、Tomoe Komine, "Musashino City, Tokyo, Romanian Host Town Project: Current Efforts and Future Prospects," *Journal of Yamanashi Eiwa College*, vol.17, Yamanashi Eiwa College, 2018. 共生社会ホストタウンについては「月刊地理」二〇二一年八月号（古今書院）の「特集 都市のユニバーサルデザイン」に収められた諸論考、Atsushi Naruse, "National Projects and Their Local Consequences: Tokyo 2020 Paralympic Games and the "Symbolic Society Host Town"," in Miyo Aramata ed., *Political Economy of the Tokyo Olympics: Unrestrained Capital and Development without Sustainable Principles*, Routledge, 2023 などがある。

（5）『ホストタウンの推進について――２０２０年東京オリンピック・パラリンピック競技大会に向けて』内閣官房東京オリンピック競技大会・東京パラリンピック競技大会推進本部事務局、二〇一七年

（6）前掲「東京２０２０五輪大会におけるホストタウン」一八八ページ（二百十八の自治体〔配布回収率は六五％〕から回答を得た二〇二〇年三月の独自調査の結果）。

（7）復興五輪とありがとうホストタウンの関係性は笹生心太「復興ありがとうホストタウンと被災地の論理」（『「復興五輪」とはなんだったのか――被災地から問い直す』大修館書店、二〇二二年）に詳しい。笹生はこの制度がオリパラ推進側の都合によって進められた一方で、自治体の側も地域課題の解決に利用した点を明らかにしている。

（8）『ホストタウン推進のための地方財政措置の考え方について』内閣官房／東京オリンピック競技大会・東京パラリンピック競技大会事務局／総務省自治行政局国際室、二〇一五年。起債充当率は九〇％、元利償還金に対する普通交付税措置は三〇％とされ、公共施設等総合管理計画を有している自治体にとっては有利な制度になっている。

（9）前掲『東京オリンピック競技大会・東京パラリンピック競技大会と政府機関等の協力』一八五ページ

（10）『2020年東京オリンピック・パラリンピックに関する世論調査』内閣府政府広報室、二〇二〇年。調査員による個別面接聴取で全国の千六百三十二人（回収率五四・四％）が回答した。

（11）前掲『ホストタウン・アーカイブ』

（12）東京二十三区の開催自治体は、冒頭に紹介したホストタウンの特別交付税措置から除外されたものの、東京都からオリパラ事業の補助金が半分支出されていて、関連する予算措置がおこないやすいという事情があった。

（13）世田谷区スポーツ推進部提供内部資料「アメリカ選手団キャンプ概要」（世田谷区スポーツ推進部、二〇二一年）から。

（14）『アメリカ合衆国選手団キャンプ実施結果報告書』（世田谷区スポーツ推進部オリンピック・パラリンピック担当課、二〇二一年）によると、オリンピックは二十種目三百三十六人、延べ三千四百十七人が施設を利用し、そのうち百四十四人がメダルを獲得、パラリンピックは陸上チームの延べ二百三人が利用した。

（15）同報告書

（16）筆者が実施した大船渡市での聞き取り調査では、このイベントに参加した人々から、市民レベルでの文化的・国際的交流がおこなわれたことがオリンピックがもたらした大きな価値であると繰り返し語られた。

（17）『マッチングによる政策の推進 Matching Report No.6』世田谷区政策経営部、二〇二二年

（18）『「共生社会ホストタウン」推進事業 心のバリアフリーシンポジウム 事業報告書』世田谷区、二〇一九年

（19）「馬事振興への取組み」「ＪＲＡ」（https://www.jra.go.jp/company/social/bajishinkou/）［二〇二三年十二月六日ア

クセス」

(20)『JRA馬事公苑について』日本中央競馬会馬事公苑、二〇二三年。馬事公苑の整備費用は三百十六億七千万円で特別振興資金が用いられた(『会計検査院法第30条の3の規定に基づく報告書「東京オリンピック・パラリンピック競技大会に向けた取組状況等に関する会計検査の結果について」』会計検査院、二〇二一年)。

(21)『「共生のまち世田谷」の実現に向けて』世田谷区、二〇二二年

第12章　「幻の復興五輪」と「B級被災地」

――東北の地から、「復興五輪」を語り直す

山﨑真帆

はじめに

準備段階で生じたさまざまな混乱、新型コロナウイルス感染症のパンデミックに伴う延期、元理事による汚職事件など、思えば二〇二一年の東京大会は波乱続きの大会だった。本章は、こうした狂騒のなか後景に退いて半ば霧散してしまったかに思える大会の「源流」、「復興五輪」の理念に焦点を当てる。

二〇一一年三月十一日に発生した日本観測史上最大規模の地震は未曾有の巨大津波を伴い、取り返しがつかない原子力発電所事故を引き起こした。東日本大震災である。発災からおよそ十年後の開催が予定された東京大会は震災からの「復興五輪」と位置づけられ、「復興なくして東京二〇二〇大会の成功なし」(1)という認識のもと、「復興五輪」の理念を実現するためにさまざまな事業が企画・実施された。

しかしながら、そもそも「復興五輪」は国内外から支持を取り付けるために大会推進側が必要とした「強力なレトリック」(2)であって、被災地側が求めたものではなかった(3)。本章のテーマは、問題含みの「復興五輪」が被災

地に何をもたらしたかを探ることである。

1　大会招致と「復興五輪」

「復興五輪」のあらまし

「復興五輪」の理念は、発災直後の二〇一一年六月に石原慎太郎東京都知事が都議会でおこなった所信表明演説に端を発する。オリンピック招致を掲げて同年四月の都知事選で圧勝した石原は、オリンピックが「世界中から寄せられた友情や励ましへの何よりの返礼となる」と語り、大会招致と復興を結び付けた。その後「復興五輪」はオリンピック開催の大義名分として招致活動を通して強調され、スポーツ選手が被災者に勇気を届けるという「スポーツの力（チカラ）」、そしてオリンピックと復興との結び付きの可能性を喧伝したメディアを媒介としながら着実に日本全国に広がり、「オールジャパン」ムードの醸成に大きく貢献した。[4] そして一三年九月の第百二十五次IOC総会で、東京は開催都市となる権利を獲得する。

『オリパラ基本方針』（二〇一五年十一月閣議決定）によれば、「復興五輪」は「東日本大震災からの復興の後押しとなるよう被災地と連携した取組を進める」とともに、「被災地が復興を成し遂げつつある姿を世界に発信する」ものであると、二つの観点から説明される。この理念を実現し、「スポーツが人々に与える勇気や力をレガシーとして被災地に残して未来につなげる[5]」ためにまず、二〇一一年十二月に特に被害の大きかった被災三県（岩手・宮城・福島）、スポーツ団体、東京都、招致委員会による復興専門委員会が発足した。ここで議論が重ねられ、『立候補ファイル』（二〇一三年一月）にサッカー一次リーグを宮城県内で実施することや、聖火リレーが東北を縦断する計画が盛り込まれた。招致決定後は、組織委が被災三県、国、東京都、JOC、JPCを含めた被災地復興支援連絡協議会を設置し、事業内容をあらためて検討した。表1に、おもな「復興五輪」関連事業を

表1　おもな「復興五輪」関連事業

競技・大会行事	サッカー1次リーグの試合を宮城スタジアム（宮城県利府町）で開催
	野球・ソフトボールの試合を福島あづま球場（福島県福島市）で開催（ただし追加会場として）
	聖火リレー（福島県楢葉町・広野町のＪヴィレッジから出発し、震災の被災地をつなぐ）
関連事業	海外選手と地域住民の交流を促す復興ありがとうホストタウン事業に被災3県の33自治体が参加
	被災地産食材等の活用・情報発信
	復興しつつある被災地の姿や魅力の情報発信
	仮設住宅のアルミを利用した復興モニュメントの制作

抜粋している。

二〇一九年度末以降はコロナ禍の影響で交流事業が中止になったり、無観客開催のように事業内容が見直されたりもしたが、東京都は「可能な限りの取組」が実施されたものとし、被災県からも「復興五輪」の「骨格がしっかりと形作られた」[6]とのコメントが寄せられたと評価している。組織委の『TOKYO2020 アクション&レガシーレポート』でも、被災地に「勇気や感動、励ましを与えるとともに」「世界の注目が高まりました」[7]と「復興五輪」関連事業を評した。そして、東京大会のレガシーとして、大会を通して紡がれた「つながり」の継承・発展や被災地の子どもたちの成長、震災の記憶の風化防止や産業振興などを挙げている。[8]

問題含みの「復興五輪」

以上が「復興五輪」のあらましである。コロナ禍の影響を受けながらも成功裏に終わったかにみえる「復興五輪」だが、本当に復興を後押しし、復興の様子を発信することができたのだろうか。そもそも、「復興五輪」という言説自体、虚構ではなかったか。

ここでは「復興五輪」に対する大会開催前後の社会的な評価をみていきたい。ＮＨＫ放送文化研究所が二〇一六年から七回にわたって全国の二十歳以上を対象に実施した世論調査によれば、大会前、東日本大震災からの「復興五輪」であると思えた人は半数以下であり、大会後に復興に役立ったと実感できた人は三〇％未満だった。また、「東京大会調査」の結果をみると、「復興五輪」の目的だった「復興の加速」については「評価する」二一%、「評価しない」三七%、「わからない」四二%になっている。ここから、「復興五輪」としての東京大会に期待されたポジティブなレガシーについては、大会後に否定的な世論が形成されてきたことがわかる。これにはさまざまな要因があると考えられる。大会開催までの過程で東京大会のためのインフラ整備に伴って資材や人件費が高騰し、復興の遅れにつながるという指摘が各所からなされたこと、原発事故に対する海外の反応を懸念して招致過程で「復興五輪」がトーンダウンしたこと、第1章「東京大会開催の経緯と構造的な諸問題」(石坂友司)でも言及してある安倍晋三元首相のいわゆる「アンダーコントロール」発言、「復興五輪」関連事業の限定性(被災地で実施される競技が少ない)などである。これらの大会推進側にとって不都合ともいえる事情が報道を通して社会に共有されたために否定的な世論が形成されたと考えられる。

学術領域でも、スポーツ社会学を中心に「復興五輪」をめぐる多くの批判的議論が提起された。大会開催決定までの過程に焦点を当てたものが多い(9)が、近年は関連事業によって具現化された「復興五輪」のありようやパンデミックの影響についての検証も始まっている。(10)ただし、筆者の学術的なバックグラウンドでもあり、長らく「復興」を論じてきた災害研究領域での「復興五輪」をめぐる議論はあまり活発とはいえない。個別具体的でミクロな視点への関心(次節を参照)にもかかわらず、復興政策を論じる次元にとどまっている現状がある。

被災者・被災地の視点から復興を語り直す

そもそも復興は「何をもってそう呼ぶのかが不明確なまま展開される概念」であり、「オリンピック批判に都合よく(11)」用いられるきらいがある。災害研究領域では防災施設などハード面を従前の状態や機能に回復する「復旧」に対して、復興は定量的評価の困難なソフト面の再建を包摂し(12)、また旧状回復を超えた「よりよい」状態を目指すものとして説明されることが多く、一義的な定義が難しい。加えて、復興の主体には複数性があり、それぞれにとっての復興とそのゴールは必ずしもイコールではない。(13)ただし、日本社会では行政、特に国家が復興の主要なアクターであり続け、中央対被災地の非対称な対抗関係が常態化してきた。

近年の災害復興をめぐる学術・実践領域では、個別具体的な被災地・被災者の文脈、ミクロな視点から、災害復興のありようとその帰結を語り直すことで、被災者を復興の権利をもつ一義的な主体とする「人間の復興」の実現につなげようとする取り組みが勢いづいている。中央対被災地の構図で展開する「復興五輪」は災害研究が注力する課題そのものであり、被災者・被災地の視点に立って「復興五輪」のあらまし、そして帰結を描き直す取り組みが求められる。

また、被災状況や復興のあるべき姿は自治体や地域によって異なるものなので、「被災地」という大きな主語でくくる問題設定自体を見直す必要がある。(14) 一般に被災者・被災地とは災害に遭った人と災害に遭った地域、特に地震や台風などの自然災害に遭った人と自然災害に遭った地域を指す。ただし、「被災」という現象は無数に線引きが可能であり、「あり／なし」という単純な二項対立で捉えることは適切でなく、ある災害での被災者・被災地の外縁は話者や文脈によって自在に伸縮する。(15) しかしながら、発災後の社会では、報道と支援の過集中を生み出して社会の関心を方向づけるメディアの作用を核として、ある人々・地域が被災者・被災地として固定化される一方で、別の被災者・被災地の被災状況が社会的に認知されず、この人々・地域が被災者・被災地でありながらそうではないような、どっちつかずの状況に留め置かれる構造が現出する。「幻の復興五輪」(次節以降で詳述) の舞台になった登米市はまさにこの「どっちつかず」の地域であり、筆者自身、市民による「登米市はB級被災地だから」という自虐的な表現を耳にしたこともある。

以下、地域固有の文脈に加え、被災の相対性にも目を配りながら、それらに埋め込まれた「復興五輪」のありようを読み解いていきたい。

2 登米市での「幻の復興五輪」

長沼案の浮上

開催費用の高騰が大きな問題になっていた二〇一六年九月、コスト削減のため、東京都の都政改革本部では都が整備を担当する三つの競技施設について整備計画の見直しが必要という提言がなされた。その一つがボート、カヌー・スプリント競技会場の海の森水上競技場（東京都江東区）であり、宮城県登米市の長沼ボート場を含む三カ所が代替会場候補として紹介された。

そもそも、被災地での競技開催は「復興五輪」の柱だった。しかし、すでにみてきたように、被災三県で実施された競技はサッカー（宮城県利府町）、野球・ソフトボール（福島県福島市）の二競技にとどまり、「復興五輪」と呼べるのかが問われる事態になっていた。調査チームの上山信一特別顧問は「復興五輪」の理念に照らせば「全国でベストなのは長沼かもしれない」と語り、小池百合子都知事は「復興五輪を掲げていたことも含めて総合的に検討したい」と述べた。

長沼ボート場はアジア選手権開催の経験もある国内有数の競技場であり、当時の登米市長布施孝尚は以前から事前合宿先としてボート競技に出場する海外チームの誘致を目指して活動していた。一方、瞬く間に県内に拡散した長沼案浮上の一報は、この現地発の潮流とは別物だった。村井嘉浩宮城県知事はただちに受け入れ体制づくりを開始し、リフォームした県内各地の仮設住宅を選手村として再利用するなど独自の費用削減案を小池都知事に示し、「復興五輪」としての開催意義を強調した。一方、登米市でも会場変更を訴える議員連盟が発足し、また地元住民の有志が会場変更を歓迎する市民団体を立ち上げるなど、市を挙げて「復興五輪」を誘致する体制が整えられていった。

登米市とボート競技

登米市は、宮城県北部の内陸に位置し、面積（五百三十六・一平方キロ）、人口（二〇二三年八月末時点で七万三千七百四十五人）ともに県内第五位につける大規模な自治体である（図1）。ただし、同市の人口（合併以前は旧九町の合算）は一九五五年の十二万八千七百五十三人（国勢調査）をピークに減少を始め、特に九〇年代に入ってからは加速度的な減少に見舞われていて、いわゆる地域の活性化が急務となっている。

図1　登米市、南三陸町位置図
（出典：「白地図ぬりぬり」を利用し筆者作成）

西部が丘陵地帯、東部が山間地帯で、その間は広大で平坦肥沃な登米耕土が形成されている。県内有数の穀倉地帯である平野部は環境保全米発祥の地として知られ、ひとめぼれなどの主産地である。また、全国有数の肉用牛生産地でもあり、ブランド牛肉・仙台牛の四〇％近くを出荷している。同市には、ハクチョウやガンなどが飛来する伊豆沼・内沼をはじめ、長沼や平筒沼など多くの湖沼もある。これらの湖沼とその周辺地区にはラムサール条約登録湿地や同市の自然環境保全条例の保全地域などがあり、自然環境保全の取り組みがおこなわれている。その一方で、長沼には一九九〇年の全国高等学校総合体育大会を契機に長沼漕艇場が設置され、また第五十六回国民体育大会（二〇〇一年）に合わせて現在の長沼ボート場が整備された。長沼では市内在住、あるいは市内在勤者を対象とする長沼レガッタが毎年開催され、二〇二三年現在までに三十四回を数える。さらに、登米市の競技団体や河北新報社などが主催し全国からトップレベルの選手が集まる河北レガッタも、二〇二三年七月に第三十二回大会を迎えた。このように、地勢を生かして涵養されてきたボート競技は同市を代表するスポーツだといえる。

登米市と東日本大震災

登米市では、二〇一一年の東北地方太平洋沖地震によって最大震度六強の揺れを観測した。各所で橋脚の破損や落石などが生じ、通行止めや片道通行になった道路が数多くあった。また、全域で数日間に及ぶ停電や上水道断水、下水道使用不能などのライフラインの被害がみられ、二百一棟が全壊、四百四十一棟が半壊の認定を受けるなど重大な物的被害を受けた。[16]こうした被害を踏まえ、登米市は災害救助法など災害関係法令に基づき被災自治体に指定された。一方で、死者は二十八人（直接死十九人、災害関連死九人）、行方不明者は四人であり、他自治体に比して人的被害は相対的に軽微だった。同市はいち早く甚大な津波被害を受けた沿岸部被災市町村、なかでも東に隣接する南三陸町への支援に力を入れ、職員を派遣し、支援物資などの中継拠点の機能を担った。[17]

さらに、登米市は市外からの避難者も積極的に受け入れた。市内の地震被災者には既存の市営住宅などで対応する一方で南三陸町の住民に供給するプレハブ仮設住宅四百八十六戸の建設を受け入れるなど、登米市は南三陸町の津波被災者にとって最大の避難先になった。こうした状況下で、前出の「Ｂ級被災地」発言があったのであり、地震によって家屋が全壊した被災者によれば、当時は「津波よりいいだろうということで……市内の被災者の声っていうのは、出せるような雰囲気じゃなかった」[18]という。それでは、登米市が置かれたどっちつかずの状況を押さえながら、話を二〇一六年に戻したい。

「幻の復興五輪」

長沼案浮上後、十月には小池都知事が村井県知事を伴って長沼ボート場と選手村予定地とされた市内仮設住宅の選手村モデルルームを視察した。小池都知事は前日の定例記者会見で「長沼案で忘れかけていた復興五輪への関心を呼び起こし、被災地に目が向けられる効果がある」と述べ、当日の囲み取材でも「「復興五輪」にはパワフルなメッセージがある」と発言して被災地で開催する意義を強調した。視察先では、仮設住宅入居者や市民有志など約三千人の地域住民が小池都知事を歓待した。

一方長沼案については、選手村の分村が必要になることや設備面での課題、宿泊施設の不足などを理由に、当初からＩＯＣや大会組織委員会、国内外の競技団体から異論が出ていた。また宮城県内でも、村井県知事が会場整備の財源の一部に東日本大震災復興基金を充てる案を示すと、批判が噴出した。ＩＯＣのトーマス・バッハ会長と小池都知事の会談（十月十八日）後、長沼案は一気に後退し、十一月末には見送りが公表された。

小池都知事は長沼ボート場をオリンピックの事前合宿地として活用することができるという認識を示し、なおも復興五輪を重視する姿勢をアピールしたが、その後、登米市は国や都の提案を待つのではなく、会場変更騒動以前から独自に進めてきた、ボート競技の事前合宿誘致活動を継続する方針を示した。

二〇一七年、内閣官房職員が手厚いサポートを約束して被災三県の自治体のホストタウン事業へのハードルを下げる、復興ありがとうホストタウン事業（以下、復興ありがとうＨＴ）が創設された[19]。第11章「開催地域が生み出した遺産――世田谷区のホストタウン事業と「うままち」の取り組み」（石坂友司）でみたように、同事業には最終的に三十三市町（沿岸十八、内陸十五）が登録したが、登米市は含まれていない。同市が参加を選択したのはこの復興ありがとうＨＴではなく、従来のホストタウン事業、そして共生社会ホストタウン事業であり、ポーランドを相手国とし、念願のボート競技の事前合宿や選手と住民の交流事業を実現させている。

3　「幻の復興五輪」の語り直し

被災地宮城と「復興五輪」

復興五輪の主役たるべき被災地の人々は、「幻の復興五輪」をどのように受け止め、復興ありがとうＨＴへの参加見送りを決断したのだろうか。まずは、公的資料や地元紙の記事をひもとき、それぞれの立場を意識しなが

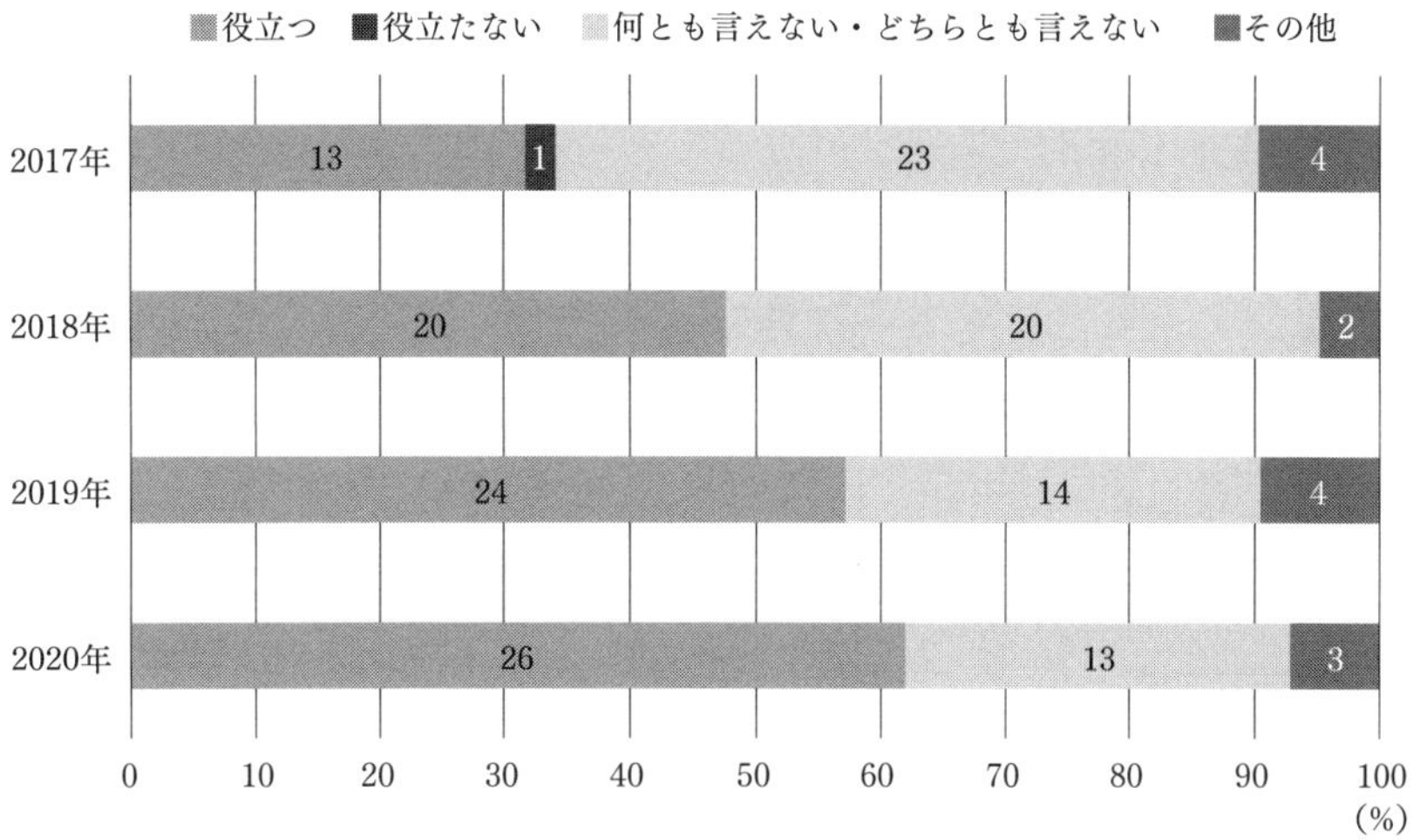

図2　東京大会は被災地の復興に役立つか
(出典：河北新報社被災地首長アンケートから筆者作成。具体的には以下の記事などを参照した。「〈震災7年〉被災地首長アンケート 復興理念「見えず」70%」「河北新報」2018年3月1日付)

ら、被災地宮城県、そしてそこに暮らす人々の「復興五輪」に対するまなざしをなぞることから始めたい。

宮城県は「「復興五輪」を体現する県」を自任し、東京大会に向け、村井知事を旗頭に復興情報の発信や多様な交流の促進に取り組んだ。前述した長沼案浮上後の動きからも同県の積極姿勢がうかがえるだろう。特に宮城スタジアムが会場になったサッカー競技については「「復興五輪」の機会を「創造的復興」の達成に向けて最大限に活か[20]」して大会終了後のレガシーを残すことを目指し、「復興五輪の理念は、宮城が最後のとりで」と村井県知事が各所の反対を押し切り有観客での開催とした[21]。限られた人数ではあるものの県民が実際に観戦したほか、震災の様子を示す「復興パネル展」を開催し、都市ボランティアのほか、自身の体験を伝える「語り部ボランティア」も活動した。

また、河北新報社が実施した被災三県四十二自治体の首長アンケートによれば、東京大会が「被災地の復興に役立つ」と回答した首長の割合は時間の経過とともに上昇している（図2）。復興事業が一段落してインバウンドに目が向きやすくなったこと、「復興五輪」の目玉だった聖火リレーなどの関連事業が具体化してきたことが回答の変化につながったと考えられる[22]。

一方、被災三県の住民たちは、基本的には「復興五輪」を冷ややかにみていたようである。ＮＨＫが被災三県の被災者や避難者を対象におこなった「東日本大震災八年　被災者アンケート」によれば、東京大会が「被災地の復興を後押しする」と思う人は、一四・三％にすぎない（「そう思う」二・八％、「ややそう思う」一一・五％）。ほかの項目を含め東京大会を批判的に評価した理由については、「復興五輪は誘致名目にすぎない」（五三・九％）、「経済効果に期待が持てない」（五一・六％）、「復興のための工事が遅れる」（五一・三％）などが上位にきている（複数回答）。

さらに、地元紙「河北新報」の報道をみると、宮城県民に限定しても基本的には同様の冷ややかさがみられる。ただし、水出幸輝がいう「否定的な他者」像には包摂しきれない様相があることもうかがえる。[23]

招致決定前、同紙は被災地宮城県を代表する住民の声として「東京での五輪開催は、経済効果や子どもに夢を与えるなど良いこともあるでしょう。しかし、巨額の費用がかかります。そのお金は「復興優先」で使ってほしいと思います」（「河北新報」二〇一三年三月三十日付）という慎重な意見を取り上げている。早朝に東京でのオリンピック開催が決定した二〇一三年九月八日、仙台市中心部で配布された号外には、宮城県各地で聞かれたオリンピックを歓迎する声が掲載されたが、一転十日の同紙には、宮城、福島各地で聞かれた「複雑な感情が入り混じった」声、「オリンピックよりも生活」という切実な声、「復興が遅れる」と憂慮する声、そして福島第一原発事故後の「状況はコントロールされている」とした安倍晋三首相への憤りの声などが掲載された。その後も、東京大会へ向けた経済波及効果で復興が後押しされるという期待や、オリンピック関連のインフラ整備に人手や資材が集中投下され「復興が遅れる」と憂慮する東北の復興事業関係者の声など、複雑な県民の心情が報じられている。

次に、登米市を舞台とする「幻の復興五輪」に焦点を絞り、筆者が傾聴した「幻の復興五輪」をめぐる語りから、その複雑さの位相を吟味したい。

図3 B氏が制作したアーチ看板の写真(B氏提供)

南三陸町出身、登米市在住者・避難者

まずは、長沼案浮上時に登米市内の仮設住宅[24]で避難生活を送っていたA氏と、長沼案を歓迎する市民の運動に立ち上げから携わったB氏、二人の南三陸町出身者の語りを引用する。

当時、仮設自治会長だったA氏[25]は長沼案の浮上を受け、東京大会は震災から十年の節目であり、被災地を支援してきた世界各国の人々が南三陸町まで足を延ばし、国に帰って「〔復興が〕ここまで進んでいたよというのを共有して」もらう「いい機会」であると感じたという。また、「オリンピックを呼んで、みんなで元気な姿で南三陸町に帰ろう」「〔南三陸町への〕偶然に湧いたお土産だ」とも考えたそうだ。小池都知事の仮設内選手村モデルルーム視察時には、後述する住民組織に「仮設の住民」として合流し、大きく手を振りながら知事の乗ったバスを出迎えた。

一方でA氏は「登米市は被災していない、被災していたのは「南三陸町」だ」と強調し、自身のスタンスを「五年も六年もあの土地にお世話になったので、実際南三陸町はオリンピックにあまり関係ないが、ささやかな協力の気持ちとして、私たちの小さい力を使って応援しようと立ち上がった」「いっぱいいれば、それだけ力になると思った」のだとも説明した。都知事を歓待する仮設住宅入居者の様子は全国放送のキー局にも取り上げられたが、A氏は「「登米市」ではなく「宮城県」として頑張ってるんだ、という姿」を見てもらうことができた、と振り返った。

「「東京」になるか「宮城」になるか」が決定する日は仮設の集会場でほかの入居者と生中継を視聴し、落選が決まったときは「俺たちのオリンピックが終わった」という複雑な気持ちになったという。また、「目を向けてもらったことに関してはお礼を言いたいし、小池都知事には感謝しかない。しかし、オリンピックを利用して復興の姿を直接見てもらいたかったので、本当は悔しい。一言で言い表せない複雑な思いがある」と語気を強めた。

一方、二十代で志津川町[26]（現在の南三陸町）から登米市に移住し、自ら事業を営むかたわら登米市観光協会の要職などを歴任してきたB氏は、発災後、南三陸町出身者として同町の支援活動に尽力した経験をもつ。同氏は、長沼案が浮上すると自ら発起人になり「東京五輪・パラリンピックの水上競技場の宮城県登米市会場を歓迎する市民の会」を立ち上げ、会場招致の機運醸成を図った（図3）。登米市の商工関係者やA氏ら仮設住宅入居者と密に連携し、「かなり情熱的に頑張ってきた」といい、後述のC氏も、「〔歓迎する市民の会の〕立ち上げはそのときのB氏の熱意がすごかった。じゃないとわれわれもなびかなかった」と語る。長沼案が立ち消えたことはB氏にとって「かなりショック」であり、「〔「復興五輪」という〕原点がね、すっかり忘れられてしまったってことにすごく憤りを感じ」たという。

「〔自身は〕被災者っていう意識はもちろんない」というB氏は「仮設に来た人も被災者も全部家族のような意識をもっていて、会場招致運動についても「あくまで〔南三陸町への〕支援活動の一環」として「何とかして南三陸を助けたい」一心でやってきたと語った。B氏にとって「オリンピックやったからって町が復興するわけ」ではない。「オリンピックくっからみんなで頑張ろうなって」ことがまさに「復興五輪」なのであり、自身はホストタウン事業でポーランドの選手団を歓待したものの、その実「復興ではなくなってしまった」と感じていたという。最後に筆者がB氏に被災地に復興五輪がもたらしたレガシーについて問うと、「ないね」と断じた。

登米市職員

次に、登米市職員C氏の語りを取り上げる。[27] C氏は長沼でのボート競技振興に従事した経験があるために、小池都知事の長沼ボート場視察への協力後、教育委員会に所属して、事前合宿国誘致、ホストタウン事業に従事した。C氏によれば、長沼案浮上時、全国的な報道によって登米市への注目が高まった。宮城県、登米市は東京都などと連携調整に動き、市民は有志の手で「歓迎する市民の会」を立ち上げるなど、「ほんとに期待して」いた。小池都知事来訪時は多くの市民が「みなさん拍手喝采」で出迎え、「ぜひ長沼でオリンピックを開催しようって」「沸いたんだ」という。

登米市では、オリンピック競技を開催することついて、「復興五輪」の誘致・実現という枠組みに次のようなニュアンスを組み込むことで、いっそう期待が高まったと考えられる。

まず、内陸の自治体である登米市の人々は「あのとき（発災当時）の一週間はいまでも忘れられない」という思いをもつ一方で、「いちばん被害がひどかったのは沿岸」だと考えている。こうした思いから、C氏は「被災があった宮城で、登米、長沼」で競技が開催されれば、「〔沿岸部も内陸部も〕みなさんで一つのシンボルに向かって、元気になれる起爆剤にはなった」のではと語る。

加えて、地域の持続的発展・活性化に取り組む登米市にとって、長沼への会場変更は「登米市という名前」を全国にアピールできる「千載一遇のチャンス」であり、「人がもっとあふれて、にぎわいが出るんじゃないか、そういった意味合いが大き」かった。それだけに、C氏は落選の一報に落胆し、インタビュー中にも「踊らされてしまった」感覚を口にした。ただし、口にした直後に「そんなことないですよ」と取り消し、長沼案の浮上自体「これ以上はないシティプロモーション」であって「逆にありがたかった」と語った。

前述のとおり、登米市は復興ありがとうHTへの参加を見送った。最後に、この点についてのC氏の語りを紹介したい。

復興ありがとうに手を挙げるっていうのは被災にあった地域に対して（略）特化して支援いただいた国を、支援しましょう〔という背景があり〕、国ありきなんですよね。登米市とすれば、どこかの国からハード支援をいただいたりとかというわけでもなくて。

登米市はホストタウン・共生社会ホストタウンの指定を受け、長沼案浮上に伴う登米市の知名度上昇を先へとつなげようと、強豪チームの事前合宿誘致に照準を絞った。先述したように同市はポーランドの誘致に成功したが、C氏はこうした顚末について、長沼案浮上時は曲がりなりにも市民に保持されていた「復興五輪」を開催するという思いとは、「レガシーとなるべきスケール〔交流、地域振興などの規模、範囲〕の入れ替わりがあった」と捉えている。

4 「復興五輪」は「B級被災地」に何をもたらしたのか

本章前半でみてきたように、復興とオリンピックの交点である「復興五輪」という問題系で、本来復興の主体であるべき被災地が客体化されてきた。本章が焦点を当てた「幻の復興五輪」をめぐる混乱はその典型である。ただし、被災地はただただ翻弄された――大会推進側の決定を手放しに喜び、そして落胆する――わけではない。「復興五輪」関連事業を支援への感謝を発信するためだけでなく、復興の推進やまちづくりにしたたかに活用したのである。(28) 筆者はここに、「復興五輪」が被災地にもたらしたソフトレガシーのありようを見いだすことができると考える。

本章で浮き彫りになったのは、「幻の復興五輪」(「千載一遇のチャンス」)を次につなげようと奮闘した登米市にとって、もとから収まりが悪かった「復興五輪」の理念が長沼案立ち消え後さらに後景化したことであり、そうした独特な状況が同市固有の「どっちつかず」な文脈で形作られてきたことである。南三陸町出身のA氏とB氏に比べ、C氏の語りに長沼案が立ち消えたことへの憤りがそれほどみられないのも、登米市でのボート競技の開催が「復興五輪」というレトリックでは語りきれない意味をもつからだろう。

また、「幻の復興五輪」に関するC氏の立場（「被災があった宮城で、登米、長沼でもって復興五輪が開催できればㇾ」）とA氏・B氏の立場（「登米市は被災していない、被災していたのは「南三陸町」だ」「「登米市」ではなく、「宮城県」として頑張っているんだ」）、二つの立場からの語りを重ね合わせることでみえてくるものがある。それは、「被災地」に内在する被災の程度に関する差異と、「被災地」として一丸となって「復興五輪」の実現に取り組むための落としどころとしての「宮城」（両者を包摂し、各自治体の「復興五輪」への主体性を担保する）である。

ただし、自治体単位で登録するホストタウン事業では「宮城」の看板は掲げられない。復興ありがとうHTの主眼は被災自治体が震災時支援してくれた海外の国・地域に復興した姿をみせ、選手ら相手国・地域の人々と地元住民との交流を通じて支援への感謝を伝えることであり、震災時の支援を契機として交流が始まった国・地域を相手とするケースが最も多い[29]。登米市は「どこかの国から、ハード支援をいただいたりとかというわけでもない」ので「被災地」性の高さが要諦になる復興ありがとうHTの利用を見送ったのだった。

「復興五輪」は、「B級被災地」登米市に対し、曖昧だった同市の「被災地」性を問い、「被災地」性によらず、従来のボートの町としてのプロモーションへと立ち戻る機会をもたらしたといえる。「千載一遇のチャンス」を次につなげることができた同市は、「みなさんでタッグを組んで地域を盛り上げていく」（C氏）経験を積むことができた。本章ではこのことを積極的に評価し、長沼とボート競技に代表される登米市の固有性と、被害が小さいと捉えられがちな地震被害という独特の文脈で練り上げられた、ソフトレガシーの一つのありようとして捉えたい。

おわりに――復興五輪は終わらない、復興五輪を終わらせない

ここまでの「(幻の)復興五輪」を語り直す作業から浮かび上がってきたのは、「復興五輪」がいまだ終わっていないという見逃されがちな事実である。もちろん大会自体は閉会式をもって華々しい「終わり」を迎えたわけだが、復興ありがとうHTを通じた交流などは大会終了後こそが実質的な本番であるといえ[30]、「復興五輪」は震災からの復興と同様に引き続き注視すべき「終わらせられない」問題系である。

すでに述べたように、災害研究領域での「復興五輪」をめぐる学術的な議論は、復興政策を論じる次元にとどまっている。筆者は、同領域が「復興五輪」を時限的な問題系として捉えてきたことが、この低調の一因であると思う。「終わらない」問題として捉える視点が災害研究の領域に「復興五輪」を導き入れ、「終わらせない」ための次なる研究へとつなげていくだろう。本章で示したようなレガシーをどのように織り込み復興の歩を進めていくべきか。いま求められているのは、こうした問いに対する災害研究者による応答にちがいない。

注

(1)『第32回オリンピック競技大会(2020/東京)東京2020パラリンピック競技大会 東京都記録集』東京都政策企画局オリンピック・パラリンピック調整部管理課、二〇二三年、二五〇ページ

(2)笹生心太「「復興五輪」をめぐるポリティクス――災害パターナリズムに抗する被災地」、法政大学大原社会問題研究所編「大原社会問題研究所雑誌」二〇二一年九・十月号、法政大学大原社会問題研究所、七ページ

(3)高峰修「〝復興五輪〟としての東京2020――エネルギー問題をめぐる国内植民地」、同編著『夢と欲望のオリン

ピック――その多様な姿』所収、成文堂、二〇二〇年

（4）佐伯年詩雄「2020東京オリンピック競技会――レガシー戦略の虚像と実像」、日本スポーツ社会学会編「スポーツ社会学研究」第二十三巻第二号、日本スポーツ社会学会、二〇一五年

（5）『東京2020オリンピック・パラリンピック競技大会公式報告書第1部』日本語版、東京オリンピック・パラリンピック競技大会組織委員会、二〇二二年、一四ページ

（6）前掲『第32回オリンピック競技大会（2020／東京）東京2020パラリンピック競技大会 東京都記録集』三九四ページ

（7）『TOKYO2020 アクション&レガシーレポート』東京オリンピック・パラリンピック競技大会組織委員会、二〇二一年、一一〇ページ

（8）なお、有形のレガシーとしては、大会後に岩手県大槌町、宮城県利府町、福島県楢葉町に移設された復興のモニュメント（仮設住宅から再生したアルミを活用し、国立競技場近くに展示されていた）が挙げられている。

（9）まずは「復興五輪」というレトリックそのものへの批判である。冒頭でもふれたように、「復興五輪」は大会招致に対する社会的な批判をかわし、招致を勝ち取るための「方便」（笹生心太『「復興五輪」とはなんだったのか――被災地から問い直す』大修館書店、二〇二二年、一八ページ）、「誘致のための道具」（岡田知弘「災害と復興・祝祭をめぐる時間と空間の弁証法」、唯物論研究協会編『「復興と祝祭」の資本主義――新たな「災後」を探る』所収、大月書店、二〇二〇年、五〇ページ）にすぎないとして厳しく批判されてきた。また、「復興」が祭り上げられる一方で被災地が都合よく東京から切り離されてきた点を指摘する研究も多い。例えば、東京大会開催決定前後のテレビ報道が、「被災地・福島」の人々をオリンピックに否定的な、招致成功の喜びを共有することができない「他者」として位置づけてきたと論じる研究がある（水出幸輝「2020年東京オリンピック・パラリンピック開催決定と他者――テレビ報道を事例に」、日本スポーツ社会学会編「スポーツ社会学研究」第二十四巻第一号、日本スポーツ社会学会、二〇一六年）。次に、震災からの復興政策の文脈で、大会招致を疑問視する潮流がある。例えば、本来は相いれない復興とオリンピックが結び付くことで、福島第一原発事故の影響を大きく受けた地域について、短い期間で住民の帰還を進めるという無理な復興政策が推し進められ、東京大会が復興を終わらせかねないことが懸念されている（山下

祐介「復興オリンピック――なぜ、相反するものが一つになったのか?」、石坂友司/井上洋一編著『未完のオリンピック――変わるスポーツと変わらない日本社会』所収、かもがわ出版、二〇二〇年)。

(10) 例えば、前掲『「復興五輪」とはなんだったのか』を筆頭に、復興ありがとうホストタウンの枠組みで実施された各自治体の取り組みを整理した笹生心太/岩月基洋「復興ありがとうホストタウン」(笹生心太/松橋崇史編著『ホストタウン・アーカイブ――スポーツまちづくりとメガイベントの記録』所収、青弓社、二〇二三年)、聖火リレーなどを事例に延期措置に伴う被災地の負担増、そして浮き彫りになった責任の所在の曖昧さを指摘した境田雅章/河村和徳「復興五輪の一考察」(「愛知学院大学教養部紀要」第六十九巻第三号、愛知学院大学教養教育研究会、二〇二二年)などがある。

(11) 石坂友司『コロナとオリンピック――日本社会に残る課題』人文書院、二〇二一年、八五―八六ページ

(12) 宮原浩二郎「「復興」とは何か――再生型災害復興と成熟社会」、先端社会研究編集委員会編「先端社会研究」第五号、関西学院大学大学院社会学研究科二十一世紀COEプログラム「人類の幸福に資する社会調査」の研究、二〇〇六年

(13) 被災者にとっては生活再建、被災自治体にとっては地域再建、資本にとっては利潤増殖・資本蓄積、そして国家にとっては再建を基軸とする国益最大化が復興の目的となる(浅野慎一「東日本大震災が突きつける問いを受けて――国土のグランドデザインと「生活圏としての地域社会」」、地域社会学会編「地域社会学会年報」第二十七号、時潮社、二〇一五年、四五ページ)。

(14) 前掲「「復興五輪」をめぐるポリティクス」参照

(15) 山﨑真帆「境界からまなざす災害復興――葛藤する境界的被災者とレジリエンス」一橋大学大学院社会学研究科博士論文、二〇二二年

(16) 登米市東日本大震災の記録編集委員会編「東日本大震災の記録――震災対応と復興に向けて」登米市、二〇一四年、九―一〇ページ

(17) 同資料六一―六六ページ

(18) 前掲「境界からまなざす災害復興」参照

(19) なお、甚大な津波被害を受けた自治体と原発事故の影響で避難区域になった自治体の参加割合は四十二分の十八と半数以下である。「市の五輪関連の活動と復興は直接はつながらない」(岩手県三沢市)として参加を断念したケース、相手国から打診があったものの「復興途上」として実現しなかったケースなどがみられる(宮城県南三陸町)。
(20) 「東京2020オリンピック・パラリンピック競技大会に向けた宮城県の取組に関する基本方針」『東京2020大会宮城県開催記録誌』所収、宮城県企画部オリンピック・パラリンピック大会推進課、二〇二二年、八四ページ
(21) 前掲「復興五輪の一考察」
(22) 河村和徳/伊藤裕顕「被災地選挙の諸相(65)被災地から考える東京2020大会の延期と復興五輪」「選挙――選挙や政治に関する総合情報誌」第七十三巻第八号、都道府県選挙管理委員会連合会、二〇二〇年
(23) 前掲「2020年東京オリンピック・パラリンピック開催決定と他者」
(24) A氏が暮らした登米市内の仮設住宅は、村井嘉浩県知事が選手村予定地として選定し、一部をモデルルームとして改築した南三陸町最大の仮設住宅団地だった。
(25) 本章執筆にかかる聞き取り調査は、二〇一八年三月十四日に実施した(半構造化面接法を採用)。
(26) 本章執筆にかかる聞き取り調査は、二〇二三年七月十八日に実施した(半構造化面接法を採用)。
(27) 本章執筆にかかる聞き取り調査は、二〇二三年三月九日に実施した(半構造化面接法を採用)。
(28) 前掲『「復興五輪」とはなんだったのか』一八ページ、前掲「復興ありがとうホストタウン」
(29) 本制度に参加した内陸自治体について、特に岩手県と宮城県では、各国の支援を沿岸部自治体からの避難者支援に充てるなどした自治体が、沿岸部自治体を巻き込んで交流を展開したケースが多い。例えば、ドイツから義援金を受けた山田町と連携して同国との交流事業を実施した岩手県雫石町、チリから支援を受けた南三陸町と連携して同国との交流事業を実施した宮城県加美町などが挙げられる。
(30) 前掲「「復興五輪」をめぐるポリティクス」参照

第13章　ニュースポーツの採用がもたらしたもの

水野英莉

はじめに

二〇二一年八月四日、有明アーバンスポーツパークでは、スケートボード女子パークの決勝がおこなわれた。予選を一位で通過した岡本碧優選手は、難易度が高い大技の着地に失敗して四位に終わった。演技終了後、涙を浮かべて悔しがる岡本選手に女子選手たちが駆け寄り、肩に乗せて抱え上げ、その健闘をたたえた。ライバル同士の選手たちが互いにたたえあい、勝敗よりも果敢にチャレンジすることを重視する様子は、東京大会を象徴するシーンとしてよく取り上げられた。スケートボードやサーフィンなどの新しい競技は、競争主義のオリンピックに新しい価値観を示したと好意的に評価されている(1)。

スケートボードのほか、東京大会ではサーフィンやスポーツクライミングなど、五競技が追加種目として採用された。これらのスポーツは、エクストリームスポーツ、ニュースポーツ、ライフスタイルスポーツなどと呼ばれ、若者にも人気がある。オリンピック競技としてこれまで採用されてきた西洋的・成果主義的な近代スポーツ文化とはやや異なり、リスクを含んだパフォーマンスや、独自のライフスタイル構築に重きを置く、対抗文化の要素を含むなどの特徴がある。これらのスポーツは、競争を重視するオリンピックに長い間抵抗してきた。にもかかわらず、オリンピックのテレビ視聴者の高齢化が進み、若者とのつながりを取り戻す努力を続けてきたIOCは、オリンピックとは相いれない価値観をもつと考えられてきたこれらの「非正統的」なスポーツをオリンピックに組み込むことにしたのである。

本章では、東京大会に追加された競技を、新しく追加されたという意味と近代スポーツとは異なる経歴をもつスポーツであるという意味を込めて「ニュースポーツ」と呼ぶことにし、これらの競技の採用が何を意味するのかを検討する。相反する価値観をもつようにみえるIOCとニュースポーツだが、ニュースポーツを採用したことで、IOCが期待した成果はあったのか。ニュースポーツのオリンピックへの包摂はどのような意味をもつのか。ニュースポーツの採用の意味を多角的に検討していく。

1　3S(surf/skate/snow)カルチャーとはなにか

議論に先立ち、まずサーフィンやスケートボードという活動にはどのような特徴があるのか、これまで論じられてきたことを振り返っておこう。

東京大会で追加されたサーフィンやスケートボードは、スノーボードを加えて、その頭文字から3S（surf/skate/snow）と呼ばれることがある。日本では俗に「横乗り系」ともいわれ、文化的に近似していて、愛好者も重なっている。三つのなかではサーフィンが最も歴史が古い。サーフィンは一九一〇年代にハワイからカリフォルニアに紹介され、三〇年代から四〇年代に、カリフォルニア州ハンティントンビーチ周辺で、サーフィンを中心としたライフスタイルが始まった。六〇年代にかけて北米本土に浸透し、世界各地に拡大していった。[2]スケートボードは五〇年代（諸説あり）に、波がない時期に陸地でできるアクティビティーを探していたサーファーが始めたといわれている。(3) スノーボードの場合は、七〇年代ごろに、スキーと同様の素材を採用した道具が開発された。(4) スノーボードは九八年の長野大会からオリンピック競技になっている。

水や雪の上を、道具を使って滑るという行為自体は、サーフィン／スノーボードという名称が普及する以前から、世界中の人々が生活や娯楽のために長らくおこなってきた。しかし今日3Sカルチャーというときそれは、前述したように二十世紀に北米を中心に発展した文化を指す。第二次世界大戦後、ベトナム戦争とその反対運動というアメリカ社会の激動のなかで、既存の体制や価値への抵抗と中産階級的な消費資本主義への疑問が、3Sカルチャーを通じて表現されてきたのである。3Sカルチャーの根幹にはいまもこのイデオロギーが息づいているということを含意するのである。サーフィンの先駆的研究者であるジョン・アーウィンは、サーフィンを「第二次世界大戦以来の米国の若者を風靡した一連の集合行動のプロトタイプ」と位置づけ、「参加者の強力な関わり、実験的・革新的・自発的」な特徴があると述べている。(5) オリンピックの競技になったにもかかわらず、サーフィン、スケートボード、スノーボードが「スポーツ」なのかどうか、現在でも愛好者たちのあいだで意見が分かれるのは、こうした来歴と深く関わっているのである。サッカーやラグビーなど多くの近代スポーツは、十九世紀のイギリス階級文化との関わりのなかで若い男性の身体規律を確立する手段として発展してきた。3Sカルチャーにはそれとはまったく異なる誕生と発展の過程があるからだ。

3Sのほかにも、インラインスケート、ウインドサーフィン、スカイダイビング、BMX（バイシクルモトクロス）、スノーボードなども、いわゆる正統的で伝統的なゲーム型やチーム型のスポーツとはやや異なる特徴がある。これらの身体活動の総称として、エクストリームスポーツ、Xスポーツ、オルタナティブスポーツ、ポストモダンスポーツ、ニュースポーツ、アクションスポーツ、ライフスタイルスポーツなどがある。エクストリームスポーツという呼び方の背景には、一九九六年におこなわれたアメリカの放送局ESPNによるエクストリームスポーツの祭典「X Games」がある。この呼び方は、リスクを含んだパフォーマンスの、ラディカルで、非日常的で、普通ではない性質[6]を表している。ライフスタイルスポーツと呼ばれる際には、参加者たちが西洋的・成果主義的な近代スポーツ文化とは異なる文化を生きていることを強調する。独自のライフスタイルとアイデンティティ構築のために参加者たちが重大な投資をしていることを焦点化する用語である。[7]

さらには、サーフィンが白人、中産階級、西洋の男性によって支配されてきた点を批判的に検討する研究も多い。[8]例えば、ハワイでのサーフィンは欧米諸国に「発見」されて以来、植民地支配下での禁止などにさらされながらも、ハワイアンたちによって続けられていて、波の上は彼らにとって自律性とアイデンティティを見いだす避難場所だった。[9]いずれにせよ3Sカルチャーは反権力の表現と深く関わってきた経緯がある。

2　オリンピックの新競技が残したもの

東京大会のレガシー

「より速く、より高く、より強く」をモットーとする近代主義の象徴のようなオリンピックが、競争よりもスタイルを重視する3Sカルチャーを、なぜ採用することにしたのか。[10]紙幅の都合で詳細は省くが、IOCにオリンピック離れに対する深刻な危機感があったことがまず挙げられる。二〇一三年に会長になったトーマス・バッハは「若者」「都会」「女性」を重点的に取り込んでいく方向性を強化し、開催都市にレガシーを残し、若い世代にアピールすると見なされた五競技を追加した。また、当該スポーツ普及を目指す国際競技連盟（IF）によるロビー活動も大きな影響力をもつ。サーフィンの場合は国際サーフィン連盟（ISA）会長のフェルナンド・アギーレが、二十年以上前から、オリンピックへの参加を熱望し、IOCの採用基準に合わせてグローバルな活動を積極的に展開してきたことも影響している。[11]

それでは、新たに導入された競技は、オリンピックや日本社会に期待どおりの成果を残したのだろうか。スケートボードは日本人選手が男女ともにストリートの種目で優勝するなど若い選手が活躍したことで注目を集めた。しかし、それ以上に人々の印象に残ったのは、冒頭にふれたように、女子選手が互いをたたえあう様子や、プロスケーターのフランクな解説（「ゴン攻め」）[12]だった。こうしたスケートのカルチャーが鮮烈な印象をもたらしたことで、ＩＯＣが切望していた若者の視聴者層を獲得することができた。[13]

また、東京大会が残したハードレガシーに目を向けると、サーフィン競技の開催地だった千葉県では、選手村で使われた千葉県産の木材が、駐車場の柵や、駅やコミュニティーセンターのベンチに使われている。また、競技会場だった釣ヶ崎海岸には、サーフボードと波をモチーフにしたモニュメントが設置された。また競技時に使用された施設に新しく水洗トイレやシャワー室を整備した施設ステラ釣ヶ崎が一般利用に供された。[14]ステラ釣ヶ崎は、スポーツ振興くじ助成の二〇一八年度東京オリンピック・パラリンピック競技大会等施設整備助成（四千四十九万七千円）と千葉県の補助金を活用して整備された。ＢＭＸやスケートボードの競技が実施された有明エリアは、有明アーバンスポーツパークとして運動施設や飲食施設を整備したうえでの開業を予定している。[15]

オリンピック効果でスケートボード人口は増えているといわれているが、有明アーバンスポーツパークのように、スケートパークが歓迎されるのはごく稀なケースだとする意見もある。東京都大田区のショップ経営者は、アクセスがいい地域に建設しても、近隣住民から騒音ではなく「見慣れない格好の人がうろうろしている」というクレームがきて、スケーターへのまなざしにはまだまだ偏見があると語る。[16]パーク設立自体は区議会で賛同を得ても、市民に認知・受容されないという障壁はあるようだ。

一宮町のサーフォノミクス

一方、サーフィン競技の会場になった一宮町は、地域創生戦略として、「サーフォノミクス」を提唱していて、サーフィンが人口政策に欠かすことができない要因となっている地域もある。一宮町は東京大会後、「オリンピックレガシーとしてのサーフォノミクスの拡大」を、町が取り組んでいく最重要課題として掲げている。その一環として、二〇二六年までに「世界サーフィン保護区（World Surfing Reserves）」の申請を目指すとしている。[17]世界サーフィン保護区の活動をおこなっている「Save The Waves Coalition」のミッションは、サーフィンが長期的な沿岸保全のための積極的な手段を提供することだという。[18]これまで保護区として認定された十二の地域は世界でも有数のサーフスポットである。審査基準は波の質だけでなく、保護できるだけの資金と法的・政策的枠組みがあるかどうか、自然・文化が優先的に保全されている地域であるかなど、厳しい項目が並ぶ。[19]一宮町は、年間六十万人から七十万人のサーファーが訪れ、年間三十二億円の経済効果があるとしている。オリンピック期間だけで町内需要は三十二億円とも見込まれたが、オリンピックが無観客で開催されたことで、経済効果は予想を大幅に下回ったと考えられる。[20]それでも現在人口約十二万人の一宮町にとって、サーフィンはまちづくりの要である。オリンピック会場になったことで地域のブランド力が強化されることを一宮町は期待している。

とはいえ、サーフィンによる地域おこしを掲げて国から受けた交付金が「泡と消えた」のではないかという疑問が呈されている現実もある。二〇一四年に安倍晋三政権が閣議決定した人口減少対策「まち・ひと・しごと創生総合戦略」を受け、各自治体は「地方版総合戦略」を策定し、その実現に向けて国から「地方創生推進交付金」が給付された。一宮町では、一宮版サーフォノミクスを提唱し、一六年度事業分として七千二百万円を受給し、町はサーフィンセンターや移住者向け住宅の整備を構想し、用地測量や経済効果調査などに交付金を充てた。しかしその後、建設費が確保できずに計画は頓挫した。町議会では「多額が動いたのに町に生かされなかった」と、いまなお議論が続いている。[21]

また、地域住民が東京大会開催に振り回されて疲弊している様子はメディアでも報道されている。[22]その記事は、サーフィンフランス代表選手の滞在施設になった千葉県いすみ市の宿泊施設の総支配人が、受け入れは宣伝になるどころではない、コロナ感染は大丈夫か、かえって逆効果になるのではと不安がる様子を伝えている。選手を受け入れる契約を結んだきり、二年近く組織委からは何の連絡もなく、延期かどうかもわからなかったという。七月中旬になっても宿泊人数は知らされず、緊急でフランス選手団に食事を準備してほしいといわれたり、コロナ対策関連の大部の書類に三日でサインをするよう要請されたりしたという。この総支配人は、「オリンピックって、もっとすごいものだと思ってた。でもいざやるとなったら、こんなにでたらめなんだと」と話し、組織委への失望をあらわにしていた。

ホストタウン交流

国や組織委員会と地域の連携が比較的うまくいった例もある。東京大会が、地域社会にサーフィンが根付いていく契機になったのは、開催地の一宮町だけではなく、ホストタウン[23]（本書第11章「開催地域が生み出した遺産——世田谷区のホストタウン事業と「うままち」の取り組み」〔石坂友司〕を参照）としてサーフィン代表選手を受け入れた地域も同様である。静岡県牧之原市と下田市は、ホストタウンとしてサーフィンのアメリカ代表選手を受け入れた。牧之原市には人工波プール・静波サーフスタジアムがあり、オリンピック会期中のアメリカ代表選手の練習拠点として利用された。

新型コロナウイルス感染症の感染拡大によって地域との交流がおこなわれなかったため、大会後にホストタウン交流事業として、東京大会サーフィン女子金メダリストのカリッサ・ムーア選手ほか、アメリカ代表選手が再訪している。二〇二二年十一月一日から三日にかけて、静波サーフスタジアムでおこなわれた交流イベントでは、ムーア・アロハ財団とアメリカサーフィン代表選手による日本サーフィン連盟女子ジュニア日本代表選手へのサーフトレーニング、そして最終日には相良高校サーフィンサークルと下田中学校サーフィン部へのサーフレッスンがおこなわれた[24]。牧之原の相良高校サーフィンサークルは、全国でも珍しいサーフィンのサークルである。生徒数の減少で部活動が成り立たなくなったので、週に一回サークル活動として取り組む方式に変え、生徒に活動の選択肢を増やしていくことにした[25]。市内にある静波サーフスタジアムの協力を得て、人口造波装置のあるプール施設を利用しスタッフから指導を受けている。年間を通じて安定した波で練習できることや、経験者から指導を受けられることは、とても恵まれた環境であり、市と学校、サーフィン関係者の協力体制が築かれたことがうかがえる。とはいえ、これまで日本各地にあった人口波施設は、すべて採算が取れず次々に閉鎖されていて、運営に莫大な費用がかかるこれらの施設が維持できるのかは、今後注視していかなければならないだろう。[26]

3　「レガシー」をどう考えるか

ここまで、ニュースポーツの採用が、オリンピック／IOCに、そして開催地になった地方自治体や住民に、何をもたらしたのかをみてきた。若者と女性を取り込み、都市にレガシーを残したかったIOCにとっては、期待以上の成果があったと考えていいだろう。それでは、開催地の地方自治体にとってはどうだったか。地方自治体は人口減と産業の衰退に歯止めをかけるために、オリンピック開催を大きなチャンスと捉えていた。

しかしながら、実際にはスケートボードパークの例からもわかるように、これまで市民にとって得体の知れない「迷惑な存在」だったスケーターを、オリンピック後に急にまっとうな存在と認知するのは困難だった。有明アーバンスポーツパークが残されたので、大小の大会を開くなどの使い方はできるかもしれない。しかしライフスタイルと密接に関わるスケートボードのようなスポーツが、例えば若者が日常の暮らしのなかで始めたり継続したりというようにして、住民にとってのレガシーとして残るのはそれほど容易ではなく、オリンピック後に一気に可能になるものでもない。石坂友司がいうように、IOCや政府、ときには地方自治体も含め、その大きなイベントを企画する側の宣伝アピールと実際にそこに住まう人々の生活をレガシー概念に埋め戻す作業をすることではじめて見えてくる限界や課題というものがある。[27] サーフォノミクスを推進する一宮町にしても、交付金を得た計画がうまく機能せず頓挫している現状は、特にサーフィンをしない地域住民にとっては看過できない問題だろう。オリンピックによってサーフィンの認知度は確かに向上し、移住者が増えるなどの経済効果もあったが、市民の理解を得て継続的に施策を進めていくことができるかは未知数の部分も多い。

いまではコロナ禍の混乱はすでに忘れられがちだが、いすみ市の宿泊施設の例のように、未知のウイルス感染におびえ、組織委の指示に振り回され、期待していた経済効果もなかったという経験をした住民が一定数いたことはまぎれもない事実である。組織委が前例がない事態への対応で混乱していたということはあるかもしれないが、そもそもオリンピックとスポーツ界が社会との対話を拒み続け、一部の利害関係者によって競技会開催の是非が判断されようとしたことも記憶にとどめておく必要がある。[28]

さらにもう一つ脇に追いやられがちなのが、競技者、競技団体関係者、競技で生計を立てる関係者以外の、ニュースポーツをするごく一般の人々にとって、ニュースポーツがオリンピック競技になることはどんな意味や影響があるのかである。[29] 関係者にとっては経済面でも、社会的認知の面でも、競技の普及や強化につながるオリンピックは大きな意味をもつ。実際、日本サーフィン連盟（ＮＳＡ）は、日本スポーツ協会への加盟、体育協会への加盟をすませ、高校総体や国体への参加や、ＮＳＡの公益財団法人化を計画している。これまで逸脱的・排他的な対抗文化だったサーフィンが、人気がある大衆文化、正統的なスポーツへと変貌するのに、オリンピックはこれ以上ない機会だっただろう。オリンピック競技、正統的なスポーツであるためには、アンチドーピングの規定やジェンダー平等にも配慮する必要があり、その点で多くの人にとって開かれたスポーツになった部分は確かにある。[30] しかしこのことは同時に、これまでどこかでかろうじてでも維持されていた権威からの自由や抵抗の姿勢を失うなど、文化的な変容を伴うことを意味する。この点は国内で十分議論されているとはいえず、気づいたときには文化的なオリジナリティーが失われているということになりかねない。

おわりに

東京大会でのニュースポーツの登場を、本章ではさまざまなアクターの立場から多角的に分析してきた。レガシーと見なされるオリンピックの遺産が、どのような人々によって、どのように作り出されるのか、具体的な事象を通じて検討した。スポーツの政治・経済利用は、必ずしも上から一方的に押し付けられるものではなく、多くの人々の利害や思惑の交錯するなかにあり、その複層的なありようこそが現実だといえる。

最近では二〇二二年に自民党サーフィン議員連盟が発足するなど、サーフィン組織関係者が与党自民党との結び付きを強めている。東京電力福島第一原子力発電所の放射性物質を除去したALPS処理水放出後の南相馬で開催された「KITAIZUMI SURF FESTIVAL」を、議員連盟のメンバー五人（小泉進次郎、笹川博義、高村正大、勝俣孝明、朝日健太郎）と西村康稔経済産業大臣（当時）が訪れ、大きなニュースになった。ベリンダ・ウィートンとホリー・ソープが述べたように、ISAや国外選手は、東日本大震災や福島第一原子力発電所事故の影響を懸念し、直前まで人工波施設での開催を模索していた。[31] しかし最終的には、「復興」をアピールしたい政権与党の方針やレガシーを重視するIOCの思惑から、地震と津波で海から遠ざかった人々を海に呼び戻すことが目指され、海での開催になった。[32] こうしたことに対して、日本社会やサーフィン文化内部で十分な議論がされないのは非常に危ういことに思える。

二〇二四年パリ大会のサーフィン会場であるタヒチ島（フランス領ポリネシア）では、オリンピックのためにジャッジタワーが新設された。珊瑚礁を破壊するこの計画に、地域住民や選手たちが反対運動を起こし、[33] ISAも新タワーのかわりに、陸からの望遠レンズを使用したジャッジなどを提案していた。パリ大会組織委員会は反対運動の広がりを重く見て、当初の計画よりも規模を縮小し、利用人数を制限、トイレのための水道管や汚水管の敷設も取り止めた。大会はタヒチらしい難易度が高い波で開催され、見応えがある試合が繰り広げられたが、その成功はオリンピックが抱える問題性を覆い隠してしまう。そのことはまた、フランス領タヒチというサーフィンの「楽園」は、フランスの核実験地や植民地だった過去をも覆い隠してしまうことを意味するだろう。[34] 今後ニュースポーツがどのような方向に進んでいくにせよ、変化の道筋を批判的に考え、自らの文化の価値や問題について知識をもって備えていくことが必要になるだろう。人生を楽しく豊かにするスポーツが、楽しく豊かなものであり続けるには、ただそのスポーツを愛好するだけでは不十分だということを突き付けられているのが、今日のニュースポーツなのではないだろうか。

注

(1)「オリンピック新競技 アスリートたちが示した〝価値観〟」「NHK」(https://www3.nhk.or.jp/news/special/2020news/special/article_20210823_01.html)［二〇二三年十二月三十一日アクセス］、「スケボー岡本碧優、攻め続けた4位 担ぎ上げで最高のリスペクト」「毎日新聞」二〇二一年八月四日付(https://mainichi.jp/articles/20210804/k00/00m/050/368000c)［二〇二三年十二月三十一日アクセス］

(2) 小長谷悠紀「日本におけるサーフィンの受容過程」、立教大学観光学部編「立教大学観光学部紀要」第七号、立教大学観光学部、二〇〇五年

(3)「「スケートボードとは、どんな競技&カルチャーですか?」基礎知識を解説!」「Red Bull」(https://www.redbull.com/jp-ja/skateboarding-101-beginner-guide)［二〇二三年十二月三十一日アクセス］

(4) 田嶋リサ『スノーボードの誕生――なぜひとは横向きに滑るのか』(春陽堂ライブラリー)、春陽堂書店、二〇二一年

(5) John Irwin, "Surfing: The Natural History of an Urban Scene," *Urban Life and Culture*, 2(2), 1973, Sage Publications. 訳は筆者による。

(6) Robert E. Rinehart and Synthia Sydnor eds., *To the Extreme: Alternative Sports, Inside and Out*, State University of New York Press, 2003.

(7) ベリンダ・ウィートン『サーフィン・スケートボード・パルクール――ライフスタイルスポーツの文化と政治』市井吉興/松島剛史/杉浦愛監訳、ナカニシヤ出版、二〇一九年

(8) Irwin, op. cit., Lisahunter, ed., *Surfing, Sex, Genders and Sexualities*, Routledge, 2018, Scott Laderman, *Empire in*

Waves: A Political History of Surfing, University of California press, 2014. Dexter Zavalza Hough-Snee and Alexander Sotelo Eastman eds., *The Critical Surf Studies Reader*, Duke University Press, 2017、水野英莉『ただ波に乗る Just Surf――サーフィンのエスノグラフィー』晃洋書房、二〇二〇年

(9) Isaiah Helekunihi Walker, *Waves of Resistance: Surfing and History in Twentieth-Century Hawai'i*, University of Hawai'i Press, 2011.

(10) 市井吉興「『アーバンスポーツ』と二〇二〇東京オリンピック――国際オリンピック委員会が期待する『スポーツの都市化』とは何か?」、唯物論研究協会編「唯物論研究年誌」第二十四号、大月書店、二〇一九年、水野英莉「オリンピックによる「ゲーム・チェンジ」の批判的検討――東京２０２０における「アーバンスポーツ」の取り込みとスケートボード」、三浦耕吉郎／小川博司／樫田美雄／栗田宣義／好井裕明編「新社会学研究」第七号、新曜社、二〇二二年

(11) 水野英莉「オリンピック・ウォッシング?――サーフィンがオリンピック競技になるとき、ジェンダー平等／公正は実現するのか」、法政大学大原社会問題研究所編「大原社会問題研究所雑誌」二〇二一年九・十月号、法政大学大原社会問題研究所、同「東京２０２０における新競技採用がもたらしたもの」、石坂友司責任編集「現代スポーツ評論」第四十六号、創文企画、二〇二二年

(12) 「スケボー「ゴン攻め」解説者　選手は「まじやばかった」」「朝日新聞デジタル」二〇二一年七月二十七日付(https://digital.asahi.com/articles/ASP7V7HP3P7VULEI00B.html)［二〇二三年十二月三十一日アクセス］

(13) 「【東京２０２０オリンピック開催】テレビ視聴の実態を全国レベルで把握」「VR Digest+」(https://www.videor.co.jp/digestplus/tv/2021/10/45292.html)［二〇二三年十二月三十一日アクセス］

(14) 「【千葉県民の日特集】 地方創生〝特効薬〟に　サーフィン会場の一宮町」「千葉日報」(https://www.chibanippo.co.jp/news/local/945883)［二〇二三年十二月三十一日アクセス］

(15) 「有明アーバンスポーツパーク　事業候補者を決定　新たなスポーツの聖地が２０２４年10月誕生!」「東京都」(https://www.metro.tokyo.lg.jp/tosei/hodohappyo/press/2023/03/30/36.html)［二〇二三年十二月三十一日アクセス］。二〇二四年七月に、有明アーバンスポーツパークのネーミングライツパートナーとして、ミンカブ・ジ・インフォノ

イドが選定され、施設の愛称は「livedoor URBAN SPORTS PARK」と決定された。ネーミングライツの付与期間は五年間、年額は一億円、総額五億円（消費税など別途）の契約となる。東京都立のスポーツ施設で、第三セクターを除く民間事業者がネーミングライツを募集・付与する事例は初となる。

（16）沼澤典史「「近隣住民からのクレームで」完成したのにスケボーパークが一度も使えず…《日本ではスケボーをやる場所がない》問題」「Number Web」（https://number.bunshun.jp/articles/-/849978?page=3）［二〇二三年十二月三十一日アクセス］

（17）「第2期一宮町まち・ひと・しごと創生総合戦略」「一宮町」（https://www.town.ichinomiya.chiba.jp/machizukuri/3/19.html）［二〇二三年十二月三十一日アクセス］

（18）「SAVE THE WAVES」（https://www.savethewaves.org/ja/）［二〇二三年十二月三十一日アクセス］

（19）「千葉・一宮町が世界サーフィン保護区申請へ 日本初の挑戦 五輪レガシーとサーフォノミクス拡大目指す」「THE SURF NEWS」（https://www.surfnews.jp/feature/column/70695/）［二〇二三年十二月三十一日アクセス］

（20）「【サーフィン】五輪期間中の経済効果は10億円以上？サーフィン競技会場、千葉県一宮町の現在（後編）」「Sportsnavi」（https://sports.yahoo.co.jp/official/detail/2020081700039-spnaviow）［二〇二三年十二月三十一日アクセス］

（21）「国の交付金7200万円が泡と消えた!? 千葉・一宮町、サーフィンで町おこしのはずが…使途に疑問符〈ニュースあなた発〉」「東京新聞」二〇二三年十二月二十六日付（https://www.tokyo-np.co.jp/article/298188）［二〇二三年十二月三十一日アクセス］、「千葉一宮町長「サーフィンセンター」設置撤回 交付金還流疑惑」「YouTube」（https://www.youtube.com/watch?v=JMW1GNnHl7Y）［二〇二三年十二月三十一日アクセス］

（22）「五輪がやってきたサーフィンの町、覚めた夢と未練」「Reuters」（https://www.reuters.com/graphics/OLYMPICS-2020/SURFING-LJA/gjnpwqqbapw/）［二〇二三年十二月三十一日アクセス］

（23）「ホストタウンの推進について」「首相官邸」（https://www.kantei.go.jp/jp/singi/tokyo2020_suishin_honbu/hosttown_suisin/index.html）［二〇二三年十二月三十一日アクセス］

（24）「すべては子供たちの笑顔のために。カリッサ・ムーアがムーア・アロハ財団でみんなにシェアしたかったこと。」

「SURF MEDIA」（https://surfmedia.jp/2022/11/07/moorealoha-in-makinohara/）［二〇二三年十二月三十一日アクセス］

(25)「生徒数減少で部活がピンチ 選択肢にサーフィンを（二〇二二年四月二十八日放送）」「ＮＨＫ」二〇二二年（https://www.nhk.jp/p/ts/5MN78XKQYX/blog/bl/pE02pD9eDo/bp/p18yXOy9Aw/）［二〇二三年十二月三十一日アクセス］（現在は閲覧不可）

(26) 静波サーフスタジアム以降も日本では複数のウェイブプール（人工造波の装置を備えたプール）の建設が予定されている。三重県志摩市では、伊勢志摩文化開発が、「パーフェクトスウェル志摩」と命名したウェーブプールを建設すると発表した。静波サーフスタジアムと同じアメリカンウェイブマシーン社の造波装置 Perfect Swell が導入され、本格的で多種多様な波を作り出すことができるという。二〇二六年夏の開業を予定している。また、滋賀県草津市では、ＪＰＦが「WAVE PARK BIWAKO（仮）」の建設を予定している。約七十五億円かけて飲食店や宿泊施設を備えた複合型のレジャー施設が建設される計画である。大型プールに日本国内初となる WaveGarden 社製造波装置が導入される。二八年五月ごろ開業予定という。「三重県志摩市に世界最大規模のサーフィンウェーブプール「パーフェクトスウェル志摩」２０２６年夏に開業予定」「SURF MEDIA」二〇二四年三月付（https://surfmedia.jp/2024/03/14/perfect-swell-shima/）［二〇二四年八月二十五日アクセス］、「滋賀県の琵琶湖に人工サーフィン施設（ウェーブプール）を中心とした複合施設「WAVE PARK BIWAKO（仮）」」「SURF MEDIA」二〇二四年二月付（https://surfmedia.jp/2024/04/10/wave-park-biwako/）［二〇二四年八月二十五日アクセス］

(27) 石坂友司「オリンピック・レガシー研究の隘路と可能性――ポスト・オリンピック研究に向けて」、日本スポーツ社会学会編集企画委員会編『２０２０東京オリンピック・パラリンピックを社会学する――日本のスポーツ文化は変わるのか』所収、創文企画、二〇二〇年

(28) 石坂友司『コロナとオリンピック――日本社会に残る課題』人文書院、二〇二一年。ほかにも、住民や選手ではなくオリンピック関係者の都合で進められた例として、サーフィン競技の日程がトーマス・バッハ会長の視察日に合わせて前倒しされたと考えられる件や、三密回避が要請されるなかで音楽フェスを盛り込んだサーフィンフェスをおこなおうとしてＳＮＳなどでバッシングされた件（のちに中止された）などがある。

（29）サーフィン関係者にとってのオリンピック競技化の意味については、前掲「東京２０２０における新競技採用がもたらしたもの」を参照のこと。

（30）組織委の森喜朗会長（当時）による「女性蔑視発言」を受け、毎日新聞社の記事で「女性ゼロの団体は日本サーフィン連盟で、十三人の理事全員が男性だった」と指摘された。ＮＳＡは連盟創立以来、初の女性理事を急遽起用し、女性理事の割合は三〇％になった。そのほか、ジェンダー平等の推進については、前掲「オリンピック・ウォッシング？」を参照のこと。

（31）水野英莉「ウェイブプールの建設ラッシュから考えるサーフィンの未来」、市井吉興責任編集「現代スポーツ評論」第四十九号、創文企画、二〇二三年

（32）Belinda Wheaton and Holly Thorpe, *Action Sports and the Olympic Games: Past, Present, Future*, Routledge, 2022.

（33）「パリ五輪タヒチ・チョープーで新タワー完成　反対運動押し切る」「THE SURF NEWS」（https://www.surfnews.jp/news_topics/news/74998/）［二〇二四年八月二十五日アクセス］

（34）「パリ五輪サーフィン会場の「楽園」に隠された、核と植民地主義の暗い歴史」「COURRiER」（https://courrier.jp/news/archives/372472/）［二〇二四年八月二十五日アクセス］

第4部　価値の変容／社会の変化

2020/LEGACY

第14章　スポーツ組織の取り組みから「ジェンダー平等」を問う

山口理恵子

はじめに

「女性理事を四割というのは文科省がうるさくいうんですね。だけど女性がたくさん入っている理事会は時間がかかります」「私どもの組織委員会にも、女性は何人いますか、七人くらいおられますが、みんなわきまえておられます。みんな競技団体からのご出身で国際的に大きな場所を踏んでおられる方々ばかりです。ですからお話もきちんとした的を射た、そういうのが集約されて非常にわれわれ役立っていますが、欠員があるとすぐ女性を選ぼうということになるわけです」（二〇二一年二月三日、ＪＯＣ臨時評議員会で[1]）。

さて、これはいったい、誰の発言だろうか。――統計を取ったことはないが、「森喜朗」と答えられる人の割合は、東京大会が終了して二年が経過した二〇二三年八月時点でも、いまだ多いのではないだろうか。では、森の発言の何が問題だったのかを明確に答えられる人の割合ははたしてどのくらいなのだろうか[2]。

『公式報告書』には、「東京大会が残したレガシー」として「大会を間近に控えた時期に起きた組織委員会幹部や関係者の人権に関する言動は、組織委員会がジェンダー平等や多様性と調和の重要さを再認識する契機となっただけでなく、日本社会全体の議論を活発化させることになった」（二七―二八ページ。傍点は引用者）とあるが、この報告書にも森発言の何が、どのように問題だったのかは明記されていない。

本章では、まず森発言による騒動を振り返るとともに、「東京大会が残したレガシー」と記されたものがどのようなものかを精査するために、騒動の影響力について検討していく。後半は、森発言の騒動後に流行語になったとされる「ジェンダー平等」という言葉について、国際的な動きを視野に入れて検討していく。

1　東京大会とジェンダー問題

森発言があった二月三日の夜に「#わきまえない女」という投稿が「Twitter」（現「X」）に登場すると、そのハッシュタグをつけた投稿はたちまちのうちに広がり、翌四日午前に「#わきまえない女」がトレンド一位になった(3)。ドイツやスウェーデンなどの各国大使館も森発言に抗議する投稿をしている(4)。東京都には、四日から五日の夕方までに発言に対する苦情や会長解任を求める声が五百件以上寄せられたとされ、六日には、ニュース配信ネットメディアの「Chose Life Project」（以下、CLP）で「Don't Be Silent：#わきまえない女たち」と題したトークイベントが企画された。CLPでは続篇が四月、六月と二回にわたって配信された。

会長解任を求める署名活動や、森発言に対する抗議、撤回や謝罪を求める声明文も、弁護士団体や学術団体などから寄せられた。スポンサー企業からも苦言が出され、二月八日時点で大会ボランティアの辞退が三百九十人を超えた(5)。このころ、聖火リレーの辞退者も出始めていて、二月十二日に、森はついに辞意を表明した。

森の辞任後、組織委会長に橋本聖子が就任し、二週間後の理事会で、女性理事が新たに十二人追加された。組織委の女性理事の割合がそれまでの二〇・五八％から四二・二二％へと一気に引き上げられ、ジェンダー平等推進チームも新たに創設されることになった。小谷実可子がチームヘッドに就任し、「この機会に大会ビジョンの一つである「多様性と調和」を改めて見つめ直」すと、東京都オリンピック・パラリンピック準備局ウェブサイトにその意気込みが記された。(6)

森辞任後の組織委の一連の動きから明らかになるのは、「多様性と調和」という大会ビジョンが早くから掲げられていながらも、組織委内部のジェンダー課題はそれまでほとんど議論されず閑却されたままだったことである。しかし仮に森発言がなかったとしても、大会の準備期間中にジェンダー問題に関連した出来事はすでに起こっていた。二〇一七年のゴルフ会場をめぐる議論だ。

東京大会のゴルフ会場とされていた埼玉県の霞ヶ関カンツリー倶楽部が、女性を正会員として認めていないことについて、東京都知事の小池百合子が「違和感を感じる」とし、「組織委員会の方でこの問題について対処なさるものだ(7)」と指摘した。これに端を発し、その後の参議院予算委員会で首相の安倍晋三も「そこで五輪を開くというのはどうかという意見があるのは当然(8)」と言及、五輪担当相の丸川珠代は閣議後の記者会見で「オリンピック憲章に掲げる男女平等原則を、オリパラ成功のために重要なものと考えていただくべき(9)」と発言した。都知事・首相・五輪担当相が、倶楽部側の「女性差別」を追及する構図になり、結果として倶楽部は二〇一八年五月の理事会で、一九二九年の開場以来初めて女性を正会員として承認した。

倶楽部の規則に関する議論は、この時点で、組織委が「多様性と調和」の意義を再検討する契機になるはずだった。しかし、森発言が騒動になるまで組織委の女性理事の割合は二〇%台にとどまり、ジェンダー平等推進チームはこの時点では発足しなかった。森発言は組織委の「身から出た錆」であることは間違いない。そしてこの発言は、組織委でジェンダー問題が「多様性と調和」の領域から取りこぼされてきたことも浮き彫りにする。

二〇二一年三月八日に第五回人権労働・参加協働ワーキンググループ（以下、WG）が開催され、ジェンダー平等推進チームからはヘッドの小谷実可子が参加し、開催にあたって挨拶とWGの意見に対する感想を述べている(10)。このWGは、二四年のパリ大会以降開催都市の契約に「ビジネスと人権に関する指導原則」を盛り込むために、「東京大会でも同原則を参考に人権・労働への配慮に適切に対応する必要があること、さまざまな方々による大会への参画を促し各主体との協働による大会作りを行う必要があること[11]」とする認識に基づいて、一八年に設置されたものである。

WGは、二〇一八年にすでに四回会議を開催し、「ダイバーシティ&インクルージョン」やLGBTQ、イスラム圏の少女や女性のスポーツへの参画機会に関する意見・情報交換をしていたものの、国内のジェンダー問題を「人権」という観点から議論したのは、小谷が参加した第五回が初めてだった。さらに、一八年十二月の第四回会議から二一年三月の第五回会議までの約二年間、WGの会議録は公開されていないので、一九年と二〇年に会議が開催されていないとわかる。第五回の会議から約一カ月後の二一年四月二十三日に第六回の会議が開催され、その後、このWGは解散している。

小谷が参加した第五回の会議は、森発言からおよそ一カ月後の国際女性デー（三月八日）に開催されていて、そこでは「ジェンダー平等及び人権・ダイバーシティ&インクルージョンの推進について」がおもな議題だった。この会議の議事録を読むと、その日は、メディアや国・東京都職員、組織委やアスリート委員会のメンバー、スポンサー企業の関係者ら百四十人以上がオンラインで会議を視聴していたとされ、騒動後のせいか注目度が高かった。しかし、『TOKYO 2020大会の「多様性と調和」におけるジェンダー平等報告書[12]』（以下、『平等報告書』）では、当WGについて触れている箇所は「提言15：財源の確保」の一カ所だけで、「また、ジェンダー平等を含む「多様性と調和」の推進に関しては、（略）ジェンダー平等推進チームにアドバイザーを選任するとともに、組織委員会理事や、有識者等で構成される組織委員会の人権労働・参加協働ワーキンググループ等の関係者の協力を得ながら進めた」（九ページ）と記述するにとどまっている。ここからは、何を実際に「進めた」のか、それによってどのような変化がもたらされたのかは読み取ることができない。

2　女性理事の登用をめぐって

森発言は、ＪＯＣの役員選考の見直しが議題になっていた評議員会の最後になされたとされる。中央競技団体を束ねるＪＯＣは、スポーツ庁が二〇一九年に策定したスポーツ団体ガバナンスコードに基づいて、自ら率先して女性や外部理事の割合を四〇％まで引き上げる必要があった。ガバナンスコードは、スポーツ領域で多発する不祥事のせいでスポーツ・インテグリティの確保が急務となって策定されたものであり、「適切な組織運営のため」に女性理事や外部理事の割合を引き上げる必要性がうたわれていた。

評議員会はメディアに対してオープンだったため森発言は瞬く間に問題視され、すでに述べたような辞任劇が繰り広げられたのだった。組織委の女性理事の割合は森辞任後に四〇％を超え、ＪＯＣの女性理事も二〇二一年六月の理事会を経て初めて四〇％に達した。

もっとも、理事など意思決定をする地位にある女性の割合を増やすことは、二十年以上前からスポーツ組織に要請されていたことだった。例えば、二〇〇〇年にパリで開催された第二回ＩＯＣ世界女性スポーツ会議で「オリンピック・ムーブメントに対し〇五年末までに、組織内の意思決定ポストの少なくとも二〇％を女性に確保する」と決議されている。日本国内でも〇三年の時点で、内閣府男女共同参画推進本部が「社会のあらゆる分野で、二〇二〇年までに、指導的地位（①議会議員、②法人・団体等における課長相当職以上の者、③専門的・技術的な職業のうち特に専門性が高い職業に従事する者）に女性が占める割合が、少なくとも三〇％程度になる」[13]という目標を掲げ、当然その「社会のあらゆる分野」にはスポーツ団体も含まれていた。

したがって森発言は、二十年もの間、意思決定する立場にある女性の割合を増やすというポジティブ・アクションがスポーツ内外で取り組むべき課題だったにもかかわらず、日本の総理大臣経験者でもあり長年にわたって日本のスポーツ組織のリーダーとして君臨してきた森が、その経緯や目的、意義を理解していなかったことを露呈したといえるだろう。さらに、森辞任ののち、橋本聖子が後任になり、女性理事の割合が急激に増え、小谷実可子をヘッドとするジェンダー平等推進チームが立ち上げられたが、これは「女性」に意思決定のポジションを与え「ジェンダー平等」の達成を印象づけるとともに、「女性蔑視」発言から「リスタート&アクション」する主体は女性たちである、というメッセージを世の中に発信することになった。すなわち「女性」を新しいリーダーに据えたことは、「新規性」や「変革」を表面的にアピールしながら、「ジェンダーの問題は女性たちの問題」であると扱うことであり、森辞任後の後始末を女性たちに責任転嫁しただけで、騒動を引き起こした組織委の体制や構造にはほとんど切り込んでいかなかった。(14)

3　「ジェンダー平等」をめぐって

森発言騒動後に、日本社会では急に「ジェンダー平等」という言葉が散見されるようになった。「ジェンダー平等」は、二〇二一年の「現代用語の基礎知識選二〇二一ユーキャン新語・流行語大賞」のトップ10にも入った。もっとも、二〇一五年九月の国連サミット以降、「持続可能な開発目標」（SDGs）の達成に資するツールとして、スポーツには大きな期待が寄せられていた。この目標の五番目には、「ジェンダー平等を実現しよう」が盛り込まれていて、東京大会はその観点からも注目されていたといえる。

「ジェンダー平等」という言葉の広がりを調べるために、本章では、SDGsが採択された二〇一五年から森の発言前日（二〇二一年二月二日）までを「森発言前」、森発言があった二一年二月三日からその年の十二月三十一日までを「森発言以後」とし、「ジェンダー平等 AND スポーツ」をキーワードに記事検索をおこなった。対象にした媒体は表1のとおりである。なお、表1にあるのは記事本文に「ジェンダー平等」と「スポーツ」の両

表1　検索対象にした媒体

①	通信社・テレビ	共同通信社、NHK ニュース、テレビ番組放送データ、時事通信社
②	全国紙	「朝日新聞」「読売新聞」「毎日新聞」「産経新聞」
③	全国ニュース網(JWN)	「北海道新聞」「中日新聞」「河北新報」「神戸新聞」「東京新聞」「中国新聞」「新潟日報」「西日本新聞」

ワードが入っている記事であり、必ずしも「スポーツにおけるジェンダー平等」を直接的に扱っている記事ばかりではないことを付記しておく。

「森発言前」は、約六年間の記事のうち「ジェンダー平等」と「スポーツ」の両方を本文に含む記事は四十七件足らずだった。ところが「森発言以後」になると、その数は二〇二一年だけで四百七十七件と約十倍になり、森発言を契機にマスメディアが「ジェンダー平等」という言葉を一斉に使い始めたことがわかる。

大沢真理は、一九九九年に成立した男女共同参画社会基本法が男女平等基本法という名称にならなかったのは、成立過程で財界・官界の人々が「男女平等」を採用することに抵抗を示したからであると指摘している。[15]このように、男女共同参画社会の英語表記が Gender Equality Society であっても、日本では「男女平等」や「ジェンダー平等」という表現は避けられてきた。また、この法律が成立した当初から使用されてきた「ジェンダー・フリー」という言葉も保守派からのバッシングの対象になり、二〇〇五年の男女共同参画基本計画で「ジェンダー・フリー」政策は削除された。[16]〇六年には内閣府男女共同参画局が「「ジェンダー・フリー」について」と題する事務連絡を都道府県・政令都市男女共同参画担当課（室）に送付し、「今後はこの用語は使用しないことが適切と考えます[17]」と伝えている。

つまり日本では、行政を中心に国際的な用語である「ジェンダー平等」の使用が回避され、その後、二〇一五年に第二次安倍晋三内閣のもとで女性活躍推進法が成立して以降は、「男女共同参画」とともに「女性活躍」なる行政用語が広く使用されるようになっていた。女性活躍施策は、すでに多くの研究者が指摘しているように、新自由主義的であるとともに、生産労働人口を補うために女性の潜在的労働力を活用しようとするものであり、「ジェンダー平等」を実現するためではなく、経済成長のために労働者として女性を活用するという発想に基づいている。

したがって、新聞記事の数からわかるとおり、日本社会で使用を避けられてきた国際用語の「ジェンダー平等」が森発言を契機としてその年の流行語にも選出されたことは、実に皮肉である。そのうえ、日本では「男女共同参画」「女性活躍」も継続して使用されているため、「ジェンダー平等」が加わることで、さらなる混乱の様相も呈している。

例えば日本スポーツ協会は二〇二一年度、総合型地域スポーツクラブ全国協議会に男女共同参画部会を設置した。ウェブサイトにはその設置理由を「総合型地域スポーツクラブ全国協議会では、クラブの活動が、多種多様な「公益」に関する内容を確保するためには、女性の視点[18]をクラブ運営に反映していくことが重要であるとし、令和三年度に男女共同参画部会を設置しました」と記している。同年九月には、日本初の女子プロサッカーリーグであるWEリーグが発足したが、その「設立の意義」の冒頭には「日本の女性活躍社会を牽引する」と明記されている。

日本スポーツ協会の部会もWEリーグも、森発言以降に立ち上げられたものだが、「ジェンダー平等」ではなく「男女共同参画」や「女性活躍」が使用されていることから、「ジェンダー平等」という表現がスポーツ領域には依然定着していないことがわかる。同時に、「男女共同参画」「女性活躍」「ジェンダー平等」の三つの異なる言葉が流通しながら、「女性役員の登用・増加」などの名称で同じ内容の施策が実施されているのも事実であり、それぞれの概念が曖昧なまま使用されていることがわかる。[19]

もっともIOCが「Women in Sport」よりも「Gender Equality」を頻繁に使用するようになったのも、二〇一七年三月に「IOCジェンダー平等レビュープロジェクト[20]」が発足して以降といえる。これは、スポーツで少女や女性が直面する課題を中心に扱ってきたWomen in Sport 委員会とアスリート委員会の共同プロジェクトであり、オリンピック・ムーブメントでのジェンダー平等に関する事柄を包括的に検証するために立ち上げられた。このプロジェクトには、スポーツへの参加や表現内容、資金提供など、スポーツに関連する事項から、組織のガバナンスでの女性の役割と機会、包括的な組織文化とリーダーシップでの多様性など二十五の勧告が記載されていて、東京大会の平等報告書もその勧告に則してまとめられている。

4　スポーツ分野での「ジェンダー平等」とは

では、スポーツ領域で「ジェンダー平等」はどのような概念として使用されているだろうか。ＩＯＣは二〇一二年から国連との連携を強めていて、東京大会開催直前の七月に開催されたUN Women（ジェンダー平等と女性のエンパワーメントのための国連機関[21]）の「ジェンダー平等を目指すすべての世代フォーラム」には橋本聖子もオンラインで参加し、東京大会の取り組みを紹介したとされる。

二〇二三年十一月現在、国連ウェブサイトの「Peace, dignity and equality on a healthy planet（健全な地球における平和、尊厳、平等）」のページのなかで、ジェンダー平等は「基本的人権であることに加え、人間の可能性を最大限に引き出し、持続可能な発展を遂げる平和な社会を実現するために不可欠である。さらに、女性のエンパワーメントが生産性と経済成長を促進することも明らかになっている」とし、「アントニオ・グテーレス国連事務総長は、ジェンダーの平等を達成し、女性と少女のエンパワーメントを図ることは、私たちの時代の未完の事業であり、私たちの世界における最大の人権課題であると述べている[22]」と明記してある。「女性と少女のエンパワーメント」について国連は、「女性と少女が自分たちの生活に対して力をもち、コントロールできるようになること」とし、「エンパワーメントには、意識改革、自信の構築、選択肢の拡大、資源へのアクセスとコントロールの向上、ジェンダー差別と不平等を強化し永続化させている構造と制度を変革するための行動[23]」を含むとしている。

一方、二〇一〇年にUN Womenに統合される前の国連ジェンダー問題特別顧問事務所が公表している資料は、

「ジェンダー平等とは、女性と男性、女子と男子の権利、責任、機会が平等であることを指す。平等とは、女性と男性が同じになることを意味するのではなく、女性と男性の権利、責任、機会が、男性として生まれたか女性として生まれたかによって左右されないことを意味する。（略）ジェンダー平等は女性だけの問題ではなく男性にも関係し、十分に関与するものでなければならない[24]」と明記している。

このことから、国連が推奨する「ジェンダー平等」は、二〇一〇年以降に男性の関与よりも「女性と少女のエンパワーメント」を強調するようになり、男女差別と不平等を永続化している構造や制度は、男性と女性の協働、ではなく、女性や少女たち自身の行動によって変革できる、という内容に変わってしまった。さらに女性がエンパワーメントされると生産性が向上し経済成長も進むと期待されていることから、国連が推奨するジェンダー平等とは、市場原理に基づきながら女性や少女たちにだけ変革や行動を迫る考え方であるとわかる。

東京大会に向けてUN Womenは「スポーツは（略）女性や女の子たちにチームワークや、自信と強靭さをもつことの大切さを教え、彼女達の健康や教育、リーダーシップの育成に乗数効果をもたらし、そして有害なジェンダー規範に異議を唱えます。今回のTokyo2020オリンピック・パラリンピック大会を通して、スポーツそして社会全体のジェンダー平等を推進していきましょう！[25]」と呼びかけた。しかしここでも、「女性や女の子たち」の教育・育成を中心に据え、ジェンダー規範に立ち向かう「女性や女の子たち」の姿が期待されているように、「ジェンダー平等」は「女性や女の子たち」だけが取り組むべき問題であるかのように扱われている。無論、スポーツの機会にはいまもなお大きな男女格差や経済格差が存在していて、女性や少女がそれに気づき、変革への行動を起こすことは重要である。しかし、そのような課題解決を常に女性や少女のエンパワーメントに託す視点に立つだけでは、それらの格差を生み出す構造をいっそう見えなくさせてしまうのだ。

おわりに

森発言後のジェンダー平等をめぐる「後始末」が、組織委の女性たちだけに託されていた光景は、「ジェンダー平等は女性と少女のエンパワーメントによってもたらされる」とする国連のジェンダー平等施策の考え方と合致している。また、「ジェンダー平等」という言葉が日本で定着しつつあってもなおつきまとう不安は、国連が主導する施策が、ジェンダー格差をもたらす構造を直視しないまま、市場原理的な価値観のもとですでにグローバルに広まっていることと関連する。「ジェンダー平等」を掲げる取り組みであっても、「女性と少女のエンパワーメント」を前景化するだけでジェンダー不平等な関係性を再生産する構造に切り込まないのであれば、特権性を有している側の存在は不可視化されるだけでなく、その者たちが抱えるジェンダー問題をも不問に付してしまう。

さらに日本社会には「男女共同参画」「女性活躍」「ジェンダー平等」の三つの言葉が流通していて、それらは異なる言葉でありながら施策の場では同じ内容を表すと見なされているなど、すでに混乱が生じている。「日本社会全体の議論を活発化させることになった」と自画自賛する組織委の報告に拘泥するのではなく、身体と関わるスポーツに「ジェンダー平等」が掲げられることで、どのような政治性が新たに立ち現れようとしているのか、これまで以上にラディカルな分析力が問われている。

注

(1) 該当する発言の逐語録は「森会長「私が悪口を言ったと書かれる」/発言全文2」「日刊スポーツ」([https://

www.nikkansports.com/olympic/tokyo2020/news/202102040000029.html〕［二〇二四年一月五日アクセス］）を参照。

（2）社会学者の水無田気流は、森発言を「権力者が異質な他者を新規メンバーに受け入れるとき「彼ら（この場合女性）は一般的に望ましくない（話が長い）が、あなた（組織委員会の女性理事）はそうではない（権力者の意向を「わきまえて」いる）から認める」というのは、マイノリティの「分割統治」話法に他ならない。（略）森発言は女性一般と一部の「名誉男性」を引き離し、後者だけを容認することで旧来の権力集団の均質性保持を志向するものだ」（水無田気流『多様な社会はなぜ難しいか——日本の「ダイバーシティ進化論」』日経ＢＰ、二〇二一年、二六一—二六二ページ）と分析している。

（3）「「＃わきまえない女」がTwitterトレンド1位に　森喜朗会長の女性蔑視発言に抗議の声が続々」「東京新聞」二〇二一年二月四日付（〔https://www.tokyo-np.co.jp/article/84053〕［二〇二四年一月五日アクセス］）を参照。

（4）ドイツ大使館とスウェーデン大使館の投稿は以下を参照。「@GermanyinJapan」「X」（https://twitter.com/GermanyinJapan/status/1357539445004668931）［二〇二四年一月五日アクセス］、「@EmbSweTokyo」「X」（https://twitter.com/EmbSweTokyo/status/1357607888097738754）［二〇二四年一月五日アクセス］

（5）二月八日時点のボランティア辞退者は三百九十人とされていたが（「東京オリンピック、ボランティア辞退３９０人　聖火リレー２人も　森氏女性蔑視発言受け」「毎日新聞」二〇二一年二月八日付〔https://mainichi.jp/articles/20210208/k00/00m/040/239000c〕［二〇二四年一月五日アクセス］）、二月二十四日には千人を超えたとも報道された（「五輪ボランティア辞退1千人に　森氏発言から20日間で」「朝日新聞」二〇二一年二月二十四日付〔https://digital.asahi.com/articles/ASP2S7H5TP2SUTQP032.html〕［二〇二四年一月五日アクセス］）。

（6）「多様性と調和・リスタート&アクション」は以下を参照。「東京２０２０大会におけるジェンダー平等／多様性と調和の推進について」「東京２０２０オリンピック・パラリンピック競技大会 東京都ポータルサイト」（https://www.2020games.metro.tokyo.lg.jp/special/watching/tokyo2020/games/unity-in-diversity/）［二〇二四年一月五日アクセス］

（7）東京都知事の定例会見（二〇一七年一月十三日）については以下を参照。「小池知事「知事の部屋」／記者会見（平成29年１月13日）」「東京都」（https://www.metro.tokyo.lg.jp/tosei/governor/governor/kishakaiken/2017/01/13.

html)［二〇二四年一月五日アクセス］

（8）首相の参議院予算委員会（二〇一七年一月三十一日）での発言については以下を参照。「第１９３回国会 参議院予算委員会 第2号 平成29年1月31日」「国会会議録検索システム」（https://kokkai.ndl.go.jp/#/detail?minId=119315261X00220170131&current=1）［二〇二四年一月五日アクセス］

（9）閣議後の大臣の発言（二〇一七年一月三十一日）については以下を参照。「大臣記者会見 平成29年1月31日」「首相官邸」（https://www.kantei.go.jp/jp/singi/tokyo2020_suishin_honbu/statement/2017/0131speech.html）［二〇二四年一月五日アクセス］

（10）小谷実可子の発言（二〇二一年三月八日）については以下を参照。「第5回人権労働・参加協働ワーキンググループ 議事録」「東京都オリンピック・パラリンピック競技大会 東京都ポータルサイト」（https://www.2020games.metro.tokyo.lg.jp/special/docs/%E7%AC%AC5%E5%9B%9E%20%E8%AD%B0%E4%BA%8B%E9%8C%B2_2.pdf）［二〇二四年一月五日アクセス］

（11）「人権労働・参加協働ワーキンググループ」「第１回資料」（https://www.2020games.metro.tokyo.lg.jp/special/docs/%E7%AC%AC1%E5%9B%9E%20%E8%B3%87%E6%96%99.pdf）［二〇二四年一月五日アクセス］を参照。

（12）『ＴＯＫＹＯ ２０２０大会の「多様性と調和」におけるジェンダー平等報告書』東京オリンピック・パラリンピック競技大会組織委員会、二〇二一年

（13）「男女共同参画局 ポジティブ・アクション」（https://www.gender.go.jp/policy/positive_act/index.html）［二〇二四年一月五日アクセス］を参照。

（14）森発言後に組織委員会の理事に新たに加わった日本スポーツとジェンダー学会の來田享子は、東京大会を振り返る記事のなかで、時間的な制限がありジェンダー平等を実現する取り組みは不十分だったと述べている。日本オリンピック・アカデミー編著『２０２０＋１東京大会を考える』（メディアパル、二〇二二年）など。

（15）上野千鶴子編著『上野千鶴子対談集 ラディカルに語れば…』（平凡社、二〇〇一年）一六―二一ページを参照。

（16）詳細については、ポリタスＴＶ編、山口智美／斉藤正美『宗教右派とフェミニズム』（青弓社、二〇二三年）を参照。

（17）内閣府男女共同参画局の「「ジェンダー・フリー」について」と題する通知（二〇〇六年）は、以下を参照。「「ジェンダー・フリー」について」「男女共同参画局」（https://www.gender.go.jp/kaigi/senmon/kihon/siryo/pdf/kil25-sankou.pdf）［二〇二四年一月五日アクセス］

（18）はたして「女性の視点」とは何を指すのか、またなぜ総合型地域スポーツクラブに「女性の視点」が必要なのか、明記されていない。もっとも、このような記述は女性を本質化する偏見とも受け止められる。

（19）文化人類学者の山口智美は、「朝日新聞」二〇二三年九月二十七日付の「耕論　ジェンダーアイデンティティー」で、二〇〇〇年代初めに起こったジェンダーフリーバッシングでは、「ジェンダーフリー」概念の曖昧さが攻撃対象になったことを指摘しているが、同じ轍を踏む可能性は「ジェンダー平等」にもあてはまる。

（20）「IOCジェンダー平等レビュープロジェクト」の原文は、“Gender equality review project”“International Olympic Committee”（〔https://olympics.com/ioc/gender-equality/advocacy-and-support/gender-equality-review-project〕［二〇二三年十二月二十七日アクセス］）を参照。

（21）国連女性地位向上部（Division for the Advancement of Women、略称：DAW）、国際婦人調査訓練研究所（International Research and Training Institute for the Advancement of Women、略称：INSTRAW）、国連ジェンダー問題特別顧問事務所（Office of the Special Adviser on Gender Issues and Advancement of Women、略称：OSAGI）、国連女性開発基金（United Nations Development Fund for Women、略称：UNIFEM）の四機関が二〇一〇年に UN Women に統合された。

（22）“Peace, dignity and equality on a healthy planet”“United Nations”（〔https://www.un.org/en/global-issues/gender-equality〕［二〇二三年十二月二十七日アクセス］）を参照。訳と傍点は引用者。

（23）“GENDER EQUALITY: Glossary of Terms and Concepts”“Unicef”（https://www.unicef.org/rosa/media/1761/file/Genderglossarytermsandconcepts.pdf）［二〇二三年十二月二十七日アクセス］。訳と傍点は引用者。

（24）“GENDER MAINSTREAMING: STRATEGY FOR PROMOTING GENDER EQUALITY”“UN WOMEN”（https://www.un.org/womenwatch/osagi/pdf/factsheet1.pdf）［二〇二三年十二月二十七日アクセス］。訳と傍点は引用者。

（25）「【Tokyo2020】スポーツとジェンダー」「UN Women 日本事務所」（〔https://japan.unwomen.org/ja/news-andevents/news/2021/8/tokyo-2020-olympics〕［二〇二三年十二月二十七日アクセス］）を参照。

第15章　多様性と調和
――LGBTQ+の権利運動とプライドハウス東京コンソーシアム

野口亜弥

はじめに

東京大会の三つの基本コンセプトの一つに、本章のテーマである「多様性と調和」が掲げられていた。それは「人種、肌の色、性別、性的指向、言語、宗教、政治、障害の有無など、あらゆる面での違いを肯定し、自然に受け入れ、互いに認め合うことで社会は進歩する」「東京二〇二〇大会を、世界中の人々が多様性と調和の重要性を改めて認識し、共生社会をはぐくむ契機となるような大会とする」[1]と説明されている。この理念は、IOCが掲げるあらゆる差別を受け入れないというオリンピック憲章の根本原則第六条の理念に即したものだ。[2]東京大会の招致が決定した二〇一四年から二一年に大会が終了するまでの七年間、あらゆる差別を許さないという旗のもと、個人や非営利団体、企業などが東京大会に向けてさまざまなアクションを実施した。スポーツを切り口としてLGBTQ+をはじめとする性的マイノリティー当事者（以下、LGBTQ+当事者）の権利を擁護する市民活動もいくつもあり、互いに連帯する局面もあった。その代表的な動きがプライドハウス東京コンソーシアム

（以下、ＰＨＴＣ）の設立といえるだろう。プライドハウスは、カナダの一〇年バンクーバー大会で初めて立ち上げられたプロジェクトである。大規模国際競技大会の開催に合わせてＬＧＢＴＱ＋当事者のアスリートやその家族、大会に集まるＬＧＢＴＱ＋当事者のファンが安心安全に集うことができ、正しい情報が得られる場所を提供する。プライドハウス東京は、日本のＬＧＢＴＱ＋の支援に取り組む非営利団体が東京大会に合わせて期間限定で設置した。その設置にあたっては、複数の非営利団体や個人が参画するＰＨＴＣを設立し、スポーツだけでなく、東京大会終了後にはレガシーとしてＬＧＢＴＱ＋ユースのための常設のＬＧＢＴＱ＋センターを設立することが目指された。

また、ＬＧＢＴＱ＋当事者を守るための法整備に関する議論も東京大会を契機として活発になった。二〇一五年以降、性的指向と性自認を理由にしたあらゆる差別を禁止し防止するＬＧＢＴ差別禁止法の必要性が訴えられてきた。[3] 二一年四月には自民党がＬＧＢＴ理解増進法を取りまとめた。差別を禁止するのではなく理解を増進していくべきだという主張に基づくもので、当事者団体が望んだ内実ではなかったが、性的少数者を法的に守る最初の法律になるかと期待された。しかし最終的には、大会直前の六月に閉会した第二百四回通常国会で成立にならず、ＬＧＢＴ理解増進法の制定は見送られることになった。[4]

以上のように、東京大会の招致が確定した二〇一四年から大会が開催された二一年までの七年間は「多様性と調和」という大会スローガン、オリンピック憲章第六条の旗のもとに、ＬＧＢＴＱ＋の権利運動が加速した期間だった。本章は、同大会が国内のＬＧＢＴＱ＋権利運動に対してどのような役割を担ったのかを明らかにすることを目的とする。そのために、ＰＨＴＣに着目し、ＬＧＢＴＱ＋の課題に取り組む組織が東京大会をきっかけにどのように連帯し、その連帯が国内のＬＧＢＴＱ＋のコミュニティーに何をもたらしたのかを分析する。

なお、筆者は、ＰＨＴＣに二〇一八年の立ち上げ当初から関わり、ＰＨＴＣの意思決定者の一人として、特にスポーツに関連するプロジェクトに携わってきた。このため本章の論を進めていくにあたり、事象の意味を理解したり解釈したりするうえで、スポーツ現場でのＬＧＢＴＱ＋の権利擁護活動に積極的に関わる当事者としての視点を含んでいる。

1　社会運動の概念整理

東京大会を契機に隆盛した日本国内のＬＧＢＴＱ＋の権利運動を分析する前に、社会運動についての概念整理や、本章で用いる理論的枠組みについて整理する。

社会運動、社会運動組織と資源動員論

社会運動（Social Movement）に関する研究は、一九七〇年ごろから盛んになった。デイヴィッド・スノウらは、社会運動とは、①コレクティブアクション（共同アクション）であること、②変化を伴う目的があること、③いくつかの外部または組織化されていない共同のアクションがあり、ある程度は組織化され、ある程度の時間的連続性があることの三つの軸があるものだと定義している。[5] 社会運動の軸の一つであるコレクティブアクションは二人以上の個人が共通の目的達成に向けてアクションをすることで、公共スペースなどによって展開される組織化されていない行動であることが多い。また、ジョン・マッカーシーとマイヤー・ザルドは、社会運動では、必要な資源を集め開発するだけでなく、社会運動キャンペーンをモニタリングしたり、社会運動の共通の目的を達成するための土台になる、社会運動組織（Social Movement Organization、ＳＭＯ）が重要であると指摘している。[6]

一方、溝渕正季は、社会運動を分析する枠組みとして、マッカーシーとザルドが導き出した資源動員論（Resource Mobilization Theory、ＲＭＴ）について、社会運動の古典モデルと異なると述べる。[7] 古典モデルは社会運動を組織化されていない個人が非合理的な衝動のもとに不満の噴出として取る行動と捉えられていたが、ＲＭＴは、組織化された社会的ネットワークに組み込まれた個人が政治的文脈を理解したうえで戦略的な行動を取る

ことを社会運動と見なす。集団行為者がどのように社会運動を起こすのかに焦点を当て直し、社会に存在する資源の量とそれらを社会運動に動員する「構造」に着目している。

ＲＭＴは社会運動を「資源（Resource）」に着目して分析する枠組みである。ここでいう「資源」は、法制度やルール、資金、施設、人材などである。[8]ＲＭＴでは、ＳＭＯが共通のゴールを定めて資源をコントロールするといわれ、社会運動の主体である、不平や不満を抱いている個人や組織だけでなく、不平・不満に対して中心的に従事していないが、その運動に中心になって資源を提供する外部者も分析の視点に組み込むことが特徴である。

新植民地主義とＬＧＢＴＱ＋の権利運動

昨今のＬＧＢＴＱ＋当事者の権利運動に対して、新植民地主義的だという批判がある。西洋のジェンダー・セクシュアリティーに基づいた規範は、西洋化していくことを文明化であるとし、「西洋化＝文明化」を中核と見なす。そしてそのほかは野蛮な周辺だとして、中核から周辺への抑圧を正当化する。このような西洋のジェンダーやセクシュアリティーの規範を中心とするＬＧＢＴＱ＋当事者の国際的な権利運動は、ＬＧＢＴＱ＋の権利啓発団体が「人権」の名のもとに非西洋諸国に圧力をかけることだという見方もされ、[9]非西洋諸国では、ＬＧＢＴＱ＋コミュニティーのバックラッシュが強化されているという指摘もある。[10]したがって本章では、ヨーロッパ発祥でヨーロッパを中心に発展してきた近代スポーツの象徴であるオリンピックや、カナダのバンクーバー発祥のスポーツにまつわるＬＧＢＴＱ＋当事者の権利運動であるプライドハウスが、日本という非西洋諸国にどのような抑圧をもたらしたのかについて分析する。

次に、東京大会を契機に盛り上がった日本国内のＬＧＢＴＱ＋権利運動に着目し、どのような個人や団体が連帯をし、どのような変化を目指してアクションしてきたのか、国際的なプライドハウス運動とＰＨＴＣを中心に概観していく。

2　プライドハウス東京コンソーシアム

プライドハウス運動

プライドハウスインターナショナル（以下、ＰＨＩ）によると、プライドハウスは従来のオリンピックのホスピタリティーハウスのアイデアを発展させてスタートしている。[11]選手村の外にさまざまな国の文化を発信したり体験したりでき、サポーターや選手が大会を楽しめる場所である。プライドハウスは、ＬＧＢＴＱ＋アスリートやファン、当事者とともに行動することを望む支援者（＝アライ）を大規模国際競技大会期間中に歓迎する場所で、試合観戦や、さまざまなイベントの経験を他者と共有し、スポーツ現場でのＬＧＢＴＱ＋について学び、ＬＧＢＴＱ＋コミュニティーとスポーツ界が関係を築いていく場所である。二〇一〇年から二三年九月までに、二十四の国際競技大会でプライドハウスが設置された。[12]

二〇一〇年バンクーバー大会の際にバンクーバーに二カ所、ウィスラーに一カ所、合計三カ所にプライドハウスが初めて設置され、地元の人々への教育活動を実施した。ソチ大会前年にあたる一三年、ロシアは、公の場で未成年者に非伝統的な性的指向について宣伝することを禁じる「健康と発達を害する情報からの子どもの保護に関する連邦法」第五条およびロシア連邦の個々の法律行為の改定に関する連邦法（同性愛宣伝禁止法）を成立させた。これによってソチ大会ではプライドハウスをロシア国内に設置することができなかった。このためにＰＨＩが組織され、これまでプライドハウスに関わった個人や団体、そして今後のプライドハウス設置を計画している関係者が一堂に会して会議をした。[13]ソチ大会開催後の一四年十二月には、オリンピック憲章第六条の差別を禁止するカテゴリーに「性的指向」が加えられた。

二〇一〇年バンクーバー大会で設置されたプライドハウスについて批判的な考察をしている井谷聡子の分析に

よると、バンクーバーのプライドハウスは、ゲイの資本家たちの個人投資によって設置することができたという。井谷は、国際的なオリンピックの多様性を推進するという旗印のもとに、人権運動が資本に大幅に取り込まれたと指摘している。[14] また井谷は、リサ・タガンの既存の国家のイデオロギーの脅威にならない形態を取る同化型のＬＧＢＴポリティクスである「ホモ・ノーマティブ理論」を援用しながら、バンクーバーのプライドハウスを批判的に分析している。既得権益が何も代償を払うことなく、二人のゲイの投資家の巨額の資産によって実現したプライドハウスは、同性愛者の旅行客を歓迎したい地元の自治体や企業にとっても有益な取り組みであり、同化型のＬＧＢＴポリティクスに経済が絡め取られ、既存の構造的不平等を解体する動きではなく、強化する動きになったことを指摘している。また、ソチ大会での出来事は、まさに西洋のジェンダー・セクシュアリティー規範を中心とするグローバルなＬＧＢＴＱ＋の権利運動と、オリンピックがもたらしうる新植民地主義の一形態への反発であるといえるだろう。前述したように、プライドハウス運動は西洋のジェンダー・セクシュアリティーの規範を中心として拡大してきたために、非西洋諸国では、現地政府からの反発を招くだけでなく、その手法も既存のイデオロギーの脅威にならない「ホモ・ノーマティブ」なアプローチであることが指摘されている。

次項では、ＰＨＴＣは何を目的に設立され、東京大会を契機に何を残したのかを整理する。そのうえで、その目的を達成するためにどんな団体が連帯してどんな資源を活用したのか、プライドハウス運動を批判的に捉える視点も踏まえながら分析を試みる。

プライドハウス東京コンソーシアム（ＰＨＴＣ）の目的

任意団体プライドハウス東京コンソーシアムは、東京大会開催を契機に、二〇一八年九月六日に二十八の団体・個人・企業が参画して正式に発足した。[15] ＰＨＴＣは国際的なプライドハウス運動の一環として、東京大会開催期間限定のプライドハウス東京の設置を目指した。[16] ＬＧＢＴＱ＋とスポーツに関する情報発信拠点と、大会に集うＬＧＢＴＱ＋当事者の選手や大会関係者、ファンのセーフスペースにするためである。ＰＨＴＣの発起人であり、設立当初から二三年三月までＰＨＴＣの事務局を担った認定ＮＰＯ法人グッド・エイジングエールズの代表・松中権は、一五年にＰＨＩがカナダ・トロントで開催した会議で、プライドハウス東京が担う四つの役割を発信している。①性的指向にかかわらず誰でも歓迎される場所を提供する役割、②日本国内のＬＧＢＴＱ＋に関する情報を発信する役割、③ＬＧＢＴＱ＋とスポーツに関する課題や解決策について教育する役割、④あらゆるスポーツのイベントを開催して、観光客や地元の人々が参加できる機会を提供する役割である。[17] さらに、ＰＨＴＣの発足記者会見では、東京大会をＬＧＢＴＱ＋に関する情報発信をおこなうための最重要機会と捉え、その効果を最大化するためのプラットフォームになること、そして東京大会の終了以降に、次世代の若者たちに安心できる居場所を作るために、日本初の常設大型ＬＧＢＴＱ＋センターの設立を目指すことが発表された。[18]

従来のプライドハウスは地元の非営利団体が単独で中心になって運営するケースがほとんどだったが、プライドハウス東京では、ＬＧＢＴＱ＋に関する専門団体、企業、大使館、個人によるコンソーシアムが協働してＰＨＴＣを形成したことが特徴的である。コンソーシアムを形成した理由を松中は、非営利団体や企業、自治体が積極的に連携して、セクターを超えてコレクティブインパクトを生み出し、社会に大きなうねりを生み出すためと述べている。[19] 以上のようにＰＨＴＣは、①東京大会期間中にスポーツとＬＧＢＴＱ＋について情報発信をし、東京を訪れたファン、アスリート、そしてその家族に安心で安全なスペースを提供すること、②東京大会を絶好の機会と捉え、コレクティブインパクトで、国内の課題にアプローチし社会の変化を生み出すこと、③東京大会のレガシーとして東京に次世代のＬＧＢＴＱ＋当事者のためのＬＧＢＴＱ＋センターを設立することの三つを目標とした。

日本初の常設の大型ＬＧＢＴＱ＋センター・プライドハウス東京レガシー

最終的なＰＨＴＣの目標として立ち上げ初期から明確に目指されてきたのが、東京大会終了後の日本初の常設の大型ＬＧＢＴＱ＋センターであるプライドハウス東京レガシーの設立である。欧米諸国の主要都市に大型のＬ

ＧＢＴＱ＋センターが設置されているのに対し、東京には常設のＬＧＢＴＱ＋センターはない。これを東京に作ることは、ＬＧＢＴＱ＋コミュニティーの悲願だった。二〇二〇年十月にプライドハウス東京レガシーが開設された。このときの記者会見では、ＰＨＴＣに参画する団体の関係者であるＡ氏から「スタッフにも当事者がいるので、仲間がいると思えるだけでも大きいと思うし、救いになるのではないかと思います。プライドハウスのような繋がれる場所があるんだと、当事者の人にとって心の拠り所になるような施設にしたい[20]」というコメントが寄せられた。また別の関係者Ｂ氏が「自分たちがここにいると表現できる居場所ができたことはうれしい」と述べる場面もみられた。さらに、二一年十月にＰＨＴＣの幹部が集まり今後の方向性を話しあった会議や理事会の場では、理事がたびたび、プライドハウス東京レガシーという居場所ができ、そこに当事者が集まり、さまざまな相談をしたり支援を受けたりできることの重要さと、それを継続することの必要性について語った。日本のＬＧＢＴＱ＋コミュニティーの歴史や文化が継承されている「新宿」という場所にＬＧＢＴＱ＋当事者のための居場所ができたことはＬＧＢＴＱ＋コミュニティーの人々にとってまさに悲願であり、この場所の存続を強く希望していることがうかがえる。

では、この日本初の常設大型ＬＧＢＴＱ＋センターであるプライドハウス東京レガシーの設立に向けて、どのように資源が活用されたのだろうか。これは、二〇二〇年初頭から始まった新型コロナウイルス感染症のパンデミックとも深い関わりがある。当初から、ＬＧＢＴＱ＋センター設立のための資金調達を計画していたＰＨＴＣは、一六年に制定された「民間公益活動を促進するための休眠預金等に係る資金の活用に関する法律（休眠預金等活用法）」に注目した。同法の制定に伴い、休眠預金などの「指定活用団体」になった日本民間公益活動連携機構（ＪＡＮＰＩＡ）は「子どもの未来のための共同促進助成事業」を実施。その事業の資金分配団体である、Etic.（以下、エティック）はＰＨＴＣの事務局であるグッド・エイジング・エールズを実行団体に選出し、二〇二〇年四月から二三年三月の三年間で総額約四千五百五十万円の助成をした[21]。プライドハウス東京レガシーは東京大会終了後の設立を目指していたが、東京大会の開催はコロナのパンデミックによって一年間延期された。また、

ＰＨＴＣが二〇年五月から六月にかけて、十二歳から三十四歳の性的マイノリティーの若者に対してコロナの感染拡大によるＬＧＢＴＱ＋ユースへの影響に関する調査を実施したところ、コロナ禍で外出が困難になった状況のなかで、自身の性的指向や性自認について安心して話せる相手や場所とつながることが困難になった若者が三六・四％に増加したことが明らかになった。[22] ＬＧＢＴＱ＋当事者のセーフティーネットとしての役割をプライドハウス東京レガシーが果たしたいという思いから、新型コロナウイルス対応支援助成を複数獲得して、東京大会に先駆けてプライドハウス東京レガシーを二〇年十月にオープンした。新型コロナウイルス対応支援助成が設置され、同じくＪＡＮＰＩＡの資金分配団体である Ready for 社から、二〇年十一月から二一年十月までの一年間に七百五十万円、二二年三月から二三年二月の一年間に三千万円の助成を受けた。[23] また、二一年は「厚生労働省の新型コロナウイルス感染症セーフティネット強化交付金（民間団体実施分）」受託団体として約千六百九十万円の交付を受けた。[24] 東京大会やコロナの感染拡大という外的な要因を巧みに活用しながら、その外的要因を契機に、コミュニティーに対してＰＨＴＣが果たすべき役割を見いだして、その公益性と存在意義を高めたといえる。その結果、ＬＧＢＴＱ＋コミュニティーに外部の資源をもたらすだけでなく、ＬＧＢＴＱ＋当事者の悲願だった常設の大型ＬＧＢＴＱ＋センターを新宿に設置することができたといえるだろう。

3　プライドハウス東京コンソーシアムのメンバー団体

日本初の大型常設ＬＧＢＴＱ＋センターの設立も含め、前述した三つの共通目標の実現のためにＰＨＴＣはどのような団体と連帯し、その団体がもつ資源をどのように活用していったのだろうか。ＰＨＴＣの参画メンバーである非営利団体、企業、大使館の変遷を、設立当初から二〇二三年に至るまで整理する（表1を参照）。

非営利団体

まずは非営利団体を整理する。二重丸（◎）で示す団体は、国内でＬＧＢＴＱ＋当事者への支援を積極的に実施してきた団体である。特に設立当初から参画している団体は、二〇一〇年前後に活動を始めているものが多く、プライドハウス東京初代代表の松中のつながりでＰＨＴＣに参画した団体が大半を占める。

ＮＰＯ法人 GEWEL、認定ＮＰＯ法人日本ファンドレイジング協会、エティック、ＮＰＯ法人グリーンバード、一般社団法人 S.C.P. Japan、一般社団法人スポーツ&ライフ振興財団は、ＬＧＢＴＱ＋の課題だけを扱う、いわゆる当事者団体ではなく、多様性理解の推進やスポーツ振興、非営利団体の支援や社会課題全般に取り組む団体である。プライドハウス東京レガシーの設立に大きな資源をもたらしたエティックも設立当初からＰＨＴＣに参画している。ＰＨＴＣがプラットフォームとなって、ＬＧＢＴＱ＋当事者を支援する団体と、東京大会とスポーツを通じた多様性理解の推進を望む団体をつなぎ、ＬＧＢＴＱ＋コミュニティー外の資源を獲得できる体制を作ったといえるだろう。一方で、ＬＧＢＴＱ＋当事者の性暴力被害に関する支援をおこなっているＮＰＯ法人 Broken Rainbow-Japan は、二〇二〇年にＰＨＴＣを退会している。ＬＧＢＴＱ＋当事者のなかでも、性暴力被害者であるという、より排除されやすい、弱い立場に置かれやすい人々を支援する団体が東京大会を目前にしてＰＨＴＣから去っているのである。東京大会という明確なタイムラインやＬＧＢＴＱ＋コミュニティー以外の団体がＰＨＴＣに参画してきたことで、外の団体が有する特権性や企業が有する経済資本が、ＬＧＢＴＱ＋コミュニティーのなかでもより弱い立場に置かれていた人々にどのような影響を与えたのか分析する必要があるだろう。

企業

続いて企業のＰＨＴＣへの参画を整理する。民間企業がＰＨＴＣに参画できる条件は、ＰＨＴＣのスポンサーになることである。設立初期の二〇一八年から一九年、二〇年から二一年、二二年から二三年でそれぞれスポン

表1　プライドハウス東京コンソーシアムへの参画団体と参画年一覧

企業（※参画順および五十音順）		2018年	2019年	2020年	2021年	2022年	2023年
	株式会社スポーツワン	●	●				
	株式会社丸井グループ	●	●				
	BASE Q	●	●				
	アクセンチュア株式会社※		●			●	●
	Alfa Romeo（FCA ジャパン株式会社）		●				
	R&C 株式会社		●				
	イー・エフ・エデュケーション・ファースト・ジャパン株式会社		●				
	ヴィーブヘルスケア株式会社		●				
	株式会社 TRUNK		●				
	KLM オランダ航空		●				
	salt consulting 株式会社		●				
◎	シスコシステムズ合同会社		●	●	●		
	ソニー株式会社		●				
	東急不動産株式会社		●				
◎	日本生命保険相互会社		●				
◎	野村ホールディングス株式会社		●	●	●	●	●
◎	パナソニック株式会社		●	●	●		
◎	ビザ・ワールドワイド		●	●	●	●	●
◎	アサヒビール株式会社			●	●	●	●
◎	EY Japan			●	●	●	●
◎	NTT グループ			●	●	●	●
◎	株式会社アシックス			●	●	●	●
◎	株式会社みずほフィナンシャルグループ			●	●	●	●
◎	大日本印刷株式会社			●	●	●	●
◎	P&G ジャパン			●	●	●	●
◎	富士通株式会社			●	●	●	●
◎	大和ハウス工業株式会社			●	●	●	
◎	日本コカ・コーラ株式会社				●	●	●
	株式会社明治					●	●
	東京海上日動火災保険株式会社					●	●
	DAZN Japan Investment 合同会社					●	●
	日本オラクル株式会社					●	●
	パナソニック オペレーショナルエクセレンス株式会社					●	
	日の丸交通株式会社					●	
	ホダカ株式会社					●	●

サーになった企業に特徴がある。設立初期の一八年から一九年は事務局のグッド・エイジング・エールズをもと支援してきた団体と、東京大会の協賛企業が参画している。それ以前からＬＧＢＴＱ＋の当事者団体を支援してきた企業からの継続的な支援と、自社の多様性社会推進の取り組みを東京大会を契機に加速させたい企業からの支援を受けた。二〇年から二一年の東京大会開催期は、大会スポンサー企業（◎で記載）だけがＰＨＴＣのメンバーとして参画した。これは、プライドハウス東京がプライドハウス史上初めて大会の公式プログラムになる条件であり、プライドハウス東京が東京大会の協賛企業と同じであることが大会公式プログラムになるために必要な戦略だった。ＰＨＴＣの協賛企業が東京大会の協賛企業と同じであることが大会公式プログラムとして認定された。ただし、ＰＨＴＣは組織委員会やＩＯＣのトーマス・バッハ会長から公式レターを通じて公式プログラムのスローガンである「多様性と調和」に対して、何らかの社会的アクションをしたいスポンサー企業が東京大会のスポンサー料とは別にスポンサー料を支出してＰＨＴＣのスポンサーになっている。東京大会の公式プログラムとして認定されたとはいえ、組織委員会やＩＯＣがＰＨＴＣの既存の仕組みや予算の配分に変化を与えたわけではない。リサ・タガンの唱える同化型のホモ・ノーマティブなアプローチだったともいえるだろう。さらに、これまでＬＧＢＴＱ＋コミュニティーを支援してきた企業が、東京大会のスポンサーではないという理由でＰＨＴＣに継続して参画できなかった事例もあった。このことは、ＬＧＢＴＱ＋コミュニティーの支援に積極的だった企業がオリンピックがもつ権力によって排除されたといえる。

東京大会終了後の二〇二二年から二三年は、東京大会スポンサーに限るという制限がなくなり、希望する企業は協賛企業としてＰＨＴＣに参画することができるようになった。企業の関心がスポーツから離れたせいで協賛の額は減額されたが、東京大会のスポンサー企業の多くは協賛の継続を希望し、新たな企業（特に外資系企業）の参画もあった。

大使館

	Uber Eats Japan 合同会社						●
	オルガノン株式会社						●
	株式会社神戸製鋼所						●
	株式会社セールスフォース・ジャパン						●
	ギリアド・サイエンシズ株式会社						●
	キャップジェミニ株式会社						●
	合同会社 PVH ジャパン						●
	サントリーホールディングス株式会社						●
	パーソルキャリア株式会社						●
	パナソニック コネクト株式会社						●
	芙蓉総合リース株式会社						●
	ブリストル・マイヤーズ スクイブ株式会社						●
	メットライフ生命保険株式会社						●

◎東京2020オリンピック・パラリンピック競技大会スポンサー企業

	非営利団体／専門家（※五十音順）	2018年	2019年	2020年	2021年	2022年	2023年
◎	NPO 法人 akta	●	●	●	●	●	●
	NPO 法人 ETIC.	●	●	●	●	●	●
◎	NPO 法人カラフルチェンジラボ	●	●	●	●	●	●
◎	認定 NPO 法人グッド・エイジング・エールズ	●	●	●	●	●	●
	認定 NPO 法人 green bird	●	●	●	●	●	●
◎	サウザンブックス PRIDE 叢書		●	●	●	●	●
	NPO 法人 GEWEL	●	●	●	●	●	●
	一般社団法人 S.C.P. Japan			●	●	●	●
	一般財団法人スポーツ＆ライフ振興財団	●	●	●	●	●	●
◎	NPO 法人東京レインボープライド	●	●	●	●	●	●
◎	任意団体読書サロン		●	●	●	●	●
◎	任意団体にじいろかぞく	●	●	●	●	●	●
◎	認定 NPO 法人虹色ダイバーシティ	●	●	●	●	●	●
◎	NPO 法人日本 HIV 陽性者ネットワーク・ジャンププラス（JaNP+）	●	●	●	●	●	
◎	NPO 法人ハートをつなごう学校		●	●	●	●	●
◎	認定 NPO 法人ぷれいす東京	●	●	●	●	●	●
◎	任意団体虫めがねの会		●	●	●	●	●
◎	一般社団法人 Fruits in Suits Japan		●	●	●	●	●
◎	認定 NPO 法人 ReBit	●	●	●	●	●	●
◎	NPO 法人 レインボー・リール東京	●	●	●	●	●	●
◎	University Diversity Alliance		●	●	●	●	●
◎	任意団体 LGBTQ アライ・コミッティ@ Accenture		●	●	●	●	

最後に、大使館の参画をみておこう。ＰＨＴＣには、合計二十の駐日各国大使館と駐日欧州連合が参画している。後援名義をＰＨＴＣに付与することが参画の条件になっていた。[25] ＰＨＴＣ参画大使館は、イタリア以外のＧ7諸国で、Ｇ7以外の国では、イスラエル大使館とメキシコ大使館を除き、ヨーロッパや北米、ニュージーランドにオーストラリアなど、西洋のジェンダー・セクシュアリティーを規範とする国々である。ここからもわかるように、プライドハウス運動とは、オリパラ競技大会という西洋発祥の近代スポーツを象徴する祭典に、西洋のジェンダー・セクシュアリティーに基づいた規範を中心として拡大している昨今のＬＧＢＴＱ＋当事者の権利運動が掛け合わさったもので、西洋を中心とするジェンダー・セクシュアリティーの規範や構造的な権力格差を日本のなかでより強化する可能性があることには注意したい。そのうえで、オランダ大使館やフランス大使館は、ＰＨＴＣに、自国のＬＧＢＴＱ＋当事者アスリートからのメッセージビデオや助成金を提供したり、オンラインセミナーを共催したりしている。ＰＨＴＣは東京大会を契機に大使館と共同することで、国外のアスリートとの連帯や国外のＬＧＢＴＱ＋に関する情報だけでなく、経済資本を国内のＬＧＢＴＱ＋コミュニティーに取り入れることにも成功した。[26] 国内のＬＧＢＴＱ＋コミュニティーだけでは獲得できないさまざまな資源を獲得できた事実の裏側で、西洋を中心としたジェンダー・セクシュアリティーの規範が国内のＬＧＢＴＱ＋コミュニティーに対するバックラッシュを強化したことは否定できない。東京大会前の制定を目指したＬＧＢＴ理解増進法は東京大会前の成立は見送られたが、二三年の五月のＧ7広島サミットを契機に再び法整備の動きが活発化し、同年六月に制定された。しかしながら、十分に審議を尽くさないまま追加された文章によって、ＬＧＢＴＱ＋当事者の人権を守るための法律が、ＬＧＢＴＱ＋当事者により強い抑圧を加える危険性を含む法案になった。このことにはＬＧＢＴＱ＋コミュニティーから懸念が表明されている。

まとめると、ＰＨＴＣは東京大会という国際競技大会を契機に、日本のＬＧＢＴＱ＋コミュニティーに外部の人的・経済的資源をもたらすことに成功した。外部の資源とは、スポーツや東京大会を活用してＬＧＢＴＱ＋に関する取り組みに関心をもつ非営利団体や民間企業、さらには諸外国の大使館だった。一方で、西洋のジェンダ

◎	NPO 法人 レインボーコミュニティ coLLabo			●	●	●	●
◎	NPO 法人 Rainbow Soup			●	●	●	●
◎	NPO 法人 Proud Futures（2022年まで任意団体）			●	●	●	●
◎	任意団体 手話フレンズ			●	●	●	●
◎	任意団体 Rainbow Tokyo 北区			●	●	●	●
◎	認定 NPO 法人 SHIP	●					
	認定 NPO 法人日本ファンドレイジング協会	●					
◎	NPO 法人 Broken Rainbow-Japan　※	●	●				
	株式会社スタジオ・ポット		●				

※2018年に任意団体 レイプクライシス・ネットワークの業務を担う形で Broken Rainbow-Japan が設立された
◎ LGBTQ+ の活動を専門的に実施している団体

大使館（※五十音順）		2018年	2019年	2020年	2021年	2022年	2023年
	駐日アイスランド大使館		●	●	●	●	●
	駐日アイルランド大使館		●	●	●	●	●
	在日アメリカ大使館		●	●	●	●	●
	駐日イスラエル大使館		●	●	●	●	●
	在日オーストラリア大使館		●	●	●	●	●
	在日オーストリア大使館				●	●	●
	駐日欧州連合代表部		●	●	●	●	●
	駐日オランダ王国大使館	●			●	●	●
	在日カナダ大使館	●	●	●	●	●	●
	在日スイス大使館			●	●	●	●
	駐日スウェーデン大使館		●	●	●	●	●
	駐日スペイン大使館			●	●	●	●
	駐日デンマーク大使館			●	●	●	●
	駐日ドイツ連邦共和国大使館			●	●	●	●
	駐日ニュージーランド大使館		●	●	●	●	●
	駐日ノルウェー大使館		●	●	●	●	●
	駐日フィンランド大使館		●	●	●	●	●
	在日フランス大使館	●	●	●	●	●	●
	駐日ベルギー王国大使館				●	●	●
	在日メキシコ大使館			●	●	●	●
	在日英国大使館※			●			

※英国大使館とは共同事業や助成の形でサポートを受けている

（出典：グッド・エイジング・エールズとプライドハウス東京が発出したプレスリリースを参考に筆者が作成）

ー・セクシュアリティーの規範の再生産や強化によってバックラッシュが加速した側面や、東京大会がもたらす経済資本の権力によって、従来からＬＧＢＴＱ＋コミュニティーを支援してきた企業が排除された側面、ＬＧＢＴＱ＋当事者支援を主としていない団体がもつ特権が、ＬＧＢＴＱ＋当事者をより抑圧する状況を生み出した側面についてもさらに分析する必要があるだろう。

おわりに

本章では、東京大会が国内のＬＧＢＴＱ＋コミュニティーの社会運動にもたらした影響について、どのような団体がどのような目的のために集まり、どのような人的・経済的資源を活用していたのか、また誰がその運動の中心にいたのか、ＰＨＴＣに注目してその構成団体を分析しながら整理した。ＰＨＴＣの事務局であるグッド・エイジング・エールズが社会運動組織になり、東京大会を契機に国内外、そして日本のＬＧＢＴＱ＋支援団体内外の人的・経済的資源をＬＧＢＴＱ＋の権利運動に動員した。ＰＨＴＣは、「東京大会終了後にＬＧＢＴＱ＋コミュニティーの悲願である常設の大型ＬＧＢＴＱ＋センターを設立する」という目標を掲げ、ＬＧＢＴＱ＋支援団体を連帯させた。それぞれの団体がもつ人的資源をＰＨＴＣに集約し、さらに、東京大会を活用してＬＧＢＴＱ＋に特化した支援団体ではない非営利団体、企業、大使館を国内のＬＧＢＴＱ＋の活動に取り込み、コロナの感染拡大を受けた緊急対応支援がその資源の拡大を副次的にサポートした。

一方で、次の三点に関しては今後も継続した検証と分析が必要である。まずＰＨＴＣがＬＧＢＴＱ＋コミュニティー内での格差をより生み出し、日本のＬＧＢＴＱ＋コミュニティーに対する抑圧を強化した側面についてである。東京大会を契機に、ＬＧＢＴＱ＋当事者支援を専門としない団体もＰＨＴＣに参画した。その結果、東京大会までという明確なタイムラインによる時間的な制約や、東京大会があるからＬＧＢＴＱ＋コミュニティーを支援したいと考えるLGBTQ+コミュニティー外の団体がもつ特権性によって、LGBTQ+当事者のなかでもひときわ弱い立場に置かれやすい人たちにどのような抑圧が生じていたのだろうか。次に、東京大会のスポンサー企業であることが、オリパラ期間中にプライドハウス運動に参画するための条件になり、これまでLGBTQ+コミュニティーを支援してきた企業を排除する結果になったことである。このことは、LGBTQ+当事者を長年支援してきた団体にどのような影響を与えたのだろうか。この点についても今後検証していく必要があるだろう。最後に、西洋のジェンダー・セクシュアリティーを規範とする国の大使館と連携してのPHTCの活動は、日本のなかに西洋のジェンダー・セクシュアリティーの規範をどれほど強化したか、そしてそれが結果的に国内のバックラッシュにつながっているかについての分析も必要である。

注

(1)『第32回オリンピック競技大会(2020／東京) 東京2020パラリンピック競技大会 東京都記録集』東京都政策企画局オリンピック・パラリンピック調整部管理課、二〇二三年、九二ページ

(2)国際オリンピック委員会「オリンピック憲章(二〇二一年八月八日から有効)」日本オリンピック委員会、二〇二一年

(3)「「LGBT差別禁止法」に対する考え方を発表」「LGBT法連合会」(https://lgbtetc.jp/news/92/)[二〇二三年十二月二十九日アクセス]

(4)「【声明】第204回 通常国会閉会により「LGBT新法」が成立しなかったことを受けて」「LGBT法連合会」(https://lgbtetc.jp/news/1992/)[二〇二三年十二月二十九日アクセス]

(5)David A. Snow, Sarah A. Soule, Hanspeter Kriesi and Holly J. McCammon, "Introduction: Mapping and Opening Up the Terrain 1," in David A. Snow, Sarah A. Soule, Hanspeter Kriesi and Holly J. McCammon eds., *The Wiley Blackwell Companion to Social Movements*, Wiley Blackwell, 2018.

(6) John D. McCarthy and Mayer N. Zald, "Resource Mobilization and Social Movements: A Partial Theory," *American Journal of Sociology*, 82(6), The University of Chicago Press, 1977.

(7) 溝渕正季『イスラーム主義運動研究と社会運動理論——資源動員論とその前後の理論史展開を中心に』(Monograph Series)、上智大学アジア文化研究所、二〇〇八年

(8) McCarthy and Zald, op. cit.

(9) Kristopher Velasco, "Human Rights INGOs, LGBT INGOs, and LGBT Policy Diffusion, 1991–2015," *Social Forces*, 97(1), Oxford University Press, 2018.

(10) Meredith L. Weiss and Michael J. Bosia, *Global Homophobia: States, Movements, and the Politics of Oppression*, University of Illinois Press, 2013.

(11) "WHAT IS A PRIDE HOUSE?""Pride House International," n.d.（https://www.pridehouseinternational.org/about/）［二〇二三年十二月二十九日アクセス］

(12) "MAP OF PRIDE HOUSES""Pride House International," n.d.（https://www.pridehouseinternational.org/map-of-pride-houses/）［二〇二三年十二月二十九日アクセス］

(13) "WHAT IS A PRIDE HOUSE?," n.d.

(14) 井谷聡子「〈新〉植民地主義社会におけるオリンピックとプライドハウス」、日本スポーツとジェンダー研究会編集委員会編「スポーツとジェンダー研究」第十号、日本スポーツとジェンダー学会、二〇一二年

(15) 認定ＮＰＯ法人グッド・エイジング・エールズ「東京五輪・パラリンピック期間に、ＬＧＢＴに関する情報発信をおこなう「プライドハウス東京」の運営団体が、具体的なレガシー計画を発表。自治体やパートナー企業等に、コレクティブインパクト型の協働を呼びかけ。」「PR Times」（https://prtimes.jp/main/html/rd/p/000000023.000019571.html）［二〇二三年十二月二十九日アクセス］

(16) "Good Aging Yells to open "Pride House Tokyo," an information center on LGBT and sports during the 2020 Summer Olympics.""OUT JAPAN"（http://out-japan.com/good-aging-yells-to-open-pride-house-tokyo-an-information-center-on-lgbt-and-sports-during-the-2020-summer-olympics/）［二〇二三年十二月二十九日アクセス］

（17）Ibid.

（18）前掲「東京五輪・パラリンピック期間に、ＬＧＢＴに関する情報発信をおこなう「プライドハウス東京」の運営団体が、具体的なレガシー計画を発表。自治体やパートナー企業等に、コレクティブインパクト型の協働を呼びかけ。」

（19）「ダイバーシティを加速するコレクティブ・インパクトを、２０２０年に。「プライドハウス 東京」記者会見レポート」「DRIVE」（https://drive.media/posts/21580）［二〇二三年十二月二十九日アクセス］

（20）生田綾／Jun Tsuboike 坪池順「東京・新宿に、ＬＧＢＴＱ当事者のための居場所を。「プライドハウス」がオープンしました」「HUFFPOST」（https://www.huffingtonpost.jp/entry/story_jp_5f82548ec5b62f97bac38e21）［二〇二三年十二月二十九日アクセス］

（21）『プライドハウス東京２０２２ 公式ガイドブック』プライドハウス東京、二〇二二年（https://pridehouse.jp/assets/img/handbook/pdf/2022_guidebook.pdf）［二〇二三年十二月二十九日アクセス］

（22）『LGBTQ Youth TODAY 調査レポート――セクシュアル・マイノリティの若者（12～34歳）への新型コロナウイルス感染拡大の影響に関する緊急アンケート』プライドハウス東京、二〇二〇年（https://pridehouse.jp/assets/img/handbook/pdf/lgbt_youth_today.pdf）

（23）前掲『プライドハウス東京２０２２ 公式ガイドブック』

（24）『令和三年度新型コロナウイルス感染症に対応した自殺防止対策事業報告書』グッド・エイジング・エールズ、二〇二二年

（25）前掲『プライドハウス東京２０２２ 公式ガイドブック』

（26）同書

第16章　オリパラ教育の展開

渡　正

1　日本のオリパラ教育の開始

東京大会は、パラリンピックへの意識の高まりを受けて、性的マイノリティーや障害者など、これまで社会参加の機会や権利が十分に与えられてこなかった人々を包摂するインクルーシブな社会を構築するための大きなきっかけになることが期待されていた。組織委は東京大会のコンセプトを「すべての人が自己ベストを目指し（全員が自己ベスト）」「一人ひとりが互いを認め合い（多様性と調和）」「そして、未来につなげよう（未来への継承）」と定めたが、特に重視されたのは「多様性と調和」だった。こうしたビジョンやコンセプトを体現するものとして、特に子どもたちをターゲットに実施されたのがオリパラ教育[1]だった。IOCは教育をスポーツ、文化と並んでオリンピズムの重要な要素の一つと見なしている。そして学校のための教育プログラムを確立することは、オリパラの価値観を推進するうえで効果的な方法だとして、長期的な計画を立て実施するよう求めている[2]。こうした事情から、二〇一三年九月に東京大会の開催が決定して以来、日本ではオリパラ教育が推進されてきた。東京都の推計によれば、オリパラ教育は、都内にあるすべての公立教育機関二千三百校で、年間百万人の幼児・児童・生徒が取り組み、延べ千四百人のアスリートが学校に派遣されたという。[3]

東京大会が閉幕してからわずかな時間しかたっていないため、オリパラ教育のレガシーをめぐる議論は学問的にもメディア的にも進んでいないようにみえる。大会招致から閉幕までに実施された種々のオリパラ教育のうち、唯一厳しいまなざしを向けられたのが、児童・生徒のオリパラ観戦を促す、学校連携観戦プログラムだった。だが、新型コロナウイルス感染症の蔓延によってオリパラ教育としての観戦の意義よりも、「コロナ禍における集団観戦」のリスクに焦点が移ってしまった。[4]

では、これまで独立して、あるいはオリンピック教育とパラリンピック教育の双方を指して単に「オリンピック教育」あるいは「パラリンピック教育」と呼ばれていたものが、東京大会で「オリンピック・パラリンピック教育」として展開されたことにどんな意味があったのだろうか。言い換えれば、東京大会の開催に向けた動きの一環として、学校教育現場で実施されたオリパラ教育とはいったいどのようなものだったのだろうか。本章では、このオリパラ教育について検討する。[5]

オリパラ教育の概要

オリパラ教育は、ＩＯＣにとって、あるいはオリンピック・ムーブメントにとってどのようなものだろうか。現在の開催都市契約の運営要件（Host City Contract-Operational Requirements）では、「教育はスポーツと文化と並んでオリンピズムの重要な要素の一つである」とされ、開催都市はオリパラ教育を推進するよう求められている。なおかつこのオリパラ教育の推進にあたっては、ＩＯＣが策定したオリンピック価値教育プログラム（Olympic Values Education Programme：ＯＶＥＰ）やＩＰＣの教育プログラムである「I'mPOSSIBLE」と適切に連携することが求められている。[6]

ＩＯＣによればオリンピック教育は、オリンピックの基礎的事実や歴史的経緯、競技を知ることにとどまらず、

「オリンピックが目指す価値」に基づいた教育とされている。これがオリンピック価値教育プログラム（以下、OVEP）と呼ばれる。OVEPはオリンピズムの根本原則に基づくオリンピック・ムーブメントの三つの本質的価値、すなわち「卓越性、敬意／尊重、友情」からなる五つの教育テーマ（「努力から得られる喜び、フェアプレー、敬意／尊重の実践、卓越性の追求、身体・意志・精神のバランス」）についての議論や対話、アートや音楽・身体運動などの創造的活動を通したアクティブ・ラーニングであるという。

一方、パラリンピック教育については、スポーツ庁の有識者会議が、IPCの「スポーツを通じ、障害がある人にとってよりよい共生社会を実現する」（Aspiration）という当時の理念、「パラリンピックアスリートが、スポーツにおける卓越した能力を発揮し、世界の人々に勇気と感動を与えることができるようにすること」のビジョン、および、パラリンピックの四つの価値（勇気 Courage、決意 Determination、公平 Equality、インスピレーション Inspiration）を紹介している。(7) したがって、OVEPにならえばパラリンピック教育もオリンピック教育と同様にパラスポーツを体験したり、ルールを知ったりするだけでなく、「パラリンピックが目指す価値」に基づいた教育でなければならないと考えることができる。(8)

東京大会の招致が決まってから約一年後の二〇一四年十月に、東京都教育委員会は「東京のオリンピック・パラリンピック教育を考える有識者会議」を設置し、一五年十二月二十一日に最終提言を公表した。一六年一月に公表した『「東京都オリンピック・パラリンピック教育」実施方針』では、東京大会を「子供たちの人生にとってまたとない重要な機会と捉え（略）全校で展開することとする」とされ、都内のすべての公立学校でオリパラ教育が推進されることになった。東京大会に向けてのオリパラ教育の歩みはここから始まったのである。

文部科学省・スポーツ庁は、二〇一五年二月二十七日に「オリンピック・パラリンピック教育に関する有識者会議」を設置し、九回の審議ののち、一六年七月二十一日に最終報告『オリンピック・パラリンピック教育の推進に向けて』を公表した。政府は全国的にオリパラ教育を推進するため、一五年度に筑波大学を拠点機関として宮城県・京都府・福岡県で試行的な実践をおこない、一六年度から、オリンピック・パラリンピック・ムーブメント全国展開事業を実施することになった。中核拠点に選ばれた筑波大学・早稲田大学・日本体育大学が中心になって、一六年度から二一年度まで各都道府県で事業を実施した。

組織委は「東京二〇二〇教育プログラム」として、「みんなの輝き、つなげていこう（Unity in Diversity）」のビジョンを掲げ、「ようい、ドン！」の愛称でプログラムを進めていくことを発表した。この愛称から明らかなように、組織委のオリパラ教育はロンドン大会の「Get Set」の内容と成功にあやかろうとしている。ロンドン大会のパラリンピック教育プログラムだった「Get Set」は、ロンドン大会でのパラリンピック・ムーブメントの盛り上がりを担ったともいわれ、その理念や方法は、リオ大会の「Transforma（トランスフォルマ）」、東京大会の「ようい、ドン！」に引き継がれていった。

2　東京大会に向けたオリパラ教育の内容

では日本では、オリパラ教育としていったいどんなことがおこなわれたのだろうか。東京大会に向けてオリパラ教育を推進した中心的なアクターは第1節で述べたように東京都教育委員会、スポーツ庁、組織委の三者である。本節では、この三つのアクターの取り組みをみていこう。

東京都はオリパラ教育で育成すべき人間像として四つの目標を掲げている。「自己を肯定し、自らの目標をもって、自らのベストを目指す意欲と態度を備えた人間」「スポーツに親しみ、知・徳・体の調和のとれた人間」「日本人としての自覚と誇りをもち、自ら学び行動できる国際感覚を備えた人間」「多様性を尊重し、共生社会の実現や国際社会の平和と発展に貢献できる人間」(9)である。この目標に取り組むにあたって「四×四の取組」という枠組みが提起された。オリパラ教育のテーマとして「オリンピック・パラリンピックの精神」「スポーツ」「文化」「環境」の四つが示され、それを達成するために、「学ぶ（知る）」「観る」「する（体験・交流）」「支える」の四つのアクションが設定された。そして、この四つのアクションを実践して「多彩な教育活動を展開する」とされた。

この「四×四の取組」によって、子どもたちの五つの資質を重点的に育成することが目指された。「ボランティアマインド」「障害者理解」「スポーツ志向」「日本人としての自覚と誇り」「豊かな国際感覚」である。さらにこの五つの資質を伸ばすために、四つのプロジェクトが推進された。それが地域清掃や地域行事などに取り組む「東京ユースボランティア」、障害者スポーツの観戦や体験、特別支援学校（学級）の児童・生徒と小学生・中学生・高校生が交流する「スマイルプロジェクト」、オリンピアンやパラリンピアンと交流する「夢・未来プロジェクト」、留学生や外国人、大使館と交流する「世界友達プロジェクト」である。

特徴的なのは、学習・教育活動の進め方について「年間指導計画を作成し、年間三十五時間程度を目安とし、学校全体で組織的・計画的に実践する」とされていることである。またそのために東京都は『オリンピック・パラリンピック学習読本』を都内の公立・私立学校の四年生以上に、『オリンピック・パラリンピック学習ノート』を都内の公立学校の全児童・生徒に配布した。これを受けて、都内の公立学校では全学年でオリパラ教育に対応することになった。

実施方針では、「本教育に関わる活動は二〇二〇年度末をもって終了させるものではなく、引き続き発展させながら、継続できる活動とする」とされている。それを実現するための取り組みが、「学校二〇二〇レガシー」である。「学校二〇二〇レガシー」とは、各学校が展開してきた東京都オリンピック・パラリンピック教育において、五つの資質の育成と関連づけて発展させてきた活動、もしくはこれを契機に新たに取り組みを始めた活動のなかから、学校経営方針、教育目標、幼児・児童・生徒の実態、地域性などに鑑み、学校の特色としてこれからも継続させる活動を、各学校一つ以上「学校二〇二〇レガシー」として設定し、大会後も長く継続していくものと説明されている。つまり、六年間の東京都のオリパラ教育を踏まえて、学校の特色として今後も継続される活動がこの「学校二〇二〇レガシー」である。

スポーツ庁のオリパラ教育事業の出発点は、「オリンピック・パラリンピック教育に関する有識者会議」がまとめた「オリンピック・パラリンピック教育の推進に向けて」の最終報告である。この最終報告は、オリパラ教育を、「オリンピック・パラリンピックそのものについての学び」と、「オリンピック・パラリンピックを通じた学び」に大別している。この観点から、オリパラ教育の五つの実践テーマが設定された。それが「Ⅰ スポーツ及びオリンピック、パラリンピックの意義や歴史に関する学び」「Ⅱ マナーとおもてなしの心を備えたボランティアの育成」「Ⅲ スポーツを通したインクルーシブな社会（共生社会）の構築」「Ⅳ 日本の伝統、郷土の文化や世界の文化の理解、多様性を尊重する態度の育成」「Ⅴ スポーツに対する興味・関心の向上、スポーツを楽しむ心の育成」である。このテーマに基づいて実施されたのが、「オリンピック・パラリンピック・ムーブメント全国展開事業」である。『オリンピック・パラリンピック・ムーブメント展開事業2016―2021年度 総括報告書』によれば、オリパラ教育は中核拠点の三大学合わせて二〇一六年に百八十三校、一七年に三百七十六校、一八年に七百一校、一九年に九百五十二校、二〇年に九百六十六校、二一年に千十三（千）校で実施された[10]。計四千百九十一校である。それぞれの推進校はスポーツ庁の事業用特設サイトに掲載されている。全国展開事業ではおおむね共通して、教員研修（事前・事後）、推進校での実践、市民フォーラム、全国フォーラムがおこなわれた。そのほかの活動の部分に独自の取り組みがみられた。

大会組織委は教育の分野で「オリンピック・パラリンピックやスポーツの価値の理解」「多様性に関する理解～障がい者への理解・国際理解」「主体的・積極的な参画と大学連携」の三つのレガシーコンセプトを設定し取り組みを推進した[11]。特にこの教育プログラムは「ようい、ドン！」の愛称で展開された。大会組織委はオリパラ教育に取り組む学校を「ようい、ドン！スクール」として認証する事業を二〇一六年に東京都などで、一七年からは全国で実施して、計一万九千五校を認証した。認証されると、認証書が発行され、教育プログラムのロゴマーク、マスコットイラストなどを学校の教育活動（学習教材や学級通信など）で活用することができる。また教育プログラムなど関連事業に参加したり、情報提供を受けたりできたほか、マスコットを学校へ呼ぶこともできるようになった。

「はじめに」でもふれたが、組織委の教育プログラムの集大成とされたのが、「学校連携観戦プログラム」による児童・生徒への観戦機会（学校連携観戦チケット）の提供[12]だった。学校連携観戦は、二〇一八年五月三十日におこなわれた組織委員会の有識者会議で決定された。オリパラのチケットを低価格で用意して学校単位で児童・生徒に観戦させる計画だった。[13]東京都は、観戦を希望する都内の学校すべてに対して観戦チケットに関わる費用を公費で負担しようとしていた。そこには観客席を満員にしたいという狙いも込められていた。[14]また、パラリンピックの観戦は、「多様性の理解」に役立つと期待され、オリンピックよりも力を入れてチケットが確保された。オリパラ教育の集大成として、同時にレガシーを構築するものとして観戦が重視されたといえるだろう。確かにパラリンピックを観戦した人のほうが、（身体）障害者やパラアスリートにポジティブなイメージをもち、交友関係をもつことに抵抗感が低いことを示した研究もある。[15]しかしながら、新型コロナウイルス感染症のパンデミックによって本事業は暗礁に乗り上げてしまうことになる。

実は、この学校連携観戦については、コロナ禍になる前から、夏場に観戦する際の熱中症の問題に対して懸念が示されていた。二〇一九年十二月十日付の「朝日新聞」は、低学年中心に観戦を辞退する小学校が二百校あまり出ていることを伝えている。[16]そうした状況だったので、パンデミックがなくても問題が表面化した可能性はある。二一年六月四日に「朝日新聞」は、オリンピック六十万枚、パラリンピック六十八万枚の申し込みがあった学校連携観戦チケットについて、組織委が学校からのキャンセルを受け付けていると報じている。[17]これ以降、各自治体・学校による観戦「中止」の決定が相次いで報じられていく。ただし、パラリンピックに関しては、自治体や学校が希望すれば都県をまたがない範囲で観戦を認めるなどパラ教育の可能性が探られていった。結果として学校連携観戦は、当初計画した百二十八万人から大幅に減って、約二万人（オリンピック約四千七百人、パラリンピック約一万五千七百人）の参加となった。

オリパラが無観客開催になったとき、観戦の教育的意義とオリパラ教育そのものの意義が問われたといえる。

しかしながらその後、観戦をめぐって混乱が発生する。パラリンピック開幕から数日は教育的意義を強調し学校連携観戦を推進した千葉県が、引率した教員がコロナ陽性になったために急遽観戦中止を決めたのである。こうしたことが起きたことによって、学校連携観戦はオリパラ教育の意義を論じる対象というよりも自治体や首長の政治的判断を批判する対象になり、問題が矮小化されてしまった。

オリパラ教育の内容

以下では、筆者と日本財団パラリンピックサポートセンター（現パラスポーツサポートセンター）が二〇一九年に共同で実施した調査の再分析と、東京都オリパラ教育として実施された「学校二〇二〇レガシー」への東京都の公立学校（小学校・中学校）の取り組み事例から、オリパラ教育の実態と課題を明らかにしたい。

筆者と日本財団パラスポーツサポートセンターが二〇一九年に共同で実施した調査[18]から、オリパラ教育の実施状況をみてみると、オリパラ教育全体では東京都・千葉県合わせて約八四・八％で実施していて、全体の六七・二％、東京都の八六・九％、千葉県の四五・六％がオリパラ教育どちらも実施したと回答している[19]。東京都の小学校では「どちらも行ったことがある」が九二・〇％（千葉県は四三・八％、以下、括弧内は千葉県の割合）、「パラリンピック教育のみ」が三・六％（二六・一％）、「オリンピック教育のみ」が三・〇％（四・八％）になり、オリパラ教育全体では東京都は九八・六％の学校でおこなわれていた。一方、千葉県ではオリパラ教育全体で七四・七％の実施にとどまるが、今後の予定がある学校を含めると九一・七％になる。中学校では、東京都は「どちらも行ったことがある」が七七・八％（四五・五％）、「パラリンピック教育のみ」が七・五％（一七・五％）、「オリンピック教育のみ」が四・五％（四・九％）になり、オリパラ教育全体では東京都は八九・八％の中学校でおこなわれていた。

このように、競技会場を抱えていた千葉県と比べてみても、東京都でのオリパラ教育は高い割合で実施されている。これは東京都教育委員会がオリパラ教育の実施方針として、「年間指導計画に位置づけること」「年三十五

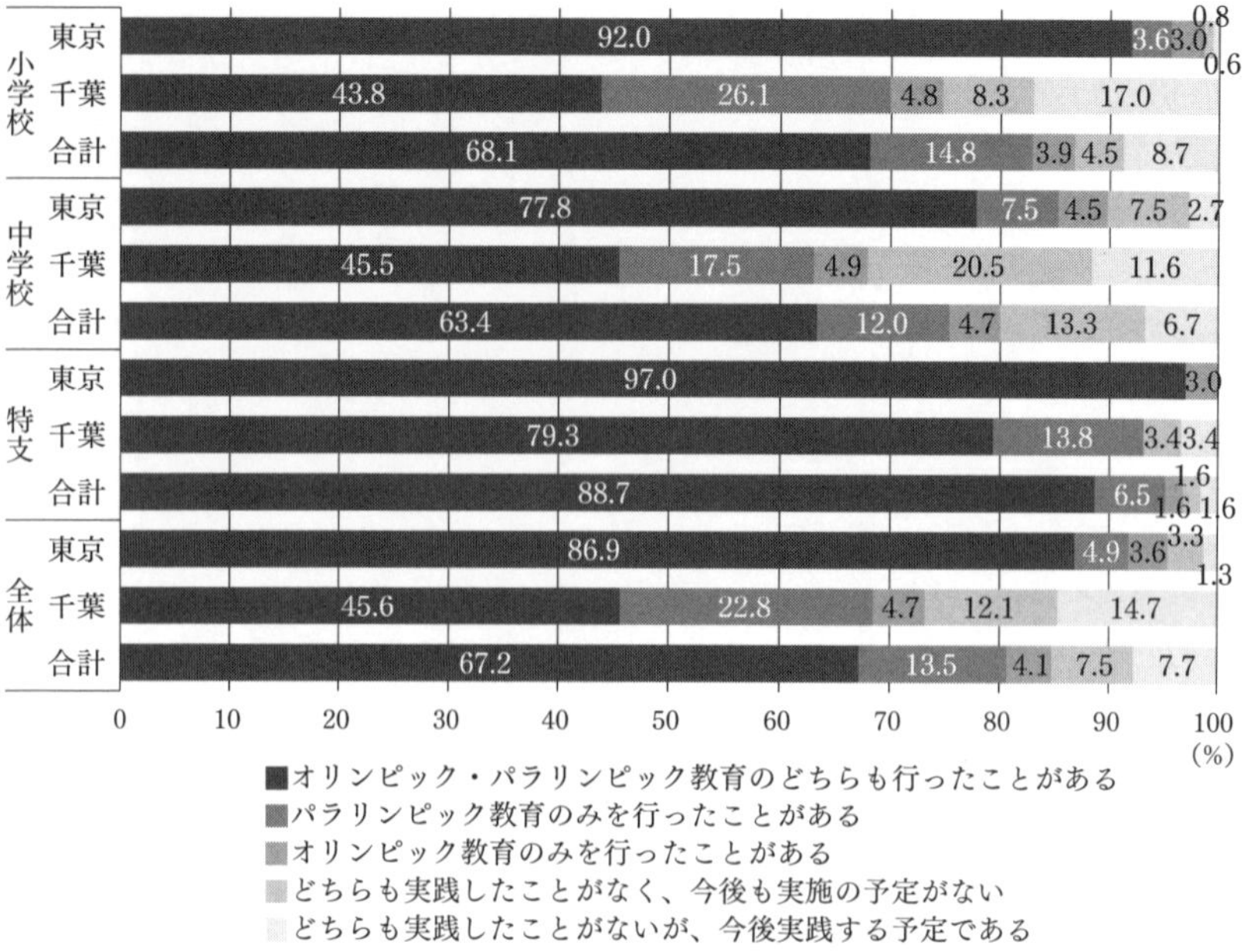

図1　オリパラ教育の実施割合（東京都・千葉県・全体の実施についての再分析）

時間」の実施を確保するよう求めたこと、さらには四つのプロジェクトを立ち上げて予算措置をおこなったことが奏功したと考えることができる。また、オリパラ教育関連の役職を設けて教員を配置した学校は東京都全体で七七・九%（小学校で八九・一%、中学校で八四・六%）なのに対し、千葉県では、全体で一九・二%（小学校で二〇・八%、中学校で一四・三%）にとどまっている。

オリパラ教育がおこなわれる教科については、総合的な学習の時間が小学校・中学校で最も多く、約六〇%になった。体育・保健体育が約五〇%強、次いで道徳になっている。[20] 東京都と千葉県の間では、小・中学校ともに総合的な学習の時間で、また中学校の保健体育の時間での実施に統計的な差があった。すなわち、東京都に比べて千葉県のほうが、中学校の体育の授業で（オリ）パラ教育を実施していて（東京都中学校四四・〇%に対して、千葉県中学校では六一・三%）、小・中学校ともに千葉県のほうが、総合的な学習の時間を使って（オリ）パラ教育を実施している割合が少ないことがわかる（東京都小学校で七三・五%、中学校で

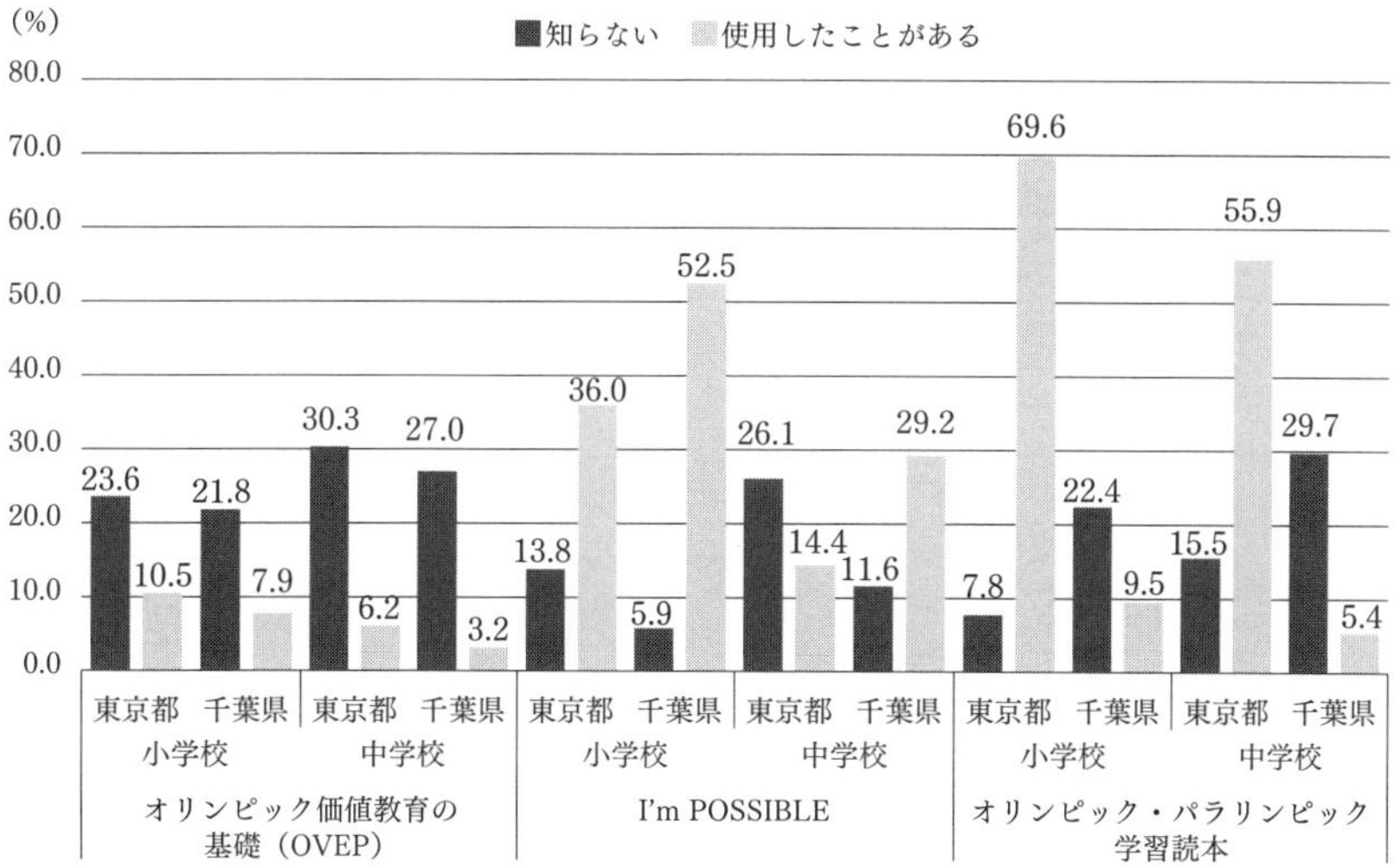

図2　各学習教材の認知と利用の状況

六六・九％に対し千葉県小学校六二・三％、中学校四二・五％）。この理由はデータだけでは判然としないが、やはり年三十五時間を確保するうえで体育と保健体育の授業だけでは不足する分を、東京都は総合的な学習の時間で補っているといえる。もしくは、通常の教育課程外の総合的な学習の時間にオリパラ教育を充てたといえるかもしれない。また、矢島佳子らの調査結果からは、東京都のほうが、出前授業（講演会や体験会）の実施割合が千葉県に比べて非常に高く、座学と実技は千葉県のほうが通常授業内での扱いが多いことが判明していて[21]、それも影響しているだろう。東京都が進めた四つのプロジェクトによる予算措置が影響している可能性もある[22]。

　最後に、東京大会のオリパラ教育で作成された教材をみてみたい。ここで取り上げるのは、『オリンピック価値教育の基礎（OVEP）』と『I'mPOSSIBLE』、そして東京都教育委員会が作成・配布した『オリンピック・パラリンピック学習読本』である。これら三つについて、東京都と千葉県を校種別に層化して示した（図2）[23]。これをみると、『I'mPOSSIBLE』は千葉県で小・中学校ともに東京都よりも利用率が高かった。『オリンピック・パラリンピック学習読本』は、東京都のほうが利用率が高かった。一方で、東京都教育委員会が作成・配布した『学習読本』や、JPCと日本財団パラスポーツサポートセンターが共同開発し、全国の小学校に配布したとされる『I'mPOSSIBLE』のどちらも、一定の割合で知らないと回答した学校があった。

これまでの内容をまとめると、東京都ではほとんどの学校でオリパラ教育が実施された。実施教科と内容は、東京都では総合的な学習の時間にアスリートの講演や交流会が実施されている傾向があり、千葉県では体育・保健体育など通常の授業時間内で取り扱っている。特に東京都では、オリパラ教育への予算的・制度的な裏づけが実施率を高めたと考えられる。学習教材については、『I'mPOSSIBLE』と『学習読本』はよく使われているものの、教材を知らないという学校も一定数あった。

東京都のオリパラ教育の実際

次に、オリパラ教育の内容をみてみたい。ここでは東京都教育委員会の報告書『学校二〇二〇レガシー』から東京都の小・中学校の記述についてテキスト分析のソフトウエアであるKH coder（KH coder 3.Beta.05B for mac）を使って分析した。分析対象は、東京都二十三区立と市町村立の幼稚園（こども園など含む）、小学校（区立の特別支援学校などは除き小・中一貫校は含めた）、中学校（区立の特別支援学校は除き中・高一貫校は含めた）の計二千八十七校分の報告書記載の「内容」である。

分析にあたっては、内容を分類するために、東京都がオリパラ教育で重点的に育成するとした五つの資質、すなわち「ボランティアマインド」「障害者理解」「スポーツ志向」「日本人としての自覚と誇り」「豊かな国際感覚」をコードとし、それに合致すると考えられるキーワードをコーディングルールとして設定した。なお報告書では各学校が、取り組み内容が前記の五つの資質のどれに該当するかを報告しているため、キーワード設定には内容と資質の対応も考慮した。本節の分析でも活動内容が複数の資質に該当し、重複するものもある。

以下の図は、分析ソフトの機能を使って、校種ごとに記述内容に特徴があるかを検討するため対応分析をおこなった結果である。樋口耕一によればKH coderの対応分析は「出現パターンに取り立てて特徴がない語が、原

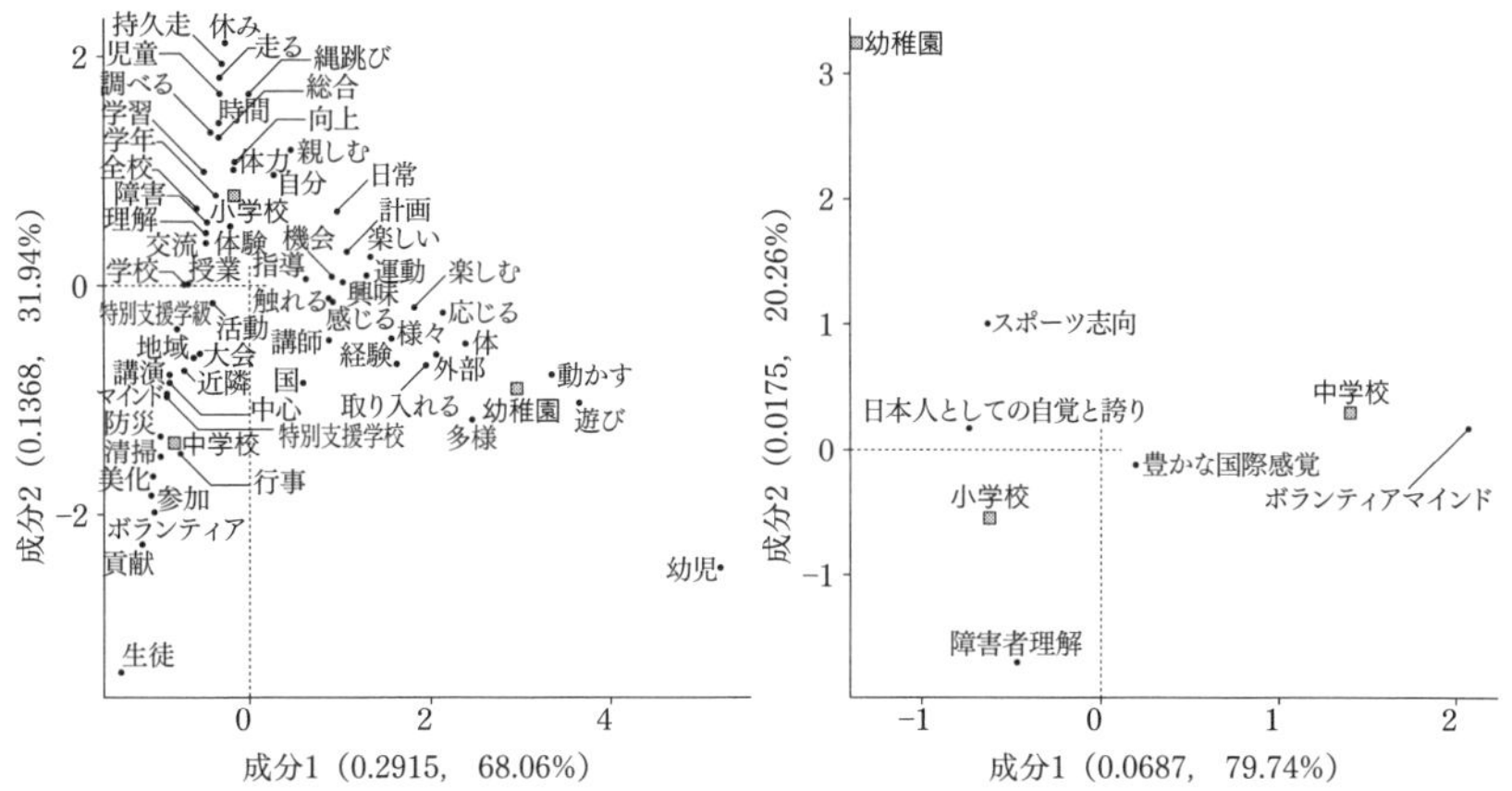

図3　記述内容（単語）と校種による対応分析（左：単語、右：コード）

点（0,0）付近にプロット」されるという。[24]さらに今回は外部変数として、グループ化した東京都の自治体と校種を用いた。このときそれぞれの語や外部変数がプロットされた方向で読み取ることが望ましいとされる。すなわち、外部変数と単語の単純な距離（近さ）は重要ではなく、原点からみて外部変数の方向にプロットされている語が、特徴的な語だと読み取ることができる。

以上を踏まえて図3（左）をみてみよう。すると幼稚園では「多様」「動かす」「遊び」が、小学校では「体力」「縄跳び」「走る」「持久走」などが、中学校では「行事」「参加」「ボランティア」「貢献」が特徴的な語になっていることがわかる。それらを五つの資質を表すキーワードをコーディングルールとして五つのコード（＝資質）に縮減したものが図4の右である。これをみると幼稚園では「スポーツ志向」にまとめられる語が同じ方向にあり、中学校では「ボランティアマインド」が同様の方向にプロットされている。小学校では解釈が難しいが、「障害者理解」もしくは「日本人としての自覚と誇り」が特徴的な語と捉えることができる。このことから、中学校では「ボランティアマインド」に関連した活動がおこなわれたこと、原点近くにある「豊かな国際感覚」はどの校種にも偏りがなく実施されたことを読み取ることができる。

図4は記述内容と設置自治体を都心部、東部、西部、多摩地域にグループ分け[25]して対応分析したものである。都心部方向に、「触れ

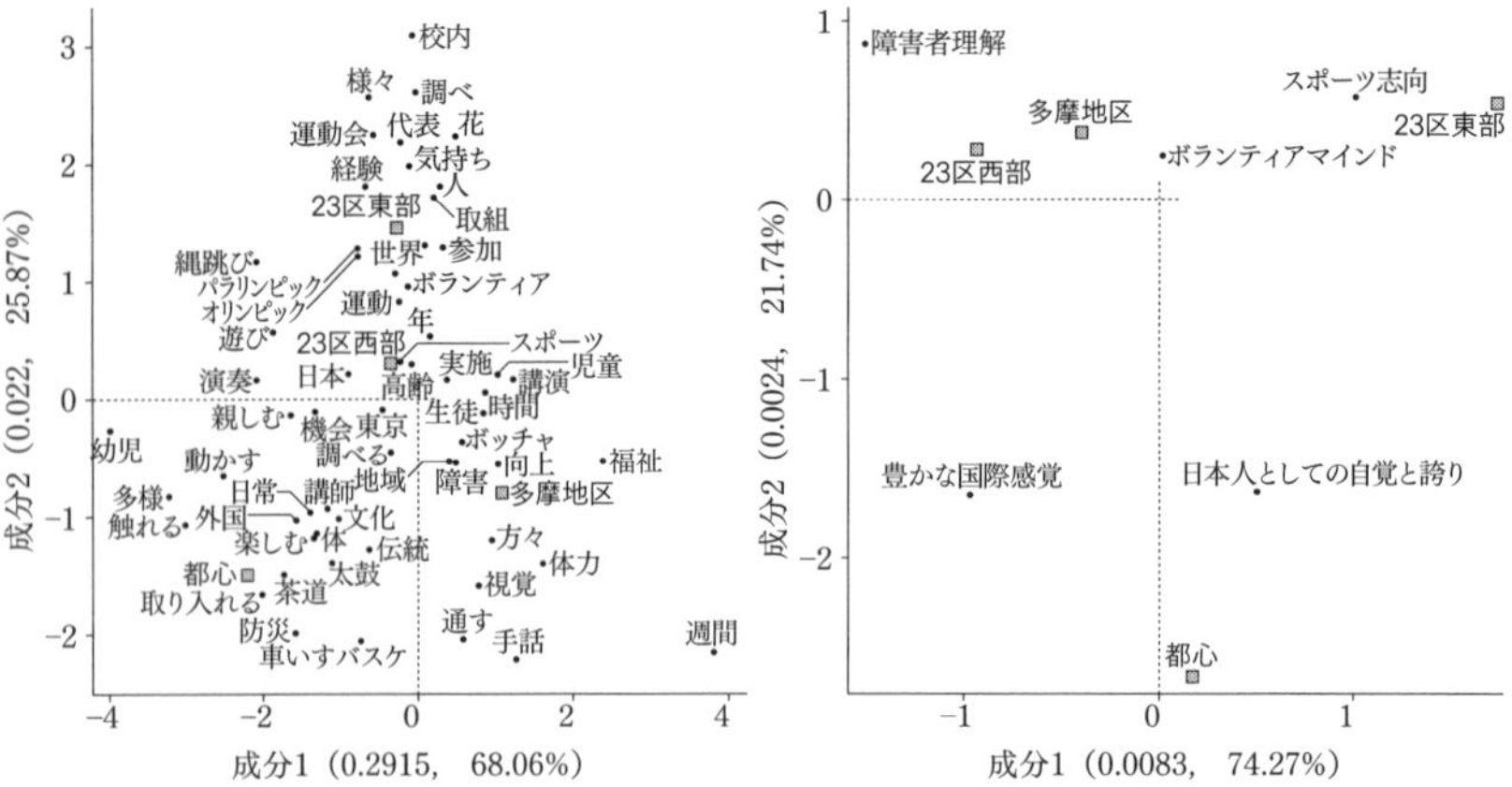

図4　記述内容（単語）と自治体グループによる対応分析（左：単語、右：コード）

る」「文化」「茶道」などの語が、二十三区東部の方向に「運動会」「花」「ボランティア」などがプロットされていて特徴が表れている。二十三区西部は原点近くにプロットされていることから偏りが少ない取り組みがおこなわれていたといえそうである。また多摩地区は、「障害」「ボッチャ」などがプロットされている。コードでまとめてみると二十三区東部は「スポーツ志向」の資質に関する内容と関連し、都心部は「豊かな国際感覚」「日本人としての自覚と誇り」の資質が、二十三区西部と多摩地区は原点近くにあり特徴がみえにくいが、「障害者理解」の資質が取り上げられている傾向がありそうである。また、「ボランティアマインド」は原点近くにあり、自治体別での特徴は多くなかったと捉えることができる。

表1は、五つの資質に対応するコードを拾った記述の数と、その学校の校種と自治体のクロス集計表である。まず合計欄をみると五つの資質のうち「スポーツ志向」が最も多く五百八十七校で二八・八%が取り組んだことがわかる。次いで「障害者理解」が三百八十校で一八・六%、「ボランティアマインド」が二百九十六校で一四・五%と続いている。「日本人としての自覚と誇り」「豊かな国際感覚」はほかの三資質と比べて実施数が少なかったという結果になった。

表1では校種別に各資質の実施に差があるかについてカイ二乗検定と残差分析をおこなっている。すると校種の比較では、「ボラン

表1　校種と自治体グループ別にみるコードの数とのカイ二乗検定

校種		ボランティアマインド	障害者理解	スポーツ志向	日本人としての自覚と誇り	豊かな国際感覚
小学校	度数	120	275	363	155	129
	割合	9.43%	21.60%	24.92%	9.02%	12.30%
	期待値	179.949	231.015	356.858	141.649	132.53
	調整された残差	−7.847 *	5.239 *	0.64	1.927	−0.524
中学校	度数	169	93	152	55	75
	割合	27.70%	15.25%	24.92%	9.02%	12.30%
	期待値	93.946	120.607	186.306	73.951	69.19
	調整された残差	10.304 *	−3.449 *	−3.752 *	−2.869 *	0.905
幼稚園	度数	7	12	72	23	14
	割合	4.40%	7.55%	45.28%	14.47%	8.81%
	期待値	22.105	28.378	43.837	17.4	16.28
	調整された残差	−3.672 *	−3.623 *	5.453 *	1.501	−0.629
"x2(8)= 147.734,p<.01,Cramer's V = 0.208"						
自治体		ボランティアマインド	障害者理解	スポーツ志向	日本人としての自覚と誇り	豊かな国際感覚
都心	度数	35	40	68	35	32
	割合	13.8%	15.8%	26.8%	13.8%	12.6%
	期待値	36.266	46.558	71.919	28.547	26.709
	調整された残差	−0.247	−1.163	−0.608	1.387	1.17
23区西部	度数	102	140	178	70	77
	割合	15.7%	21.5%	27.4%	10.8%	11.9%
	期待値	97.918	125.706	194.183	77.078	72.116
	調整された残差	0.554	1.767	−1.751	−1.06	0.753
23区東部	度数	67	65	152	53	39
	割合	15.0%	14.5%	33.9%	11.8%	8.7%
	期待値	64.933	83.361	128.77	51.113	47.823
	調整された残差	0.319	−2.58 *	2.857 *	0.321	−1.546
多摩地区	度数	92	135	189	75	70
	割合	13.3%	19.6%	27.4%	10.9%	10.1%
	期待値	96.882	124.376	192.128	76.262	71.352
	調整された残差	−0.665	1.317	−0.339	−0.19	−0.209
"x2(12)= 19.062,.05<p<.10,Cramer's V = 0.061"						
合計	度数	296	380	587	233	218
	割合	14.5%	18.6%	28.8%	11.4%	10.7%
"x2(4)= 264.991, p<.01　Bonferroni による多重比較 ,4=5<1<2<3"						

ティアマインド」は有意に中学校が多く小学校と幼稚園で少ない。「障害者理解」では、有意に小学校で多く中学校と幼稚園では少ない。「スポーツ志向」は幼稚園で多く中学校は少ない。「日本人としての自覚と誇り」は中学校では少なかった。最後に「豊かな国際感覚」は校種に違いはみられなかった。これらは先の対応分析の結果とも整合する。特に対応分析では解釈が難しかった小学校の特徴については、「障害者理解」が多かったことが判明した。

自治体別にみると、特徴はあまりみられなかったが、二十三区東部ではほかの地区に比べて「障害者理解」が少なく「スポーツ志向」が強かった。統計的に有意な違いはみられなかったが、各地区の特徴を挙げてみると、都心部は「日本人としての自覚と誇り」「豊かな国際感覚」が多い傾向にあり、二十三区西部と多摩地区は「障害者理解」が多い傾向にあった。これも先の対応分析を裏づける結果であるといえるだろう。この表1には表れていないが、自治体と校種を組み合わせて各資質とのクロス表をとっても、特に目立った傾向はみられなかった。すなわち、どの地域でも中学校は「ボランティアマインド」、小学校は「障害者理解」、幼稚園は「スポーツ志向」の影響がみられた。ただし都心で「日本人としての自覚と誇り」が若干多い程度であり、地域差の影響よりも校種の影響が強いことがわかった。

3　オリパラ教育の課題

オリパラ教育の全体的な傾向を明らかにしてきた本章は、教育内容そのものに踏み込むことができなかった。石坂友司は全国展開事業についてふれながら、「比較的高い割合で実施されているオリパラアスリートを招聘した講演（体験談）の聴講や、歴史などに関する学びの内容がどのように充実し、生徒に影響を与えてきたのかということである。これはオリパラ教育の評価として分析される必要があるだろう(26)」と指摘する。また、オリパラ教育全体についても「既存の教育カリキュラムとどのように整合性が取られ、教員の負担を強いているのであろうか（略）上記のような学習教材（東京都教育委員会やＩＯＣ、ＩＰＣなどの作成した教材）が準備されているとは言え、それをなぞるだけの展開に終わる可能性も高い」[27]とも指摘している。

例えば「障害者理解」の教育はオリパラ教育のなかで「スポーツ志向」に次いで多くおこなわれたが、その「障害者理解」とはどのようなものだっただろうか。疑似体験による「障害理解教育」は問題点を指摘されることが多い[28]。障害者（高齢者）の疑似体験は多くの場合、車いすに乗ったり、目隠しをしたりして障害者の「できないこと」を体験し、その「大変さ」を感じて、障害者の困難を理解することを目指す。このため、疑似体験は、障害の問題を個人的な身体的・知的・精神的困難・障壁として体験者に理解させてしまうと指摘されている。物理的・制度的・社会的環境が障害を作り出すという視点に気づくことができない可能性がある。

また、五つの資質のうち「日本人の自覚と誇り」[29]というテーマがもつ「愛国心教育」とのつながりは、国家間の競争を否定しているオリンピズムと相反するものであるし、東京都が配布した学習読本には内容の偏りがあると指摘されている[30]。また、質がいいオリパラ教育はオリンピック・パラリンピックの各ムーブメントに対する批判的視点があるべきだが[31]、どれもみられなかった。本来これらはオリパラ教育が開始される前に検討すべき事柄だったが検討されないままである。

本章は、アンケート調査の再分析と文書調査を用いて、主として東京都のオリパラ教育について概観した。それをまとめるならば次のようになる。

東京都では、制度的な支援に支えられてほぼすべての学校でオリパラ教育の取り組みがおこなわれた。ただし、その内容については、おそらく個々の学校の状況や地域の状況、児童・生徒の発達段階などを考慮しながら決定されてきたと思われる。それが、幼稚園で「スポーツ志向」、小学校で「障害者理解」、中学校で「ボランティアマインド」の各資質が重視されることにつながったといえる。

こうしたオリパラ教育の内容と傾向は何を生んだのだろうか。石坂友司は長野オリンピックの「遺産」、レガシーを検討して、時間の経過の重要性を指摘している。[32] もとから「教育」という営みについては長期的な時間のなかでその効果や影響について評価するべきである。いくつかの研究はオリパラ教育が児童・生徒に与える影響について検討しているが、そうした研究はオリパラ教育を一定程度ポジティブに評価できるとし、時間が経過しても教育の効果が継続していることを報告している。[33] だが、オリパラ教育の児童・生徒への効果や、効果の持続可能性を評価することは難しい。だからこそ、もしオリパラ教育に意味があるのなら、継続することが重要になる。

筆者がおこなった二〇一九年調査では約七五％の小学校、六〇％の中学校が継続予定という回答だった。二〇二一年に東京都が都内のすべての学校を対象におこなった調査では、「大会後も長く続く教育活動（学校二〇二〇レガシー）として発展させていくことができる」かという質問に八七％の回答者が「しっかりできる」または「できる」と回答している。[34] この差は、東京大会の成果なのだろうか。本章では、東京都のオリパラ教育の実施にあたり制度的・予算的支援があったことを指摘したが、それは裏を返せばそうした支援なしには実施が難しいということでもあるだろう。この意味で東京都の「学校二〇二〇レガシー」の取り組みや、千葉県の「心のバリアフリー教育」のような東京大会以降のオリパラ教育は重要である。その内容と継続性、そしてその効果の検証を継続的におこなっていく必要があるだろう。

注

（1）オリンピックとパラリンピックは実際にはそれぞれ独立の概念であり活動である。当然ながら、その出発点や目的にも差異がある。特にパラリンピックがオリンピックと一体化したのは二〇〇〇年代以降であり、「オリパラ教育」という呼称もそれ以降にだけ限定することが正確ではある。しかし本章では、オリンピックやパラリンピックの理念や価値を教える教育を、おおむね一括してオリパラ教育と呼称する。

（2）*Host City Contract-Operational Requirements*, International Olympic Committee, 2018.

（3）『東京都オリンピック・パラリンピック教育抄録』東京都教育委員会、二〇二二年、三ページ

（4）「朝日新聞」二〇二一年八月三十一日付朝刊（千葉首都圏）

（5）日本では過去のオリンピック時にも「オリンピック教育」がおこなわれた。六四年大会の実践については木村華織「東京五輪が学校に遺したもの――学校に届いた東京オリンピック」（坂上康博／來田享子編著『東京オリンピック１９６４の遺産――成功神話と記憶のはざま』所収、青弓社、二〇二一年）を参照。またオリンピック・パラリンピック教育に関する有識者会議の『オリンピック・パラリンピック教育の推進に向けて 最終報告書』（二〇一六年）も一九六四年の「オリンピック教育」を紹介している。九八年長野大会時の一校一国運動については石坂友司『コロナとオリンピック――日本社会に残る課題』（人文書院、二〇二一年）、髙木啓「「遺産」としての「一校一国運動」――長野市立徳間小学校の取り組みを中心に」（石坂友司／松林秀樹編著『〈オリンピックの遺産〉の社会学――長野オリンピックとその後の十年』所収、青弓社、二〇一三年）を参照してほしい。

（6）*Host City Contract-Operational Requirements.*

（7）"IPC Strategic Plan2015 to 2018," Strategic outlook for the International Paralympic Committee, 2015.

（8）Equality は通常「平等」と訳されるが、日本版『I'mPOSSIBLE』では、IPCの許可を得て「公平」と訳すとされている。また、日本のオリパラ教育を語るなかで登場するこのIPCの四つの価値は、二〇二三年から二六年までの "IPC Strategic Plan2023-2026," International Paralympic Committee, 2023 からは記述がなくなっている。

（9）『「東京都オリンピック・パラリンピック教育」実施方針』東京都教育委員会、二〇一六年（https://www.kyoiku.metro.tokyo.lg.jp/school/content/files/olympic_paralympic_education_abstract/implementation_policy1.pdf）［二〇二四年八月二十一日アクセス］。以下の記述もこの報告書から引用している。

（10）『オリンピック・パラリンピック・ムーブメント全国展開事業 ２０１６―２０２１年 総括報告書』筑波大学オリンピック教育プラットフォーム（CORE）／日本体育大学オリンピック・パラリンピックムーブメント全国展開事業（N-COPE）／早稲田大学オリンピック・パラリンピック教育研究センター（ROPE）、二〇二二年（https://www.mext.go.jp/sports/content/20220331-spt_oripara-300000904_02.pdf）［二〇二四年八月二十一日アクセス］。ただし、

スポーツ庁のサイト「オリンピック・パラリンピック・ムーブメント全国展開事業（オリパラ教育）」（[https://www.mext.go.jp/sports/b_menu/sports/mcatetop08/list/detail/1407880.htm]［二〇二四年八月二十一日アクセス］）には二〇二一年度の推進校数（取り組み実施校数）が千校に確定したという注記がある。

（11）『TOKYO2020 アクション&レガシーレポート』東京オリンピック・パラリンピック競技大会組織委員会、二〇二一年（https://www.2020games.metro.tokyo.lg.jp/special/a%26l.pdf）［二〇二四年八月二十一日アクセス］

（12）東京都教育庁「報道発表資料 東京２０２０オリンピック・パラリンピック競技大会における子供の競技観戦について」「東京都」（https://www.metro.tokyo.lg.jp/tosei/hodohappyo/press/2018/10/05/06.html）［二〇二四年八月二十一日アクセス］

（13）「朝日新聞」二〇一八年五月三十一日付朝刊

（14）「朝日新聞」二〇一九年八月十四日付朝刊

（15）内田若希／安井友康／山本理人／小松智子「東京２０２０パラリンピック競技大会の観戦有無による身体障害者およびパラアスリートに対するイメージと交流態度の差異」「アダプテッド・スポーツ科学」第二十一巻第一号、日本アダプテッド体育・スポーツ学会、二〇二三年

（16）「朝日新聞」二〇一九年十二月十日付夕刊

（17）「朝日新聞」二〇二一年六月四日付朝刊

（18）矢島佳子／渡正／平賀慧／永田悠祐／中島裕子「東京都と千葉県におけるパラリンピック教育の実態と今後の課題――小学校・中学校・特別支援学校教員へのアンケート調査結果より」「パラリンピック研究会紀要」第十五号、日本財団パラリンピックサポートセンター、二〇二一年。この調査は、二〇一九年十一月六日から十二月十日の期間に東京都と千葉県の小学校、中学校、特別支援学校の計三千四百二十二校を対象におこなった。なおアンケート回答校の内訳は、東京都小学校五百四十七（全体で千三百二十五）校、中学校三百五十三（全体で七百九十六）校、特別支援学校三十六（全体で六十六）校、千葉県小学校五百三十（全体で七百九十）校、中学校二百八十二（全体で四百）校、特別支援学校三十一（全体で四十五）校で、回収率は全体で五二・〇%、東京都では四二・七%、千葉県では六八・二%になった。この調査が「パラリンピック（教育）」に焦点化されていることには注意が必要である。

(19) 以下の割合は、矢島佳子らの分析ではその他とした小・中一貫校、中・高一貫校をそれぞれ小学校、中学校に参入して再計算しているため、矢島らの集計結果と若干違いがあることに注意が必要である。
(20) 前掲「東京都と千葉県におけるパラリンピック教育の実態と今後の課題」一六ページ
(21) 同書一四ページ
(22) 東京都と千葉県の予算措置については同書五ページに記述がある。
(23) 本調査の再分析をおこなった。アンケートでは「知らない」「知っているが利用したことはない」「使用したことがある」の選択肢で回答を求めた。多くの回答が「知っているが利用したことはない」に偏っているため、わかりやすくするためここでは「知らない」と「使用したことがある」だけを抽出した。
(24) 樋口耕一『社会調査のための計量テキスト分析——内容分析の継承と発展を目指して 第2版』ナカニシヤ出版、二〇二〇年
(25) 千代田区・中央区・港区・文京区・新宿区・渋谷区・豊島区を「都心部」、足立区・荒川区・台東区・墨田区・江東区・江戸川区・葛飾区を「二十三区東部」、北区・板橋区・練馬区・中野区・杉並区・世田谷区・目黒区・品川区・大田区を「二十三区西部」とした。また、東京都特別区以外を「多摩地域」とした。
(26) 前掲『コロナとオリンピック』一一六ページ
(27) 同書一一七ページ
(28) 障害の疑似体験の陥穽については、村田観弥「障害疑似体験を「身体」から再考する」(佐藤貴宣／栗田季佳編『障害理解のリフレクション——行為と言葉が描く〈他者〉と共にある世界』所収、ちとせプレス、二〇二三年)や、キャス・ギャレスピー＝セルズ／ジェーン・キャンベル『障害者自身が指導する権利・平等と差別を学ぶ研修ガイド——障害平等研修とは何か』(久野研二訳、明石書店、二〇〇五年)なども参照してほしい。
(29) 永井栄俊「オリンピック・パラリンピック教育を検証する」、立正大学教職教育センター編「立正大学教職教育センター年報」第二号、立正大学教職教育センター、二〇二〇年
(30) 佐藤克士／大矢幸久「わが国の中学校段階におけるオリンピック・パラリンピック教育の分析——「オリンピック・パラリンピック学習読本」を事例にして」、玉川大学教師教育リサーチセンター編「玉川大学教師教育リサーチ

センター年報」第十一号、玉川大学教師教育リサーチセンター、二〇二〇年
（31）高橋豪仁「パラリンピック教育に関する一考察――障害者スポーツからの学び」「次世代教員養成センター研究紀要」第三号、奈良教育大学次世代教員養成センター、二〇一七年
（32）松林秀樹／石坂友司「誰にとってのオリンピック・遺産なのか」、前掲『〈オリンピックの遺産〉の社会学』所収、一九一ページ
（33）『2022（令和4）年度 障害者スポーツを取巻く社会的環境に関する調査研究――選手のキャリア、TV放送、選手認知度、テレビCF放送、ユニ★スポ体験の効果に着目して』ヤマハ発動機スポーツ振興財団、二〇二二年、一三一―一四四ページ。ここでは一年後のアンケート結果で教育効果が持続していることを報告している。ただし、事業実施から一年後までにどのような介入があったのかなかったのかが記述されていないため評価が難しい。
（34）『オリンピック・パラリンピック教育成果アンケート調査』東京都教育委員会、二〇二二年（https://www.kyoiku.metro.tokyo.lg.jp/school/content/files/olympic_paralympic_education_abstract/result.pdf）［二〇二四年八月二十一日アクセス］

第17章　二度目の「東京オリンピック」はどのように記憶されていくのか
——公式記録映画『東京2020オリンピック SIDE:A/SIDE:B』が描いているもの

金子史弥

1　東京大会をめぐる「記憶」と「記録」

「東京大会で印象に残っていることは?」と尋ねられたら、あなたは何と答えるだろうか。日本、あるいは世界のアスリートたちの躍動（あるいは落胆）した姿を思い浮かべるだろうか。それとも、序章「東京大会は何を生んだのか」（石坂友司）や第1章「東京大会開催の経緯と構造的な諸問題」（石坂友司）でふれているような、東京大会をめぐるさまざまなスキャンダルや「ドタバタ劇」を思い出すだろうか。

一方、オリンピックの「記録映画」については、どのようなイメージを抱いているだろうか。多くの人が真っ先に思い浮かべるのは、六四年大会の記録映画である『東京オリンピック』（監督：市川崑、一九六五年公開）だろう。また、三六年ベルリン大会の様子を記録したレニ・リーフェンシュタール監督の“Olympia”（一九三八年公開、日本では『民族の祭典』『美の祭典』として一九四〇年公開）を挙げるかもしれない。東京大会の「公式記録映画」は、河瀨直美監督による『東京2020オリンピック SIDE:A/SIDE:B』（二〇二二年公開。以下、

『SIDE:A』『SIDE:B』）である。『SIDE:A』は二〇二二年六月三日、『SIDE:B』は同年六月二十四日に公開されたが、公開直後から客足の鈍さがSNSを中心に各種メディアで話題になるなど、興行面では「失敗」だったといわれている。[2]しかしながら、後述するように、本作品には東京大会をめぐるアスリートや関係者のさまざまな「想い」や情景が映像として記録されていて、今後、東京大会を批判的に検証していくうえで貴重な資料になると考えられる。[1]

そこで本章では、『SIDE:A』『SIDE:B』の内容を紹介したうえで、一人のスポーツ社会学者／オリンピック研究者としての立場から、印象に残った点や本作品の意義を論じることにする。[3]

2 『東京2020オリンピック SIDE:A/SIDE:B』が「記録」していること

まず、『SIDE:A』『SIDE:B』のDVD（キノフィルムズ／木下グループ、二〇二二年十月二十六日発売）、および劇場公開時に発売されたプログラム（東宝、二〇二二年六月発行）をもとに、本作品の概要について説明する。

『SIDE:A』は、東京大会に出場したアスリートや同大会で実施された競技に焦点を当てている。ただし、この作品で中心的に描かれているのは、誰もが知る世界的なアスリート、あるいは多くの人がその活躍を記憶しているだろう日本人のメダリストではない。内戦が続く母国を逃れて、シリア代表としてトライアスロン男子に出場したモハメド・マソと、難民選手団の一員として競泳男子五十メートル自由形に出場したアラア・マソの兄弟、イスラエルとの政治的対立の影響で母国イランの代表としてではなくモンゴル代表として出場した柔道男子八十一キロ級のサイード・モラエイ、競技会場で人種（黒人）差別に対する抗議行動を取る陸上競技女子ハンマー投げアメリカ代表のグウェン・ベリーなど現代のオリンピック（スポーツ）を取り巻く政治的・社会的問題に立ち向かうアスリートにスポットライトを当てている。特に、乳児と夫を伴って参加した二人のアスリート、陸上競技女子マラソンのアメリカ代表アリフィン・トゥリアムクとバスケットボール女子カナダ代表のキム・ゴーシェ、そしてゴーシェと対照的に、出産後に一度は復帰したもののコロナ禍の影響で引退を決断したバスケットボール女子元日本代表・大﨑佑圭らに焦点を当てることで、妊娠、出産、育児、競技への復帰という女性アスリートのキャリアをめぐる問題を描き出そうとしている点が本作品の大きな特徴だといえる。また、作品全体を通じて「アスリートも人間だ」（トゥリアムクの夫の言葉）、「スポーツのチャンピオンでなくていい、人生のチャンピオンになるべきだ」（モラエイの言葉）というメッセージが打ち出されているように思われる。一方、競技としては日本の「お家芸」である柔道、日本代表の活躍が光ったバスケットボール女子に加えて、東京大会で復活したソフトボールや新競技として採用されたスケートボード、空手、サーフィン、さらにはこの大会から多く採り入れられた混合種目などが取り上げられている。

『SIDE:B』は、東京大会の運営を支えた人々を中心的に描いている。具体的には、IOCのトーマス・バッハ会長（東京都庁前で反対デモの参加者と対峙する場面や広島の原爆資料館で涙を拭う場面なども収められている）や組織委の幹部（森喜朗前会長、橋本聖子会長、武藤俊郎事務総長など）といったトップ層ばかりでなく(4)、新国立競技場のグラウンドキーパー、競技会場の運営責任者、選手村の食堂の統括責任者、ボランティアなど大会の現場を支えた人々にもカメラが向けられている。

加えて『SIDE:B』は、東京大会をめぐる象徴的な出来事も記録している。例えば、マラソン・競歩のコースの札幌への移転、開閉会式の演出チームの解散や責任者の相次ぐ辞任、「女性蔑視」発言による森組織委会長の辞任とその後の改革、レース前日に突然決定された女子マラソンの競技時間の変更など、数々の「騒動」の様子が収録されている。また、東京大会が「復興五輪」を大会の開催意義として掲げていたことに関連して、福島県のある中学校の教諭（バドミントン指導者）へのインタビューと、学生時代を福島で過ごし、彼の指導を受けたバドミントン男子シングルスの桃田賢斗、混合ダブルスの渡辺勇大・東野有紗ペアの奮闘ぶり、福島での聖火リレーの様子なども盛り込まれている。さらには、新型コロナウイルス感染症の感染拡大によって難しい調整を余儀なくされたアスリートとそれを支えたコーチ、内戦で政情が不安定な母国を離れ、受け入れ先（ホストタウン）の群馬県前橋市でトレーニングに励んで大会に臨んだ南スーダン選手団、コロナ病棟で働く医師や看護師、コロナ禍で音楽活動を制限されたミュージシャンなどの心の葛藤についても描写されている。

以上、『SIDE:A』『SIDE:B』の内容について紹介してきたが、本作品を鑑賞した人のなかには、「「公式記録映画」にもかかわらず、アスリートがプレーする姿や競技の場面が少ない」という印象を抱く人もいると思われる。実際に、この点について批判する記事やインターネット上の投稿も散見されるが、本作品のプログラムや各種メディアによるインタビュー、さらには本作品の制作現場を追ったドキュメンタリー番組『河瀨直美が見つめた東京五輪』（NHK―BS1、二〇二二年十二月二十六日放送）で河瀨監督が語るように、この作品の主眼はそこにはない。例えば、東京大会の公式プログラムの英語版に掲載されたインタビューで、河瀨監督は次のように語っている。

あらゆる技術的な進歩のもとで、今日、オリンピックの公式映画を撮るということは、出来事をただ録画するということではなくなっています。何かそれ以上のこと、つまり、より凝集性がある物語を語ることになっています。だからこそ、インタビューでは対象者のリアルな感情でショットを満たすためにできるかぎり多くのクローズアップを用いていますし、そうでない場合でも、この大会を捉えるうえで、型にはまった、取材的なアプローチよりも、異なるアプローチを採用したいと思いました。アスリートの身体（その筋肉、体格、皮膚）の美しさのなかに表現される物語、困難な状況を乗り越えていく方法、すなわち、オリンピック・アスリートであるという現実こそ、私が浮き彫りにしたいと思っていることです。(5)

また、同じインタビューのなかで、「私たち自身の目で見て、歴史のこの特別な一ページを記憶すること。これこそが、みんなで一緒になって挑戦してほしいと私が望んでいることです」とも述べている。

河瀬監督によるオリンピックの公式記録映画に対するこうしたアプローチは、実はある種の「時代的要請」のもとになされたものだとも捉えられる。スポーツ社会学者のイアン・マクドナルドは、時代とともにオリンピックの公式記録映画に期待される役割が変化してきたと論じている。すなわち、当初は①開催国に対する愛国的な要素も交えながら、代表的な出来事、勝者と敗者、歴史的な快挙を捉え、大会を「記録」すること、②オリンピズムの精神を宣伝すること、が期待されたものの、大会がテレビ放映されるようになってからは「情報」的な要素やニュース的な価値よりも、「記念」的要素やオリンピズムのプロパガンダ／解釈的な要素がより求められるようになったと彼は指摘する。さらに、この結果、映画の制作者たちは「テレビですでに放送されていることとは異なる何か」[6]をしなければならない状況にあると述べている。実際に、河瀬監督も『SIDE:A』のプログラムに掲載されたインタビューのなかでテレビ放送（報道）との差異化を図りながら、競技風景主体ではなく作家性、物語性がある作品を目指したと述べている。[7]

3　『東京2020オリンピック SIDE:A/SIDE:B』が投げかけたもの

ここまで、『SIDE:A』『SIDE:B』の内容や「公式記録映画」としての特徴について論じてきた。本作品を鑑賞するなかで筆者の印象に残っていることとしては、以下の三点が挙げられる。

第一に、厳しい批判にさらされながらも、大会の運営を懸命に支えた人々を丹念に描いている点である。ただし、ここで筆者が注目したのは、組織委の幹部らが次から次に生じるさまざまな問題への対応に苦悩する姿や、理路整然とインタビューに応えるシーンではない。筆者が心を揺さぶられたのは、選手村の食堂の統括責任者とバスケットボールの3×3の運営責任者の奮闘ぶりを描写した場面である。特に後者に関して、同競技では過去最大の観客席数とキャノピーを有する会場を設置したにもかかわらず、無観客での開催になり、その無念さを込めて、次のように語る姿が強く印象に残っている。

延期になってそれこそね、いろんな事情で組織を離れていく人とかもいっぱい見て来てるんで。逆に今残っているメンバーって、まあまあ強いですよ。やっぱり。いろんな事情をさておいて、一年間ここにまだ残って世論の反対にあいながらも、この記念すべき東京での大会を成功させようと頑張ってるメンバーなんで。あの、コロナがどうでもいいと思ってるメンバーなんて一人もいなくて。感染者が増えてもいいなんて思ってる人も一人もいなくて。

筆者は第10章「東京大会の「ボランティアレガシー」は残るのか」で東京大会のボランティアがさまざまな葛藤を抱えながら活動していた点を指摘しているが、われわれは東京大会をめぐる議論や批判を展開するなかで、大会の現場を支えた人々のこうした「覚悟」や「葛藤」についてどの程度想像できていたのだろうか。

第二に、アスリートや関係者によって発せられた言葉を巧みに用いながら、オリンピック（すなわちＩＯＣ）や近代スポーツに対する批判が展開されている点が挙げられる。例えば、二〇〇八年北京大会を最後に実施競技から除外され、東京大会で復活したものの、二四年のパリ大会では再び除外されたソフトボールのアメリカ代表と日本代表の選手たち、あるいは、数十年のロビー活動を経て東京大会で初めて採用されたサーフィンの国際連盟の会長に対するインタビューからは、ＩＯＣの決定に翻弄されるアスリートや競技関係者の姿をうかがい知ることができる。また、柔道（男子日本代表監督の井上康生、全日本柔道連盟科学研究部の石井孝法、男子七十三キロ級金メダリストの大野将平）に焦点を当てた場面では、武道としての「伝統」やそこでの教えを守りながらも、試合データの分析・活用などを通じてどのようにしてオリンピック競技としての「ＪＵＤＯ」への変化に対応していくのか、この点をめぐる葛藤が描かれている。同様に、空手男子形金メダリストの喜友名諒の活躍を描いた場面では、オリンピック競技になった空手（沖縄空手）に対する、ある沖縄人（ウチナーンチュ）の印象的な語りが収められている。

僕なんかがよく思うのは、その、世界的に誰でも分かる格好にしなさいというのが、オリンピック基準になってしまって。で、標準化されてしまったもんだから、この地方にある、それぞれの地域の持っている、それが全然崩れていくっていうか。僕らとしては、あんまり面白くないなという。そういうのだったら昔、日本にあったもの、あるいは沖縄にあったものの方が、ずっと素敵じゃないのって思うんだけども。

さらに、開閉会式の演出の総合統括だった狂言師の野村萬斎による次の語りを入れることで、現在のオリンピック（すなわちＩＯＣ）や東京大会のあり方に対する厳しい問いかけがなされているようにも感じられる。

本当に物事、伝統を引き継ぐって難しいことで。やっぱり長くやればそこにいろいろなものがくっついてくる。権威であるとか利権であるとか。そういうことと本来の精神というのが、実は別であるはずなんですよね。やっぱりそこにどう立ち返るのかっていうことが、私なんかがこの式典に携わる時の想いとしては、その本質的な精神というのはどこにあるのかっていうこと、やっぱりそれを確認しなければ、単なるお祭りごとに終わっちゃう。お祭りじゃなくて、ちゃんとした〝祭り〟というかね、セレモニーとしてきちんと精神を伝えるってことにやっぱり集約したいな。

第三に、開閉会式の演出チームをめぐるいざこざや森組織委会長の辞任、ＩＯＣと日本側（組織委、東京都）との緊張感漂うやりとり、バッハ会長を歓迎するために開催された迎賓館赤坂離宮でのパーティーとそこに群がる政治家たち、東京大会に対する反対デモ、コロナ病棟で働く医療関係者の奮闘ぶりなど、東京大会をめぐるさまざまな問題や当時の日本社会の様子を丁寧に「記録」しようとしている点である。こうした映像は、二〇二一年の東京、もしくは日本社会の様子を捉えた貴重な資料になるだろう。確かに、このような場面を収録することには、公開前に「プロパガンダ映画」と揶揄されることもあった本作品に対する批判をかわすための、ある種の「免罪符」的な意味合いが込められているかもしれない。それゆえに、『SIDE:A』『SIDE:B』では何が描かれ、何が描かれなかったのか、さまざまな角度から引き続き検討していくことが重要になるだろう。[8]

4　東京大会の「集合的記憶」のゆくえ

『SIDE:A』『SIDE:B』は競技大会の様子を収めた記録映画ではなかったかもしれないが、東京大会をめぐる人々、もしくは二〇二一年の日本社会の様子を収めた、優れた記録映画だったと評価できるだろう。そのうえで本作品の意義は、東京大会をめぐる（そして、この時期の日本社会の）さまざまな問題を人々の「記憶」から忘却させないための「記録」をわれわれに残してくれている点にあると筆者は考える。

六四年大会をめぐる「記憶」について考察した石坂友司は、同大会が開催直前までさまざまな問題を抱えていたにもかかわらず、こうした点が忘却され、今日まで「成功神話」として語り継がれていることの要因として、競技面での好成績やインフラの整備だけでなく、記録映画（市川崑監督の『東京オリンピック』）を通じて人々（ここには大会を直接経験した人々だけでなく、大会後に生まれた人々も含まれる）の大会に対する見方や「記憶」が再構成されている点を指摘している。[9]また、「六四年大会がそうだったように、二〇年大会の混乱の記憶は競技会の成功をもって上書きされてしまう危険性を内包している[10]」と早くから警鐘を鳴らしていた。実際に、東京大会で日本選手団が活躍し、また大会自体は大きな滞りもなく進められたため、大会直後に実施された各種世論調査では六〇％前後の人が大会を開催したことに対して好意的な評価をしている（序章「東京大会は何を生んだのか」を参照）。

こうして、二度目の「東京オリンピック」になった東京大会も、一度目（六四年大会）と同様、大会前後に生じたさまざまな問題は忘却され、「日本のメダルラッシュに沸いた大会」、あるいは「コロナ禍のなかでも開催できた大会」とされて、ある種の「成功神話」として後世に語り継がれることになるのだろうか。社会学では人々に共有される、ある出来事に関する「記憶」のことをモーリス・アルヴァックスにならって「集合的記憶」[11]と表現するが、『SIDE:A』『SIDE:B』は、一方では、『東京オリンピック』同様、東京大会に対する「集合的記憶」を（再）構成する役割を担うことになるだろう。しかしながら、他方では、時代とともに東京大会をめぐる「集合的記憶」がどのように上書きされ、何が忘却されていくのか、それを判断するための一つの「参照軸」として機能し、東京大会の「成功神話」化に歯止めをかけるものになる可能性もあるのではないだろうか。

注

（1）実際に、筆者が地元の映画館を訪れた際も、『SIDE:A』『SIDE:B』ともに（特に後者は公開初日にもかかわらず）、観客は両手で数えられるほどしかいなかった。

（2）『SIDE:A』『SIDE:B』の批評では、市川崑監督の『東京オリンピック』の内容や興行面での「成功」との比較がなされることがよくある。例えば、大高宏雄「興行結果という鋭い作品論」（「キネマ旬報」二〇二二年八月下旬号、キネマ旬報社）一二二ページ、関口裕子「「SIDE:B」で描かれたのは「言い訳」」（同誌一二一ページ）を参照。なお、『東京オリンピック』の劇場での公開期間は百二日間で、鑑賞人員は千八百五万人、配給収入は十一億七千三百三十二万円に上ったとされる（石坂友司「成功神話の内実と記録映画がもたらす集合的記憶」、石坂友司／松林秀樹編著『一九六四年東京オリンピックは何を生んだのか』所収、青弓社、二〇一八年、三三ページ）。一方、キネマ旬報社が毎年刊行している『映画年鑑』の二〇二三年版によると、『SIDE:A』『SIDE:B』の興行収入は、当該作品の配給会社が作品の興行収入が十億円未満の場合は非公表としているため、具体的な数字は不明である。参考までに、二二年度の邦画の興行収入第一位は、『ONE PIECE FILM RED』（監督：谷口悟朗、二〇二二年八月公開）の百九十七億円

（二〇二三年一月時点）だった。

（3）なお、筆者は映像文化論を専門としているわけではなく、河瀨直美監督のほかの作品を鑑賞したこともない。よって、本章は「作品論」的な批評とは異なる。加えて、筆者は東京大会の期間中、都内のある会場で大会ボランティアとして活動していた。この経験から、筆者は東京大会に対して少なからず「思い入れ」もある。この点についても、あらかじめ断っておきたい。

（4）本章が扱う「公式記録映画」とは別に組織委幹部らが大会運営の困難さについて述べている「公式記録映像」が、ＩＯＣの「YouTube」チャンネル上で公開されている。「Tokyo Official Report Film」「YouTube」（https://www.youtube.com/playlist?list=PLX9eJ_kgiRLYBD1RP1D4vfLScgFrEThS）［二〇二四年十月六日アクセス］。加えて、関係自治体の多くが、東京大会に関するそれぞれの自治体での出来事を収めた記録映像を作成している。

（5）*Olympic Games Tokyo 2020 Official Programme*, KADOKAWA, 2021, p. 43. 訳は引用者。

（6）Ian McDonald, "The Olympic Documentary and the 'Spirit of Olympism'," in John Sugden and Alan Tomlinson eds., *Watching the Olympics: Politics, Power and Representation*, Routledge, 2012, p. 111. 実際に、『SIDE:A』『SIDE:B』同様、二〇一二年ロンドン大会の公式記録映画である "First"（監督：カロライン・ローランド、二〇一二年公開）では、オリンピックに初出場した十四人のアスリートに焦点が当てられている。なお、過去の大会の公式記録映画の多くは、ＩＯＣのウェブサイトで視聴できる。"Official Films""International Olympic Committee"（https://olympics.com/en/original-series/official-films/）［二〇二四年十月六日アクセス］

（7）詳細は『SIDE:A』プログラム二八ページを参照。なお、『SIDE:A』『SIDE:B』のプログラムに収められている河瀨監督のインタビューや「プロダクション・ノート」、さらには新聞社によるインタビュー記事などでは、競技映像はＩＯＣやオリンピックの放送を統括するオリンピック放送機構（ＯＢＳ）から素材として提供されたものの、アングルなどが監督の意に沿うものではなかったこと、競技会場でのカメラポジションなどについてもＯＢＳが厳しく管理をおこなっていたために自由に撮影できなかったことなど、制作時の苦労が吐露されている。

（8）例えば、河瀨氏が公式記録映画の監督に就任し（二〇一八年十月）、撮影を開始する（二〇一九年七月）以前の出来事は、当然ながら本作品では描かれていない。そうした出来事のなかで特に重要なことの一つとして、新国立競技場建設に伴う東京都営霞ヶ丘アパートの取り壊しと住民の立ち退きの問題が挙げられる。この問題を扱った映画として、『東京オリンピック2017 都営霞ヶ丘アパート』(監督：青山真也、二〇二〇年公開)がある。

(9) 前掲「成功神話の内実と記録映画がもたらす集合的記憶」

(10) 同論文三八ページ

(11) M・アルヴァックス『集合的記憶』小関藤一郎訳、行路社、一九八九年

[付記] 本章は、拙稿「2度目の「東京オリンピック」はいかに「記憶」されていくのか――『東京2020オリンピック SIDE:A SIDE:B』鑑賞記」(「たのしい体育・スポーツ」第三百二十八号、学校体育研究同志会、二〇二三年)に加筆・修正したものである。

あとがき

石坂友司／小澤考人／金子史弥／山口理恵子

二〇二四年七月、東京オリンピック・パラリンピックから三年が経過し、パリ大会が開幕した。セーヌ川を開会式の会場にした斬新なアイデアが採用され、会場には当然のように観客がいて、選手たちが織りなす競技の結果に一喜一憂していた。日本の地でテレビ観戦をしていると、いつもどおりのオリンピック・パラリンピックがそこにあった。私たちが二一年に経験した東京大会の喧噪はいったい何だったのだろうかと思わずにはいられない。

東京大会は、東京都議会が招致決議をおこなった二〇〇六年から十五年あまりの準備期間を経て開催された。それは一九六四年大会の感動をもう一度という期待感から始まり、数々の混乱の記憶を経て、新型コロナウイルス感染症拡大のなかでの無観客開催として結実した。史上最多の二十七個の金メダルを獲得するなど、日本選手団は確かな足跡を残し、多くの人々はテレビやスマートフォンの画面越しに競技を見た。東京の競技場は新しくなったし、都市開発もおこなわれた。さまざまなビジョンやコンセプト、理念が掲げられ、私たちの社会は変わるきっかけを与えられていた。

パリ大会への報道を眺めていると、東京大会を振り返る視点が見事なまでに欠落していることに気づかされる。新型コロナウイルスという未曾有の感染症が蔓延し、賛否が分かれるなかで開催された東京大会を、私たちは振り返り、検証することを恐れてはいないだろうか。三兆円以上の資金を費やし、大きなインパクトをもたらしたと考えられるこの大会が、どのような正負の遺産を生んだのかについて明らかにすることは、東京や日本の人々にとって重要な問いになるはずである。それが本書を編んだ目的である。

本書で示してきた東京大会の遺産をめぐる検証や考察、残された課題は以下のようなものである。第1部では、「メガイベントとしてのオリンピック」に焦点を当てた。オリンピックはアマチュアの祭典から、商業主義のメガイベントへと変貌して久しい。頭では理解しているはずのこの大会の本質を、私たちはコロナ禍の発生でいやというほど思い知らされることになる。テレビ放映権料やスポンサー料から得られる収入は莫大で、それを取り仕切るＩＯＣの権限に開催都市は翻弄されつづけた。

かといって、東京が商業主義にあらがい、理念的な大会を構想しつづけてきたわけではない。いちばん初めの大会招致の理念が「緑の五輪」であったことを知る人は多くはないだろう。東日本大震災（二〇一一年三月十一日）の発生とともにその理念は「復興五輪」になり、最後には「コロナに打ち勝った証し」へと変わった。東京大会は、開催から得られる価値を極大化するために、さまざまな利害関係者（ステークホルダー）の思惑が絡み合って遂行された。そこに世界的なメガイベント活用の場合と同じような合理性や戦略性を見いだすことができるのか、という疑問もわく。

「コンパクト五輪」も標榜されたが実現されなかった。経費を検証してみると、東京都にとどまらず、国内を挙げて財政出動がおこなわれた実態が浮かび上がる。このことは、国や都市がイベントの開催を通じて達成する地位やイメージの向上を図る「マクロ」な「政治的レガシー」と、政治や政策に一定の影響力を及ぼしたと考えられる政治家たちの評判や評価の高まりを示す「ミクロ」な「政治的レガシー」という観点から検証されうる。また、大会の開催には「オリンピック・レジーム」と呼びうる行政、政界、経済界、スポーツ界を結び付けた政治経済体制が築かれる必要があり、広告代理店を媒介として、多岐にわたる「イベント産業複合体」が結び付くことで、このメガイベントは成立していったとみることができる。

このように構造的に分析されるメガイベントとしての東京大会について、私たちは「記憶と評価」の観点からウェブアンケートを用いた「東京大会調査」を実施し、検証してみた。そこでは、生み出された遺産に対する評価が大会開催の賛否に大きく影響を受けている様相が示された。

第2部では、「スタジアムと都市」に焦点を当てた。東京大会は無観客開催になり、世界中からの観戦客がいない、がらんとした競技場は衝撃的だった。しかし、大会後にも寄与する都市・観光・スポーツ面の遺産が少なからず生まれたことが明らかになる。足かけ十五年に及ぶ招致・開催プロセスは、二十一世紀日本の観光立国を目指す動きと重なり、開催年を目標に観光政策と都市再生の取り組みが加速した。東京ベイゾーンには常設・仮設の競技場が建設され、明治神宮外苑には東京の新しいシンボルとなる新国立競技場が誕生した。パラリンピック開催を念頭にバリアフリー法（高齢者、障害者等の移動等の円滑化の促進に関する法律）が改正され、「共生社会」の実現を目的として、「障害者」のためのバリアフリーから「すべての人」のためのユニバーサルデザインへと新たな取り組みが進行した。

その一方、浮かび上がる課題も多い。例えば、観光客が訪れる主要エリアや観光地の取り組みが優先され、高齢者や障害者にとって身近な生活空間の取り組みが後回しになるなら、どうなのか。共生社会のあり方の問い直しなど、質的な評価と検証も必要になる。また東京大会をめぐって各方面での戦略性の再検証も重要になる。競技場では多くのケースで建設予算が膨らみ、大会後に後利用を考えるような「見通しの甘さ」が露呈した。有明アリーナを除く全施設で大会後の運営費が赤字見込みになるなど、後利用のあり方はいまなお問われつづけている。競技場といえば、記憶に新しいパリ大会では仮設競技場を舞台に、セーヌ川に沿ってエッフェル塔やトロカデロ広場など十九世紀万国博覧会の遺産を都市景観として活用していた。二〇一二年ロンドン大会はこれに先駆け、テレビ放送が映し出す都市景観を戦略的に活用した好例だが、東京大会の場合は対照的に、競技会場の敷地選定の時点からそうした戦略性の不十分さが明らかになる。

そもそも二十一世紀の国際イベント誘致は、一般に（国際観光振興とともに）国際競争力の向上を見込んでおこなわれるが、二十一世紀の日本ではこの点でむしろ逆コースを歩んだようにもみえる。その意味でも東京大会の誘致そのものが、はたして全体を貫くどのような戦略性のもとで構想されたのか、いまなお問われるべき点が多い。

第3部では、オリンピック・パラリンピックがもたらす遺産のなかでもいわゆる「ソフトレガシー」に焦点を当てた。東京大会に向けては大会ボランティア、都市ボランティアだけでなく、日本各地でさまざまなボランティアの募集がおこなわれ、半ば無秩序とも思えるようなかたちで「ボランティアレガシー」の構築が目指されていた。また、全国の自治体が関わることができたホストタウン事業では、五百三十三もの自治体がホストタウンに登録した。日本政府／組織委が東京大会に向けて「オールジャパン」で取り組むことをうたうなかで、こうした動きに乗り遅れまいと躍起になる自治体の姿が透けてみえた。これに対し、「復興五輪」という理念に基づいて進められた関連事業（「復興ありがとうホストタウン」など）は、ボート、カヌー・スプリント競技会場の「長沼案」の撤回にみられるように、ときに「被災地」を翻弄した。しかし、当然ながら「被災地」は一様ではなく、その受け止め方もさまざまだった。

こうして多岐にわたる事業が展開されたが、東京大会がほとんどの会場で無観客や「バブル方式」での開催になった結果、多くのボランティアが活動の機会を失い、それぞれのホストタウンで予定されていた交流事業も中止や内容の変更、規模の大幅な縮小を余儀なくされた。また、東京大会をめぐる混乱のなかで、「復興五輪」の理念はどこかに置き去りにされてしまった。とはいえ、各章で紹介した事例が示すように、個別の自治体などでは東京大会の遺産を活用すべく、さまざまな取り組みがなされていたのも事実である。こうした取り組みが今後どのように発展し、継続されていくのか、注視していく必要があるだろう。

東京大会での「ニュースポーツ」の採用はIOCの思惑どおり、あるいはそれ以上の成果をもたらし、オリンピックに「新たな風」を吹き込んだ。また、自治体の地域活性化策と結び付けられながら、日本各地でスケートボード場やクライミングウォールが整備されつつある。パリ大会でもスケートボード、スポーツクライミング、ブレイキンで日本人選手がメダルを獲得したことによって、「ニュースポーツ」に対する期待はいっそう高まっていくだろう。しかし、二〇二八年ロサンゼルス大会ではクリケットなどいわば「正統的」なスポーツが新競技として追加される一方で、パリ大会で実施されたブレイキンは除外された。こうしてオリンピック競技になる／から除外されることが、そのスポーツの文化的ありようや競技団体の運営にどのような影響をもたらすのか、さらなる分析が求められる。

第4部「価値の変容／社会の変化」では、いまなお社会の、あるいはスポーツ分野の周縁に置かれる人々（の問題）が、オリンピック・パラリンピックを通じてどのように注目されてきたのかに焦点を当てた。東京大会は、ジェンダー平等、LGBTQ＋のインクルージョン、オリパラ教育という、これまでの大会で重視されてきた課題を日本国内でも「見える化」し、取り組みを実施したという点では遺産といえるだろう。

森喜朗組織委会長の発言による騒動を契機に「ジェンダー平等」という言葉が拡散したのは、コロナ禍での大会開催に対して人々の注目が高まっていたことの影響が大きいが、「ジェンダー平等の実現」を含む持続可能な開発目標（SDGs）が大会準備の段階から意識的に取り組まれてきたこととも関連しているかもしれない。プライドハウス東京は東京大会が開催されるタイミングで発足したプロジェクトであり、オリパラ教育はその名称どおり、オリンピックとパラリンピックに関連した学びが教育機関を中心に実施されたものである。メガイベントを通じた社会課題への取り組みは、東京大会以前から重視されてはきたものの、日本社会でそれぞれが耳目を集めるきっかけになったのは、良くも悪くも、東京大会の存在が大きかったといえる。ただし課題も多い。

組織委でみられた「ジェンダー平等」の取り組みが「女性だけの問題」のように扱われたことや、この大会がメガイベントであるがゆえに、経済的力に左右されやすくLGBTQ＋コミュニティーの分断につながったことは、単なる時間的な制限があったという理由だけでなく、差別や人権に関わる私たちの認識が不十分だったことを浮き彫りにする。オリパラ教育でさえ、ややもすれば新たな「障害」を作り出し、オリンピズムに反する教育内容につながる可能性も否定できないのである。すなわち、これまで「マイノリティー」に位置づけられてきた人々や問題が「見える化」される際に、「マジョリティー」の側に都合よく消費されていないかをラディカルに分析しつづけていかなければならないのである。その意味でも、「成功神話」を強化しうるオリンピック物語ではなく、あらゆる事象を記録し含み込んだ映像資料の存在と、それらに対する分析が重要だ。

パリ大会は、フランスの象徴として「マリアンヌ」のモチーフが大会エンブレムやマスコットに用いられ、「ジェンダー平等」を意識した大会運営もみられた（男女の競技日程を入れ替えることなどがおこなわれた）。その一方で、フランス国内のムスリム選手へのヒジャブの着用禁止や、トランスフォビアに基づく誹謗中傷が選手に向けられるなど、あらためて「ジェンダー平等」や「インクルージョン」の難しさが顕在化したといえる。

人類の理想をうたうオリンピック憲章に基づく大会は、常に、私たち一人ひとりが人権とどのように向き合うのかを問う機会になる。またその理想に近づくための努力は、大会が終わってからも続いていく。東京大会は私たちが現在いる地点を示してくれた。


本書の執筆メンバーは、スポーツや都市の分析を手がける社会学者を中心に、建築家、文化人類学者などから構成される。そのなかには一九六四年に開催された東京オリンピック、九八年に開催された長野オリンピックをはじめ、国内外のオリンピック・パラリンピックの遺産について分析してきたメンバーを多く含んでいる。その意味では、『〈オリンピックの遺産〉の社会学——長野オリンピックとその後の十年』（青弓社、二〇一三年）、『一九六四年東京オリンピックは何を生んだのか』（青弓社、二〇一八年）と比較検証が可能な一冊になっているはずである。また、東京大会の分析を中心としながらも、今後の（ポスト）メガイベント研究に資するように、書名を『〈メガイベントの遺産〉の社会学——二〇二〇東京オリンピックは何を生んだのか』とした。

本書は編者の石坂友司と小澤考人が進めてきたJSPS科学研究費（21K11361）の助成を受け、共同研究として実施してきた研究成果の一部でもある。第1部を石坂、第2部を小澤、第3部を金子史弥、第4部を山口理恵子が担当して編集した。

長野大会と一九六四年東京大会の分析に続き、今回も青弓社の矢野未知生さんに担当編集としてお手伝いいただいた。研究会から、本書の構成に的確なアドバイスをいただいたことはもちろん、東京と日本にとって重要な問題提起となる本書を世に送り出してくださったことに、あらためてお礼を申し上げたい。

冒頭に記したように、東京大会の遺産の検証はこれからも続く。本書はその一歩を刻んだにすぎないが、本書をもとに、さまざまな視点からの検証が生まれることを期待したい。それらの反省を経てこそ、この大会を開催した意義は見いだせるはずである。

二〇二四年十月

渡正（わたり ただし）
順天堂大学スポーツ健康科学部先任准教授
専攻はスポーツ社会学、障害社会学、障害者スポーツ論
著書に『障害者スポーツの臨界点』（新評論）、共著に『一九六四年東京オリンピックは何を生んだのか』（青弓社）、『〈当事者宣言〉の社会学』（東信堂）、『2020東京オリンピック・パラリンピックを社会学する』（創文企画）など

町村敬志（まちむら たかし）
東京経済大学コミュニケーション学部教授、一橋大学名誉教授
専攻は社会学、都市研究、エスニシティ研究
著書に『都市に聴け』（有斐閣）、『開発主義の構造と心性』（御茶の水書房）、『越境者たちのロスアンジェルス』（平凡社）、『「世界都市」東京の構造転換』（東京大学出版会）など

山嵜一也（やまざき かずや）
芝浦工業大学システム理工学部教授、一級建築士
専攻は建築設計学、観光科学
著書に『そのまま使える 建築英語表現』(学芸出版社)、共著論文に「カメラによって選手・競技会場・都市景観を映し出す五輪景観の計画・実現の経緯」（「日本建築学会計画系論文集」第87巻第798号）、作品にロンドンオリンピック2012グリニッジ馬術競技会場設計監理担当（Allies and Morrison Architects 在籍時）など

山崎貴史（やまさき たかし）
北海道大学大学院教育学研究院講師
専攻はスポーツ社会学、障害者スポーツと都市
共著に『ともに生きるための教育学へのレッスン40』（明石書店）、論文に「パラリンピックと開催都市のバリアフリー化」（「都市問題」第112巻第10号）、「重度障害者のスポーツイベントに関する研究」（「スポーツ社会学研究」第19巻第2号）など

山崎真帆（やまざき まほ）
東北文化学園大学現代社会学部講師
専攻は社会科学的な災害研究
共著に『グローバル・スタディーズの挑戦』（彩流社）、論文に「住家への津波被害を免れた人々における東日本大震災からの「復興」」（「日本災害復興学会論文集」第15号）など

水野英莉（みずの えり）
流通科学大学人間社会学部教授
専攻は社会学・ジェンダー論
著書に『ただ波に乗る Just Surf』（晃洋書房）、共著に『社会をひらくスポーツ人文学』（嵯峨野書院）、論文に「東京2020における新競技採用がもたらしたもの」（「現代スポーツ評論」第46号）など

野口亜弥（のぐち あや）
成城大学文芸学部専任講師
専攻はスポーツと開発、スポーツとジェンダー・セクシュアリティー
論文に「タイに見られるジェンダー規範とジェンダー平等に対するスポーツの役割認識」（「体育学研究」第66巻）など

［編著者略歴］
石坂友司（いしざか ゆうじ）
奈良女子大学生活環境学部教授
専攻はスポーツ社会学、歴史社会学
著書に『現代オリンピックの発展と危機』『コロナとオリンピック』（ともに人文書院）、共編著に『一九六四年東京オリンピックは何を生んだのか』（青弓社）、『未完のオリンピック』（かもがわ出版）など

小澤考人（おざわ たかと）
東海大学観光学部教授
専攻は観光社会学、文化社会学
共編著に『オリンピックが生み出す愛国心』（かもがわ出版）、共著に『2020東京オリンピック・パラリンピックを社会学する』（創文企画）、『基本観光学』（東海大学出版部）、論文に「コロナ禍のメガイベントとその検証」（「大原社会問題研究所雑誌」第755・756号）など

金子史弥（かねこ ふみひろ）
立命館大学産業社会学部准教授
専攻はスポーツ社会学、スポーツ政策論
共著に『オリンピックが生み出す愛国心』（かもがわ出版）、『スポーツの近現代』（ナカニシヤ出版）、論文に「ロンドン2012オリンピック・パラリンピックにおけるボランティア政策」（「現代スポーツ評論」第37号）など

山口理恵子（やまぐち りえこ）
城西大学経営学部教授
専攻はスポーツとジェンダー
共著に『スポーツと LGBTQ+』（晃洋書房）、『日本代表論』（せりか書房）など

［著者略歴］
松林秀樹（まつばやし ひでき）
平成国際大学スポーツ健康学部准教授
専攻は都市社会学、スポーツ社会学
共編著に『一九六四年東京オリンピックは何を生んだのか』『〈オリンピックの遺産〉の社会学』（ともに青弓社）、共著に『東京大都市圏の空間形成とコミュニティ』（古今書院）、『開発の時間 開発の空間』（東京大学出版会）など

丸山真央（まるやま まさお）
滋賀県立大学人間文化学部教授
専攻は政治社会学、都市研究
著書に『「平成の大合併」の政治社会学』（御茶の水書房）、共編著に『さまよえる大都市・大阪』（東信堂）、共著に『シリーズ現代社会学の継承と発展3 都市とモビリティーズ』（ミネルヴァ書房）、『一九六四年東京オリンピックは何を生んだのか』（青弓社）など

〈メガイベントの遺産《いさん》〉の社会学《しゃかいがく》

二〇二〇東京オリンピックは何を生んだのか

発行――――2024年10月30日　第1刷
定価――――3800円＋税
編著者―――石坂友司／小澤考人／金子史弥／山口理恵子
発行者―――矢野未知生
発行所―――株式会社青弓社
〒162-0801 東京都新宿区山吹町337
電話 03-3268-0381（代）
https://www.seikyusha.co.jp
印刷所―――三松堂
製本所―――三松堂

ISBN978-4-7872-3547-3　C0036

笹生心太／松橋崇史／高岡敦史／東原文郎 ほか

ホストタウン・アーカイブ

スポーツまちづくりとメガイベントの記録

2020年オリンピック・パラリンピック東京大会の際、海外のアスリートや関係者と地域住民が国際交流を図ったホストタウン事業。基礎知識や事業に取り組んだ自治体の活動状況など、全国の事例を詳細に紹介する。　定価2600円＋税

坂上康博／來田享子／中房敏朗／木村華織 ほか

東京オリンピック1964の遺産

成功神話と記憶のはざま

開催に反対する世論、政治家の思惑、文学者による批判、地方都市での受け止め方、音楽や踊りの経験――。1964年の記憶を丁寧に掘り起こし、成功神話を批判的に検証して、遺産の正負両面を明らかにする。　定価2800円＋税

石坂友司／松林秀樹／新倉貴仁／高岡治子 ほか

一九六四年東京オリンピックは何を生んだのか

高度経済成長と重ね合わせて、強烈なまでの成功神話として記憶される1964年のオリンピックを、スポーツ界と都市という2つの視点から読み解き、語られない実態を浮き彫りにして、その遺産に正面から対峙する。　定価2800円＋税

小路田泰直／井上洋一／石坂友司／和田浩一 ほか

〈ニッポン〉のオリンピック

日本はオリンピズムとどう向き合ってきたのか

オリンピズムという理念を押さえたうえで、戦前期日本のスポーツ界とオリンピック受容を論じる。そして、1964年オリンピックの「成長と復興」神話、2020年オリンピックをめぐるシニシズムなどを気鋭が分析する。　定価2600円＋税

中澤篤史

運動部活動の戦後と現在

なぜスポーツは学校教育に結び付けられるのか

運動部活動の内実を捉えるために歴史をたどり、フィールドワークから教師や保護者の声も聞き取る。スポーツと学校教育の緊張関係を〈子どもの自主性〉という視点から分析し、日本の運動部活動の特異性を照らす。定価4600円＋税